東亞報全編

日本神户東亞書局 編

國家圖書館出版社

圖書在版編目(CIP)數據

《東亞報》全編/日本神户東亞書局編. —北京:國家圖書館出版社,2021.6
ISBN 978-7-5013-7275-1

Ⅰ. ①東… Ⅱ. ①日… Ⅲ. ①報紙-新聞事業史-日本 Ⅳ. ①G219.313.9

中國版本圖書館 CIP 數據核字(2021)第 088489 號

書　　名	《東亞報》全編
著　　者	日本神户東亞書局　編
責任編輯	南江濤
封面設計	徐新狀
出版發行	國家圖書館出版社(北京市西城區文津街 7 號　100034) (原書目文獻出版社　北京圖書館出版社) 010-66114536　63802249　nlcpress@nlc.cn(郵購)
網　　址	http://www.nlcpress.com
印　　裝	河北三河弘翰印務有限公司
版次印次	2021 年 6 月第 1 版　2021 年 6 月第 1 次印刷
開　　本	787×1092(毫米)　1/16
印　　張	50
書　　號	ISBN 978-7-5013-7275-1
定　　價	800.00 圓

《東亞報》解題

蔣海波

序言

《東亞報》發行於神户，共十一册，綫裝，高二十三點五厘米，寬十三點五厘米，旬刊，刊行時間爲光緒二十四年五月十一日（一八九八年六月二十九日）至八月廿一日（十月六日），是日本最早的中文雜志[一]。報館設在神户下山手通二丁目三一番，該處是僑居神户的廣東商人同業兼同鄉團體『神户廣業公所』所在地。各册扉頁上除了直排的『東亞報』和横排的日文假名『トウアハウ』（從右往左）字樣外，第一至第六册的英文刊名，上行爲THE BRITISH，下行爲EASTERN ASIA NEWS，第七册以後，上行改爲THE EAST ASIA，下行改爲ISSUED THREE LIMES IN A MONTH。其中，LIMES當爲TIMES之誤。

一八九七年秋，康有爲等維新派在上海開辦了大同譯書局，宣稱以刊行日文譯著爲其主要事業，爲此大同譯書局刊行了康氏輯録的《日本書目志》，該書以《東京書籍出版營業者組合員書籍總目録》（一八九三年刊）爲底本[二]，首次大規模地向國人介紹了日本新舊學問著述的出版狀況。爲了選擇適於翻譯的書籍，物色譯書人才，落實大同譯書局的翻譯工作，康氏弟子和族人來到了神户。在這座新興的開港城市，他們與往來中日之間、通過轉售書籍等方式傳播日本信息的廣東商人，以及精通中國文化、熱心中國變革事業的日本士人一起，創辦了《東亞報》暨神户東亞書局，在大量翻譯世界和東亞時事信息的同時，還翻譯了來自日本的『新學』論著，開風氣、廣學識，成爲中國維新運動的重要一翼。

一、概要

一八九八年五月十一日，《知新報》第五十二册在篇末刊登了一則不起眼的廣告：『旅日本神户華人近創一漢文東亞旬報，本館承允代派。全年報費四元，閏月照加，遠近郵費另議。如有欲購閲者，祈即到本館挂號，以便按寄』[三]。六月二日，《湘報》第七十六號刊登了《東亞報啓》一文[四]，包括《刊印凡例》十二條、《辦事規條》六條、《集款章程》六條等項目。在《刊印凡例》中，明示其刊行目的是『爰集同志倡設報館，首以振發中國爲主義，博采通學，廣譯新聞，使朝野錮竅洞達昭晰，識時之士有所觀感』。其刊載範圍是：『一曰宗教，以提倡孔教爲宗旨。凡漢學、教派、教會、教報、傳教章程例案，及東西人士著述贊頌儒教論説隸焉。二曰政治，凡五洲時事，侏離瑣聞，議院國會，外交内政之屬隸焉。三曰法律，如羅馬律、拿破侖律、萬國交涉、公私憲法、吏户禮兵刑工約章因革之屬隸焉。四曰商務，凡商學、地志、種植、紡織、茶業、華洋物産販運、比較工匠商輪賽會之屬隸焉。五曰藝學，凡天文地輿、算學聲電、光化汽重、礦醫格致之屬隸焉。』幾乎涵蓋了所有的『新學』和『時務』。《刊印凡例》還宣稱『凡東西學人、專門名家著譯新説，都成一集郵遞。本館可代附印報端，以答宿學之劬而厭天下之望』。這是一項集發行雜志和刊行譯著於一體的出版計劃。創辦者雖然强調了『日本踞萬邦要衝，萬國時務電報飛馳，輪船至華三日可達，較中國訪事尤爲迅速』，即日本在信息傳播過程中的便捷性，但并没有意識到要將日本的思想和學問作爲譯介對象。

實際刊行的《東亞報》設有論説、宗教、政治、法律、商務、藝學、路透捷（專）電、五洲彙電、經世文選、新書選録、布告等欄目。一册平均三十六葉，一葉約九百六十字，合計約三萬四千五百六十字。用『孔子生二千四百四十九年』紀年和『光緒二十四年』年號。各册目次後附有一枚圖録，其内容分别爲：第一册，素王聖像（孔子肖像畫）。第二册，亞細亞詳細圖。第三册，美國大總統華盛頓肖像。第四册，中國夏殷周三代詳細輿圖。第五册，日本皇帝（明治天皇）肖像。第六册，俄國今皇帝（尼古拉二世）

肖像。第七册，清國直隸省之圖。第八册，德國今皇帝（威爾海姆二世）肖像。第九册，清國山東省之圖。第十册，英國女皇（維多利亞女王）肖像。第十一册，中國盛京省南部精細圖。

在《東亞報》各册最後附有『代派報處』（即代銷處）名單，各册略有增減，其總數達二百八十七處。其中，廣東以外的中國國内八十九處，廣東（包括港澳）七十六處，南洋八十七處，南北美洲・大洋洲二十四處，日本十處，韓國一處。多數是華商商社（店）。

《東亞報》第二册（七月九日）刊登了中國駐神户領事鄒振清（一八九七年三月—一八九九年五月在任）的告示[五]，勸諭海外華人購閲：『茲有東亞報館，爰集同志，創設報章。以振興中國、啓發東方、衛種昌教爲己任。』告示還稱《東亞報》『旁徵遠引，條晰縷分，上維二千年之統緒，近詳數十國之新聞。舉朝野錮習，歐美良法，凡有關乎政治而維世運者，無不畢具。誠堪啓迪識知，藉新耳目』，號召『僑寓海國者，急宜省覽』。言辭雖不無溢美之嫌，然『振興中國、啓發東方、衛種昌教』確實道出了《東亞報》之真意。

關於《東亞報》的停刊期號和日期，《東亞報》第十一册（十月六日）刊出五天後的十月十一日，神户當地報紙《神户又新日報》在『時事漫評』欄上刊登了一則無標題的短訊，全文如次：『清人發刊之《東亞報》因此次政變停刊，雖由時局所致，然於清國文化開啓風氣而言，實在令人遺憾。』顯然，《東亞報》停刊的原因就是戊戌政變。

《東亞報》最大的特色是不僅大量地刊登了來自日本的時事信息，而且還登載了爲數衆多的學術譯文。在同時代主張維新變法的報刊中，來自日本報刊中報道類的文字并不稀見，例如《時務報》的『域外報譯・東文報譯』欄，《知新報》的『京外近事』『亞洲近事』欄中都能見到一些，但其數量并不多，且其内容以『近事』爲主。與時務、知新兩刊相比，《東亞報》的譯文有以下一些特點：（一）文本的來源不限於報紙，還涉及專業雜志、學術雜志、書籍等；（二）翻譯的領域相當廣泛，遍及法律學、社會

學、經濟學、哲學、宗教學等多方面。就是説，不僅有來自日本的信息，而且其思想和學問都是翻譯、介紹的對象。（三）執筆翻譯者由中國士人和具有較高漢學素養的日本士人組成，其中日本士人的譯作占大多數，其作用更明顯。（四）譯文基本上都標明原本的日文書籍名、報刊雜志名和刊行日期、期號等。以這些信息爲綫索，後人可以對譯文和原文的异同作對比研究。

二、相關人員

中國方面，總理簡敬可（一八六〇—？），字石薌，廣東新會人，時任神户廣業公所幹事[六]。發行人葉棟，生卒年不詳，在《東亞報》第一、四册，發行人標爲『英葉棟』，第二、三、五、六册具名『葉棟』，無『英』字，結合其曾在刊名中使用THE BRITISH字樣推測，葉氏的身份或許與英國有關。

撰述者韓文舉（一八六四—一九四四），字樹園，號孔庵，别號捫虱談虎客，廣東番禺人。曾在《知新報》發表了《萬國公政説》等五篇論文，曾與梁啓超一起赴長沙時務學堂任教習。參與横濱大同學校的創設和《清議報》《新民叢報》的編集刊行。在《新民叢報》上以『憂患餘生生』筆名發表了題爲『捫虱談虎録』的連載筆記，著有《近世中國秘史》（上海廣智書局一九〇四年）[七]、《韓樹園先生遺詩》（伍憲子等編，香港，一九四八年）。晚年在香港度過，卒於該地[八]。韓文舉在《東亞報》上僅發表了《大地宜奉孔教主紀年議》（第二、三册連載）一篇論説。康同文（同和），生卒年不詳，字介甫，廣東南海人，康有爲族侄，或爲康有儀（後詳）之子。在《東亞報》發表論説《俄割東方弗利日本説》（第四、十册連載），并譯述了《美國憲法》（第一—十一册連載）。韓曇首，生卒年不詳，字雲（芸）臺，又有仁甫、無首等名，廣東番禺人，韓文舉族弟，萬木草堂弟子[九]。在《東亞報》上發表《東亞報叙》（第一册）、《日本四十七俠士傳叙》（第三册），譯述《社會學新義》（第一—十一册連載）、《法國議院選舉法》（第四—十一册連載），撰作《日本七十三義俠傳》（神户東亞書局刊）。吴恒煒，生卒年不詳，字介石，號天民，廣東順德人。曾在《知

新報》上發表《知新報緣起》（第一—三册連載）。在《東亞報》上并無著述，且其姓名自第六册起被删除。自第七册起，上述四名（實爲三人）撰述者、三名翻譯者的名單欄亦被取消，僅在部分譯作標題後列出譯者姓名。

日本方面，『東西文繙譯』角谷大三郎、橋本海關、大橋鐵太郎，他們實際上是主要撰述和翻譯者。

角谷大三郎（？—一九二二），和歌山縣人。一八九三年五月，任大阪地方裁判所所屬律師。一八九八年六月，參加東邦協會[一〇]，一九〇三年至一九一三年，任和歌山裁判所判事。在《東亞報》『法律』欄上任編譯著述。大橋鐵太郎（一八六九—？），號蘇南、九華，島根縣人。曾任《日本》《静岡日報》《神户新聞》《九州日報》《北國新聞》《東京每日新聞》等報紙的記者、編輯長等職[一一]。著有《警察要訓》（神户，一九〇三年）、《警察倫理談》（福岡，一九〇七年）、《手紙の話》（島根縣松江，一九三六年）等。在《東亞報》上共翻譯了二百十篇文字，還翻譯了《美國島約京城風土記》。

在《東亞報》中起重要作用的是橋本海關（一八五二—一九三五），名德，字有則，通稱小六，號海關，明石（神户西鄰）藩士，是神户著名的漢詩文家，其詩文有『兵庫縣内恐無人出其之右者』的評價[一二]。一八九三年四月至一八九四年七月，鄭孝胥任清朝駐神户兼管大阪領事，海關與鄭孝胥等人多有詩文唱和[一三]。一九二〇年四月，海關携長子關雪（一八八三—一九四五，著名畫家）、乃孫節哉（一九〇四—一九六五）赴華旅行，有紀行詩集《一葦航吟》（一九二二年）記其事。海關擅長咏物詩，有《明治作詩含英》《海關咏物詩集》《百物叢談》《赤石三勝詩集》《朝鮮三古都詩》《古琉球吟》《馬牛裾》《馬牛裾餘輯》等詩集，以及史著《明石名勝古事談》（一九二〇—一九三三年）等存世。并有《清日戰争實記》十五卷（川崎三郎原著，光緒二十四年，十册）、《經濟教科書》（添田壽一撰，江楚編譯官書局）、《小學農業教科書》四卷（佐佐木祐太郎撰，江南總農會）等日譯漢著作存世。其中，第一種譯著《清日戰争實記》爲研究甲午戰争史之重要史料。今人學者吉辰校注此書，可資參考[一四]。

橋本海關除了擔任《東亞報》中『政治』『商務』『藝學』全部項目的翻譯以外，還在『宗教』欄裏擔任了四篇論文、『新書譯録』

欄的《萬國公司新法》等翻譯。關於橋本海關參與《東亞報》與康有爲族兄康有儀、韓曇首的交流情況等，橋本關雪回憶道：

著名的康有爲流亡日本前後，他的兄長康孟卿寄寓在我家，因此形形色色的清國人，那些所謂與國事有牽連的人大概都來過我家。他們從早到晚饕餮著燒鍋牛肉，好像很普通的，一點都不當回事。我家好像成了他們的集會所，有時候警察一整天都在我家門口放哨，這事連我這個小孩子也記得清清楚楚。當時有個叫韓曇首的，也是康有爲的門生，他好像是最聰明的。雖然不太流暢，但是我跟他通過筆談討論過畫畫的事。〔一五〕

兵庫縣知事大森鍾一的報告不僅判斷《東亞報》是『清國改革派首領康有爲之機關』，而且還偵探到了康有爲之侄康同文也執筆其中的消息，以及康有爲堂弟（應爲堂兄）康有儀（一八五八—？，字羽子，號孟卿）在大阪的儒學者山本憲的私塾研習日語等情況：

據聞，近來，《東亞報》雜志設在市内下山手通二丁目，即阪神間在留廣東人之組織廣業公所之所在地。該雜志似爲清國改革派首領康有爲之機關，不僅其尊崇康有爲之色彩濃厚，其侄康同文亦在《東亞報》執筆。又，康有爲之堂弟康孟卿現在在大阪山本憲私塾，研習日語。〔一六〕

山本憲（一八五二—一九二八），字永弼，號梅崖，以號行。出生於高知縣佐川町，儒學世家，祖上五代主持鄉裏的儒學館『明教館』。維新後，曾在高知、東京等地學習洋學。一八七九年起，先後擔任過《大阪新報》《稚兒新聞》《中國日日新聞》《北陸

自由新聞》等報紙的記者或主筆，宣揚自由民權思想。一八八三年辭去報社職務，在大阪設立儒學私塾『梅清處塾』，授徒講學。一八八五年，大井憲太郎（一八四三—一九二二）等自由黨人策劃在朝鮮發動政變，梅崖受托起草了漢文《告朝鮮自主檄》，文采激昂。但這一陰謀敗露，十一月，參與此次政變的自由黨人在大阪集結時被官憲逮捕，史稱『大阪事件』。一八八七年九月，梅崖也因撰寫檄文而獲罪入獄。一八八九年二月，日本頒布憲法，梅崖等『國事犯』遇大赦出獄。以後，梅崖專心經營『梅清處塾』，以研習儒學爲終身事業。一八九七年九月至十一月，梅崖游歷中國，足迹遍及京津城垣、長江流域。同年末，康有儀、康同文赴神户，經橋本海關介紹，師從梅崖學習日文[一七]。康同文一邊研習日文，一邊爲《東亞報》撰文。康有儀曾有意促成神户東亞書局或上海大同譯書局刊行梅崖的漢文游記《燕山楚水紀游》，但前者因『本局譯成各書，各處催閱，印刷甚忙』，後者因總辦康廣仁赴京之故，未能實現[一八]。次年七月，梅崖自費刊行該書（上野松龍舍印刷，大阪），記録了在滬期間與汪康年、羅振玉、蔣黻、章太炎、張謇、葉瀚等江浙維新派士人的交流情形[一九]。

戊戌政變後，康有爲、梁啓超、王照等人流亡日本。梅崖上書大隈重信，爲促成日本政府默認維新派志士流亡日本而奔走。十一月，在大阪發起了『日清協和會』，以示聲援。角谷大三郎也在該會中任評議員[二〇]。一八九九年一月至二月，梅崖在《清議報》第二、四、五册上連載發表了《論東亞事宜》，并於次年刊印了單行本（福井清司刊，大阪），提倡中日士人聯合。梅崖還爲羅振玉主持的上海農學會翻譯了《農業保險論》（吉井東一著，東京，有鄰堂，一八九五年）、《土壤學》（池田政吉著，東京，有鄰堂，一八九四年）等著作。一九〇五年後，梅崖遷居岡山縣南部依山臨海的牛窗町，渡過了晴釣雨讀的安靜晚年。有《慷慨憂國論》（一八八〇年）、《論語私見》（一九三九年）等近二十種關於時事和漢詩文、儒學的著述。

三、主要欄目及部分譯文溯源

（一）論説欄：該欄目的文字共分兩大類。一類是撰述者的論説，包括：韓曇首《東亞報叙》（第一册）表明了這份雜志的

宗旨。韓文舉《大地宜奉孔教主紀年議》（第二、三册連載）强烈主張用孔子紀年。康同文《俄割東方弗利日本説》（第四、十册連載）呼籲中日携手，共同對抗俄國對東亞的侵略。無署名的《宰割中國議》（第五—八册連載）是英國人赫德《中國分割論》的日譯文（亦未署譯者名）的再翻譯。日文『原文』刊登在《東邦協會會報》第四六號（六月二〇日）上。『憂亞子』[一二]的《論英俄交奪中國權利》（第九册）列舉列强（特别是俄英）蠶食中國的現狀，心情悲愴。無署名的《横濱闔埠華人倡祀孔子啓》（第十一册）與同日（十月六日）刊登在《知新報》第六十七册上的《横濱闔埠華人倡祀孔子公啓》内容相同，起草者應爲徐勤。另一類是韓曇首的《日本四十七俠士傳叙》（第三册）、無署名的《開闢美洲閣龍航海家獨列幾合傳叙》（第五册）、《美國鳥約京城風土記叙》（第九册）、《日本龍馬俠士傳叙》（第十册）、《李盱江先生經邦三策叙》（第十册）等五篇『論説』，均爲神户東亞書局出版的譯書或翻刻書的序文，字數少，内容簡略。由以上兩類文字構成的論説欄在《東亞報》全體的分量中約占百分之七，其餘百分之九十以上的文字都由其他欄目的譯文構成。

（二）宗教欄：該欄文章均爲譯文。《孔子創造天地論》（第一册，橋本譯），是久津見息忠（一八六〇—一九二五，號蕨村）著《世界之十大宗教》（普及舍，一八九七年，一一四頁）的第十章『結論』部分（五百四十字）的節譯。該著作紹介了埃及、希臘、羅馬、斯堪的納維亞古代宗教、猶太教、伊斯蘭教、基督教、波斯教、婆羅門教、佛教等構成的『世界之十大宗教』。儒教僅僅是『十大宗教』以外的，在結論部分中的一個段落，在整部著作中衹占了極小的一部分。《荀子創辨學説》（第一—四册連載，橋本譯）是桑木嚴翼（一八七四—一九四六）著《荀子の論理説》（《早稻田學報》第十四號，四月二五日，四七—五九頁）的全譯。《論孔子爲宇宙一大思想家》（第二—四册連載，大橋譯）是松本文三郎（一八六九—一九四四）著《孔子論》（《早稻田學報》第十三號，三月二十八日，一七—二八頁）的譯文，但是譯文『省略』不少，原文最後的結論部分甚至没有翻譯就結束了。《讀孟子豪杰之士説》（第四册，橋本譯）是吉田松陰（一八三〇—一八五九）著《講孟札記》（第十章）（《陽明學》第四五號，三月十六日，五

三—五四頁）的節譯。《周濂溪張横渠二子哲學論》（第五—六册連載，大橋譯）是吉田静致（一八七二—一九四五）的論文《周張二子の哲學（周子を略説し張子を詳論す）》（《哲學雜志》第十三卷第一三七號，七月十日，五三七—五五五頁）的節譯。該論文在《哲學雜志》第一三八號（八月十日，六二一—六四五頁），一三九號（九月十日，七〇三—七二二頁）裏有長文連載。《東亞報》的翻譯僅僅『略譯』了原文的『緒言』部分。《萬國新地理學問答》（第七—十一册連載，橋本譯）是岡村增太郎著《萬國地理新問答》（吉岡本店，一八九六年）第一編『緒論』部分的節譯。從第七册起，《東亞報》就以這篇連載來填充本欄目的紙面，『宗教』欄作爲欄目，實際上已經名不符實了。

（三）法律欄： 關於國際公法的一系列譯文，包括《國際公法總論》（第一—二册連載）、《第一、國際公法之主體》（第二—五册）、《第二、國家權利》（第七册）等，據『譯者』角谷大三郎稱，這些文字都是從《最近世國際公法論》譯出來的，據筆者初步查檢，當時日本并無此書刊行。在『譯出』《第一、國際公法之主體》之後，『譯者』角谷發表了一段議論（第五册十七葉）。從中可以發現，所謂『譯文』實際上是角谷本人的『編述』。

> 方今歐洲列國常托事占領清國領土。清國固有國際上完全權利，徒恐列國之威嚇而一任彼陰謀，不知國際上權利安在乎。是自侮蔑己之國權也。其害延及東洋，一般之安危所關也。故志士痛恨不能措置。余嘗編述國際公法之主體，不覺涕泪滂沱，擲筆爲之三嘆也。

除此以外，該欄目還刊登了一些關於各國憲法、行政裁判法和選舉法的譯文。《比律賓島新立共和國憲法》（第六、八册連載）是菲律賓革命政府發布的憲法，通過日譯文重譯。日文的出典應該是《大阪朝日新聞》（八月四日二面，同五日二面）連載的

《比律賓の新憲法》；《德國四大法曹》（第七册），題目與本文的關係是羊頭狗肉，原文的内容是接在《獨逸四大法曹》連載第五回（《法學新報》第八十六號，五月二十日，二八—三二頁）後面的石山彌平的論文《行政裁判所廢止論》的一部分；《中國借地通商條約管見》（第八—九册連載）是渡邊智與樹著《清國貸渡地ニ於ケル通商條約ノ効力ニ就テノ卑見》（《法學新報》第八十七號，六月二十日，五六—五九頁）的摘譯；《比利時國現行選舉法》（第九—十一册，第一至四十一條）是『若林信夫』譯《白耳義國選舉法》（《法學協會雜志》第十六卷第七號，七月一日，五七八—五九三頁）的部分翻譯，該譯文在同雜志的次號（八月一日）裏還有連載，條文達一百九十九條。『若林信夫』或爲曾任東京高等商業學校（一橋大學前身）教授的若林榮次郎（一八四七—一九三二）。

（四）其他欄目：源自日本報刊的大量信息都收録在政治、商務、藝學等欄目中。政治欄的内容以報道中國時局爲主。横濱大同學校、京師大學堂（北京大學前身）的相關報道也收録在這個欄目裏。商務欄主要報道日本和世界各國的經濟動態，包括在日華商的商務信息。藝學欄介紹了很多日常生活中的新發明、新知識，軍用技術的介紹也占一定比例。經世文選欄包括上諭、論説、譯文、告示、報道、上奏文等。其中報道日本華僑動向的有駐神户大阪領事鄒振清的《中國駐日本神户大阪領事諭華人閲東亞報告示》（第二册）、神户中華會館來稿《與日國神户官商輯睦宴會叙》（第三册）、《中國駐日本公使横濱大同學校立案稟批》（第六册）等。以上三個欄目共計達三百六十二項，平均每册約十五項。

另外，《東亞報》還開設了『路透捷電』（第三册以後改名『路透專電』）（第一—十一册）、『五洲彙電』（第三—十一册）兩個欄目，均無譯者名，以『標題新聞』的形式，大量傳播當時的國際要聞。前者采録路透社的報道，其内容遍及全世界。後者采録日本的報道，不標出處，其内容主要是日本的内政外交，也有一些關於中國政治外交的信息。

四、『新書譯録』欄與神户東亞書局

《東亞報》設置的『新書譯録』是一個比較特殊的欄目。在這一欄目的頁面中縫下方，印有『神户東亞書局叢書』字樣，其葉數的順序與《東亞報》其他欄目并不銜接，獨自相續，可以另行裝訂成册。這一欄目中翻譯的是同時代最新的『思想』和『學問』著作，值得關注。東亞報同人設想，以這個欄目爲平臺，『以刊代書』，擴大影響。從該欄目的執筆者陣容中也可以推測，《東亞報》與『神户東亞書局』的關係是『兩塊招牌、一個班子』。

韓曇首譯述《社會學新義》（第一—十一册連載）的原本是斯賓塞（H・Spencer，一八二〇—一九〇三）著 *The Principles of Sociology* 第一卷的日文編譯本《社會學》（澀江保編譯，博文館，通俗教育全書第八九編，一八九四年，一—六五頁）的部分再譯。澀江保（一八五七—一九三〇）是明治時代著名的通俗譯著作家，著述豐富，以簡易通俗爲特色。他編譯的《社會學》是對原著做了大幅度縮減、改編的普及型讀物，與原著差距甚大。然而，最初將『Sociology』的日文譯名之一的『社會學』植入中文的，是從《東亞報》的這篇《社會學新義》開始的[二二]。隨著《東亞報》的停刊，翻譯雖然祇進行了一小部分，但是其中對國家、民族、國民、社會等概念的導入和介紹，都具有開拓性意義。

康同文譯述《美國憲法》（第一—十一册連載）是坪谷善四郎（一八六二—一九四九）編著《萬國憲法》（博文館，一八八八年）中相當於第二章『北亞米利加合衆國』（原著未列章節，四三—七五頁）的全譯。此書是坪谷自己在東京專門學校（早稻田大學的前身）聽課時，輯録衆多學者的講義和有關歐美各國憲法文本的關連資料而寫成的普及讀物。康同文的譯述連載與《東亞報》的刊行同步，是一篇比較完整地譯介美國憲法的譯文[二三]。

橋本海關譯《萬國公司新法》（第一—六册連載）所依據的日文『原著』是草鹿丁卯次郎（一八六七—一九三一）纂譯的《歐

米各國株式會社要解》（博文館，一八九六年）第一編最初部分（一—一八頁）。據草鹿在緒言中稱，其第一編原文取自德國哈雷大學教授コンラード氏編纂的國家學辭典中記載的歐美各國關於株式會社的法律規定。筆者推測，『コンラード』或爲德國政治學者孔拉多・布倫哈克（Conrad Bornhak，一八六一—一九四四）。

韓曇首譯述《法國議院選舉法》（第四—十一册連載）是若林榮次郎翻譯的《佛國現行選舉法》（《法學協會雜志》第十六卷第六號，六月一日，四八八—五一二頁）的摘録再譯。

據筆者檢索，中國國家圖書館所藏的神户東亞書局譯著（包括一部翻刻本，均於光緒二十四年刊）有以下六種：《開闢美洲閣龍英航海家獨列幾合傳》（二卷，〔日〕橋本海關譯，二角）；《美國烏約京城風土記》（一卷，〔日〕大橋鐵太郎譯，二角半）；《日本七十三義俠傳》（三卷，韓曇首撰，六角）；《英丁前後海戰紀》（一卷，〔美〕賢獨滑獨希兹配痕撰，〔日〕安住宗俊譯，三角）；《李盱江先生經國三策》（三卷，（宋）李覯撰，東亞書局叢書，四角）；《日本龍馬俠士傳》（二卷，〔日〕愚山真軼郎撰，無刊年，四角）。

另外，刊登在《東亞報》廣告中有標價的《日本四十七俠士傳》（三卷，四角）、《日本名儒學案》（四卷，六角）、《俄國東洋軍政新策》（一卷，六角）等三種書籍均未見其刊本。而其餘被稱爲神户東亞書局預定『刊行』的《清日戰爭實記》等五十二種書籍、《清國名勝圖》等二十三種圖録，其絶大部分很可能是代銷日本書籍圖録的清單。

五、關於原報刊名與『譯名』

《東亞報》在引用日本報刊時，使用了許多『譯名』，其數目達到了八十一種之多。關於這些琳琅滿目的『譯名』與原報刊名的關係，相當混亂，有較大的隨意性。主要有以下三種類型：

（一）忠實地使用了報刊原名，包括《時事新報》《萬朝報》《琉球新報》等報紙，《太陽》《早稻田學報》《外交時報》《國家學會雜志》《東邦協會會報》《法學新報》《中外醫事新報》《東京人類學會雜志》《東洋經濟新報》《工業雜志》等雜志。

（二）對原報刊名做了一些微妙的修改，但基本上反映了原報刊名的面貌，例如報紙《日本》被翻譯成《日本報》；《時事新報》又被翻譯成《時事報》《東京時事報》《東京時事新報》《時事日報》等；《東京日日新聞》被翻譯成《東京日報》《東京日日報》《東京報》等；《每日新聞》被翻譯成《每日新報》《每日報》《大阪每日報》等；《神户又新日報》被翻譯成《神户又新報》《神户報》《又新報》等；《大阪朝日新聞》被翻譯成《大阪朝日報》《大阪朝日新報》《大阪報》《朝日報》等；《大阪每日新聞》被翻譯成《大阪每日報》。雜志《太陽》又被翻譯成《太陽報》；《日本人》被翻譯成《日本人報》；《哲學雜志》被翻譯成《哲學報》；《陽明學》被翻譯成《陽明學報》；《法學協會雜志》被翻譯成《法學協會雜報》；《地質學雜志》被翻譯成《地質學報》；《動物學雜志》被翻譯成《動物學報》；《農業雜志》被翻譯成《東京農學報》；《植物學雜志》被翻譯成《植物學報》；《東京經濟雜志》被翻譯成《東京經濟報》。《東洋經濟新報》又被翻譯成了《東洋經濟報》《東洋經濟雜志》《東洋商業新報》等。

（三）譯者『創作』了不少與原報刊名毫無關聯的報刊名稱，它們分别是： 被稱爲來自《日本報》《東京日本報》《國民報》《東京報》的譯文，其來源均爲《日本》； 被稱爲來自《日本國民報》《國聞新報》《朝鮮京城報》《倫敦報》《東邦報》等報刊的譯文，其來源均出自《國民新聞》。 被稱爲來自《倫敦報》《英京倫敦報》《美國報》《日本新報》《麻尼剌報》等報刊的譯文，其來源均出自《時事新報》； 被稱爲來自《東方報》《倫敦報》《東邦報》等報刊的譯文，其來源均爲《每日新聞》； 被稱爲來自《東邦報》的譯文，也有是從《大阪朝日新聞》來的； 被稱爲來自《工業報》《工藝報》《美國工藝報》《美國工業報》《英京倫敦報》《美國格致報》《美紐約報》《美國藝學報》《德國電報》《東方報》《俄東方報》《美國醫報》《藝業報》《英工業報》《美技藝報》等報刊的譯文，均出自《工業雜志》。

其中，第二種類型的原因很可能是，一方面由於時人對報紙和雜志的區分并不十分明確所致，另一方面也因爲當時日本的報刊名稱如不使用書名號而直接標示的話，其與固有名詞完全一樣，無法分辨。例如《日本》《太陽》《日本人》《陽明學》等，加上『報』或『志』之類的文字，以示區別，也未嘗不是一種創意。至於第三種類型，給後人核對原文造成了極大困惑。筆者能夠指出其中關聯，是因爲在核對原文時，幸運地發現一部分原文的真正所在。另外還有一些譯文的來源，僅根據譯者提示的報刊名稱，既無法找到原報刊，也無緣『遇』到原文，衹能存疑待考。

結語

一八九八年七月十九日，康有爲致函寓居神户的康同和，對《東亞報》作了如下指示：

讀來信，收付來《東亞報》五百分，已收。惟吾在京師，謡言衆多。亦惟昔者《知新報》諸子不慎言所累，至今以民權二字大爲滿人所忌。若再有其它犯諱之言，益不堪言矣。……汝等操報權，一言一字所關甚大，皆與我有牽。汝出姓名，更於我顯著。今與汝約，所有各報，以救中國爲主，而於僞及國家、皇上及滿洲，説話皆應極謹。且勿分種，不見文御史等劾我之語乎？皇上聖明如此，多爲頌美之言、期望之語。今守舊者多，非言民權議院之時，此説亦可勿談。[二四]

康有爲收到來自神户的《東亞報》時，變法運動正急劇展開。爲了減輕來自守舊派官僚的阻力，康有爲囑咐康同和切勿將民權、國家、皇上、滿洲之類敏感詞匯登諸報章。例如《東亞報》第一册『新書譯録』欄一葉，韓曇首譯《社會學新義》中的『國民』『國家』『中華國家』『蠢爾野蠻族』『政府不過爲機關之一』等概念和表述，以及伸張民權、召開議院等主張，在當時都極有可能

成爲守舊派攻擊的口實。這也從反面證明，《東亞報》對守舊勢力和思想的衝擊作用。《東亞報》用漢文這一媒介向讀者傳播日本的『思想』和『學問』，其中對於社會學、美國憲法的翻譯和介紹，都具有開拓性意義。這些譯文和出版物，受到中國讀書界的重視，是維新運動中又一值得矚目的亮點。由於清朝政治潮流的倒退，在域外之地神户，一扇爲國人睁眼看世界、看日本的窗口，在不到半年後，又被重新關閉。《東亞報》像一顆彗星，消失在東亞世界的天際雲端。

十九世紀末二十世紀初，在向東亞傳播經日本吸收、消化、整形過的西方文明的同時，重新構建東亞共同話語和思想體系的『思想連鎖』，是東亞思想史上一個重要的現象[二五]。而要將擁有各種文體的日文翻譯成尚未從『文言文』完成向『白話文』轉換成型的中文，對無論是具有漢學素養的日本士人，還是速成研習日文的中國士人來説，都是一項伴隨著意義傳達的曲折和乖離等困難的知識冒險。隨著西方大量新概念新思想的導入和中日之間政治走向的分化和對立，雙方的隔閡越來越深。比梁啓超和留學生提前一步開啓這一進程的神户《東亞報》爲後人留下了追踪這段歷史的珍貴史料。

神户《東亞報》在研究戊戌維新運動的著述中，時被言及，但由於其全貌未向社會公開，學界對此多有語焉不詳之處，不無遺憾。中國國家圖書館出版社在彙集了京都大學人文科學研究所圖書室所藏第一至第九册和廣東省立中山圖書館所藏第十、十一册的基礎上，合璧影印出版了這份中日士人合作的雜志，此事本身就非常值得中日學界慶幸和贊揚。擔任責任編輯的南江濤先生以專業的見識和毅力玉成本書，功德所在，豈一行文字所能盡表。

注釋：

[一]王士谷：《日本最早的華文期刊——〈東亞報〉》，《海外華文新聞史研究》，北京：新華出版社，一九九八年，第一二

〇——一二四頁。

[二]王寶平：《康有爲〈日本書目志〉資料來源考》，《文獻》二〇一三年第五期。

[三]《本館告白》，《知新報》第五十二册二十九葉，澳門、上海：澳門基金會、上海社會科學院出版社聯合出版，一九九六年，六八四頁。

[四]《東亞報啓》，《湘報》第七十六號，一八九八年六月二日，第三〇三葉，北京：中華書局影印本（上），二〇〇六年，第六七九——六八〇頁。

[五]《知新報》第五十九册（一八九八年七月十九日）全文轉載該告示。

[六]中華會館編：《落地生根——神戸華僑と神阪中華會館の百年》，東京：研文出版，二〇〇〇年，第六六頁。

[七]沈雲龍主編：《近代中國史料叢刊》三編第一六輯，臺北：文海出版社，一九八六年。

[八]劉紹康主編：《民國人物小傳》（第二册），臺北：傳記文學雜志社，一九七七年版，第二九八——三〇〇頁。

[九]蔣貴麟：《康南海先生弟子考略》，《大陸雜志》第六一卷第三期（一九八〇年九月），第二三頁。

[一〇]《東邦協會會報》第四十六號，東京，一八九八年五月，第一四五頁。

[一一][日]宮武外骨、西田長壽編：《明治新聞雜志關係略傳》，東京：みすず書房，一九八五年，第二三頁。

[一二][日]山内直一編：《兵庫縣人物列傳》，神戸：我観社，一九一四年，第六〇頁。

[一三][日]柴田清繼、蔣海波：《鄭孝胥と神户、關西の文人たちとの文藝交流》，《武庫川國文》第七十四號，二〇一〇年十一月，十一——二十五頁。

[一四][日]橋本海關著，吉辰校注：《清日戰争實記》，濟南：山東畫報出版社，二〇一七年。

［一五］［日］橋本關雪：《南畫への道程》，東京：中央美術社，一九二四年，第一四四頁。

［一六］外務省外交史料館藏《各國内政關係雜纂・中國ノ部・革命黨關係（亡命者ヲ含ム）》第一卷，（日）亞洲歷史資料中心，Ref. B〇三〇五〇〇六三九〇〇—一〇。

［一七］吕順長：《清末維新派人物致山本憲書札考釋》，上海：上海交通大學出版社，二〇一七年，第三六—三七頁。

［一八］前揭：《清末維新派人物致山本憲書札考釋》，五七頁。

［一九］蔣海波譯：《燕山楚水紀游》，山本憲關係資料研究會編：《變法派の書簡と〈燕山楚水紀游〉——〈山本憲關係資料〉の世界》，東京：汲古書院，二〇一七年，第三六一—五三六頁。

［二〇］前揭山本憲關係資料研究會編：《變法派の書簡と〈燕山楚水紀游〉——〈山本憲關係資料〉の世界》，第三五六頁。

［二一］據夏曉虹推測，「憂亞子」或爲羅普，見《閱讀梁啓超》，北京：生活・讀書・新知三聯書店，二〇〇六年，二七七—二八六頁。該論説發表於第九册（九月十六日），羅普於是年夏天曾赴神户，有可能執筆，見前揭：《清末維新派人物致山本憲書札考釋》，八十一頁。

［二二］姚純安：《社會學在近代中國的進程（一八九五—一九一九）》，北京：生活・讀書・新知三聯書店，二〇〇六年，第四六頁。

［二三］胡曉進：《清末民初美國憲法在中國的翻譯與傳播》，《華東政法大學學報》二〇一五年第三期。

［二四］前揭：《清末維新派人物致山本憲書札考釋》，第二七八頁。

［二五］［日］山室信一：《思想課題としてのアジア：基軸、連鎖、投企》，東京：岩波書店，二〇〇一年。

目録

東亞報

東亞報 第一冊

徵書文例

昔文宣興歎文獻無徵李耳贈人送言爲貴竊擬門例敢佈同方將伯起余千祈以屢

一宇內雄文偉義懷寶抱璞秘而未發所在多有有志之士願公同好可郵賜本館代爲譯錄

二來編間有激昂迕俗之言悉照登錄不敢竄飾識者宥之

三來編擇其尤者拔錄報端餘附文選若夫渫瀆譏罔之言不敢承命

四友人或與書商確或蒞館賜敎有匡本館不逮者亦彙編登錄以表雅意

五遠近志士倡辦會社學堂報館善堂公司諸美業其章程條款可郵本館代爲表章

六本館刊報而外譯印各種新書如宇內俠士才人有撰著圖書或友人遺說或己佚要書可郵致本館代爲譯印

七凡經選刊之書文或有奧理異義雄裁鉅製肅待後刊者擬酌贈本報或本館所譯之圖書以酧高誼用志不忘

八各友來書希詳注姓名籍貫居寓番號以冀栽答若其不願知名者從之

九宇內志士有願與本館同旨趣者均可互通聲氣冀收合羣廣益之助

十郵付諸費恕請自給若本館有託辦諸務不援此例

東亞報館謹啓

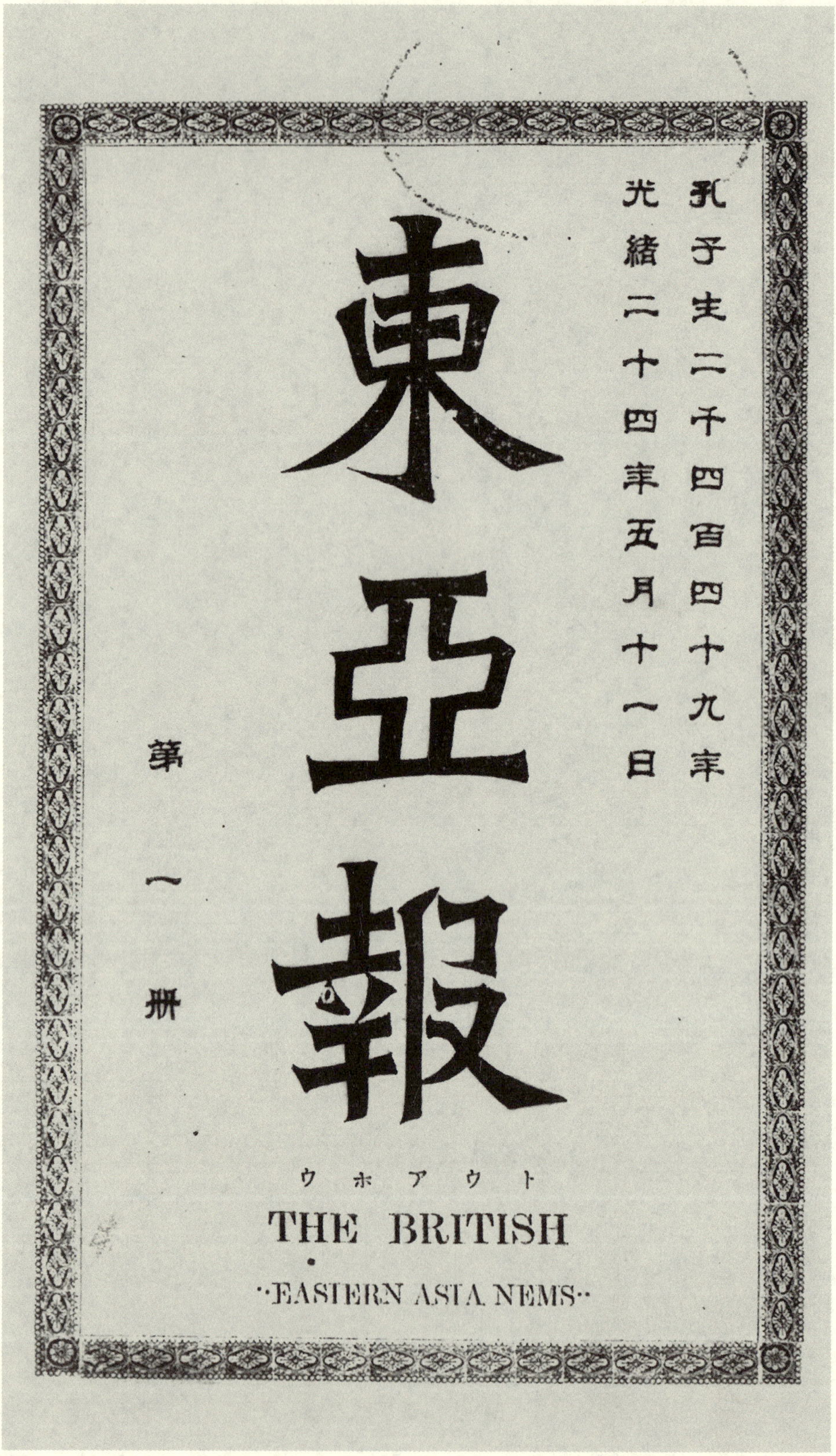
孔子生二千四百四十九年
光緒二十四年五月十一日

東亞報

第一册

ウホアウト

THE BRITISH

··EASTERN ASIA NEWS··

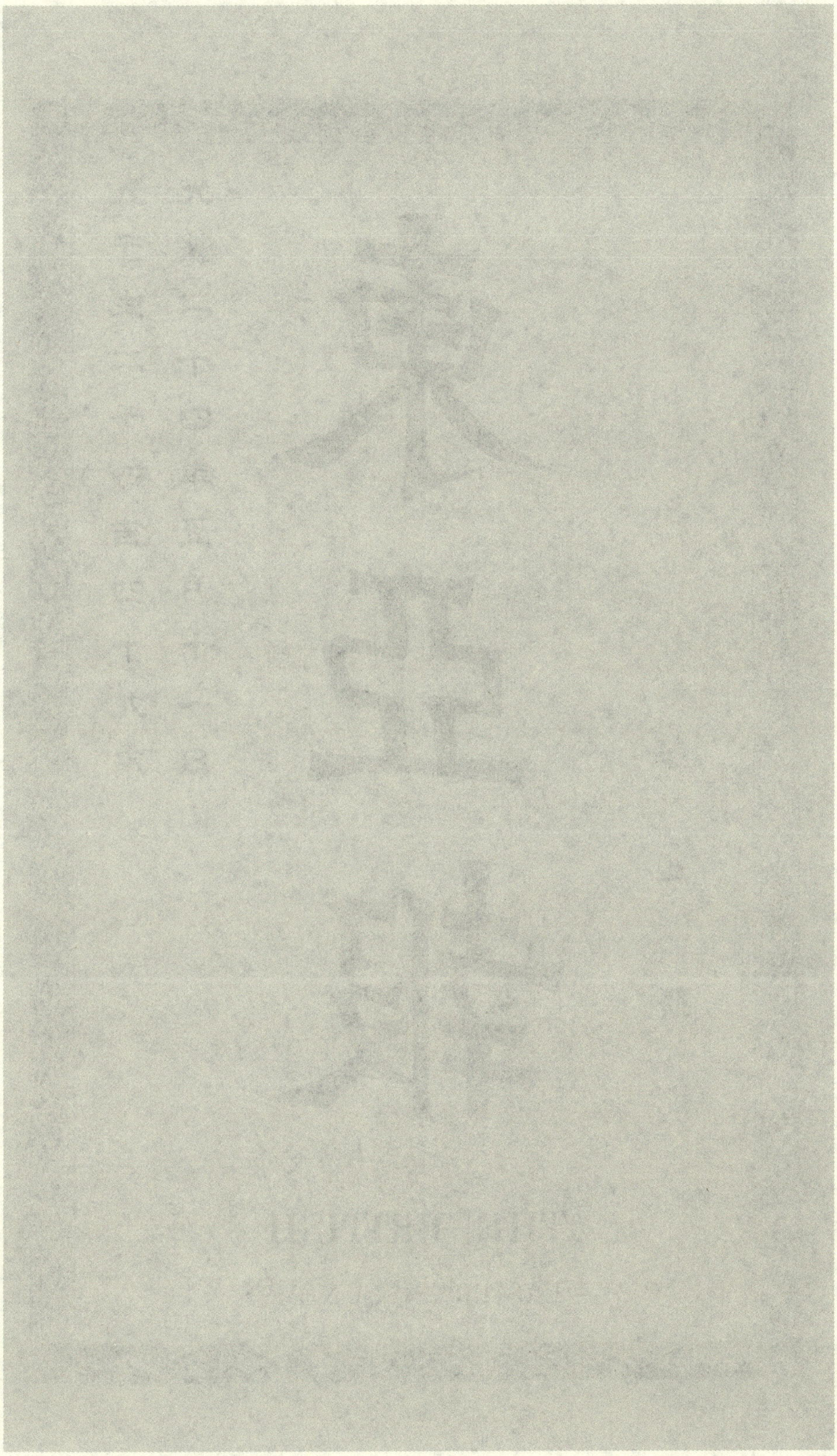

東亞報目錄第一

本館在日本神戶下山手通二丁目三十一番

番禺韓曇首撰

孔子像
蔡東瀛古畫

東亞報敘

番禺韓曇首撰

東亞子喬喬焉思焦焦焉悲奮首躇足卬審俯察抗言曰嗚呼大漠之內萬籟相感聲氣摩盪宣于不形鳴于不平者勢有所不能自已焉也若是天有報乎地有報乎其道宏哉星辰移軌而悟悔朔日月替明而識晷夕天之報也若夫氣候之寒燠潮汐之消長滄桑之沿變地之報也推至有覺無覺之倫毗陰毗陽之類或宣其徵或發其幾如倉庚啼而嗇夫起促織鳴而蠶婦悲凡以警動人間世者莫不有報況人三才之美五行之秀孕靈氣具口耳備手足流泊于茫茫浩刧之世界而固守老氏自私之學老死不相通憂戚不相關者乎嗚呼務使天下之民眯塞耳目支艾手足佖佖儳儳錮于幽獨此眞所謂愚民之術也世之賤虜獨夫有飾其術以鉗緘口舌者報道所以至今不光也此

孔子所謂德之賊也豈不痛哉

天下之無道也久矣中庸曰邦無道其默足以容舍魯何依浮海何之予欲無言皇皇孔子蓋憂之矣然悼周室之顛覆哀生民之多艱勢不能不定作諸經改糾憲制口授弟子宣其大義微言以報告天下万世是以溫柔敦厚報詩教也疏通知遠報書教也廣博易良報樂

教也。潔淨精微。報易教也。恭儉莊敬。報禮教也。屬辭比事。報春秋教也。然昔握言權者主之師。故經世者在教。今握言權者主之民。故經世者在報。叔世俗學賤儒。詆誣春秋。目爲斷爛朝報。經學所以衰。而報學所由息也。使今之人士。不諳外情。不察內變。猶汲汲然以蔽民爲政策。甘爲彊鄰之賤辱。泰西之供役。嗤嗤焉不能卸其械縛者。職是故也。

爲人賤辱。爲人供役。爲人臣妾。爲人媵隸。稍具性者所弗願也。黃種之氓。獨非神明之胄血氣之倫耶。而克任此也。然猶未也。烹俎之痛。直須時耳。瓜分之圖。豆剖之議。中外諸報說駸駸矣。膠州之據。旅大之奪。威海之取。廣州灣之索。其明徵矣。東方病國。奄奄瀕危。雖有喬葛餌以不死之丹。投以長生之藥。惟有撫靈櫬而嗟悼耳。其能俟我十年發大願。合大羣。聳大地。聯大衆。而從容就理乎。然居今之時。處今之勢。而爲理標援急之計。非報不爲功。善夫裘記之言曰。報者天下之利也。昔呂子告始皇曰。十里之間。耳不能聞。帷牆之外。目不能見。三畝之間。心不能知。而欲東至開悟。南撫齊鶡。西伏壽靡。北懷尾耳。安可得耶。今圖自彊。而弗廣言路。張報業。是猶目閉片葉。泰山睨諸無形。耳塞兩豆。雷霆聽諸無聲也。今縱不圖自彊則亦已耳。獨無懼緬甸越南滅亡之禍耶。求自存之策而已矣。倘不欲廣昌言路。張表報業。甘取于裂滅。吾不審居

心何在也吾願有家國之任者加斯意焉可也夫崑山採邸鈔而知利病榕門閱京報而訓子孫彼宿世雄儒名門碩學夐夐焉嬰嬰焉究心于是者深懼抱陸沈之痛也易曰日新之謂盛德語曰溫故而知新

孔子蓋知新聞報之有裨于盛德也使

孔子生今之世必重是矣報之道宏哉

然報館濫觴始何代乎歐洲遼古斯制未興洎逮中世耳目漸通混沌斯鑿威司尼導源于意國女皇圓接踵于英倫法醫療疾巴里司別設小章德人開新維也納初鐫數紙佛羅稜府尙有古本之遺惹迷斯時復立七日之體嗣是彬彬盛于時矣我中原文物古昔有旃州有序鄉有塾國有學黨有庠入學鼓篋釋奠歌風春秋譚禮樂冬夏哦詩書茲非宗教報之肇祖乎誹謗標木告善揚旌象魏縣書遒人徇鐸士訓誦訓攷察方慝宣揚上德通達下情茲非政治報之初哉乎董生纂律漢志斯詳春秋乃公法之祖呂刑爲聽訟之符畫象止辟肺石恤辜疑獄衆共三宥上聞茲非法律報之元胎乎端木貨殖風開曹魯史遷論說策列計然易取噬盍傳記通商茲非商業報之先河乎羲易風霆夙通電理亢倉氣水實剏瀛機尙書璣衡算家嚆矢

道經丹鼎化學權輿均髮縣重闡于墨翟陽燧攝影述自淮南周官攷工魯論游藝茲非藝學報之椎輪乎三代兩漢知學洞開風輪大轉靡不出之斯義已暢特其名未彰耳

今夫察國勢彊弱視朝野之知愚察朝野知愚視報館之盈朒列國盛彊恃報以新其聽聞也環球報目覼縷可數其報種種其報宗教其報漢學其報種類其報方言其報婦孺其報天文其報地輿其報衛生其報會社其報內治其報外交其報文學其報武備其報農商其報畜牧其報動植其報蟲魚其報光化重電其雜誌也誌音樂誌滑稽誌譏諷誌船舶誌交濟誌角抵誌雕畫誌門球誌嬉游誌機械誌時計誌撮影誌古物誌佛語誌美術其報館之碁布星羅也若美若英若普無慮千餘家伊大利佛郎機三百餘家瑞士日本墺地利二百餘家荷蘭國比利時俄羅斯百餘家嗹西二國九十餘家葡國二十餘家美洲聯邦六百有餘家阿非利加五十有餘家墺大利亞七十有餘家他若秘魯智利古巴綜算一百有餘家報有三日一出五日一出旬日一出半月一出一月一出隔月一出一周一出一周再出或一日出二日出四日出六日出八日九日一出報之出日以萬計十萬計數十萬計年以百萬計以千萬計以億萬計

右均詳泰西新聞記 專門可以肄業普通可以流覽一事一益一報一用

西人之演報也。有官權民權之稱。有合衆共和之目。有保守自由之派。有會黨諸教之歧。政府舉動。罔弗周詳。小民啣寃。藉以昭雪。大之可明養生。小之多識禽魚。深深藉通哲學。瑣瑣堪察土風。近燭幽隱。遠炯敵情。內以固民心。外足聯邦誼。卑思麥刋播須多報。能要俄盟。孔斯楚創匈牙利報。以圖獨立。宇韋陸冒讒謗律。而倡平權。孤別圖攻婪劣吏。而聯米法。故主報事者。朝甫解組。夕持筆政。昔方弄翰。瞬擢議員。或山林耆宿。篤謳歌以易民風。或志士激昂。嘔腑肺以存亡國。嗚呼。千古一時。豈復多得。

支那非千古地球無二上之邦與。支那非神洲專制大一統之舊與。支那非東亞四大獨立國之一與。比四隣環睒。曩卵阽危。而勢洶洶。而局汲汲。震旦殆哉。而目眈眈。而欲逐逐。俄尤甚哉。土國之社。俄屋之。波瀾之彊。俄裂之。柯太之島。俄攘之。芬蘭之土。俄啖之。波羅之海。俄握之。亞杳笈兒。俄覬伺之。浩罕機韃。俄附庸之。韃靼之鑰。俄掌之。朝鮮之后。俄刼之。日本浦壚斯德之雜誌。俄止之。（日本人在浦壚斯德刊雜誌俄嚴禁之已廢刊詳日本人著東亞大勢記）中國東方境內之新聞。俄禁之。（日本新聞云前月中國報館有言俄事者爲彼所嫉照會華官禁止）豈蔀其目。茅塞其心。聾閉其竅。縛束其體。欺紿其后。鉗制其國。剪滅其教。掌握其財。褫黜其吏。愚弱其民。務使之爲猩爲猱爲猿爲狙爲猴爲狒。檻穽圈牢。鞭笞叱詈。

然而赧顏屈膝。忍垢含恥。甘蒙唾辱。甘爲掌玩者何也。皆坐於朝野之愚戇。上下之壅塞也。通塞濬智。報館其關鍵矣。列强知其然也。故獨逸于東洋。楙報焉。露西亞于東方。楙報焉于海參威。楙報焉英吉利則北淸則滬濱則香江則京津。靡弗楙報焉。我中國泰然擁二萬里之地。馭四百兆之衆。憲政弗革。百竅錮塞。燕巢危幕。火厝積薪。而所謂宗室胄子。朝隱元老。擊櫼羣英。嘔心泣血。大聲號籲者。唯茲强學官局時務知新湘學國聞數報焉。遑問異域哉。東方大局日蹙。爾突厥覆軌復蹈。爾阿富汗之禾黍彌野。爾卑路芝之草木皆兵。爾馬達加之土彊蕩析。爾阿剌伯之郊原膏血。爾羲黃族之孫子囚虜。爾杜少陵之弟兄西東。爾噫。寧有譙類耶。寧有譙類耶。宗周蠢蠢。我思悠悠。亂離瘼矣。奚其適歸。傅燮身世。悲不欲生。屈平嫉時。發奮斯作。蹠魯璵之蹈海。朱魯璵明季浙江餘姚人四赴日本求援說詳日本先哲叢談效包胥之泣秦。東亞報興。良有以也。諒哉。龔子自珍之言也。黔首骨月。天地比鄰。四海秋氣。室難爲春。哀我邦人。莫肯念亂。忍使乃聖乃神乃武乃文乃種乃族乃奴乃隸。乃彊乃理乃分乃裂。猗嗟。睠睨舊鄉。誰弗憫些。

日本　橋本海關譯

孔子創造天地論　譯世界十大宗教論

天生烝民有物有則民之秉彝好此懿德詩經語也有物有則故道存焉大極存焉先儒所謂有物先天地也易曰裁成天地之道大極生兩儀兩儀生四象信如斯言則孔子立創造天地之說也夫儒教者論實而不論虛故宜別目之爲哲學也西歐宗教學者喜作比較之論動輙以儒教比較基督或又比較佛教不知以哲學目儒教也然儒教雖言天其倫理之學則令人皆可識也雖間說理氣亦不流詭異自然令人信服也唯教人曰篤行宜力也執事宜敬也其立教如此其宗旨在修己以治人也儒學既以此立宗教後人宜以小學堂所教修身學爲宗教以其言忠信行篤敬故也卞痕託氏實踐性理論教人之法曰爲人者宜盡道所行者宜實踐且發揮天地生人皆有自由之權或疑與孔孟言性善似異其說其意則一也何則主張此二說共爲道德無上大法其理皆存於人心自由之義與性善之名似異其實則言人人皆固有撰擇善惡之良知也孔子之立宗教如此卞痕託氏之言亦庶幾與儒學相近歟

荀子創辨學說　譯丙四月二十五日早稻田學報

春秋戰國時學術之士接踵而起各挾所見互相論難其間論議多造精微之域然往往流爲詭辯者亦不尠焉公孫龍唱白馬非馬論而惠施之徒和之其味是非之別沒同異之辨較諸希臘詭辯者子愛衣諸烏吳論辯之巧妙毫無遜色更比之印度數論派說破聲論派尤有過之而無不及也其他孟荀諸家之論辯理義整然脈絡貫通猶良將用兵其理致之充足洵堪攷證也然希臘自子愛衣諸烏吳以來論法之發達益著遂至令矮利司托鐵立司新創論理學若印度則數論與聲論之說開因明學之基而於中國則少見有能羅織是等論法而爲論理之一派者焉盖職由學風偏重實際尙論辯之實質而不注意于形式之如何也然攷据古書則豈無爲論理說之濫觴者哉若荀子書中正名篇實與西洋之論理學符合矣

余稱論理說者固非謂完全論理學非謂矮利司托鐵立司所謂三級論法又非謂印度因明學所謂宗因喻合結等詳細之說（宗因喻合結因明學之法則也）也然余所以取荀子正名篇者實由論思維之形式及法則也而其所論假令擴充之以至于美善具備論理學羅織之法則與亞利司托鐵立司新創之學說啞魯卞諸吳無異焉要之荀子正名篇非說論辨之法則而述論辯規矩之法則即可謂三級論法或因明學以外別含有論理學至要之點矣且夫如三級論法不必

稱論理學中至要之點。論理學之準的。唯在攷究思維之形式法則。以定判斷之當否。明論辯規矩之意義耳。可知荀子正名篇。乃說論理學之主腦。而說知於名之前。即與現今所謂認識之論理學同。其規比亞利司托鐵立司論理學。更高一層。可謂入精微之域者矣。

然則讀者請勿漠視荀子也。荀子言理學。本生亞利司托鐵立司之後。而其所言。有近世論理學者之風。戰國時諸子論理學上之功効。荀子詎不大哉。若置荀子於西洋論理學史中。其即速庫癩鐵司之倫歟。速庫癩鐵司希明概念。（概念即論理學之名目）似可比荀子希正名。而荀子叙述正名之法則。其羅織之伎倆。可謂近似于亞利司托鐵立司。其正名之準的。全與速庫癩鐵司符合焉。蓋速庫癩鐵司所以發明概念者。因當時唱道德論者各異所見。故力辨之。而明善惡邪正之分。欲使人知所適從。荀子論正名。亦本出于如斯之實際也。且當時學士之風。論道德與政治同出一途。故荀子首言正名。即是治天下之大道矣。故曰。王者之制名。名定而實辨。道行而志通。則愼率民而一焉。故析辭擅作名。以亂正名。使民疑惑。民多辯訟。則謂之大姦。其罪猶爲符節度量之罪也。故其民莫敢爲奇辭。以亂正名。故其民愨。愨則易使。易使則公。其民莫敢爲奇辭。以亂正名。故一於道法。而謹於循令矣。如是則其迹長矣。迹長功成。治之極也。是謹於

守名約之功也今聖王沒名守慢奇辭起名實亂是非之刑不明則雖守法之吏誦數之儒亦皆亂也若有王者起必將有循於舊名有作於新名

正名篇者實出于實際中之準的然其論旨又足以羅織一派之論理學焉其論分爲三一曰制名之必要二曰制名之根據三曰制名之規範是也即所以首論附名事物次明辯別事物而附諸名之理終述當附名事物須從法則余請順序即其說而詳舉之

卒然觀萬物則森羅萬象雜然交錯糾紛散漫難辨別之若欲立此間試明晰思惟而考察必不可不辨別是等錯雜萬象可合則合之可離則離之不可以不定二者之關係凡人類能認識事物即不外于定事物間之關係也是故離關係則不能認識事物焉若進一步而論之則事物不可認識吾人無從別置一詞也故此等事物離關係則無事物何則離關係之事物即事物不可認識也而定是等關係即不外于制名以爲作用焉盖別名則所以別實也故曰異形離心交喩異物名實玄紐貴賤不明同異不別如是則志必有不喩之患而事必有困廢之禍故智者爲之分別制名以指實上以明貴賤下以辨同異貴賤明同異別如是則志無不喩之患事無困廢之禍此所爲有名也

政治

論英人巧待中國 譯四月五日日本人報

日本　大橋鐵太郎譯

德國占膠州灣之橫。天下人皆訾之。無容贅說。若俄國旅大之要求。焦躁急激。尤與向來懷柔之理相反。夫滿洲鐵路之布設。西比利亞鐵路之延長。旅大之借地。等喀希尼秘約已得此權。何必犯列國之不韙而猶爲是言哉。且俄若乘機以說彼政府。諒必爲其所許。計不出此。惟以虛聲恫愒。逞其慾。不可謂非至拙者也。假令俄國要求清廷。雖不得已而許之。然彼國官民。積怒於心。人思枕戈。尤爲難於善後。於是吾深服英國待清策之巧焉。彼其東洋艦隊之進退。及北京城內之折衝運動敏捷。他國固非其比。至於外債一事。尤推外交上最著之功。夫中國借外債。乃俄法所欲承而不得者也。故觀英國將當之。乃極力反攻兩國公使。密遣間諜。附英公使身邊。以覘其舉動。入總署則尾其後。與王大臣談則行反間。苦心經營。諸多遏抑。乃英公使埋庫托那魯氏鐵腕端然不動。率能排此兩國。而定貸欵於清廷。其間固出總稅務司羅哈矮托哈矮托氏。及我矢野公使周旋奔走之力居多。然英國一切要求。尤覺名正言順。卓著成功。夫春秋戰國之世。猶且以名正言順爲先。況彼今日國體尙存。事事皆受其支配乎。故欲成大

事必須先正名焉我國前數年間劈頭發宣戰之詔雖則啓兩國鬩牆之爭然外交辭令自後尤爲必要昔者鄭作辭令裨諶以下諸人各盡所長是以應對諸侯鮮有敗事此次英國在極東外交其上下有識者皆腐心于此反覆指陳不遺餘力盖因意在平和重視商務而不在土地之分割且其要求不止爲國計并爲宇内統計焉西一月十日大藏総裁哈魯府啞烏矮氏公言於埋吳旣愛司太矮選舉之集會云英國於清國之利害全在商業而不在割土此政策之第一斷案若於根據地外復加領土非我國之利盖領地愈多則責任愈重也第二英國占中國貿易之二成決不可因妨外國爭利而懷忌心第三我國從來政策在排斥敵國禁我互市之特權故我所要求之通商自由者不止謀英國之利并欲使宇内萬國皆享其利也且他國欲害我國貿易之利其法有二一迫于清國政府制定自有之利各款實有於互市者是也二在保護自己所占領海岸諸口而建關稅之地者也然我正當力排此等防障盖我國政策不止利本國實宇内人通共之利也若此策既成則列國一切貿易法亦改而之善以維天下之平和不難是我邦處中國並阿非利加之策也云云又是月十七出納尚書希衣旣氏臨司烏啞吳戲衣商業會議所饗宴演説云我國所要於支那者非得其領土唯欲開放中國使爲

宇內貿易市場。嗣是我國文明與中華日益加睦。斷不欲列國弄干戈於中華。縱其呑噬之慾。蓋我國信中國爲將來有望之貿易市場。欲以萬國通商開放之。雖列國偶動干戈。尙斷不容閉鎖其門戶。縱或嫌壓力太重。然辯明無割據領土之意。亦可共諒矣。又是月二十五日。外務次官卡縱戈於蝦魯托吳。說明政府之意云。我國不要求專權。亦不代專他國之權。故抵抗他國之專權。併抵抗他國與我國一切商業利益相忤之舉動。我於清國。本非侵畧。故無占領分割之意。我國於中國樹立標幟者。非戰爭旗。乃商業旗也。此等政策。在我國人固多後援。即宇內萬國民及其政府。諒有同情。誠使萬國皆通商於清國所開各港。即可以維持中國之獨立爲其責。彼哈矮托立子托氏提出西三月三日之議。決定維持清國獨立案。其名一何赫赫哉。若爬羅剔抉。以妄測英國之存心。固不得爲知言也。自吾輩視之。英國非眞仁義之國。惟術工外交。每藉口於萬國之公利。而收自家之私利。若易地而處。則英亦一俄而已。然俄國要求唐突。急激。却招滿廷之恐悕疾惡。清國更何所賴。反之。英國着着遂其所欲。益長其勢於清國。殆已牢不可拔焉。假令俄國愜所其望。而清人腦裏。不勝排俄之心。則將來損益。正未可知。是眞所得無幾也。自吾思之。俄徐用懷柔之策。將來滿洲及東三省。必其掌中物。爲俄國者。何不學

揚帆於順風反逆流而行舟平竊不禁爲俄國惜爲中國幸尤爲英國賀焉夫德國僅據膠洲灣其勢尙跼蹐於山東一省然已如張鵬翼於中國大陸不可謂非前程萬里矣英之根深蒂固大有所獲豈止德人之比哉如湖南省岳洲之開港如得延長緬甸鐵路於雲南府之權如得內地河川江湖航行權如博不令他國勢力逼於楊子近沿岸之質言如鞏固総稅務司羅哈矮托哈矮托之位置如決巨額外債之貸欵如爲外債担保以得海關稅部并收沿岸諸省及浙江省徵稅之釐金權統屬於総稅務司盖清國南半部利已歸其手積威旣立倘彼他日不幸有瓜分豆剖之禍江南一帶地決不令他國染指矣抑英國最奢之望尤在奄有南清彼蓄此心者已非朝夕之故在併吞緬甸以前盖早抱此意焉誠以雲南及貴洲乃英重鎭而清國寶庫之鎖鑰又在此焉今得延長鐵路於雲南之權以破其金城鐵壁於是分派中央一線出漢口出于上海又一線出大理通于寧遠成都而開巴蜀之天府又一線由西江沿岸經廣東以連絡于香港此三鐵路線已縱横於南清之大陸水則獨占楊子江西江等之航行壟斷通商一切大利水陸互相照應將成其幾世幾年之蓄志猶復飾以巧妙之辭令一似有厚愛於清國者英人之狡獪技倆也郭侍郞上合肥相國書云去冬道出上海見格致書院藏一火

輪車道里圖由印度直通雲南一出臨安以東趨廣州一出楚雄北趨四川以達漢口又由廣州循嶺以出湖南而會漢口乃由南京至鎮江又東由寧波北出天津以達京師令人見而咋舌蓋謂雲南甫通商即籌及火輪車路也及來倫敦知此圖已出自十餘年前凡其蓄志之所至誠不可測云云則十餘年前早已有人看破吾輩今日方言固不免遼東豕之嘲然英人深計未曾挫折則再言之亦足喚醒酣睡中人矣且英國所以銳意經營南清鐵路者亦出于妨俄之計若他日滿洲鐵路開通經齊齊哈爾伯都吉林奉天遼東而置俄國停車塲於旅大則英國亦不數年必布設由雲南出廣東香港及由香至漢口上海二幹線其達四川一支線一旦有事橫制俄國占領哈迷衣魯等處亦不可謂無功豈非大志乎試申論之先是英國要求於清國者岳州湘陰長沙湘潭及大連灣等之開港也而除大連灣外餘皆在湖南省洞庭湖畔或瀟湘沿岸清國惟允岳州開港而又限其期以二年（即西一千九百年六月二十日）由湖南人有厭忌外洋之風故緩之也蓋湖南之地水流縱橫田野膏腴米穀豐賤物產繁多諺謂湖廣熟而天下足本屬實事然風俗慓悍其湘字軍之驍勇聞于四海銳鋒無敢當者徃時戡定長髮賊即此健兒也嗣後日清交綏盖平之戰視死如歸以留身後英名者亦此湘字軍也惜其人情多固

于守舊故雖各省電線密如蛛網湖南尚未架之若急切開放誠恐激民生變再釀袞州教案之禍是則開港岳州期以二年可謂善於處置矣加之岳州乃湖南之關門如湘陰長沙湘潭元州等處沿湘水南下而會于西江之域俄欲開放亦恐難以爲功至大連灣之開港彼乃止而不行者實畏俄國之相阨也西二月八日英國國會開會之日首相穨魯同海利衣侯演說於上院云爲外債故政府要求大連灣開港於中國然中國不允則延長鉄路而達大連灣亦可無容是實西一月十七日事也至十八日駐北京公使埋庫於那魯氏報云中國政府已諾之惟俄政府登時通牒我政府云俄國若得港灣於淸國必須開之爲各國自由貿易港德國通牒如是縱得此似亦無益云云

論東洋現勢及將來 譯西五月五日太陽報

德國從中國奪膠洲灣中國又令淸國讓旅大英國占威海衛法國强請廣洲灣各遂其所望焉是刻下之事實也目擊此事者誰不憐中國政府之無能爲力哉然此事正不止中國政府之無能爲力更有一大關鍵焉所謂大關鍵者何也曰歐洲列國不問如何之名分如何之理由而漫以暴力蹂躪亞細亞之主權者也

夫人有權他人苟不侵犯之則人雖弱以可保財產之安固國有權他國苟不蹂躪之則邦雖弱可以維土地人民之生聚茲有强者不問理由名分而漫侵犯他人所有之權則弱者何以保財產之安固乎於國亦然彼强國不問理由名分而漫蹂躪他國之主權則其土地人民被放置於無政府下其事安忍言哉然則英法德俄等歐洲列强視我東洋之擧動果具如何理由如何名分而漫併呑他國之土地人民也是實歷史上未曾有之新例吾輩敢直言以斷之曰此盜賊橫行之所爲毋坐視其攪乱我東洋平和之擧動也

顧自日清戰爭以來東洋之均勢實判爲二種一則防禦勢力而日清英三國代表之一則侵畧勢力而俄法德三國代表之一旦清國與日本開戰明示其實力薄弱而不勝防禦此後東洋均勢已將際破壞之危機而極此危機者實日本帝國之責所以使中國割遼東半島者不外維持將破壞之均勢焉何則中國之無力既已暴著則防禦必隨而崩於是爲日本帝國者自不得不代中國而負均勢維持之責也孰料我當軸者於馬關講和條約之墨未乾一朝屈于三國同盟之干涉終奉還遼東哉然則日清戰爭固暴露中國之無力遼東附還更吏暴露日本帝國之無力東洋之均勢不破壞豈可得哉

然則日本果無力乎曰決不然畏三國之干涉者惟當軸者耳非日本國民也以遼東還附爲得策者亦惟當軸者耳日本國民皆不願也或云當時日本國民皆不言豈非以此舉爲得當乎然此乃由當局者不令國民各抒其所見矣凡愛國之心如日本國民者地球上未見其比視死如歸去私狥公如日本國民者則宇內果何國能拮抗之乎如斯國民何畏三國之干涉畏之而還遼東實與國民之心相拂督我當局者之失策也今也遼東已不可問東洋之均勢因而破壞中國瓜分之局亦漸成彼列強白晝公然奪他土地蔑他主權爲我日本國民者斷斷乎不可坐視也矣

夫苟袖手旁視以圖一時之安吾恐唇齒輔車相依爲命中國既爲列國所分割日本亦勢不能無事也明矣以吾輩觀之列強相爭而奪中國之港灣者其意皆在以此等港灣爲海軍根據地假令列強宣言開放其港而爲各自由港則其注意于兵畧也不容疑焉列強之注意果如此即着着得手而中國之爪分遂成嗚呼履霜而堅冰至豺狼野心何所底止彼俄在中央亞細亞之手段英在埃及之運動德法在亞非利加之政畧此後於中國屢見之焉向者列強未有適當之海軍根據地於東洋其在東洋也宛如行旅倘能威壓中國而遂其野心況今得

海軍根據地有將爲東洋主人之狀則列國禍心之所伏豈爲難於揣摩哉吾輩每念中國之前途未嘗不寒心也

一外人黨評清國政府云總理衙門者即延滯院也向總理衙門而求案件之決定猶百年待河清蓋彼政府外交秘訣惟在延遲案件不即決定此所以招列國之陵暴今日被奪一城明日被削一港政府尚且遲延姑待不知反速陵暴之禍也其致此豈偶然哉加之財政紊亂毫無整理之能一旦有事唯于靠外債救焦眉之急此次償金乃外債以外債政府之措辦益難同時列國以爲奇貨提出種種要求則中國政府之危機又因財政而加甚所以列强爭應中國之外債者非信政府之財政實垂涎于內地之富源也中國政府之靠外債是舉其富源而獻之列强豈不危哉然此尚可支也彼其國民心不一全乏忠愛之忱雖有陸海各軍而究無戰鬭之力則國家盡失自衛之具欲免滅亡豈可得耶試問中國當此瀕危之勢日本隔一衣帶水果能保國勢之安全乎夫列强駐兵於東洋其最要者莫如煤炭而東洋出產煤炭地不過我北海道及九州地方今日若不爲抑制列强之計則他日列强相結而要求我北海道及九州之貸讓也未可知焉假即不然中國爲列强所瓜

分我縱有許多軍艦及軍港或倉猝不能防列强之侵畧就令力能防之而所需軍備必要幾信于今日之軍備故自現况觀之當此列强侵畧未造其極苟能抑制乃是我帝國長遠之策若中國瓜分既成恐我國亦難爲力猶歐州大陸爲羅馬所征服英國究不能持其獨立也然則爲我國計者果執何法乎曰保護既得之利益及權利是也至欲徹底澄淸則須先防止中國分割之危機而確保其平和催促其進步幷代謀其力之所不足合我國與列國對峙乃可維持東洋之均勢焉顧視我當局者之於外交曾無定策貪一時之苟安其設施必無足觀矣方日淸戰爭之時苟當局者成竹在胸彼三國干涉雖突如其來究不必倉皇失措或開列國會議而決之於樽俎之間或執合縱之法以制其死命此時我當局之手段用之尙綽綽有餘乃藉口于東洋平和唯唯諾諾勉從三國强迫而忽還附遼東是果何心乎又當德國占領膠洲灣俄國占領旅大袖手傍觀不置一辭是何心乎當時英國見俄德舉動出而抗議顯然望與我國連合當局者何不乘此機會與英國相聯乎是豈非爲外交無定策遭事變而徒鼠首兩端乎

我當局者着着失策於外交實如斯其究必令列强察我無能爲力遂如入無人之境盜賊公

然横行蹂躪亞細亞之主權我當局者尙可云外交得宜不損既得之權利乎亦可謂厚顏矣曩者英國宣言保護中國獨立遂爲宇內所注意英國爲保護其權利計以中國獨立爲最要之策此說也可移之我國焉蓋日英兩國於此確同其利害故我當局者必須先與英國訂交以保中國之獨立且不止日英兩國外此與我同利害者不問何國皆當合從此急務也若聯盟既成則須提出俄國占領旅順大連灣之事以爲主義但今事機已失然抗議之情形及提出之方法苟得其宜吾保其有多少之効焉蓋外交之事非可旦夕成功當夫屢抗議屢異論之間或有讓與或有調和或有交換始得漸次就緒無論如何强國欲以一次之舌鋒而遂達其志者甚即法國各嘗干涉埃及經數回翻駁毫不見効然主張在手彼務必償所欲而後已試視海南戲油癩與英國抗議及西千八百九十年葡萄牙與英國爭亞非利加即是也

人或藉口于我國實力不足而謂外交之難是謬見也凡國家之實力因其位而變亦猶物價均同一物而早晚之貴賤頓殊若令我帝國在歐州大陸或未必有一等國之實力然在東洋則確不失爲最强國請試言之其陸軍之整頓其軍艦之精良其富于煤炭而且有運輸之便其足於糧食而更形勝之勢列國誰敢與爭乎彼歐州列强果欲逞志於東洋則道途遠隔無

軍隊輸送之便。加之煤炭缺乏。糧食不足等。將仰給於何地乎。則其於戰事。仍有所難也。況更爲歐洲均勢所維持。或不能出大兵於東洋乎。即令兵駐東洋。亦要莫大之費。本國財政。必遭糜爛。我帝國於此等事。視列强實爲差勝。誰云我國無實力乎。夫善於外交者。不難令弱國維持其權利。以東洋最强之日本帝國。反拜跪於各國之下。而莫能主張其權利。吾輩不得不咎當局者之無能矣。

以吾觀之。帝國今日之憂。非無實力。而在當局者之無能。此際須博採輿論。爲當局者之後援。督勵之鞭辟之。以恢復東洋已壞之均勢。以保中國之獨立。以維持我國既得之權利焉。是實我國刻下之急務矣。

法國政治學校實情 譯西五月十日早稻田學報

普法大戰之翌年。即西千八百七十一年。府烏托迷衣希南衣兩氏。觀當時國民之萎靡不振。以爲非振刷奮發。到底不能令彼國在歐州維持其權利。顧爲之奈何。唯在養成實行之人物耳。由是專注意於政治學校之創設。蓋前者所得尚淺。然自此學校出者。或就大臣之顯職。而任國家之望。或於議院壇上侃侃議國事者。亦不尠焉。務使學校創設。養成實行之人乃足以

雪國恥故其講師當實際事務之局者尤多始前內閣議長利蝦烏氏商工部大臣魯蝦烏氏著普法戰史風行一世而速立魯氏哈吳太魯及矮那托烏魯魯羅矮蝦烏利油烏氏司子烏魯魔氏等諸名士皆當教授之任而學生則恒以數百計云

有別學科焉外交行政經濟財政殖民公法及歷史之五科凡入學者以高等學校卒業生充之修業限二年至三年爲期未遽試驗二年後乃行卒業試驗有口頭筆記及卒業論等文其生徒有學生傍聽生之別學生者正科之生徒每學期支學資金三百法傍聽生者專修一科支學資六十法在巴里之學校者大概師弟之情甚疎間或視若路人然政治學校則不然秩序整齊師弟間之親密有如一家團聚是政治學校之卓著也

講義之法在講師唯略舉大意而示其徑路要在令學生自問自答以開發一家之見識其講師乃集大家之説而品評之決不挿入自家之見識令學生討究其是非又有討論會提出嘗所學習之一題反覆推勘細密論究最有趣味者即外交科之討論會也集學生而擬各國大使公使或擬伯林會議或擬聯邦會議令之演習各國外交官馳騁樽俎間之狀臨畢講師以一家之見口講而指授之師弟間情誼親密出乎尋常之外所以創立雖未久而濟濟多士後

先輩出政治學校之名聲著于四方焉

中國振興策　譯西四月二日東京經濟報

爲日本計者不宜抛擲中國帝國也若抛擲之則彼終爲歐洲列强所瓜分而已德已取膠州灣俄已取大連旅順英法亦將有所要求其何以自保乎若以我海陸軍防之則我獨受天下之兵不但我國所不能堪亦非策之得也故爲今日計必須先令中國帝國得自衛之基礎蓋中國帝國根本之病在觀其政府如路人其所以無政治無思想并無愛國之心而受他國欺侮者職是故耳

初中國政府之建國也慮維持廿一行省之難薄國税而重各省督撫之權以箝制民之變動焉故爲督撫者收斂人民之餘財以行一種專制政治人民財產宛如在督撫之手此等政治焉能發其愛國之念哉以余觀之欲令中國帝國得一大氣力唯在變法耳然急促行之仍非得策故余望其振興有序其道何如第一各都市布自治制第二各省興議會每年議定其經費用斯二法則如大聲疾呼而起民心有政治之思豈獨愛政府又愛國焉且中國人民本非患貧藉令募債之法得宜初無需乎外債也中國政府果欲實力行之宜通國設立銀行使之

得發行紙幣其法非難唯倣我國所爲而鑄其幣則可也加之以鐵路縱横彼中國帝國本廣大何至受外國之侮嗚呼中國帝國果爲歐洲列强所瓜分此傳所謂唇亡齒寒者也日本帝國宜急以此事勸告者哉

俄國財政及幣制改革情形

譯西四月一日東京經濟報

俄國度支大臣烏衣子鐵編製西一千八百九十八年歲計豫算案如左

第一 經常歲入

一直稅（即地租等是也）	一〇〇、五七七、八一六盧
二間稅（即地方稅是也）	五四三、四六九、二〇〇
三雜稅	七〇、二一〇、六七四
四官業收入	一三三、九九〇、一〇〇
五官有財產收入	三七〇、一二七、一〇八
六官有物賣下金	五九三、三三九
七贖田年賦金	八〇、五五八、三〇〇

八國庫回收金	五九、七六八、二二七
九雜收入	五、一六三、四五三
計	一、三六四、四五八、二一七
第二　臨時歲入	
十國庫永久保存金	三、三〇〇、〇〇〇
國庫遊金	一〇六、二九一、七〇六
計	一〇九、五九一、七〇六
歲入總計	一、四七四、〇四九、九二三
第一　經常歲出	
一國債	二七二、〇九二、七三二
二高等政務機關	二、六一二、八四二
二大敎院	二〇、三七四、九四一
四宮內省	一二、五九七、四九二

五外務省	四、八〇二、一七六
之陸軍省	二八八、八〇八、六六四
七海軍省	六七、〇五〇、〇〇〇
八大藏省	二一一、一八八、〇三八
九農務及官有地事務省	三五、七三七、九八三
十內務省	八〇、一七五、二一一
十一文部省	二六、四四〇、八四三
十二工部省	二六四、六七七、二三二
十三司法省	四二、七三三、二七四
十四會計撿查院	七、一七八、九三五
十五官有牧馬本部	一、六一四、八五〇
計	一、三三八、〇八五、二一三
十六豫算外歲出	一二、〇〇〇、〇〇〇

合計	一、三五〇、〇八五、二一三
第二　臨時歲出	
十七悉比利亞鐵路布設費	三七、四四七、〇二〇
十八悉比利亞鐵路附帶企業費	三、七一八、三六三
十九他鐵路幹線布設費	一三、五六五、一八二
二十地方鐵路及支線布設費	一〇、〇〇〇、〇〇〇
廿一鉄路機關車及車輛購入費	四九、二三四、一四五
廿二酒造有權者償却費	一〇、〇〇〇、〇〇〇
計	一三三、九六四、七一〇
歲出総計	一、四七四、〇四九、九二三

烏衣子鐵氏云本年豫算表中經常歲入多於歲出一千四百三十七萬三千貫而総臨時歲出據前年之例不募新債盡以國庫遊金填之以得歲出入之平衡蓋臨時歲出之財源以前表中記臨時歲入及經常歲入贏餘支之據此豫算表則俄國財政之豐實堪畏焉我邦若欲

與之拮抗必須擴張海軍及先時整理財政而後可也

又據烏衣子鐵氏報告則俄國之幣制改革頗覺好結局焉觀左表足以知其一班矣

	紙幣發行額	俄國銀行及國庫金貨現在額	對紙幣百金額之比較
西一八九六年末	一、一二一、三〇〇、〇〇〇留	一、二〇六、〇〇〇、〇〇〇留	一〇七、五
西一八九七年末	九九九、〇〇〇、〇〇〇	一、三一五、〇〇〇、〇〇〇	一三一、六

統計俄國於一千八百九十六年終其額金既已超過紙幣至一千八百九十七年則減紙幣一萬萬二千二百三十萬留增金貨一萬萬九百萬留其準備金貨之多豈非可畏乎兼之銀貨本位之鑄造已停將來惟鑄造補助銀貨而銀貨要額合算爲半留二十哥十五哥十哥及一哥等小銀貨則每一人二留半及至三留半即総較舉國人口不加多於三萬萬二千萬留以至三萬萬八千萬留而現在銀額已達于二萬萬四千萬留且急則用紙幣不急則收之故銀之購入及銀貨鑄造想近數年間不已多占額數歟但西一千八百九十七年購入之銀塊價額又有二千八百萬留也

美國因破壞教堂之要求 譯西四月二日東京經濟報

前者中國重慶附近暴民破壞美國傳教會堂美國政府向該管道臺爲左要求云

一須解散暴徒

一須處殺人者及首領以死刑

一須支會堂破壞賠償金五百兩

一須保護傳道師

論法人要求中國條款 譯西三月二十六日東京經濟報

俄法德三國同盟其於東亞之計畫實在助俄國之南進往者遼東半島突出公使強爲干預已得各款無數之利嗣後因東省虐殺德國教師復授德人以口實德國先起要膠州灣永借地及其他特權於清廷清廷不仗義執言而排擯之允其所請俄國遂乘機而要求旅順口大連灣永借地及滿州橫貫鐵路布設之權法國更不俟俄國要求之落着復向清廷多端要索焉蓋清廷態度外人早已洞悉不待膠州結局始知彼俄法於南國亦爲無厭之求者欲使中國腹背受敵草草了結可以唾手而得也嗚呼日清講和之際三國儼然爲清排解強我日本將遼東半島讓還舌根未乾已現出本來面目彼盖扶同盟之力故敢逞志如此三國可謂暴

橫之極者矣。

法國要求清廷各款如左

一借廣東省雷州附近廣州灣。爲煤炭貯藏所。

一增長東京鐵路布設。以雲南爲終點。而得將來與中國南北鐵路連絡之權。

一郵寄等事。欲其速達以及安全。當事者悉要委任法人。

一約不讓與楊子江以南廣東廣西及雲南三省於他國。

一得東京雲南鐵路沿線採堀鑛山之權。

諸列强國因此要求而有利害之關係者。莫如日與英兩國焉。夫朝鮮半島在我九州衣帶水之彼岸。若朝鮮爲外國所占領。其損我邦之權利也。固不俟論。然則與我臺灣隔一衣帶水南地方。爲諸國所占領。豈不害我之權利乎。且增長緬甸鐵路而使之到雲南。英國固夙望之。然郵政等事。皆在英國人赫德之手。法國之要求。到底不免與英齟齬焉。然清廷恐怖狼狽。若非日英兩國自外助之。吾恐法人必得所欲以去也。

英借廣東九龍　譯西六月十二日倫敦報

清政府允英國借九龍。九龍與香港相對。英欲擴其領地。故有此事。清英兩國。已訂結條欵。各蓋印畢。其限期則始於七月一日至九十九年而止。所借地域。自那唔打阿路。蓋梅蔚路 米路斯灣兩港。及九龍背後。通此兩灣。畫直線而含帶其以內各地。次日又報云。中國以香港周二百方里地讓英國。其境域內包含自米路斯灣。至笛倚普灣。其中九龍背後。一帶大陸。且其水面外爲辣痕多啞島云。

俄法德爭論長江鐵道　譯西五月二十日東京日本報

英國與俄法德三國。各以權力相爭于東亞。觀長江鐵道事。已可知也。頃者唎耶路笛痕馬息曾痕會社。及香港上海銀行。與中國政府商議。得布設鐵道于漢口鎮江南京蘇州間權。俄法德三國公使聞其契約蓋印已畢。忽向中國政府抗議。皆拂英人之意者也。

湖南維新　譯西三月二十日日本人報

中國湖南維新之治。蒸蒸日上。皆張之洞總督兩湖。陳寶箴巡撫湖南之力也。湖南巡撫之子乃陳三立。通歐美事情。能文有志。尊賢好士。設維新學堂。養成子弟凡三千名。盛大無雙。支那帝國或有生活之機。亦賴此開化黨。以延一綫也。

法律

日本　角谷大三郎譯

國際公法總論（譯最近世國際公法論）

夫國際公法者。覊束地球列强之繩索也。國家而不顧國際公法者暴國也。雖兵强財豊其不可當地球列國上下一心者必矣。若地球著名之某國某國其實例也。國家能依遵國際公法。則文明國也。雖使兵乏財缺。地球諸强國上下一心。皆能助其國獨立。若著名之某國某國其實例也。國際公法。主行于西歐。是非爲其國開明也。盖因建國基礎甚弱。必待列國之助。由是外交早開。故主行于歐洲也。國際公法。幼稚于東洋。是非爲其國野蠻。葢建國基礎甚强固。無庸借他國之助。由是外交不開。故幼稚于東洋也。然東西之比。如一矢易折。束矢難折矣。歐洲國際團体之强。而東洋各國分立之弱。此理數之所不免。今東洋國家多事。職由于是。東洋人士。宜注目于國家之大勢也。

夫國際公法者。統治萬國。用之則爲公平。可免各邦藉國際團体（國際團体謂上下一心也）合一之勢力。以蹂躪孤立國之弊。今歐洲各國之於東洋是也。國於東洋者。今若不講國權確立之策。則爲歐洲異種所呑噬分割。其理歷歷可數也。東洋列國今日之策。在日本中國朝鮮。互相扶持精神

合一。探地球各國所長。共進而入于地球國際團体之內。於是國威始可保。東洋平和乃可觀也。其投入地球國際團体之法。先使上下官民。一体通知國際公法之理。官吏當知國際公法。不俟論矣。人民尤不可不知國際公法也。如中國人民殺德國宣教師。雖出國民之關係。遂延及東洋大事矣。是爲民而不知國際公法也。吾人縱談國事。必語東洋平和之策。盖欲求東洋平和。宜知操縱地球通有之繩索。即國際公法之能力也。

若地球上各國。皆入國際團体。戰爭始可絶其迹。亦猶之國內法律嚴加整備。而內亂絶跡。故曰國際公法。地球平和之要具也。今詳述之。若國家與他國有事。先依國際公法之定規。知其義務不可免而事乃止矣。若無公法上之定規。則依而習之。知公法之義務確不可免而事乃止矣。若有漠視公法。恣暴威之國。已若能交通諸國。而干涉之而事乃止矣。或守國際通義。而互相讓步。或當局國撰一定之第三等國。（第三國指局外國也）一任其居間排解。或第三等國進使入其間。若能爲之居間排解。皆出國際公法防戰爭於未發也。若戰既開。則有戰時國際公法。當局國宣言開戰。以發表開戰主意。第三等國公布局外中立。以明公平措置。又交戰國互相厚待。凡捕虜者。雖戰鬬中。不肆暴虐。又互保護敵國人民生命財產。若能居間調停。皆莫非國際公

法之賜矣又開戰後有依第三等國之調停或依交戰國之議論停止戰爭是亦不外乎國際公法之實用也戰爭終局則封港之禁既開賠償金幣捕獲財產及處置占領之地挽回交戰國人民之私權及撤去局外中立國皆屬國際公法範圍現今國際公法不過始萌芽耳雖未至絕戰爭之跡然維持地球平和之局歷歷可徵也

凡法律有二義一曰國內法二曰國際法國內法屬國家國家主權者所制定主于統治內政之法律夫一國之君有主權者具存强制實行之法國際法屬之万國故非一人可持主權者但視國際團体之所承認而專係乎外交之法律夫非一人可持主權者故無强制實行之法然若背國際法則關夫國家運命雖於强制實行之法有所缺然亦非徒空言法也夫國際法分別有二一曰國際公法二曰國際私法國際私法定己國內治與他國內治之關係非本書之所論也國際公法定己國與他國之關係己國與他國人民之關係己國人民與他國之關係昔時有萬國公法之名是非萬國公行之法律而行國際團体間之法律也萬國公法之名本不當其實近時法學家所以名國際公法也

國際公法本具有四要義若四者不具非國際公法也一則因各國之並立也凡物有偶者則

必有正負。有正負則有相敵。故二人並處而紛爭。惟國家亦然。法律所以處理紛爭也。夫地球有各國並峙。既有各國並峙。必不可不立主權完全之獨立國。若雖存一國之形。或無主權者。或隸屬他國者。或爲某國之殖民地者。則不能操縱國際公法。是以若有非常英雄崛起統一地球。則無國際公法。此時地球中惟有國家與臣民之關係而已。二要各國互相交通。若取鎖國主義。則自外于公法。地球亦不認之爲國也。是自棄其國於國際團体之外也。自國際公法之精義觀之。眼中以爲無此種國家矣。三要各國承認相與交通。夫道德宗教。責巳慎獨。乃已國中平等之大法也。故不須彼此承認之事。然公法特設者。則所以拘束各國之具也。故必要彼此承認合意。然其承認不必要明約也。或出習慣。或出默相契合。若不要各國承認。則不生拘束他國之効力者。是國際道德也。國際宗教也。非國際公法也。四要定國家間之權利義務。夫權利義務。由利害而生焉。故事屬國家之間。不定利害關係。是非國際公法也。又甲國人殺乙國人於甲國。事本關國人利害。如不關國家利害也。然以理論之。方此之時。甲國不能免監督國民之責。故延及國家之權利義務。亦屬國際公法範圍內也。

或曰國際公法者。非法律也。何則國際公法無一定之裁制。無一定法廷。又無一定立法者。而

日人論借厦門以廣商務 譯四月二十三日東京經濟報

日本 大橋鐵太郎

東亞風雲方急。俄則覬覦遼東半島。德則取膠洲灣。法則要求廣州灣。英則要求長借威海衛。清國之多事可想見乎。閱各種日報。足以破都人之夢。聞路透電音。尤足聳動國民之耳目。故雖兒童走卒。亦論外交之迫。田間傖父。亦揣東亞之勢。唇齒相依。莫甚於今日矣。余今著此論。雖語多雷同而已。幾研究。讀者諒焉。

余觀我國之勢。須要求清國長借厦門。夫余非贊瓜分支那者也。現英國議會。如矮戲油迷子托。及戲衣利衣氏。亦欲借支那之地。成案可據。余深喜其先得我心。蓋欲制俄德法三國之橫。而自守其國。以備意外之變。不得不向清國請厦門長期借地焉。是非利人所有。實東洋自衛之策也。

北緯二十四度十分。東經百十八度之處。有一島焉。名曰厦門。周回二十二英里。屬清國福建省。在大曲灣北部。厦門港者。此小島中之海港。乃東洋至要之貿易港也。清人俗稱鷺島。別市街爲內郭外郭。

全島人口約三十萬人在廈門港者約十萬外人僑居者約五百人經出此港貿易総額約有三十萬弗

各國船舶碇繫所在廈門本島與鼓浪嶼之間鼓浪嶼者南北長約一英里全幅一英里周回幾四英里嶼上山脉連亘最高處拔出海面三百餘尺自港望之宛如一大圓石且產花崗石甚富有淡水井凡本島食水多仰汲此嶼各國領事館旅館亦多居是焉

至其氣候一年分爲二季曰雨季曰晴季雨季者始于二月終于六月其餘全晴季也寒暑針最高百五度最低四十度而酷暑則在七月中旬嚴寒則在三月下旬空氣之流通極佳每年九月至四月常便於東北風自四月至九月常便於南風又有自近傍諸山吹下風及洋面吹起之東風焉

廈門港向推極大市場葡國人於西歷千五百十六年冒險來此其後和蘭西班牙繼之而我日本人尤以此爲樂國其始出沒于廈門近海者實在葡人前一年當時我國人涉不測之風波往來江浙沿岸各處遂乘間而入廈門且與漳泉人狎處遂練一種商業遠征隊此前事國史載之蓋遠征隊實肇端於廈門港口之語嶼爲彼等以此嶼爲根據地遂進而上福建陸路

斗美地方越數年乃溯海澄縣浮宮河而入商業最盛之月港地漳洲府志云當時靑浦石尾同安厦門鼓浪嶼等皆在日本人掌中威望幾壓南清雖泉洲海盜尙降日本之軍門而待命焉。

道光十九年即西千八百四十年林則徐禁鴉片入口戰端遂啓而使英國雄飛於東洋及和議告成於千八百四十二年立約讓香港於英國而廣東福州寧波上海等處亦規定爲英國貿易地方厦門亦準其開港邇來商務愈繁直爲南清最大之市場矣。

然則各我國計何不竟借厦門乎前者讓遼東半島實欲保東方和局而今也俄德法英皆取地于清國實東洋之大患日本若望東方無事豈可得乎況英德俄諸國實垂涎於東洋者臺灣澎湖之地彼欲得之久矣厦門距澎湖僅百哩距打狗嶺百六十二哩故借厦門實爲臺灣打狗嶺計而保東洋之局也矧臺灣各地今若于土匪之蜂起若日本假厦門而屯兵于此則土匪當悚然屛息矣。

淸國果許借我則我將以何法治之曰須使軍艦常屯該處也盖是港水深而濶曩者吉野艦曾載西鄕伊藤二公入此不須艤舟而即可登陸然則軍艦屯此即可保護我國之僑居者亦

猶米艦之於檀香山蝦諸魯魯府最要之圖也且更須以厦門爲自由貿易港今試取香港廣東相較則某省會優於香港乃香港盛而廣東不及者良由香港不課稅而廣東課重稅耳若清國果許我則我國亦欲步武香港故不得不自由焉

試觀厦門商業之現況其市場分爲北郊疋頭郊洋郊三大部北郊與北清各地及牛莊天津芝罘寧波上海諸港交通貿易者從厦門輸出諸港則砂糖煙草麻袋之類從諸港輸入厦門則大豆油油糟燒酒藥材毛皮小麥棉花山東產豆及素麵等也疋頭郊與香港直接賣買各商居是焉其輸入外國產織物即金巾羅紗類洋郊又與南洋諸島皆爲貿易之通津也

厦門在南清海岸中央四通八達之口岸也就中與南洋諸島尤有最重之關係支那工作者每年赴南洋不下七八萬人赴臺灣者亦不尠此等工作輩多於泉漳兩府屬各縣及詔安內地人民當其航海往新嘉坡司埋托癩呂宋等處値三倍於內地經七八年間而返所謂趁洋客者是也此等往來如織以厦門爲出入要津每不下四百人南洋諸島中如府衣利子希吳新嘉坡海峽植民地瓜哇暹羅安南等與厦門貿易者一年約上百五六十萬弗從新嘉坡及海峽植民地輸入厦門者錫棉花籐類從厦門輸出南洋諸島者茶紙陶器食品及鐵鍋等從

本國製造業之進境。有損于民生。而無益于國計。內外相應。衆口各一。故總理衙門不得不作罷論。而華盛及其他工場製品。遂悉仿舊法而課税之焉。

然從前課税如上文所述者。畢就華盛紡織総局而施行之。蓋有保護之意焉。其後外國人設立工場。逐日增加。方其販賣製造品。一經海關盤查。爲與華盛紡織総局異樣者。不交內地免税單。故外國人工場製品。於輸出地方。必費內地通過税焉。此事在外國。則以爲非常喫虧。其營此業者。即對本國公使。請與総理衙門定議。無論內外製品。同一規定。各國公使相率從之。故本年一月之交。清國政府定議。無論內外人。都與華盛同一相待。但上海税關長羅子戲愛魯氏云。清國政府。於製造品課税一事。頗有所精查。將來或有變更云。

據右領事之報告書。知清國綿絲通過税。固非全免。例之上海製造品。不經出他港。而直輸送于內地。卑納內地通過税。而不納他税。又向他港輸出時。納輸出税。每二梱銀二兩一錢。而不要納內地通過税也。明矣。則清國製綿絲。較之外國製綿。實有非常之利。我國亦喫虧不少也。

中國釐金概算表　譯四月十五日東洋經濟報

據西三月十七日上海滬報所記。清國各省貨物。及土產鴉片釐金。每年之概算額如左。

	各種貨物	土產鴉片	小計
江蘇蘇滬兩局	一、九七〇、〇〇〇兩	二五〇、〇〇〇兩	三、七七〇、〇〇〇兩
江蘇江寧総局	一、五五〇、〇〇〇		
浙江省	一、五〇〇、〇〇〇	一二、〇〇〇	一、五一二、〇〇〇
福建省	一、二二〇、〇〇〇	八〇、〇〇〇	一、三〇〇、〇〇〇
廣東省	一、七五〇、〇〇〇	五二〇、〇〇〇	二、〇〇〇、〇〇〇
廣西省	五八五、〇〇〇	二〇〇、〇〇〇	七八五、〇〇〇
安徽省	四〇〇、〇〇〇	｜	四〇〇、〇〇〇
江西省	九八〇、〇〇〇	二〇、〇〇〇	九一〇、〇〇〇
湖北省	一、六〇〇、〇〇〇	三九八、〇〇〇	一、九九八、〇〇〇
湖南省	六〇〇、〇〇〇	二五〇、〇〇〇	八五〇、〇〇〇
四川省	九八九、〇〇〇	三〇〇、〇〇〇	一、二八九、〇〇〇
河南省	六五、〇〇〇	一二、〇〇〇	七七、〇〇〇
陝西省	二四八、〇〇〇	一一三、〇〇〇	三六一、〇〇〇
甘肅省			
山西省	六〇、〇〇〇	一四〇、〇〇〇	二〇〇、〇〇〇
直隸省	六〇、〇〇〇	二四、〇〇〇	八四、〇〇〇
山東省	六五、〇〇〇	五〇、〇〇〇	二五、〇〇〇
貴州省	一〇〇、〇〇〇	一〇〇、〇〇〇	二〇〇、〇〇〇
雲南省	三〇〇、〇〇〇	三〇、〇〇〇	三三〇、〇〇〇
共計	一二、九五二、〇〇〇	二、三二九、〇〇〇	一五、一八一、〇〇〇

藝學

日本 橋本海關譯

新發明潛水艇 譯西三月二十五日第百四十四號美國工藝報

美國海軍大佐泥油息路戸發明製造一潛水艇方法製成因數試之漸見有効此艇駛在水面不止得用適度速力至於搜索水底又能使潛水者可以照常勞作足保四時之久焉蓋其裝置船前部位置潛水者工作室中部位置休憩及瀛罐室下部則爲機關及器械室此三部室皆設彎曲形窓戸密閉不開戸面穿水閘與艇底索道相通使其流脫浸水爲空氣所壓迫者艇底有水槽其中空虛即浮于水面可以駛行若欲沈下海底須開瓣滿納海水於其內則艇自沈竟達海底宜用其底下所設備車而行輪若遇泥土不可使回轉至海岸岩石所觸輪始見其功車用齒輪以一齒貼地而行無空轉之憂再欲出水面須以水筒汲出槽中水艇即隨輕得以出外焉艇前面仍有一室引空氣壓搾滿其室內至其進退之力則併用瓦斯及電氣窓戸以厚玻璃爲之質取堅固備探海電燈凡四千燭以便潛水之用云

美海軍用空氣助機 譯西三月二十五日第四百四十號美格致報

美國海軍大佐疱内路賢布哈利痕託痕氏甞用壓搾空氣于砲塔以運轉砲並把舵裝置大

有所利。今其所利點曰。凡在主滊機室以外室。及下甲板補機。雖不使用滊機。唯其用空氣起力機。此等諸室無滊管可通。常清冷也。又無空氣漏洩。滊管破壞。每生至慘之害。且可免厭嫌之弊。塞止其漏洩極易。如滊管氷結。亦無之也。特此機則不要設備放滊管。使用畢後。所餘空氣。更得爲室內換氣用。且爲此機雖急激發動。若停止不少破損。其所壓搾空氣。常得儲貯焉。其安全且便利。非他機所及也。

美國新式巨砲 譯西三月二十五日第百四十四號美紐約報

當今美國政府。鑄造巨砲于培氣列化兗工塲。此數年前。尸卞岳博覽會所出大礮。更大直徑六尺二寸。長四十九尺二寸。其彈丸重量二千三百封度。一秒時間。速力二千尺。至遠能達十五里云。

德軍創新器械 譯西三月第百四十四號美國藝學報

陸海軍雜誌云。此器是獨國皇帝所自創。即寫其文以示之。意蓋欲用此械以破戰線也。曰。其車輪以鑌製之。能自轉動。有霰彈砲門。至其器械。又有隔房掩護兵十二人。使無被敵火之憂。此械原注射霰彈於敵軍。使騎兵不能襲擊。其用之也。且裝塡。以射擊。足以全滅一軍云。記者

又言此器械假令衝突樹木及中敵榴彈決無破壞顚覆隨意可得通過敵軍中德國人駁之曰國皇自云特創決非其新發明工業師用心從事於此久矣蓋此器械實與古戰車無以異也

人物血可鑄造鋤刄 譯歐美百家隨筆

據博士基路氏說云凡人身之体中必含鐵氣如取四十二人血液分析其鐵氣足鑄造二十四磅餘（二貫九百十八匁四分餘）之鋤刄即一人鐵分平均爲六十九匁五分又據英國統計學士馬路撲路氏說諸動物之血液中所含鐵分如左

種類	每噸餓辣蔴量（一噸二百七十二貫目、一餓辣蔴量即二分六厘八毛六）	種類	每噸餓辣蔴量
人	五一〇	牛	五六〇
豚	五九〇	蟾	四二〇

攷察鳥獸年齡 譯四月德挌致報

泰西格致博士學攷察地球各種鳥獸年齡之定限如鯨千年象四百年鵠三百年駱駝百年鷲百年鴉百年獅子七十年馬三十年海豚三十年熊二十年牝牛二十年鹿二十年犀二十

年。豚二十年。狠二十年。猫十五年。狐十五年。羊十年。家兎七年。栗鼠七年。此外攷察之物尚夥須俟續報云。

精製驅除動植物蟲害藥 譯西五月三日德國植物報

德國普列咩痕市苦辣鳥息痕商會製出動植物驅除蟲害藥。其法以美國毋亞喃泥耶烟草製之。用器藏之。其强力約在四十三度至四十五度。含蓄精液量百分中之八九。觸人身創部亦可無害。密封貯之固佳。即偶洩氣亦不失其强力之用。據商會員所說。其藥液六十倍。即用藥水六十倍和其液。則足以撲滅茶樹各蟲。不傷害嫩芽與大葉。當其精製之時。香氣効力不少變。欲用之於茶樹。不問水質硬軟。以微溫湯注之。攪拌溶解。使藥劑比重一零四。則其量重於水。故藥液可沈而降下。須用心防避之。隨害蟲性質濃淡異度。以作六十倍至百五十倍爲度。其適度則可撿而知。若用之以培茶樹。蒸發太速。故日沒後乃可灌漑。不宜令其流布樹根至和烟草精之水。大率以五十倍爲度云。

發明驅除害蟲器 譯西五月三日蟲害驅除報

日本島根縣。簸川郡。遙堪村。老農足立豊市所耕之田。蟲不爲害。昨年蟲害雖甚。然收獲轉優

於往年人怪而問之豐市笑曰我專在苗代時驅除之苗代者謂種始播苗始生時也且已揷秧後隨稻成長仍不惰於驅除如此則蟲害少而多所收獲豐市多年苦心創造一驅除害蟲器前數年始用之未敢公于世頃者携其器往見郡書記官武田氏細說其發明出來使用等法某拍手稱贊並偕豐市訪山陰支場長吉川某乞鑑定之吉川農學士且視且質審聞豐市之說感嘆不能措即欲就本場試用之豐市乃約曰若島根縣內各郡村欲需用願不辭遠路往爲之說其用法焉

德國蓄電池工業 譯西三月十五日德國電報

近來德國盛行蓄電池工業得賴某大會社報而知之客歲中其業務成績殆高至百五十万弗所裝置計畫數或倂在客歲中所行者有六千百三十二其全數中過半爲內部局電力所者故多用蓄電池以便電氣鐵道之用云

新製天然晴雨表 譯西四月八日氣象報

近得發明一種奇妙鑛石于布倚痕辣痕獨國此鑛石帶茶褐色天氣晴好時呈白色斑點天氣愈晴好斑點愈復明瞭天氣雨又遇暴風雨斑點自消滅益呈暗黑色大凡在八時間以前

能示天氣變化云。

地球重量 譯歐米百家隨筆

歐洲格致家某概算地球重量一立方英尺爲三百五十四磅。每磅四十二貫七百四十五匁五分 而全地球凡二千五百九十八億立方英里。故以前表測之。全地球重量實爲六十七垓六千八百八十三京。八千九百四十三兆五千三百九十二億噸。即十一秭三千七百十六垓四千九百四十二京五千百四十五兆八千五百六十億斤也

環球最高價帽子

南美巴拿麻所製造帽子。實爲地球第一高價。其原質雖用麥莖。然製造一帽。須費六月。其市價極高。計每帽可値金五磅。即二十五圓云。

大猫眼石

澳國皇帝藏大猫眼石。重量十七磅者。即二貫〇五十二匁七厘 其石質透明。能變化數種色。或嘗請以赤金五万磅即二十万金 購之。彼甚愛惜。故不允售云。

毒蛇膽汁功用 譯三月二十日中外醫事新報

鳰渣李倚氏曰。當毒蛇退蛻時。不能呈毒作用。即其事而考之。此恐蛇毒液爲膽汁所分解也。試取蛇毒與蛇膽汁。合而作液。注於動物皮下。毫不見中毒之狀。又試單以蛇毒。注入動物體中。及單注射膽汁于動物体中。雖同此物。而蛇毒之所觸者。動物即斃矣。若注胆汁則依然如故。苟先注射蛇胆汁。至二十四時之後。再注射蛇毒。則動物仍不死焉。氏因此作說曰。此等物質。意者其動物體內發生免疫物乎。若然則其用甚廣也。

穿山甲 譯西四月二十日動物學報

穿山甲產於西亞弗利加。其性來詳。不過綜古今所記者而述。自非細察。無由知其適於世用焉。盖其穿穴土中。白晝則蟄伏。夜間乃出求食。其穴到處皆有堀而發之。每多不見。蓋因夜間出穴。周遊四方。撤夜達曙。遂失還穴之時。更以其利爪。新穿穴而別居也。穴有出入二口。內甚隘。此物在內。不得回轉方向。每當步行。常揚尾而不觸地。其前足蹠。亦不踐地。用爪背面而步。此蓋前足爪長且甚曲。彎向內故也。行狀雖不雅。然疾走頗快。入不可及。巧能攀樹。又能登直立壁焉。其性柔和易馴。養之甚不費力。且可以令彼自求食物。某氏邸養亞細亞產穿山甲。見其邸前有樹。即以尾與後足支持其體。倒垂而食蟻。有土人嘗獲此物。以絲貫其鱗片。曳而行

于市中市人購之因繫園樹枩其上下樹梢遂至縛斷鱗脱遁而不知所之此物視聽覺甚鈍嗅覺則甚靈其肉土人食之稱爲美味皮則用以飾諸器具中央亞弗利加人常以其鱗爲呪用支那庸醫乃備置藥房夫穿山甲本無害獸類唯以擅堀倒有益植物故人或惡之焉

石井理學士巡遊臺南臺北各縣記 譯西五月二十日地質學報

十二月十九日由歇岳進發至卡威笛痕過濁水溪斷崖崖下有溫泉約百一十溫度（以指頭撿之）泉質包含塩味再還歇岳後又經卡威笛痕至濁水溪分歧處土人名其地曰落合一歧走北一歧通東南前者名託洛若川後者名二股川二股曲流如虵斷崖爲峽峽中有溫泉湧出兩處泉質與在卡威笛痕者相同名其處曰湯峽又稱湯迫間行凡二三十町（十步曰町）出于平地河身復曲折水流東西兩側有平地南岸平地有二溫泉名湯平行凡十二三丁谷窮水歧一歧走東南一歧流北此所以有二股川之名也十二月二十日發二股村過其北溪北溪向北屈而連東東觀分水嶺約距三里無路不可往默計沿北溪傳河身可半日程而至卽横過甘藷畦向北十餘丁遂達嶺頂東下瞰二股北溪西下瞰獨洛苦川行獨洛苦川東岸中腹有上下兩坂或約二百尺或約三百尺水底有斷崖目駭足慄測之殘有三五百尺至山半腹稍平處

有人家三四十戸。名他烏兹亞社。獨洛苦川。來自南北。行約二里餘。屈而向東。屈處有溫泉。懸岩壁爲瀑。名曰湯瀧。其上流有託洛苦社。社中有三村。至上流處。尙似更有一二村。最初村名下村。第二村名中村。最後村名奧村。有一溪與中村相對。溪中石上帶有白色沈澱。其上流又有溫泉。名湯澤。下中兩村間有一溪。磐石平滑。登下俱艱。因名螢滑。中奧兩村間。又有一溪。水爲瀑布。因名瀧澤。十二月二十一日。發中村。至蜈蚣崙。遂巡遊生蕃地而還。其情形錄如左

入蕃路程記

欲查臺灣地質及鑛物。先巡行宜蘭。後復歷巡出火社。爲日太促。是以未近中央山脉。特引爲憾事焉。然埔里社支廳。近于中央山脊。若發自埔里社而東行。則近此山脊。亦不甚難。他日必可成其志也。今日此行。以入分水嶺爲意。即行至該處。審其濁水溪上流。亦幷查其地質。唯以未登絕頂爲憾焉。他日自奇來花蓮港而登之。乃可以解其遺憾也。

一地形

按陸軍參謀本部所藏地圖。道路向北而行。而埔里社撫墾署長檜山氏。又謂道路屈折東南。及身至其地。疑始釋焉。盖濁水一岐。名託洛苦川。流自北方。一名二股川。流自東南。有託洛苦。

他烏茲亞兩社。遠望之。略知其位置。託洛苦川至北而一折。在託洛苦觀之。向東南而流。二股川屈折東南。岐爲南溪。測其水源。至距分水嶺僅二三里處。頗有所得。此其成蹟也。

二地質

横過宜蘭。見第三層砂岩泥岩下。有粘板岩。其下抵出火社。又見黑泥岩粘板岩及撿房裡溪。中流礫。得知粘板岩中湧出溫泉。又鑛泉。並粘板岩下有白色硬砂岩。即捕里社在于既超第三紀岩層。粘板岩帶處。愈東益深。撿見粘板岩帶。即知其走向已迻。三十度。北三十度東欹斜西北若東南七八十度至三四十度。爲高角度。及至託洛苦邊。有走向達六十度。且此岩層中多有溫泉。又數處見石灰華。硅花沈積。只不能脫粘板巖帶。見其下層。又見託洛苦他烏茲亞邊諸川。多淡綠色變質砂巖礫。又其東至分水嶺。有淡綠色巖壁。分水嶺即以此淡綠石而成。淡綠色變質砂巖。外面雖如與房裡溪所見白硬巖砂異。其質則相似。以此觀之。來于粘板巖帶下者。即此變質砂巖。或白或淡綠。爲一硬砂帶者也。嘗有友人某在台東。贈致一巖石。似硬砂巖者。由是觀之。此硬砂帶。遠當延伸台東卑南也。

清國遷都私議

日本中西稿

國之有都猶人身之有頭腹也頭腹之職在制手足手足之用在扞頭腹今乃置國都於國中最危之處欲以保其國家此不以手足扞頭腹反以頭腹扞手足者也安望其制手足哉中國自古談宅京者曰天下之中四方道里之所均風雨陰陽之所和會也泰西論建都者曰凡一國之中土地不能無寒暖之殊風俗不能無剛柔之別故建國都者宜擇中正之地以和庶物齊民俗庶保其統一不致分裂矣竊念清國燕京之地襟帶山海形勝雄壯然以其在偏隅唐宋而上絕無都於此者及遼金元起於塞外以其兵力入主中國始以燕京爲建都之地蓋出一時姑息之計固非王者宅中建極之意也奈何明成祖以中國之人王於中國亦不能居龍蟠虎踞有帝王氣之金陵而必北往於胡元之遺都哉若夫愛親覺羅氏崛興遼瀋代明朱氏以開華夏一統之基業有天命焉非人力也當其初也以蒙古主中國十八省之人蓋有不悅服者然創業之規摸已極閎遠英明之主繼繼承承其在康熙乾隆之際內脩文教而化民成俗外振武威而開疆拓土郅治之隆駸駸幾駕漢唐而上之夫豈金元之所得而可比哉然則清朝之興不異金元而清朝之治不同金元此定鼎之地何必於燕京哉而國初以來安此偏

隅者蓋亦因襲前代之爲也本非有不得已者存也此其宜遷一也且愛親覺羅氏之興以滿洲爲根本之地東服朝鮮西聯蒙古養威蓄力方能有爲然後之中國踐天子位焉惟是朝鮮近數十年來操自主之權而不受制於清國則東藩之名存而實亡亦既久矣夫愛親覺羅氏之所以定鼎燕京者以清國之重在於滿洲也滿洲之所以爲滿洲者以有朝鮮爲之藩屏也及其東藩一失則清國之重不在滿洲清國之重不在滿洲則燕京之不足以都也明矣此其宜遷二也咸豐庚申之役英法二國合兵長驅進逼燕京取城下盟而還清國自是惕焉深戒門戶鑰鎖不可一日附之等閑用力於渤海之防威海旅順所築炮壘極其堅牢加以多購戰艦訓練水師海防之具益有以備而清國賴以爲長城此日清戰前之情形也何圖日清戰起清軍水陸連敗威海旅順相繼淪沒凡所用十年之力而經營者一朝委之烏有矣於是燕京若無門戶之堂奧盜賊出入何以禁焉此宜遷三也夫奪人財者盜賊也奪人國者亦盜賊也今也盜賊橫行之天下門戶不設而堂奧可守乎日清戰事僅畢清俄密約方成今得而閱之其尤要者祇有二款一曰清國允准將俄國西卑里亞鐵路由俄國境達至滿洲各城二曰清國允准日後俄國忽有軍務將旅順口大連灣暫行讓與俄國水陸軍營泊屯於此以期俄軍

社會學新義

英國斯配查原著
日本澁江保編纂
番禺韓曇首譯述

第一 論社會大義

凡各動物天性皆喜群居試觀庭園池水金魚赤鯉隊逐成群游泳池中是其証也又當晚秋仰觀天際鴻雁三五成列向南而歸此鳥類天性喜群之証也且不獨魚鳥二類性好群居獸類虫類亦有悅群性靜觀自知之動物學者某曰如珊瑚虫質雖極微亦相集而造成環狀島則宜參觀此理於波利尼西亞記也人性比物愈喜群居有不群居而不能者也推原其故群居互相交互相依互相生養否則人種必絕夫人類群居互相交互相依互相生養之道曰社會名人類曰社會生物宜考古人獨居于無人島時而可知其理也蓋古今石隱往往逃遯深山厭世汚濁又或悔既往之過所以至此此可例外視之若夫社會與國家異又與國民異不可混同國民者謂有一定土地在一定政體之下者也國家者卽合一定土地與一定人民而言之其權優於一人之權其力尤優於一人之力故足以制一人權力也然社會則比其意義爲更廣不論土地人民政体一定與否凡人多群居而爲一團者總稱爲社會焉其稱國民者例如中華國民英吉利國民合衆國民德國民等有一定政體一定土地之民皆稱之爲國民

也。其稱國家者。如中華國家。英吉利國家。合衆國國家。德國國家等。其權力優於一定土地人民衆人之權力。亦可以專擅一人之權力。是謂國家也。至於社會之稱。不必聰明智慧方中其選。即蠢爾野蠻族。亦皆可用焉。故稱爲國民者。指知識稍開者言之也。若社會則併指蠻族而言耳。有供給分配督制諸機關。政府不過爲機關之一。故國家與社會不同一物也。英國法理學者。澳斯鳩痕氏曰。國家者與通例主權同。其意義指有自立國之一人及一團体而言也。合衆國法理學者利馬氏曰。國家者。指出政府所作用制度而言之也。即謂一人支持全体權力者也。又曰。社會者不待命於國家。可自擅專制之義也。由此數言推之。可知社會者勢更重於國家。非獨人類爲然也。即如蜂蟻等虫類。亦有社會焉。鳥獸類亦有社會焉。鱗介類亦有社會焉。彼蜜蜂中有一女王。統率群蜂。群蜂亦服從女王命令。各勤其職。女王雖獨似安佚。然有生育兒子責任。其業究與人類無殊。蟻亦群集協力。共營生計。不止有雌雄之別而已。有專司雜事者。有專司鬪爭事者。其分業方法。亦與人類社會相似。然則此等虫類亦可謂之社會也。然是不過以借物比喻而已。不可目爲眞社會也。攷察其故。彼等只同出一母胎。同造巢而群居之巽。父母者不相聚。祇可謂一大族群居也。不可謂合許多同族。相聚結團而爲社會也。至于

美國憲法

日本坪谷善四郎編著

總論

南海康同文譯述

北美合衆國之開闢也。其始本由西班牙人閣龍航海而得之。歐洲諸國。遂植民于此地。西班牙葡萄牙二國。昔時版圖廣袤。嗣同英法交兵。經數十年。英遂占奪北美。故若非英王哂搖三世暴虐。美國至今仍隸英國。亦未可知也。夫英王之失舉。美民反受其福。當時以植民課稅之故。使美國十三州。奮然而起。遂自立爲國。十三州植民。原置上下兩局立法院。其議士分官選民選二途。其知事。或官民撰舉。本無定制。不必與本國政府商議。向來人民亦無納稅之例也。然英國政府。以國帑匱乏。始唱稅植民之議。植民多抗之。英政府不恤。毅然行之。故美國人民皆和曰。我亦本居英政府治下。當與英國人均沾大憲章所有之權利也。無故課稅。憲章所禁。我等亦宜責其違背憲法之罪。論議囂囂。迄靡有甯止。英政府欲以兵力鎭壓之。或捕良民下獄。人衆愈憤恚。頻頻駁詰。試即英國之法。臚舉焉。一曰決意舉行征收課稅。二曰太平世置常備軍。以捍禦奸民。三曰不許在美陪審裁判。須遠由英國法廷決斷諸事曲直。四任官搜查人民所有物。凡此四項。人民極駁詰之。推原其故。由於英政府未得民許。而強課賦稅。故人多爭抗。

政府恃威壓服至上下軋轢愈益激烈美民皆欲恢復權利耳未嘗圖自立也因作檄曰人類之始性本相同夫同等權利本天之所賦與吾等可信而不疑也吾等隨意自由爲生活卽天理之極不可犯者也所以設置政府者爲保護人民之自由生活而已非他有故也政府苟悖戾其意則改革之有何不可於是遂至革命兵起先是美十三州各孤立雖有人民議政府者各州結合未堅故其權力亦微弱不强盛因定聯邦規約使各州與內部州區劃明瞭是以其權限粗立而制裁未定奸徒踵出末由制之於是配痕尸路馬泥耶人始倡議開大會議于熈辣鐵路熈耶諸豪傑並會以華盛頓爲議長論涉數日始制定憲法因立建國基礎以爲今日合衆國蓋華盛頓歷山氏哈路託痕麥內孰痕等之力也此諸士等以鞏固內務政府弱各州權力革正舊時聯邦規約爲志人民許諾之者甚多時旣隱然有合衆共和黨之別培痕哺耶米痕弗蘭克等立兩黨間百方調停事將結局忽有人倡議曰選舉議士後各州平將後內部平內部者謂國民各州者謂植民也又曰大州與小州可同權利乎諸豪傑定議不問州大小各州宜選議官二人以充元老院議士別置代議士院隨各州人口衆寡舉代議士以充其議士尋草憲法頒送各州立法所以議其可否論說益蠭起分黨相鬩將聯合十三州當此之時

萬國公司新法

德國普洛布賢茲執路誇痕拉著
日本橋本海關譯

第一 公司法

德國公司法 沿革

欲知德國所創公司法。宜溯往古警察治國制。及關商賈主義政略一切情勢。以研究之。商賈主義之所以爲標準有二。曰可盛交通聯絡也。依通商會社有特權者。可促其互通。夫荷蘭及英國通商會社。至十七世紀首效合群通商之制。政府爲之保護。雖其勢力强大。乃最古公司會社。然究以十四世紀息奴亞植民會社。及千四百七十息奴亞國費用公司。與意國同種諸會社爲濫觴。此等諸會社。實傳播公司法於諸國者。法蘭西丁抹西班牙及葡萄牙皆倣之。至千七百十七年。米茲尸茲悲會社。以不用記名法。公然買賣其公司。至德國始起公司法。採其模範於荷蘭。有布利獨利熈烏倚路化路甕者。千六百四十七年中。與荷蘭東印度會社爭利。即於千六百八十二年三月十七日。設立通商會社于餓伊內亞海岸。蓋亦以公司法行之也。千七百十九年。德皇卞路六世。建墺大利東方會社于澳斯託賢痕鐵。時不得志於普魯國。屢多失利。至布利獨利熈王。許哈伊痕利熈。託麥斯斯託亞路之人。創立亞細亞會社。以與中國

互市實千七百五十三年八月四日也及後亂起會社遂瓦解實爲現今德國公司會社嚆矢千七百五十三年一月二十一日搖痕哈利利斯人請建培痕額路會社于賢甕鐵痕許之千七百六十五年以後公司遂行於德國境內其在普魯西亦漸次進步蓋從來德國公司不許以普通法設立之今公司之興殆基於特許設立者也凡會社侯伯常賜之特權政府通商亦規定會社權利義務足徵其勢之大矣至其有關於會社內部各款者則以定欵行之如普魯西會社定欵雖未必要政府允許然特有團体法故各付特許之權此等會社在警察治國制時總以公團体而親寓目者也（公團体則國家造營物也）故特許之制始於德國遂行至今及鐵路業盛普魯西政府以千八百三十八年十一月九日頒布鐵道會社法千八百四十三年十一月九日發布諸公司會社法千八百五十二年十一月二十六日墺大利亦用會社法其餘德國諸州未設公司法普通規定故公司會社猶以政府允許而後成且屬其監督處以公團体若依普通法而自立之目爲私立團体政府亦任其所爲不敢過問也德國漢堡及普列咩痕與英吉利匈牙利有私立公司會社商法亦善獨爲商業公司所限其享有自由權者惟哈痕查同盟市啞路鐵痕布路熙及索遜而已如巴丁並母油路低痕培路熙亦未免爲其所制

路透捷電

英兵議年末來威海衛防備比律總督哀訴馬德里政府曰叛賊蜂起群島中幾無寧所非籍本國政府援助不能對抗海陸叛賊 美國將軍戸耶布他率陸軍兵二萬七千人發合衆國布洛利爹州向基烏賢斯託艦而至西國水艦蜂擁護送 美國兵二千五百人抵比律賓島又有義勇兵二千五百人赴援將軍麥利茲託統督之 西班牙総理大臣查迓斯他自言於議院曰西國非決雌雄不罷也 美國華盛頓府有人作說曰西班牙艦軍留在卞笛倚內府民傳稱此報可疑西國艦隊則秘密行事 美國艦隊再砲擊查痕鐵倚亞岳港毀損其數礮臺 美國艦一艘欲封鎖查痕鉄倚亞岳水路既達赴之西國俘虜在艦內者叛而沈沒其艦訪事人云美國水兵所捕拿西人即西班牙商船也請爲美國補助巡洋艦水卒其艦奉命及往封鎖查港密謀穴艦而沈之蓋不可信查其與敵國人共居艦內無同沈之理姑存疑以譯之 俄政府計畫挑深旅順水口廣其面積 麻尼拉叛賊在香港者推亞義那路獨爲魁首乘美輪而還麻尼拉致叛賊勢熾叛賊渠魁三十五人尚在香港云 改修威海衛防備策西班牙政府計畫募集一億万金債 美國艦隊司令官報曰六日擊查痕鉄倚砲壘殺西國

兵九人傷三十五人 右均西六月十日電

本館總理撰述繙譯名列

總理新會簡敬可石棘

撰述番禺韓曇首雲臺　南海康同文介甫

番禺韓文舉樹園　順德吳天民介石

東西文繙譯　日本角谷大三郎　日本橋本海關　日本大橋鐵太郎　發行人英葉棟

本館布告　邇來中國時事日亟不諳公法致召外侮日本大律師角谷先生有志東方時局爲本館專譯法律以餉海內同人又于每冊附印萬國英傑小像中西地圖及新譯要書數種冀以廣聞見而快閱者之目焉

首冊校勘記　論說一頁三行晦誤作悔八頁七行香下脫港字九頁九行壞誤作懷十二行吏字誤衍十頁六行以字下脫籌字十二頁十五行振興中國誤作中國振興商務廿頁七行爲誤作各廿一頁九行大下脫概字十八行免下脫稅字廿六頁七行未誤作來藝學廿三頁廿四行德誤作獨

本館向設日本神戶內海岸今已妥遷日本神戶下山手通二丁目三十一番地中外各處通商埠頭均可函寄本館或浼分局亦可代寄中外各處願爲本館派報者名作分局酬謝報費二成之數若代售本局所譯印各種東西圖書酬以書價一成五分滙兌諸費一切在內餘無另索或徑致本館購買書報亦可惟書價郵費請先給足

一收到各地閱報購書之費均有發同本館所印收單爲據

一閱全年報價四圓零售每本一角半閏月照加實價不折議價金遠近一律惟郵價別訂之本報遠近郵價開列于後

廣東省城廣州府城外河南香港澳門上海天津山東寧波漢口廈門汕頭每本報加郵價一仙　北京牛莊橫濱

長崎。大阪。每本報加郵價二仙。 蘇州。鎭江。安徽。蕪湖。安慶。常熟。常州。溫州。台州。紹興。山西。江西。九江。湖北。武昌。湖南。長沙。福建。福州。廣西。梧州。佛山。官山。順德。大良。陳村。新會。新寧。三水。城西。南海。口北。海。海防。每本報加郵價三仙。

安南。西貢。提岸。仰江。會安。南定。新州。河內。台灣。台北。淡水。海參灣。每本加郵價四仙。 星架坡。石叻。庇能。泗里末。北般鳥。務路。棉砂。老越。實武牙。司馬登。略厘。巨港。吧咚。加剌巴。三寶壟。加剌吉打。吉隆。泗水。孟加錫。孟米。爓花。羅井里。汶雪。梨谷。當佰里。畔舍。路宿。務怡。朗奔。角山。打根。舊金山。正埠。鳥約。檀香山。小呂宋。每本報加郵價五仙。 外洋一仙值中國銅錢十文。祈各分局 先生。按地名遠近。除收報價外。照加郵價可也。

本書局繙譯書目列後

清日戰爭實記	近世物理學新編	中法海戰記	中國商業全書	
英國社會古今義	萬國近世外交史	萬國新史提要	俄國產業新書	歐洲列國新史
日本龍馬俠士傳	五大洲人類種族致	地球文明開化史	日耳曼新史	普通小學答問叢書十六種
萬國維新政治學	日本四十七俠士傳	開闢美洲科侖布傳	日本維新三傑傳	日本歲計政要
萬國交涉新公法	英國工業新書	海戰萬國公法	亞歷山大王戰紀	歐美富國新策
俄國近時大事記	萬國憲法	平權自由新義	法國新歷史	歐美强國新政治學博議

右書陸續刊印。分發各派報處寄售。謹啓。

代派報處列

北京 琉璃廠土地祠報総局 天津官書局 針市街恒豐盛 羅恒益

森興行 裕和興 山東 燕台潮洲會館黃幼達明府

福記 聚盛行 裕慶和 榮豐行

順泰 元發庄 牛庄 東盛和 全泰盛信館

潮興行 元隆庄 江蘇 上海泥城橋大同書局 知新報分館

二擺渡同和里廣永亭 廣德泰 全泰盛 普安公司分局

金利源馬頭啓昌　棋盤街安祥源　同吉泰　源盛昇

振源行　蘇洲　閶門中市廣芝林　護龍街馬醫科巷口畢林堂　鎮江　關口搗店巷吳調芬先生

德記　廣誠隆　安徽　蕪湖電報局　三益

源記行　廣恒豐　安慶　電報局　常熟　醉尉街內閣張第

常洲　龍城書院內李澤之先生　浙江　寧波諸衙街餘代爐局嚴惠芳先生　同福和

啓興行　溫洲　瑞記洋行　台洲黃巖縣柯豐泰　紹興　水澄橋墨潤堂

山西　山上海時務報館代寄惲伯忠先生　江西　洗馬池街李慎堂藥店　源泰裕

九江　永生　湖北　武昌省府街口鴻寶齋　漢口　億茂祥　廣興源

晋源長　榮懋行　全昌正　永安和

福建　福洲南台閩　海關科房代售各報處楊賓春先生　湖南長沙　省城時務學堂　福建福州太平洋行

滙豐銀行分局馮晴浦先生　滲打辦房容建邦先生　新福成　天保洋行

美記行　廈門　和鳳宮邊新允昌　鴻記　捷記

瑞記洋行　懋記行　建源行　福聯昌

汕頭同泰行　中和行　榮發行　光泰行

源盛行　元隆行　廣西　梧洲九坊廣昌盛　仁興

廣東　香港晋安公司総理燕梳各先生　萬安公司総理燕梳各先生　濟安公司総理燕梳各先生

南北行街口永同福　上環昭信　東裕　廣南隆

誠安　信亨　公和　廣萬和

公源　俊昌榮　均興隆　厚豐　恒記

萬祥源　源發　聚棧　建發　同利禧記

中環廣恒泰　廣豐隆　廣永生　樹記　松秀東街福記

澳門　大井頭知新報館　泗嗌街華裕盛　舊金山正埠　生發號　大坂　北帮公所

廣東 省城雙門底時務書局 知新書局 城隍廟前廣泰和 大佛寺前恆善堂
拱日門廣裕祥 興隆南約泰盛 顯鎭坊口瑞成 下九甫昌和
槳欄街仁裕堂 打銅街生源和 安瀾街榮盛 大新街廣德生
萬泰來 第八甫義經 靖海門鴻安客棧 杉木欄晉和
迴瀾橋廣興源 祥發源 杉木欄祥記 全昌正
河南白鶴州恆裕茶行 佛山 梹榔街百元堂 公正市美彰 富文里昌棧
汾流街興隆 官山 茂昌 順德 大良 六合 陳村 舊墟育記
源來 新會 江門舊椰街安盛 九如 沙仔尾廣裕豐
會城兄弟聯魁第趙 新寧 荻海紫來街恆泰 三水 城糧房杜伯俞先生 西南 瑞益
海口 源發利 信記行 興記 和美行
北海 永昌隆 永隆 裕豐 聯益
祥隆行 海防 致忠和 廣新源 茂發行
廣裕隆 安南 西貢南隆行 建芳棧 泉美號
萬源行 萬順安 生和祥 同安行
陶玉 提岸 南隆 振源 宅郡萬源
仰江 經華行 李同棧 瑞利棧邱益昌公司 瑞發行
李同盛 會安 永同安 伍合公司 南定 萬源
新州 乾·成利 河內 信記 臺灣 台北豐興 淡水 鴻記棧
瑞記行 洽吉行 同禎公司 隆記庄
海參灣 同利 廣泰成 祥輝 石叻 大嶌街永生
廣恆 星架坡 普安公司分局 益昌 泗隆行
德源行 合隆行 裕盛棧 庇能 朱寶蘭

瑞通　吉遠　三利公司　興利行
和盛行　德昌行　泗里末裕德行　茂源
北般鳥廣記　務路棉協安益利　砂老越振安
寶武牙朱富蘭　司馬登裕和　略厘美源　巨港同昌
吧咚朱富蘭　加剌巴同和　聯興行　福和
三寶壟有祥　瑞昌　同生　光盛行
加剌吉打和泰　吉隆新福山公司　致和行　恆棧
泗水廣彰　同記　廣裕祥　朱富蘭
孟加錫德記　泗和棧　孟米仁信公司　廣生隆
爍花羅厚德昌　井里汶建成棧　雪梨公平行　均利行
谷當協安行　琪里畔怡昌行　美珍棧　舍路廣德行
宿務太記　金順昌　怡朗捷豐萬裕行　奔角費利行
合利行　源發盛　山打根廣潮興　朝鮮仁川怡泰
舊金山正埠廣東會館區次坡比部聚昌榮　永德怡棧
兆昌　廣益行　兆貞祥　烏約黃怡昌
怡興隆　檀香山永和泰　合利號　小呂宋榮瑞
炳記　捷隆行　順昌隆　榮瑞公司
均祥泰　瑞裕行　五美行　橫濱大同學校
廣生和　正金銀行鄭曉初先生　東同泰　華生號
廣榮安　長崎永同孚
又澳門知新旬報各埠每年閱報費六圓閏月加半元本館代爲寄售　諸君欲購閱者祈即
致函示知俾按期照寄幸甚

東亞報　苐二冊

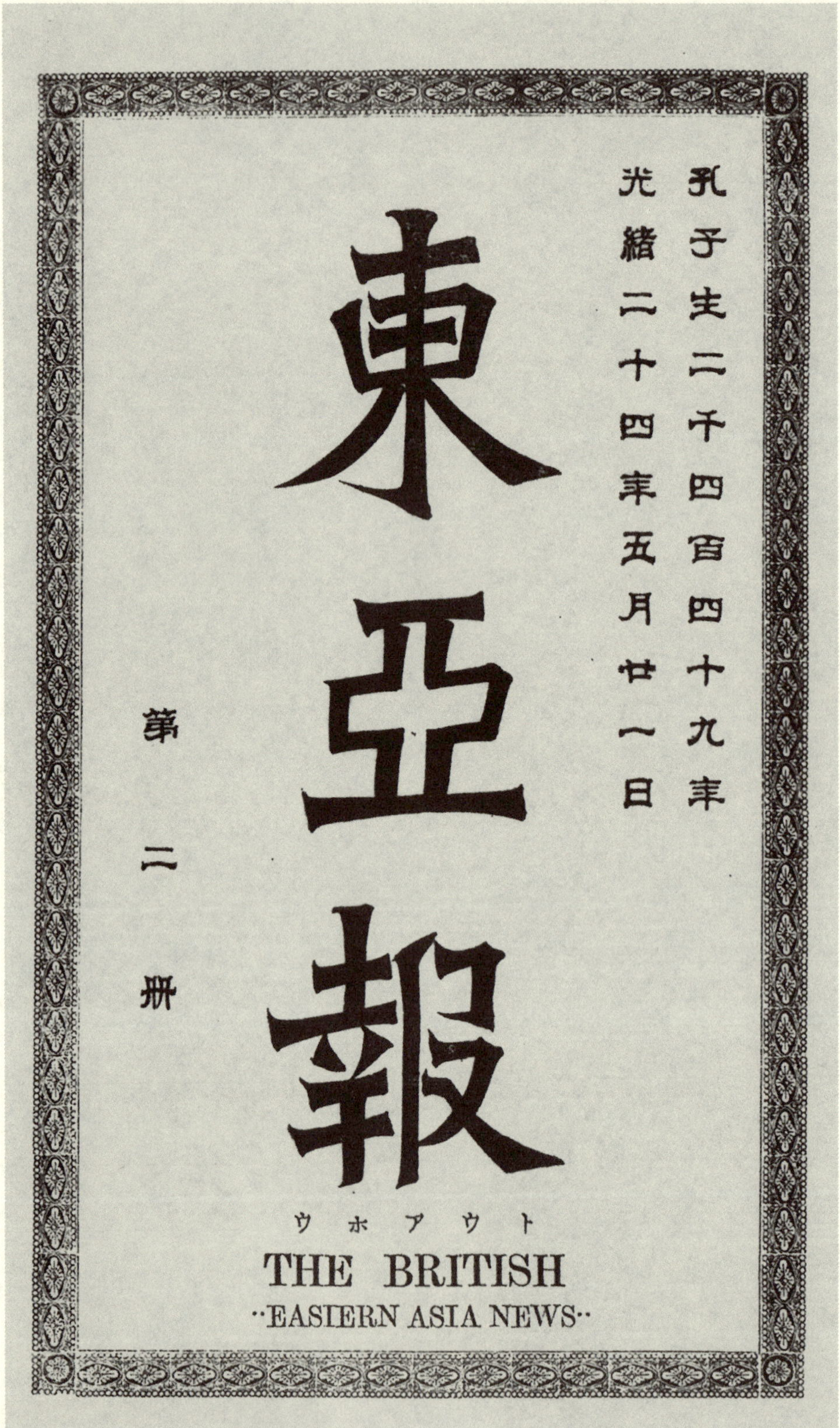

孔子生二千四百四十九年

光緒二十四年五月廿一日

東亞報

第二册

ウホアウト

THE BRITISH

··EASTERN ASIA NEWS··

東亞報目錄第二 本館在日本神戶下山手通二丁目三十一番

番禺韓文擧撰

論說 大地宜奉孔教主紀年議 未畢

宗教 論孔子爲宇宙一大思想家 未畢 荀子創辨學說 承前未畢

政治 論我國財力 表附 法俄憤懣 論英得威海衛 中國新開秦王島港 中日協商福建省事 美國擊陷西班牙砲臺 俄要築廣西天津九江鐵路 論俄國戰時財政 英俄復鬩 中國議定新稅 中俄鐵路相連 論中國鐵路現狀及將來 德國內閣新政策 風聞法國要求福州 東事與西歐大有關係 寧波紹興鐵道記 廣州灣紛擾

法律 國際公法總論 承前 國際公法之主體 未畢

商務 中國蠶業詳報 製茶試驗 中國產麻布現況 英美竹材嗜好各異 美國在中華貿易現情 論西伯利鐵道燃料 僞造中國酒 表附 地球產米額數 表附 客歲日本米穀收穫數 表附

藝學 精製給水濾車 攷察飲水美法 探察地球最熱質點 論石炭能撲滅下水腐敗物 美醫院用賢茲幾光綫 德製大口徑速射砲 地球最大砲比較表 新式高音海軍德律風 天文學士新攷第二月球 太平洋潮流方向記 法日新發明人造絹絲 新製釀造飲食各物驅除害蟲藥 新式艦用氣球 英人測量海波 瑞典潛水艇新法 美國新製屋形紙鳶 水雷新製 意國新式飛行器

圖像 附 亞細亞洲詳細地圖

經世文選 上諭恭錄 中國駐日本神戶大阪領事諭華人閱東亞報告示

新書譯錄 社會學新義 美國憲法 萬國公司新法

路透捷電 本館布告

大地宜奉孔教主紀年議　　　番禺韓文舉撰

闔辟天地，贊化陰陽，陶范鬼神，裁成品彙，槖籥古今，經緯中外，總其方略，齊其言行，壹其統彙，錯其變化，建三統，制六藝，粹百德，張萬法，立乾元以統天，託新王以治國，壹佛老耶回諸教所不廢，統帝覇皇王百代所罔越，九重蒼蒼，六州茫茫，四𥈭倀倀，萬緒皇皇，軒轅顓嚳放華禹履昌發十世帝帝王王之下，嬴劉曹馬楊李趙奇朱渥溫九代繼繼繩繩之上，姬周春秋之際，其人有在于是者，後世聞其風而尸之，魯之神明聖王哉，是中國剏教儒宗也。

夫釋迦文者，非中國之聖人矣乎，彼印度之教魁也，耶氏者，非中國之聖人矣乎，彼歐州之教魁也，穆罕默德者，亦非中國之聖人矣乎，彼天方之教魁也，孟子曰，域民不以封疆之界，豈域教固以封疆之界乎，莊子曰，曲士不可語于道者，束于教也，吾不知其故矣，雖然西方美人，豈無同心同理之稱，東土君子，終究安楚安雅之別，然爲中國剏教之聖人者何歟，惠乎，辰乎，儋乎，本乎，申乎，韓乎，莊乎，列乎，齊之筦晏乎，秦之商吕乎，駢到施仲之倫，鄒龍衍髡之徒，析鈃尹詹之亞乎，抑兼愛尙同之墨翟乎，爲巳守柔之老聃乎，其諸渤海灘灘，泰山巃巃，剏儒山東，著治大同之

孔子歟。

聞之大極者。衆元之主也。元者衆天之主也天者衆星之主也。星者衆地之主也。帝者衆王之主。君者衆民之主也。京師者衆國之主。元戎者衆軍之主也。豫章龍門。朱艸椿栂者。孚甲萌坼衆類之主也。獅龍鯨元麒騄鳳皇者。隱翔息喙衆類之主也。推斯而觀。無上無下。無規無圓無精無麤。無聲無寂。無行無息。無靈無有靈。無形無有形。莫不有至力至文至廓至大至上者爲之主。是故有主則明。無主則瞑。得主則興。失主則崩。奉主則通。棄主則凶。書曰天生烝民有欲。無主乃亂。夫蒼梧之狩。頌聲寢焉。王裒之門。蓼莪廢焉。民之于上。子之于親。猶能如此。矧放乎八表。稽乎大數。定制五倫。通道百王。六通四辟。無乎不在者。竟戞然忘之哉。我孔子者。非誠地球萬國之儒宗。中土兆民之敎主耶。伊尹曰。德無常師。主善爲師。百爾君子。盍反其本矣。

嗟乎。數千年來。耳之所濡。目之所染。思之所注。議之所述。知有政而不知敎。知有國而不知師者。其道蓋久失矣。繕兵備。譎內政。摟伐四鄰。取侮亂亡。驅猿鶴之衆。厭豺蠍之慾。塗其肝血。以釁鼓鐘。殘其筋骸。以槧銘碣。史氏粉而澤之。天下歌而舞之。輾然嬉然。謂是良臣之豐勛也。工

科計戛徵庸會斂市壥囤溢稟庫脂澤磎鑿以潤其私瓌燿翠珍以訣其愛矜然色然謂是計臣之懋算也知有政耳教非所知也焦門南單之役有爲逢干飛來忠順者矣當途典午之興有爲荀賈王杜疏附者矣孝文景武則彼百寮所貢之徽謚也神雀黃龍則彼家乘所紀之年號也知有國耳師非所知也妻子裕孝則衰于親矣衣食足行則薄于德矣王事敦宦情重而義掩于教禮辟于師矣夫教者幹也政者支也師者祖也國者孫也隆支于榦躋孫于祖顚覆橫決是謂內末教術所以日微師道所以日替也則甚有其謬矣

抑吾聞之黃帝師大眞顓頊師綠圖帝嚳師伯招堯師尹壽舜師務成跗禹師大成湯師威子伯文師鉸時子斯武師尙父帝王之尊天子之貴四海之富不憚屈體降心造廬前席垂重禮焉敬受教焉何哉誠曉然于教主之尊師道之大也況齊桓之于筦仲晉平之于亥唐魏文之于子夏魯穆之于子思也尙能如此況普天之下生民未有之

孔子者哉書曰能自得師者王此之謂也夫六龍御天而一國非其治也百世不惑而百載非其位也元之又元而六等非其爵也莫不尊親而兆民非其衆也若夫君者奉元尊天承教施令非能遠也其治則一國也非能久也其祚則百載也非能尊非能衆也其爵則六等其衆則

兆民也。直蝸喙蚊睫之土司大長耳。猥敢闚盌井之蛙。貢遼陽之豕。竊攘尊號以自封大者哉。然嬴秦暴夫。嫉儒因以燔經。叔孫佞臣。貶道絕于綿蕞。孝文廢祀。牿爲厲階。魯公揚風。貽厥後禍。（說詳北魏孝文紀、及封氏聞見錄、）嗟乎。千載之下。萬類之庶。絕離儒風。睽隔聖化。漢江遊女。未睹琴車。齊魯諸生。徒聞劍履。猶項之象。誰壓金絲。感精之辰。誰稱玉斝。遂使閉化之俗。變有回風。無教之氓。嗤从西國恥可甚也。痛可甚也。非崇國而賤師。隆政而絀教者爲之哉。尊師之道。宜憬然知所从事矣。

尊之道將若何。然今日中國之大病在三。財力窘絀。事體緐重。情勢葸渙。蓄矣未能言。言矣未能信。信矣未能行。行矣未能决。决矣未能敏。是以嘗舉一事。十年久而不成。嘗興一業。半道因而中廢。易窮則變。且驚其非常。聞斯行諸。反非其鹵莽。以畏謹諱忌爲美德。以模稜禰預爲雋才。虎視環迫。猶不急圖。馴至事變沓來。動失机宜。坐貽今悔。殆近百年矣。若夫可振夏風。可光聖教。可張國體。可揚政聲。可靖人心。可壹民俗。正黑白以定一尊。齊萬彙而皈大號。不假歲年。不動大衆。不耗國帑。不資巨金。使德之流行。速于置郵而傳命者。莫如以中國教主之孔子紀年爲要義。斯事易爲。斯理易舉。是在

九重之所措意與四鄰之所宣贊而已假令
皇上上諟帝聽下驗民志內維
孔教之危外感諸教之迫畏天命之不易得師爲王哀生民之多艱未嘗知義一旦
勅賜詔書頒下郡國
諭飭守牧信力施行勗厲紳民曉茲大義舉凡詔誥章奏文移公牘中外和約公私契券之大
圜法鈔幣圖書鈐印保甲門牌新聞報章之重以及一事一物之微一日一時之久莫不一一
神之帝之龍之麟之與國年並紀違者以罰于是湔滌棄禁整夷前規南陽布衣洙泗引其式
轂互鄉童子闕里許其升堂其有村落淫祠山原淨土飭改專祀以廓儒林中外善堂廢非鬼
之祭公私學塾祛無福之惑舟車所至俎豆如新涂道所通宮牆相望八歲入學復昌學記之
儀七日拜經有取來復之義按易道數始于一歸于六七而復天時人事从此節焉各教以七曰爲安息實與孔子易義暗合非襲取彼教也世有以效尤譏者可細按易義又史記孔子世家孔子夢奠兩楹之間曰吾殷人也後七日卒云與彼基督謂造天造地造人七日安息同義空桑初度公羊紀其生年泰山其
頹左氏補其卒日微言所係精義所存胥四表之民萬戶之衆朝夕供奉日暮祝禱無雄無雌
無貴無賤無耆無嬰耳耳目目思思夢夢皆知有誦法

孔子教主數字于其胸中。（春秋緯演孔圖孔子之胸有文曰制作定世符運今借用之）拳拳服膺不失。讀易足以禳邪。孝經足以感賊。已然之效矣。雖有豺虎之驚水火之厄不能迷其心奪其志矣。譬彼奉三寶者持齋懺悔。呪念彌陀遵十誡者易簀呻吟叫噱天父。雖造次不去也。枯槁不舍也。師教之輿胥是道哉。嗟乎道修而名立。費少而功多。今日何憚而不爲此。

人之言曰非常之原黎民所懼。無徵之説雖善不從。教主紀年果有説乎。應之曰有。佛氏以滅度之歲爲元矣。是印度諸國以教主紀年也。回回以成道之歲爲元矣。是回部諸國以教主紀年也。其可證者二也。耶氏以降世之歲爲元矣。是歐美諸國以教主紀年也。其可證者三也。凡諸教主無不由是。彼教使徒誠知教主者治治天下者也。父子相襲而甲子迭更異姓代興而正朔頓改。成周無久据之河山。秦始無永終之壽命。國之運無窮而有窮。師之運有窮而無窮也。微論孰亡孰興孰負孰勝孰弱孰强皆無與焉者也。苟不由是香港臺灣其殷鑒矣。諸教如此。夫何疑於

孔子哉。夫何靳于

孔子哉。未畢

宗教

論孔子爲宇宙一大思想家

西六月二十八日早稻田學報

日本　大橋鐵太郎譯

東西三萬里。上下八千歲。稱偉人豪傑者何限焉。然所造各殊。或專於工業。或專於商業。或專於農業。若夫綜政治文學哲學與宗教。以樹非常之偉績。常人不能企及者。皆可以稱偉人豪傑也。區而分之。一則爲實際界之偉人。一則爲思想界之豪傑。何云實際界之偉人乎。曰抱遠大之圖。百折不撓。千挫不屈。直進而行。務副其志。不止利一代。併利百世。益一國。兼益天下萬物。如斯者。是衆人之所稱偉人。故其赫赫之功。垂諸不朽也。即不幸半途而仆。事與志違。然創業之偉勳。永垂于後。巽日猶有感奮興起。以成其志者。其軀則死。其神則不滅。即不愧爲偉人也。何云思想界之豪傑乎。曰新見創說。言古人所未及。言知先進所未及。知闡明天地之幽元。而發揮人心之深藴。不止進當時之文化。而沾丐千歲。不止慰一邦之人心。而直爲天下萬邦之師表。如斯者。是衆人之所稱豪傑也。

中國周代有孔子。古往今來。衆人皆仰以爲偉人豪傑。而孔子何以能爲偉人豪傑乎。是余所欲攷究。蓋孔子之教。其關于世道人心最大。余亦豈漫然爲是言哉。

孔子多不關與實際界也。而亦非不入政治界。然如其爲委吏爲乘田。固不足言也。即爲中都宰。爲司空。爲大司寇。而攝行相事。然歲月不久。雖事皆稱職。未足言赫赫偉勳也。孔子洵非不欲仕。其周遊天下者。唯爲干仕耳。孔子雖自云沽玉待賈。然公山不狃以費畔。而召孔子。孔子亦欲往焉。蓋急于干仕。故不遑擇也。雖然時與志不合。孔子於所至之邦。諄諄說道德。而一世靡然尙功利。其枘鑿不相容也。亦不得已焉。乃其抱負亦卒不能大伸也。然則孔子非實際界之偉人也明矣。孔子實一代之思想家也。說仁義。談道德。以之脩己。即以之教人。經世之策。實不外此。然孔子述而不作。祖述堯舜。憲章文武。信而好古者也。中國道德思想者。皆以孔子爲宗。不敢或異。抑知其思想之淵源。在古初而已。然允執厥中之語。堯以命舜。中者。實孔子以前中國道德思想之骨子也。云三德。云五德。云九德。要唯歸一中字。孔子所謂道與仁是已。仁即道。是孔子思想之根本。自中字脫化而來者也。則所云述而不作。信而好古者。孔子實有所記而故爲謙辭也。

然則以孔子爲思想界之偉人豪傑。於理誠當。非特當時弟子贊不容口。即後人亦稱孔子以前無孔子。孔子以後無孔子。故略叙中國哲學思想。俾覽者自得之云。

荀子創辨學說 譯西四月廿五日早稻田學報續第一册

然則何能分同異而制名耶。是即制名根據之論。而亦認識之論也。何則制名之根據。在辨別事物。而辨別事物。實依認識之方法也。荀子云緣天官。蓋天官者耳目鼻口身體也。就各耳目鼻口體即感官。而心即自已意識。是也。感官者。觸外物而直感諸心。統括調整感官蒐集材料。而搆成一團之認識。然則一切認識。當須用此二等要義也。假令感官之材料已盡備。而無統括之意識。則是等材料。僅雜然相感。不搆成如何之認識也。不然反之。若止有意識作用所存。是不過空虛形式。而莫示如何之意義也。是故以心統一感官之材料。兩兩相待。而始有認識。若缺其一。則無認識焉。即荀子之語而言之。則因心之徵知與天官之當簿而知生。若缺其一。乃不知也。故曰心有徵知。徵知則緣耳而知聲可也。緣目而知形可也。然而徵知必將待天官之當簿其類。然後可也。五官簿之而不知。心徵之而無說。則人莫不然謂之不知。蓋是等天官若認同物則是同。認異類則是異。同異別立。因從而命其名。同則同名。異則異名。蓋不容混也。要之制名之根據。存于同異之別。所以分同異者。實不外天官作用矣。故曰同類同情者。其天官之意物也同。故比方之疑似而通。形體色理以目異。聲音清濁以耳異。甘苦鹹淡辛酸以

口異。香臭芬鬱腥臊以鼻異。疾癢寒熱滑濇輕重以形體異。喜怒哀樂愛惡欲以心異。

制名之法。實從事物之同異以別名之同異。即荀子所言隨而命之同則同異則異。蓋名雖多。然可得於各種方法而分類之。荀子先別其名而有單名兼名之說。是即各西洋論理學家分名辭于單純名辭與複雜名辭者也。而荀子復解之曰單足以喩則單。單不足以喩則兼。是猶西洋論理學所謂表白一以上之概念者。（概念二字是西洋論理學上之專門語科謂綜合感念也）即單純名辭。表白二以上之概念於同時者。即複雜名辭焉。楊子註云謂若止喩其物則謂之馬。并喩其毛色則謂之白馬黃馬之比也。是即舉例証而解荀子之單名兼名者也。按荀子所以論單名與兼名者。殆即白馬非馬之論而明兩名辭之意義歟。故論曰單與兼無所相避則共。雖共不爲害矣。夫共名者。西洋論理學所謂普通名辭是也。蓋特殊之事物固各有差別。然其間若相一致。則用同一單名。或同一兼名亦不妨。是所以用共名也。荀子之見實如是。然則如白馬非馬論可謂曲解此中消息詭辨矣。然荀子最重同異之別。謂單與兼無相避。非敢說異實可爲同名者也。故附論曰。知異實者之異名也。故使異實者莫不異名也。不可亂也。猶使異實者莫不同名也。

政治　　日本　大橋鐵太郎譯

論俄國財力　譯西四月二十六日東京經濟報

俄國在東洋之舉動日加强橫世人以爲俄將逞豺狼之志實則唯利是視耳若以日本國民觀之彼俄人擧動迥不合於我國我苟從獲益之處其合理者則與俄抗其悖理者則與俄反是禦俄即可勝俄也何容肆口謾罵哉

然則爲俄人者果欲排外邦之異議尙敢爲此無道之行乎且即欲示威天下力果能逮否乎余嘗查俄國之財力擧凡商業工業尙未振興即欲驅民於戰未能及西歐諸國況國家貴有無限之權力而其君則專制於上故意思之發動每爲財力所制限余雖不敢決其財力如何然刻下無餘財亦無餘力尙不慮有戰端蓋戰端啓則糜爛財政後難爲繼若欲爲非常之擧則豈不顧財政夫國家所最要者非統一切船礮器械糗糧衣服而預籌之雖千辛萬苦恐戰亦無功也此理甚明凡地球上之用兵者機關莫不如是豈獨一俄人也哉

俄國目今情形世人知之甚難不過讀英人所著書而察之耳然尙非捕風捉影余嘗取倫敦刊行之統計報而詳察之盖俄實地球上之大國也縱非第一强國亦不失爲强國中之一顧

其財源未開蓄藏本不甚富農業雖盛尚遠遜美國焉至於商業工業則雖近時稍改面目而未敢望西歐諸國之後塵苟觀半面之强兵而不觀半面之富國未爲善察俄國情形者矣通計每歲出入即可知之茲將西千八百九十八年豫算俄國商業報表錄如左

歲入		歲出	
經常部	一、三六四、四五八、二二七留	經常部	一、三五〇、〇八五、二二二留
臨時部	三、三〇〇、〇〇〇	臨時部	一二三、九六四、七一〇
國庫剩餘金	一〇六、二九一、七〇六		
合計	一、四七四、〇四九、九二三	合計	一、四七四、〇四九、九二三
備考	一留即九角六分		

右豫算表經常歲出最占巨額者國債費陸軍海軍工部大藏等諸費而歲出臨時部者幾全屬悉比利亞及各鐵路布設費也今依此表而察俄國財政之情形則雖經常歲入償經常歲出而有餘然余不能下速斷也今據倫敦統計報而觀俄國歲出之數及豫測將來之增收又不妨斷之俄國歲入決非急速可能增加倘歐洲從此無事而且理財得其宜或可徐徐增收若一朝決裂雖欲增收豈可得哉今試徵之本年豫算則經常臨時歲入共計十三萬萬六千四百萬留其中五萬萬八千九百萬留即由本國財產事業（電音電話郵信等）及償負債（班田賠償金）等而

成立者如欲速增此等收入固難期也所冀外釁不開彼鐵路之收入者必增倘一朝失和而決戰其如常額頓減何且此項贏餘租稅占其大半藉非循序漸進到底終無遽增之望焉統計酒稅關稅煙草砂糖火條煤油等諸租共計五萬萬五千五百萬留而酒精又遞加稅額然不能擴專賣之地也夫欲增課租稅則民本甚貧且其國民亦不能如西歐諸國之放本於外况俄國募資公債求之於外鐵路亦求之於外其他工業藉外人之力者尤多近雖頗講求救濟善法然飢饉仍不克免中人之產十不獲一焉况西千八百九十一年歲荒尤甚昨年雖幸豐登然東作究不甚稱意困弊如斯豈堪此多額之租稅哉

俄國既無慮增收入之途然則現在諸費果可裁減乎余又斷其不能也試觀本年度算國債費二萬萬七千二百萬留大藏省二萬萬一千一百萬留陸軍省二萬萬八千九百萬留海軍省六千七百萬留交通事業二萬萬六千四百萬留五項統計共十一萬萬零三百萬留以常收總額十三萬萬五千留比對已占八九成之多且此等費到底非可裁減現如軍隊費已覺日增交通費鐵路費亦同時並舉更恐一朝決裂則陸海軍費尤多其他經營各事度支想亦不少且俄國逐年將大開西比利亞之富源內地鐵路更爲亟亟以上諸款不得不糜至巨國

帑也。要之俄國雖龐然大物。而立法未善。必漸次整頓。而增進富力。將來乃見起色。此不俟智者而後知焉。經畫多端。是在當軸者矣。

人口之衆寡。實國勢所以判盛衰。我觀俄現在齒數。及據最近之攷查。統共人口一萬萬二千九百餘萬。細分之。則廣漠境土。每一方哩僅十五人。就中波瀾諸州。每一方哩百九十二人。在俄羅斯本部。每一方里僅五十人。器烏卞聵司每一方哩五十四人。至西比利亞。一方里僅一人耳。加之幅員遼濶如斯。人家衆多如斯。而都市甚少。有百萬以上人口者。不過聖彼得堡。其次莫須科。有九十萬八千人。又次懷魯速烏。有六十一萬四千人。其在五十萬以上者。不過二都市。以外則二十萬以上僅四。然則目全俄羅斯帝國都市中。有二十萬以上人口者。僅九區耳。

吾於是知波蘭諸洲。爲俄國之寶庫焉。其地歲入額多於歲出額。凡百度支。實藉波蘭撑持。其殷富固可想見。其分離者。乃俄國之大患也。蓋俄國盡瘁于統治波蘭。猶英國腐心于撫綏印度。又西比利亞之地。現今人口稀少。每一方哩僅一人。將來移民。必在西比利亞。是宛如英國有各植民地。合衆國有西部諸洲也。羅衣托氏云。若戰爭起于歐洲中原之地。俄國一面失波

蘭、一面墜西比利亞主權、則其財政立困、彼漠漠廣野、徙民正非易事、余非敢謂其事必至足

然視其人口稀少、足證俄國財力之不豐矣、

經費增加而收入難期、在今無事之際、尙覺其入不敷出、則歐洲中原之地、若一朝開仗、與羣雄共爭於在洋局面、爲俄國者用必不給矣、俄國實有國庫費十三萬一千五百萬留臨戰準備、到底不能應無限之要需、若戰爭經年、則雖山積之資亦有盡時焉、要之戰爭者平時有準備、繼續或不甚難、若不問其準備與否、而遂出於戰、必大耗國家之財力、在俄國亦愈戰而愈貧矣、

更觀其輸出之貿易、則彼國所產、不出農業之外、然昨年非豐、本年輸出必減、今試舉前年計之、統共六萬萬六千八百七十七萬六千留、幷前五年間均計、則每年六萬萬二千四百三十二萬四千留也、然此巨額之金、未必皆爲實際、何則俄國負外債甚多、因交利故不得不輸出巨額之貨物、若在英法則公債多國內人募集、其利銀唯通融辦理耳、若俄則與英法不同、每年不得不費二萬萬七千二百零九萬留公債利銀、乃自輸出金額中扣除之、所餘不過三萬萬九千八百三十萬留也、且俄國內地其事多係于外資之周轉、通計實數百萬磅、故輸出之

一物不過僅供此等外費之利銀耳由是觀之俄國莫大之輸出究竟不能足國唯集外資以營生計實彼國民財力及政府財政之基礎其拮据不可想見乎

上文所述據羅衣托氏之統計而論之羅氏此言實見戰爭若起于歐洲中原則俄國必受財力之限制到底不能肆應也然以余觀之俄若以情勢示人人誰畏之者彼雖無能戰之資而尙大物龐然也顧實在情形不止財力未富蓋恐爲歐洲之一貧國余今微窺其意亦欲令世人知之耳要之中俄兩國政府本年六月以後定議令內外國人皆得自由貿易於內地各河川獨湖南省岳州開港展期至西千九百年六月二十再訂蓋出湖南人有厭忌外國人之風故云

法俄憤懣 譯西六月十一日英倫報

德國之占膠州灣預與歐州列國密約否事固不得而知然俄法二國隱忍而傍觀者天下所同情雖然是亦俄國向來慣手段心期大有所得故待事之來也俄應募公債所望於清國者其擔保甚大令人難堪清廷知其可畏事遂不妥卒使清廷傾聽于英公債竟爲英德所奪日清戰爭以來養於清廷之積威亦爲英所攫取俄焉得不以爲恨事哉於是乎以憤懣之氣發

而爲激烈之辭迫將旅順大連灣割讓於彼焉奉晤士駐派北京訪事人報云俄國要求與法據膠州灣事同一律而俄人尤覺不情非但要將大連旅順割且强請從北京經奉天到旅順布設鐵路諸多威嚇清廷若不聽則直送軍隊于滿州云云其限决答期祇五日而已是豈等開戰之宣言乎中國固有不肯割讓之理俄國亦自知之也惟中國今爲俎上肉欲拒力不及也凡國家交際雖仗權力而究非以權力爲正義俄敢爲此無道之事而不顧慮者何耶知無人肯爲中國唱義者也英國如宣言大義防止中國之瓦解猶或可救縱非爲利計然維持平和其占貿易之利已多矣假令俄占領滿洲無損於英人之貿易英猶可置而不問而旅大則不然況德介立於兩國之間以收漁人之利者如執清廷之一臂天昏地慘清將不支而堂堂英國具有爲之實力對岸火災坐視而不救焉俄所以傍若無人而悍然不顧者職是故矣清廷此際不亦大可憐哉外無可依之與國內無自守之實力彼縱無理而要挾多端不得不低首下心勉從所請也聞中國今上對廷臣曰俄國若以威力相迫則力不及唯須勉減讓與言之悲痛吾輩聞之未嘗不濺萬行之淚矣路透電音報云中國將大連灣讓與俄國有鐵路布設權俄國若撤旅順之要求則或見許云云夫蕞爾韓國尚毅然蹶起雖以俄之强大亦無如

何不料中國四億萬人中竟無一人爲之唱義者嗟嗟何其宜起而久不起耶昔嘗唱義于雞林島帝國者何反嘿嘿耶

德向清廷爲無理要求法國亦相率效尤向清廷請從龍州至雲南鐵路且設置煤炭貯藏所於雲州揣度將來廣東廣西雲南貴州等省不得不讓於他國又延長從龍州至雲南鐵路且置煤炭貯藏所於雲州云云

以上所開皆中國將來分割之地者然法國之大欲果能見諸事實否而或徒勞抑夢想而已耶請驗之後日焉

論英得威海衛　譯西六月十二日日本國民報

五月二十四日劉公島報有清英兩全權威海衛授受式報其事曰是日在席委員則芝罘領事化普基痕斯英艦那尸犢斯號長機痕餓薄路中國道臺某君艦長李賢痕等四人也四人出于場中英員機痕餓薄路揖座客曰道臺辱涖此席各觀其授受式何榮如之不知所謝委員在其次者即揚聲讀威海衛授受委任狀次朗讀宣言書讀畢道臺起揖之音聲低風采不揚衆不得聞其所言時祝砲聲動英國國旗颺于空中衆呼女皇陛下萬歲者三最後呼支那

皇帝万歲者一其聲徽而不高事畢始許兵士登陸諸將校張宴于艦內頗極盛大歡暢祝之宣言大意謂英國既占威海衛若有妨害治安者宜罰之不許新搆居于劉公島且禁貸借土地家屋不經總督允諾即勿妄居住村中

中國新開秦王島港 譯西五月十四日東京經濟報

中國政府將開港直隸省永平府撫寧縣王島其地乃山海關湯河間一海灣也然距天津不過鐵路數百六十五英里此海灣自冬去以來與封河之芝罘始用滊船航行專供郵便輸送之用該處乃北部僻地居此者唯有農夫漁蛋等小戶耳以地勢度之則直隸東北部及滿洲一帶皆消費外國品至中國南方土產間亦於此中貿易然向來北清之懋遷者皆以天津爲中央取其連絡於各省也若在該島新開港埸通商不知經多少歲月始能繁盛雖然渤海灣中各季能以滊船往來者唯此地耳故天津封河旅客必須寄港於此地則將來繁盛似亦非難唯聞該地沿岸海底積層甚多潮水長退與秦王島海濱有異時或深至五十丈一旦潮退僅深一丈欲架梯棧最難假令以秦王島爲通商港彼滊船碇泊之處意者其在湯河左右平然未可知也至該地一帶物產倘須細查然據縉紳全書所錄則魚梨鹽氈子毯子羊皮蔓荊

子皆其所產云。

中日協商福建省事 譯西五月十日外交時報

西四月二十四日。我矢野公使與中國總理衙門。交換通牒。令中國政府。不得借讓福建省於外國。爲日本令清國爲此約者。爲防患於未然耳。并非有所得其利益。然此約果現如何維持于亞洲乎。此不可不研究也。蓋昨年十一月。德國占膠州灣。漸啓極東三事。經五閱月居局外中立之地。唯確認現狀之維持。今乃決然定計。令清政府爲此約焉。良由福建省閩江直朝于海。東京上海間最要條約。福州實在此省內。南洋艦隊根據地及馬尾造船所。亦在其中。此約將來關係於歐洲列強。想亦不尠。然日本之意。唯在保全領土之利益。俾臻安寧。斷非欲得人土地也。然歐洲列強苟欲併吞該省土地。則日本爲保防障。亦在所不免焉。然則此約。謂非日本預制歐洲列強之策乎。

美國擊陷西班牙砲臺 譯西六月九日英京倫敦報

本月六日。美國司令長官皟痕普嫂痕。砲擊皟痕鳩亞岳諸礮臺。悉破之。戰凡三時許。西班牙巡洋艦列內咩路息笛斯號中彈而被毀。艦長以下死者七人。被傷者十七人。其餘陸軍將校

三人死之兵士十八人被傷云

俄要求築廣西天津九江鐵路 譯西六月二十六日大坂每日報

英國已借香港附近九龍地於中國俄國聞之愈加嫉妬今更欲借金州此信風聞于中國官場中今又聞駐京公使要求布設鐵道權於総理衙門擬貫通廣西全省自天津以至九江公使更說総理衙門曰敝邦貸兵貴國將以此制英人之跋扈也

論俄國戰時財政 譯西六月十五日東京報

俄國一旦絕東策敗舉兵向中國其財政果可支乎按彼國財政素裕工業繁興富源似無不足然據英人洛曾痕氏所說則俄國亦甚拮据若俄英搆兵俄政府現歲入款無可再加英經濟學士研究俄國人民現狀皆謂其納稅過重斷不得再任加稅其國債約計八億五千弗歲出千八百九十一年九億留至千八百九十七年加至十三億留而俄國財政又不可與法相戾人皆知之故洛曾痕氏又曰法國爲俄國盟主又爲俄國債主者也俄政府欲募外國公債法必其肩四分之三其鑛山股票大槪亦法國所占俄法關係如此法人誠慮一朝有事挫損不少頗畏之矧俄若有事巴里銀店公債股票必多變動是知俄國財政籍法國資本以經理

者不少。其民更非可任外債值二億磅土地。既爲抵按二億四千万磅金額。又爲償債之用地主。農民安能再當此鉅擔哉。若俄國絕東策敗。而與他國用兵。竊恐俄法兩國財政。必至破產。是不可不知也。

英俄復閱　譯西六月二十二日神戶報

中國政府將設鐵道于山海關牛莊間。乃就上海銀行。約借資本金二百万磅。英京倫敦前日已允之後。又報云。駐清俄國公使。公然抗議於政府。欲沮其成。清國當軸者勢或中變。俄使之說行否。未可知也。然則英俄交征利。吾知其必不免於爭矣。

中國議定新稅　譯西六月廿五日北清日日報

中國稅務局爲庫款支絀。舉行新課稅法。盖使一切外國民及賣買鴉片商店。不論大小。每年納稅五十兩。現在順天府已於前月行之。漸至全國一律云。

中俄鐵路相連　譯西六月二十五日東洋經濟報

倫敦支那每朝報云。中國東部鐵路。當以二線路連絡于西比利亞鐵路焉。其一二百七十五哩。從波具加爾線路中啞諾吳。又其一六十哩。烏蘇利線路中。從尼器爛衣司庫。二線皆連于

滿洲東境界俄國工部省議定給爲波具加爾線機關四十四輛客車四十輛貨車四百五十八輛停車場用貨車四百五十三輛爲烏蘇利線機關車十輛客車十八輛貨車百四十輛停車場用貨車五十輛其貨車想亦爲軍務而設歟

論中國鐵路之現狀及將來 譯西六月十五日東洋經濟報

中國鐵路之設苟有志經濟者必當考也西二月十四日東亞細亞羅衣托報所錄中國鐵路之現狀及將來一篇大有資于參考茲轉錄之

中國始設鐵路距今二十五年當時藉英國某公司之力如布設上海吳淞間者是也當時人情大爲不服謂此舉實無益而有損居政府者因臣民嫌怨謗聲四起迫得遷就而買收之焉然現在今日則彼國人嫌惡之情頓減于昔李傅相尤注意布設鐵路者也顧淸國最初之大鐵路在天津山海關其一線長二百七十氣羅美衣托魯此線基于近日締結淸俄條約六年以內踰長城而達奉天府及吉林以連絡于從南魯旣吳庫至烏癲戲啞司托庫西比利亞鐵路東部支線右線路中六十四氣羅美衣托魯現已着手開辦焉

天津山海關第二條鐵路其長百二十七氣羅美衣托魯此線布設自中日戰爭後始議定現

進步甚速。西千八百九十七年五月十日。第一機關車已到北京。至代購各種材料。爲諸外國工業家所分配。機關車美國供給之。架橋用材英國供給之。車輛則李傅相創設。托吳子也吳工廠供給之。主事一半歐人。一半華人。歐人悉執技術之業。華人悉掌管理之事。現時經營開始之路。其長有四百六十七氣羅美衣托魯。而線路之交通亦甚繁。至如北京天津間線收入甚大。將布設複線於此線路云。

中國鐵路。將來有望如斯。現計其布設新線路甚多。計已通黑龍江及烏蘇里之低地。而達烏癩戲啞司托庫西比利鐵路一部線路。西千八百九十六年。中俄締結條約。今改從司托立子愛府司庫經滿洲而通于烏癩戲啞司托子庫。已於西千八百九十七年八月下旬舉辦焉。世人如知西比利亞鐵路。其長七千六百氣羅美衣托魯之豫定。則上文所述其一部線軌。爲經由滿洲。至見六百乃至七百氣羅美衣托魯之短縮矣。

右線路外。尚有從北京通于楊子江之大市場漢口鐵路線路。長千二百氣羅美衣托魯。曩者定議布設。各國工廠之覔利者。陸續赴天津。力爭先著。然直隷總督及張香帥盛觀察等。決意以政府之力自行布設。在漢口。現已着手興工。其成効約要七年云。又有北京山西省太原間

布設鉄路之經畫現歐人技師從事其間其長約四百五十氣羅美衣托魯又以上海爲起點之一源本年夏期可以竣工往時爲居民阻抗破壞上海吳淞間線路（長十八氣羅美衣托魯）政府既再爲布設現時商議中鐵路公使一項以供南京上海間鐵路布設各費云

南清地方現亦將設鐵路此等線路先貫通南清境邊而漸達于內地也現該地有競爭佈設之線三其一法國線路經河內老開及蒙自者（包含諒山線路延長線）其一英國線路從緬甸經哈木烏及大理府者其一即清國線路從廣東北海沿西江之支流而通于北方者也法國委員已着手于經老開而達雲南之線路然河內老開間尚未有法國鐵路之連絡若英人從埋吳太立衣達于庫吳魯烏府愛利衣之線路則已告成蓋因上海南京及漢口間線路商業大有關係故爭之也至南京之地乃中國第二重鎮而漢口又茶商貿易之中心現時欲先佈設滿洲鐵路者（即從山海關經奉天吉林及齊齊哈爾而連絡于悉比利亞鐵路且經牛莊及金州而達旅順口者）想亦以滿洲鑛業爲俄國之利歟

若北京漢口間大鐵路告成連絡于悉比利亞鐵路而俄國之火車到漢口則北京漢口間線路貨物叢集由是輪送中國中部之貨物於俄皆藉鐵道之便蓋漢口實悉比利亞大鐵路最適中之停車場也要之從北京至歐洲水路之輸送費較之陸路之輸送費國政治勢力及武

力實可畏焉若因其政治勢力及武力而財政常充地球諸國誰不畏怖也哉

德國內閣新政策 譯西六月十一日外交時報

兵法曰知彼知己百戰不殆噫豈獨戰爲然哉國家交際事亦如此也方今外交之重心列國皆注力於東亞然歐洲各國之情形亦不可不知也若非究之則東亞之事亦不易知矣余是篇實本此意焉庶幾足窺歐洲各國交涉之關係歟

西一千八百九十年歐洲外交之形勢忽一變有俄法二國益相親之狀焉俄國姑舍哈啓卞吳半島出地中海而注力開通西比利亞決與法國同盟以期事之無旁撓也以墺太利掣俄之肘於是三國同盟（德意墺三國之同盟）之効力頓減焉又強大之法國與彼同盟則俄借法力法亦借俄力以復曩者俄法兩國孤城落日之歎今也移往于德矣故德皇欲別求同盟者以保其復前日之地位與新宰相卞府利衣商遂開示所謂新政策焉然與德國同盟者唯英國耳英國本因俄法同盟於外交上大爲不利此際確與德國有同舟之誼也且俄國不止因伯林背約之敗大怨英國即西一千八百八十五年以來與英國在中央亞細亞諸多齟齬法國亦因英軍占領埃及甚忌英加以非洲之地常有違言自西一千八百八十八年以來巳露憎厭之心

據近日事實發露。則英國西千八百八十六年間。與三國同盟爲地中海助意太利之密約。是預備法國之進取非洲內地也。

西一千八百八十九年。德國新皇帝率艦隊訪英國女皇於啞司蝦魯吳宮。女皇張盛儀迎之。且爲德皇特令海陸軍行大演習。并任德皇用英國著名水師提督。時法國某報極口嘲弄德國海軍在伯靈英國公館駐派士官癩司息魯氏者。於公會席上攻擊法國之行爲。生出一場紛議。又在英國下議院質問政府果決議三國同盟否焉。

夫英法爭端果成。則三國同盟之勢較便。故此事德國新帝唱首。其欲與英國相結者。亦自然之勢也。況德英訂交。乃禦俄第一着。英國將德國舊地自拿破崙戰時歸英占領者名海利器癩吳托島還附與德。（海利器癩吳托島在愛魯河口北在德國則重要防禦地之一也）德爲英代償非洲吳戲哈矮魯國保護權。以和解東部非州英德之衝突焉。（西一千八百九十年七月一日條約）

德皇維廉第二世爲前年十月俄帝之訪問。此年七月訪俄帝於那魯哈滗。觀俄國艦隊之演習。然此時俄法同盟之約已成。故待遇甚冷云。

時三國同盟約期已近。故德皇令英國加已入同盟之列。而與墺太利及伊太利修好。至西一

千八百九十一年五六月之交。墺伊英三國。於地中海互通之議成矣。方此時。有英伊二國間條約秘密之意。英國自由党向政府質其眞僞。政府荅以未嘗結秘密條約。不過交換已耳。七月九日外務次官卡縱氏之荅辯然有形跡可疑者。要似不出左所錄也。哈矮佛同盟論第八百四十頁府壓魯托那衣託利衣立希油烏西千八百九十七年刊印第四百七十五頁抄錄

俄佛二國已約同盟。若墺太利與俄戰於地中海。則英國拒俄而干涉之。倘意太利與法戰於地中海。則英國拒討法而干涉之。然英國不任爲墺伊兩國動兵赴援之責云。

六月。英國艦隊寄航墺太利希油烏。霓港墺皇府癲吳子搖息帝幸該港。盛設歡迎之禮。是兩國協商有成之一証也。

七月。德皇經荷蘭之地。而出于海。搭蝦烏海吳托魯立吳軍艦。至英國。英國於埋戲吳海峽。以艦隊迎德皇。女皇招德皇於烏衣吳速魯宮。張盛儀而會見。德皇駐英國二十餘日。令外務大臣希衣海魯司大衣吳男爵。與英國首相速烏魯司海利衣卿商議。而鈐印議定書。此議定書者。宣言英國之利益。與三國同盟之利益同均也。

此月二十五日。於俄國庫羅吳司太子托港。行視法同艦隊式。於是俄法同盟之成。始見昭示

列國

夫英與三國同盟之均利以償離俄之利尙有餘德皇於外交可謂妙算且此事至西一千八百九十二年尙堪持續是年六月俄帝亞立氣嶺吳托魯第三世赴皇后之父丁抹王庫利司旣矮吳第九世迎婚歸途回航於氣衣魯灣而答前年德帝之來訪然不過數時即行解纜慮因此而冷法人之心也故同日令伯父器吳司太吳旣吳太公往訪法國大統領卡魯諾烏於那吳戲衣於是德國各報極力攻俄皇之無禮又此年德國擬於西一千九百年開萬國博覽會法國偵知之先通牒於德國同年開萬國博覽會於列國然博覽會之競爭德國到底非法敵德人亦自知之故不得已事遂中止焉要之歐州外交於西一千八百九十二年間全以德法之不和爲終也

風聞法國要求福州 譯西六月二十三日時事報

法政府曩日以華人殺害宣敎師之故要求鉅大今又風聞更要求福州若使此事果實日本政府必有異言其故則淸政府與日政府約誓以福州地不讓與他國蓋福州有中國軍械局就業于該局者法人約有四五十名因淸政府近支其俸甚遲滯故法國乘機遂至爲此要求

清政府雖未確答尤畏怖之云風說紛紛抑中國政府與日本矢野公使誓約法國非不知之或曰法國有此要求必設口實曰不過一時借地也然清政府誓言有不讓與他國之語法國若誤解此意義爲斯不法要求是蔑視日本也日本即將大有所爲我輩决法國必不爲此要求恐不過謠傳而已

東事與西歐大有關係 譯西六月十一日外交時報

昨十一月極東事件即膠州灣事件而生出歐州列強之關係也此極東事件又令歐州列強之關係略變焉雖爲日尚淺然朕兆正可預測已

然中顯著者德國外務大臣希油羅烏忽現爭先手段於外交上也是歐州講外交者一般見觧而此等棋占先着究以俾斯麥魯克爲倡而繼承者乃希油羅烏焉蓋俾公外交策國內無一人能抗之者即與公異党亦甘退讓一步然此尚非難難在繼承者更得其人也回顧距今十年前俾公於議會演說關東歐州大題全國各党皆交稱之未有一言齟齬者而於十年後又見繼承俾公爲希油羅烏其人焉豈非奇遇耶俾公於當年演說云余除上天他無可畏今日希油羅烏繼承亦云吾國闢地東洋在吾人主義不過自謀生活又令他人生活嗚呼

一壯語。一大言。是偶然耶。抑摹倣而然耶。使俾公復生。亦當云孺子可教矣。

蓋於彼則與俄密議。於此又與英交涉。乃締結膠州灣借地條約。公然發示於外。而無敢異議者。確是希油羅烏大臣外交之功。亦任其占領膠州者。蓋爲彼後日占領旅大地步。故聽之也。然德不止不令英知此密約。却使英望德爲將來同盟者。是英舉國人所公言也。英不能阻德俄之聯合。誠由於邊防失策。然使速烏魯司海利衣無能爲。豈眞鞭長莫及哉。假令當時出而相爭。德必讓多少之利於英也。傳者云。英內閣聞膠州灣借地之約。不即時增派軍艦於極東。却送一萬陸兵於埃及。又從戲府瀕魯太魯曁印度之地。召集軍隊於埃及者。是德國爲英完却蘇丹遠征。且埃及久占。德不反抗之約成。以致英亦不抗膠州灣借地也云云。似此推測。決非無稽之言也。然以余觀之。速烏魯司希利衣矦。尙藏遠大之畧。要之德親俄者。本爲失信于墺伊二國。欲收盖三國同盟之羞。不過一時詭計。然俄深許法。法又敵視德。俄法德三國同盟之難久。不俟智者而後知矣。英之謀國者。早破此聯合。而恢復均勢。更欲破他人聯合之勢。然後親德國焉。英若親德。則俄法不快。必懷猜忌之念。日間排斥德於聯合外明矣。是實反間之計也。爲問速烏魯司海利矦之計。果有濟否。

俄國暴横。焉肯坐觀德人占領膠州哉。今果然逼中國而令其將旅大割讓也。德國直表同意。英國全然不屑。於是德國兩端之難始現。爲希油烏羅烏大臣者何法能使轉圜乎。余欲拭目觀之。盖德國外交之難。非在占領膠州時。却在自今以後。不堪設想也。

此際爲我邦有不得不注意之事。盖歐州列國之均勢。決不能久。日間必生變動。而其機已兆焉。方此時若乘機而衘馭之。其爲我邦將來之益不尠。余切望當軸者智珠在胸。庶邦家動則有成焉耳。

寧波紹興鐵道記 譯西六月十一日英倫報

據北京通信。曩日總理各國事務衙門嘗經奏議。欲設鐵道于浙江省寧紹兩府間。其唱首者。實出英國人。約借資本銀四百万兩。年息六分。分期償還。至四十五年而畢。契約已訂結。不日即將開工云。

廣州灣紛擾 譯西六月十一日英倫報

中國政府前歲曾貸廣州灣近傍地于法國。中國謂其出區域外。然法國則謂在區域內。彼處土民不悦法人偪居。他日將不免釁事之虞矣。

國際公法総論 譯最近世國際公法論續第一冊

日本 角谷大三郎譯

國內法律皆有之故曰國際公法者非法律也然守公法而行足以大長進國內法比而較之轉覺未進步國際法之謬而已嘗考國內之法察其萌孽之初亦無一定裁制一定法廷一定立法者與今國際公法無同異焉要之法律爲人類團体所共賴以生存人類團体制定之又各國團体認定之者也一國之法爲一國人類團体共賴以生存國際公法爲國際團体共賴以生存一國之法出一國團体制定之認定之國際公法則万國團体制定之認定之彼此本無別異也反之道德宗教爲各人單獨生存而設而非爲團体共同生存而設也又非特殊團体之制定認定也故曰國際公法法律矣

往昔公法學者中有主張國際公法可行於歐洲耶蘇教國間或可行於横文國間者是歐洲碧眼者不知東洋別有儒神佛宗教精神最高尙建國最古制度文物最早開者也國於東洋者宜奮然興起注眼萬國速入國際團体以使歐洲碧眼者知東洋亦有友邦矣東洋人士講國際公法者此種精神湏寤寐思之不忘苟以此精神當之東洋平和乃可保歐洲列國之覬

覩亦不足憂矣。盖國際公法。乃交通國共同之連鎖故也。

第一　國際公法之主體

夫國際公法之主體者何乎。曰國家也。國家者何乎。曰謂國家所具備者。一曰人民。二曰版圖。三曰權力。之三者。權力有二種。一制馭國內人民之權力。謂之對內主權。一不受他國干涉而處决外交事之權力。稱曰對外主權。對內主權。有使人民服從巳威令之權力。對外主權。不過有與他國對立之權力耳。國家而無對外主權。雖尙不害爲國家。不搆成國際公法上之主體。故若有國而與本國分離。雖有人民。有版圖。且有對人民之全權。未得世界各國之公認。則內有國家之實。而外不能得國家之權力矣。

今國際公法上分國家種類。先自單複之点而大別爲二。一單獨國。二複雜國。又複雜國別爲二。一聯邦國。二結合國。又結合國別爲四。一君合國。二政合國。三合衆國。四一部主權國(或云一部)

獨立國

國家　單獨國　聯邦國

複雜國
- 結合國
  - 君合國
  - 政合國
  - 合衆國
- 一部主權國（一部獨立部）

單獨國者內政外交俱不許他國容喙其國自有國際代表權複雜國者兩箇以上國家相結合而共君主共組織或共主權者也如德國瑞典那威墺地利匈牙利瑞西即是也複雜國中聯邦國者數箇單獨國相與通制度而各有對內外之獨立權然唯要不害聯邦共通之利益故聯邦國各自有國際之代表權唯受一種制限而已複雜國中有結合國者其結合國中有君合國者所謂君合國者數國服同一君主之下然各自有國際代表權例如比利士王立啞保魯咾第二世兼併亞非利加哭吳鵝鵝國王那子瀆烏啞癩泥泥吳系和蘭王兼魯庫息吳舞魯希候又西曆一千七百七十三年乃至一千八百六十三年間戲油立立司烏衣希蝦魯司太衣吳與丁抹服同一君主之下如此之類亦復不少譬一家主人幼年或老病託親戚故舊総理事務亦不害其爲一家蓋事故息則回復獨立主權也又結合國中有政合國者所謂

政合國者內政則各自分立至于外交之事互相共通試舉結合國與君合國之差違言之君合國其中一國爲交戰國他一國得宣言局外中立何者本有各自獨立國際代表權也反之政合國其中一國爲交戰則他國家俱爲交戰國一國爲局外中立國則他國家俱爲局外中立國何者以本通共有國際代表權故也又結合國中有合衆國者所謂合衆國者數個國家唯服于一主權之下故對外國則爲一國家國際上唯有一個主體耳然至內政上則各自備一定組織皆有固有憲法又結合國中有一部之主權國如保護國即是也其國本有不羈獨立之權然因國際條約準限各種事項受他國保護至其保護事項外之事則存完全獨立國體面本國爲交戰國其國得宣言局外中立不可混保護國與附庸國附庸國即屬國也假使內政上存國家體面國際法上不可編入國家部類何者以本無對外主權也

國家種類自主權之點分别爲三一主權國二一部主權國三永久局外中立國是也

國家
- 主權國
- 一部主權國（一部獨立國）
- 永久局外中立國

日本　橋本海關譯

中國蠶業詳報 譯西六月十日東京報

日本宮崎縣日向國富國社員高橋一丹至中國視察本年養蠶。西五月二十日。自江蘇省無錫縣寄書于横濱多賀谷商店曰。江蘇省無錫縣傍近蠶兒林立。四月十八日至二十日其間天氣。正在蠶兒發生前。和暖非常。發生以來甫初眠。忽降寒雨。天氣不順。故蠶兒發育不宜。往年初眠要六七日。本年則要十二三日。致使蠶兒不揃。至二眠三眠。氣候忽復溫寒。暑針至八十度以上。邇來雖七十度以上。然多雨。快晴者不過五六日。以朝溫針度之常差一二度。其見三度差者甚稀。東北多風。天氣更不宜於養蠶。至四眠三四日。蠶況似覺稍佳。或有二三殭死者。然聞蠶主所言。雨量比昨前年稍少。蠶兒亦大勝昨年。故近傍養蠶。不用火力。一係於天候。往年則自三十日至三十四五日上簇。本年則自三十四五日至四十日居多。目下桑價非常高漲。每百斤值一元四五角內外。

浙江省蠶況　餘杭縣近傍蠶。以四月十五日前後發生。早江蠶五六日。餘杭皆用火力。至五月十三日前後。上簇極盛。結局頗好。我購覓新繭在中國繭中以此爲佳。蠶主曰。昨年不豐。本

年却好。餘杭地方。五齡及上簇時。天氣最宜之日也。當時此地桑價每百斤僅値一元二三角。其他湖眇地方。發生略遲。大槪皆以四月二十日前後。此地不用火力。故三眠四眠也。大湖北岸地方發生。在二十四日前後。而其早者則三眠也。凡此諸地。蠶况無異。我在杭州聞之曰。浙江省南境紹興縣及新昌縣地方。同餘杭皆已上簇。其法則普通蠶作也。又用火力者自二十日至二十三四日上簇。

浙江省蠶學館　本年杭州西湖金州港。新置蠶學館。館內蠶兒五月十日前後。四眠或四眠起而已經二三日也。館內有日本意法等內外各種試驗飼育器類。皆良好。故上簇早畢。本年蠶娥量四十餘枚。生徒三十七人。以日本轟木氏爲主任教師。惜氏來時。蠶已三眠中。且以爲本年所新開置。未得如意。然蠶室宏大。須費鉅額金云。

製茶試驗法　譯西六月十日東京報

日本東京西原。有製茶試驗場。專用心於茶樹栽培法及輸出海外日盛。以古來製造法。費天時與人力不少。今歲始用製茶器械。并開製茶試驗法。現所用之器械。合印度紅茶乾燥器及日本高井氏所發明中揉器械。而爲二臺。以用之乾燥器。一日凡得百斤。僅一人之力已足矣。

從前製造方每人一日不過僅製五斤至八斤兩者相較不可同日而語凡用乾燥器所製者形狀較從前所製雖似稍劣至香味色澤水色三者則可壓倒從前也

中國產麻布現況 譯西六月十一日日本報

中國麻布一名苦辣斯苦洛斯繁殖中國內地中國人用之以造夏期衣服日本人巧於縫之二三年前輸入此物頗多購而縫之更輸出于歐美各國其業甚有喜色歐洲國民皆好奇故嗜之其珍重非絹布所及中人以上大抵用之至以代絹布其價比絹布尤高每經洗滌愈覺光澤保存期亦倍絹布故又多用爲手巾或桌袱每歲四月以來購者日益多云

英美竹材嗜好各異 譯西六月十日東方報

美國喜用白竹雖極尋常竹品白則足矣黑竹非上等品不用英國頗精選白竹黑竹則薄而不敢用以虎班竹代之美國多愛切竹（截梢者）梢長一丈以下不敢用英國則多用釣竿竹（不截其梢）者雖長一丈以下亦購求之蓋在美國工人以日本竹製造諸器現如自轉車皆用竹材爲輪頗稱輕便將來用者必多矣

美國在中華貿易現情 譯西六月二十一日英外務省報

美國於中華利害所關非細近十年間（自西曆一千八百八十八年至九十七年）美華貿易金額自五百二十五万磅遞增至七百七十五万磅美國向中華輸出者自一百五十万磅增加至三百五十万磅通計美國占中華外國貿易七分之一一千八百九十六年各國向中華輸出者德國二百二十六万四十磅英國八百五十四万磅美國即三百五十九万六千磅美國輸出以綿爲最殆値一百五十万磅然此等綿極粗惡大抵輸入於滿州地方爲多云

論西伯利鐵道燃料 譯西六月廿二俄東方報

西伯利地方未發見石炭良礦然恃有林木之饒故輪船航黑龍江者皆用木材爲燃料西伯利鐵道所通過線路與林木相隔遠故燃料價太貴又自南北地方至線路敷設地其間運送木材亦甚費力倘鐵道敷設愈長則木材愈乏勢不得不以高價購外國石炭供西伯利鐵道燃料故俄國農務省派探撿員使查炭礦各地欲多所獲然皆與鐵道線路隔絕槪在百五十俄里以至四百俄里因未有最良炭礦地敷設枝線與西伯利鐵道相接以致木材缺乏價格騰貴人民苦甚云

僞造中國酒 譯西六月二十三日時事報

自日本酒貴以來需用中國酒者益多近來愈甚橫濱居留地並各市中多賣此酒且又多輸出他處頃有僞造者混合火酒與砂糖及水加以中國酒三分一即造成一種酒滿於瓶而鬻之市價頓昂一瓶自一仙至七八仙昨又騰至三角左右云

地球產米額數 譯西六月廿日日本報

內地年豐則本國米輸出增加然亦不絕外國之輸入內地年凶則外國米紛紛輸入而本國米輸出必少然亦不至於絕跡則米之最重可見焉欲知地球上產米之地及額當知米之用途如何者爲最要蓋地球無不產米然產額最多者則我亞細亞諸國焉今示其產地於後

亞細亞

日本全國○朝鮮西部及南部諸島即面于黃海及朝鮮海峽地○支那本部楊子江黃河廣東河流域地○安南北方接於東京傍地即速吳河流域地及南方近接于交趾支那地方○柬埔塞同前○暹羅美衣那魔河美器吳河流域地及沿岸地○海峽殖民地理獺子卞及沿海諸島○緬甸衣獺庫戲衣河流域地海庫洲噴魯烏愛吳流域地旣吳那子息利魔流域地及南大洋洲○濠洲東南諸地即烏衣庫托利矮尼油烏噴烏司烏愛魯司及庫衣吳司獺吳托三州沿岸地○尼油烏氣尼矮

歐羅巴諸國亦產米然除意太利外無著名產米地列如左

歐羅巴

哈魯卞吳半島土耳其太尼油烏府河流域地魯烏迷尼矮府魯卞利矮息魯希矮洲等○澳太利匃牙利太尼油烏府河流域地○伊太利蝦烏河流域地即希愛木吳托羅吳哈矮既衣府愛尼戲矮等諸州○法蘭西西南部○西班牙南部及東南部○葡萄牙西南部

亞非利加

埃及努比亞亞希戲尼亞尼衣魯河流域地○木贖吳希衣庫贖吳希衣庫贖吳海戲衣及羅府埋諸川流域地○埋太卞司卞魯全島殊沿海地上下氣尼亞器吳器流域地尼衣息魯河流域地其他氣尼矮河岸一帶○木羅子器西北部魯息利衣北部沿岸地方○中央亞非利加蘇丹地方

亞美利加

北美合衆國卞羅利那戲亞魯戲矮府羅利太矮癩哈魔迷司戲子希衣魯衣戲尼矮諸州○墨西哥東北地方利亞庫癩吳鐵鐵魯諸魯既等流域地西岸中部中央部利亞庫癩吳鐵流域地○中央亞美利加庫懷鐵埋癩蝦吳既油癩司尼卞羅加器司太利卞○器羅吳希矮北部地方即埋庫太吳那流域地○海南戲油癩亞利諾器河流域地及沿岸地方○矮矮息吳既吳哈癩那及希癩府太那流域地○烏癩庫懷衣烏癩庫懷衣河流域地○白魯矮埋速吳河上流流域地○愛庫矮托魯西部沿岸地

地球上產米之地如右據埋魯蝦烏魯氏統計現今地球上著名米產地米之產額如左

	面積（千愛衣庫魯）	收穫（千噸）	消費（千噸）	過剩（千噸）
印度	二三、六〇〇	一六、八〇〇	一五、四〇〇	一、四〇〇
緬甸	三、八〇〇	二、七〇〇	一、七〇〇	一、〇〇〇
日本	六、五八〇	四、八〇〇	四、六〇〇	二〇〇
馬尼賴	三、一四〇	一、八〇〇	一、七五〇	五〇
爪哇	五、〇〇〇	三、〇〇〇	二、五〇〇	五〇〇
錫蘭	六〇〇	四〇〇	二五〇	四〇
意太利	五〇〇	四〇〇	三六〇	丨
西班牙	五〇	四〇	四〇	丨
交趾中國	一、八七〇	未詳	未詳	未詳
暹羅	五〇〇	未詳	未詳	未詳

支那實最大產米國也。然內地四萬萬人需用甚多。綜計出入。本屬無餘。故不能輸出也。而且從來禁輸出口。出安南暹羅及其他產米等處。每年輸入者蓋甚多云。

客歲日本米穀收穫數 譯西六月二十八日神戶時報

西五月十四日。日本農商務省以官報發表前年米穀收穫成績。據其稽查。昨三十年全國米產額。三千三百万一千十五石。比平年實減六百六十六万六十五石。比二十九年減三百十九万八千七百五十六石。較之日政府昨年所豫計。約差二百八十五万餘石。東京深川澁澤商店。較昨年豫計調查。僅差八十万石。商店豫計。殆符其實。今對照實收並豫計數如左。

三十年米穀實收數　三千三百一千十五石
比平年減作步合　一割六分八厘七毛
數政府豫量計數　三千五百八十五万八百九石
比平年減作步合　一割九分六厘
澁澤商店豫計數　三千三百八十六万一千五百四十石
比平年減作步合　一割四分七厘

前年收獲數雖人人異其所豫計然皆謂減作步合不出一割二三分獨政府以爲九分六厘如樺山內務大臣當時謂問者曰本年米穀收穫比平年可無大差其調査疎漏可笑比之於澁澤商店所豫計相距幾何乎政府調査疎漏如此盖不可盡信也而政府乃曰前日豫計之量相差已甚多因調査以後風水之害頻至然政府發表遠在風水害後實屬遁辭而已今以昨年實收數比較五年間收獲數列左併載作米數

	收獲數（石）	作付反別（段）	一反步收獲（石）
二十五年	四一、三七八、四七四	二、七五五、一〇一	一、五〇二
二十六年	三七、一九九、六六三	二、七六九、四七八	一、三四三
二十七年	四一、八一五、七一四	二、七三一、〇四四	五、五三一
二十八年	三九、九二〇、八八二	二、七七九、二二七	一、四三六
二十九年	三六、一九九、七七一	二、七八六、九八九	一、二九九
三十年	三三、〇〇一、〇一五	二、八六九、八九四	一、二二九
平年	三九、六六一、〇八〇	二、七五二、一一一	一、四四三

藝學

日本　橋本海關譯

精製給水滊車　譯西六月十日工業報

滊關車所給之水若質惡則多作沈澱物甚爲所困現聞南太平鐵道會社設計精水法因告諸人曰凡給水中含有多量石灰或麥餓內尸亞炭酸鹽及硫酸鹽此最惡質水也以故創精水法此法利益非常足以除去沈澱物其法以石灰乳及炭酸曹達再爲精製以用之凡此等藥劑隨次加入可使沈澱炭酸石灰其用藥量數宜豫爲分析撿定水中不純物秤適量而加之不宜相混備置二桶加石灰乳於第一桶使其沈澱炭酸石灰澈底澄清然後流液于第二桶要除去炭酸鹽更替石灰及麥餓內尸亞硫酸鹽于曹達硫酸鹽也若然則滊罐沈澱一切可結其雜質化爲清淨之水也

攷察飲水美法　譯西六月十日工藝報

良水澄清惡水汚濁此常人之見耳良水不必澄清惡水不必皆濁水含有害毒石灰質者若含某物少許忽呈白色更含至有定量以上却變爲澄清不可不知也其他水中有細菌或亞路卡利酸類及格魯兒等尤非以水色清濁判其良惡夏日用水最宜留意必以水道者爲宜

日本大阪水道。以顯鏡照而査之。即拼將水道之水源。未曾濾過。及沈澱不清淨者。兩相比較勝於清淨儲池之水。其在水源者。登方一寸。有細菌一千二百一十莖。其在清淨儲水之池者。僅見百五十四莖。其他濾過沈澱。不清淨之水。則有細菌二十餘種。清淨水。則僅見有三四種。以是觀之。知由濾過及沈墜水質。乃其清淨也。

攷察地球最熱質點　譯西六月十日工業報

地球以最熱著名者。爲加利福尼亞木哈滑沙漠中死谷。死谷山嶺四環。出無道路。其山高以東西北爲最拔。出海面約千五百丈。或二千八百丈。險峻無比。唯南方則僅六百丈。而谷底甚高。以晴雨針測之。下海面五十丈。其名死谷者。緣昔嘗有人移居此中。以飲水乏皆死。故有此名也。據某氏査此谷中。自夏季以迄秋初。平均溫度攝氏三十九度。（華氏寒暑針百零二度）最高屢達五十度（百十二度）又或四十三度云。（百零九度）可知此地熱爲最甚也。

論石炭能撲滅下水腐敗物　譯西六月十日英技藝報

英國人嘗以石炭下等粉炭濾過下水汚物。最有功。世人自是始知石炭下等粉炭爲濾過好材料。初英人捕斯託茲若瀰路氏者。受本國之命。査撿此物。即以粉炭濾過汚濁下水。其濾液

甚見透徹澄清從前所有惡臭全行消失氏後經數月撿所供澄過者而用之覺臭氣絕無僅有土質臭氣故氏判此石炭作用曰石炭者可使撲滅下水中所溶解酸素及腐敗臭物也烏澳路配路哈磨捕託痕氏亦用此法排除其下水中汚物亦大有効云

美醫院用賢茲幾斯光線 譯西六月十日美國醫報

美西戰端已開美國外科醫米路烏澳幾辣茲獨氏欲用賢茲幾斯光線診撿傷於銃丸者因是述其意於美國政府氏所發明機械頗極簡便艦中可以載之此等裝置法若通行則賢茲幾斯光線實爲嚆矢矣

德製大口徑速射砲 譯西六月十日工業報

德皇近鑄速射砲直徑長二十一尺口徑濶四十尺已成命海軍署用之該砲以七百二十尺速力能發射一百四十貫彈丸勢穿鋼鐵亞痕李親王躬自涖而撿之每一分平均三回即可發射前者法國先他邦而創多量爆藥裝彈術至是復以大口徑砲應用速射術不料德國早着先鞭如英法兩國最大速射砲不過十六尺口徑而已

地球最大砲比較表 譯西六月十日工業報

美國海軍大尉而賢路內痕氏編列諸國最大砲比較表

國名	口徑	重量	長	彈丸重量	裝藥重量
美	一六〇〇寸	一二六〇噸	四九〇〇尺	二三五〇〇斤	一〇〇〇〇斤
德	一六五〇	一二〇〇	四五九〇	二三〇四〇	九〇三〇
意	一七〇〇	一〇四〇	四〇七五	二〇〇〇〇	九〇〇〇
英	一六二五	一一〇五	四三〇〇	一八〇〇〇	九六〇〇
法	一六五四	七四二	三二五	一七一九六	五九五二

新式高音海軍德律風 譯西六月十日工藝報

刻下捕茲木斯新造戰艦始艤裝高音海軍德律風乃亞路布列茲獨餞辣哈磨氏所發明也。此新式高音話機裝置司令塔與諸陰砲臺間。左舷諸陰砲臺則用尋常德律風。欲以此新式德律風與砲臺兵語。只拔一片機械。便得其發音明亮。在距受音機十尺處。聽之極眞。容易得其消息。至如尋常德律風式。當發砲時。或爲噪音所蔽。多不若新式。雖發砲聲響。亦無傳話不通之憂云。

天文學士新攷察第二月球　譯西六月十日天文報

據辣玆培路新聞所傳哈磨普路餓天文學士發見第二月球其月球當七月三十日顯出遠離地球因實測月球地球常度知其距離二倍云

太平洋潮流方向記　譯西六月十日美工業報

美國海軍水路局近日訂正古來水路圖增補太平洋潮流方向印行一海圖其寒流地方農產物或不成熟使鮭鱒鱘在北方者移于南方又使海藻饒生暖流地方大抵有產農物之饒無一不生又產鮑及鰤鮪雜魚最多故世人移居者宜視潮流方向而定居否則誤遷于北方必有絕食之憂矣

法日新發明人造絹絲　譯西六月十日工業報

前年法國人士發明人造絹絲日本東京府曉星學校學生大塚太郎屢經探索觀於棉火藥製造法頓悟其理即溶解植物性纖維以爲液體遂將原料試製人造絹綿甚屬良好不亞於法國所製者近日將織而爲帛物云

新製釀造飲食各物驅除害虫藥　譯西六月十日工藝報

日本神奈川縣生麥驛關口氏店始製售之蓋氏所發明也今聞其効用可驅除一切釀酒麴室及他處所生各虫皆有大効既無害於醱酵亦無害于衛生關口之名昭著乃由數年辛苦而得者近來釀酒家多購之貨消愈廣云

新製艦用氣球 譯西六月十日工業報

意國海陸軍報說繫留氣球之利曰繫留氣球者用之於艦内大有利益蓋洋海中乘此氣球周視四方其功勝於檣上爲多因在檣上者不能及遠乘氣球則無遠弗屆高曳空中俯瞰敵艦纖微畢見敵縱以精良眼鏡仰而見之究不能細視其氣球中狀球又可至於眼鏡力所不及之處故用此氣球大有功於偵敵也且更可下觀強敵水雷艇蓋凡水雷艇相距近者不能覘知若氣球則雖相距最遠可以下瞰艇中日後若有海戰事必宜用之也

英人測量海波 譯西六月廿二日地質學報

近來英國醫尸搖茲託氏演說曰我觀察海波長且高凡海波動搖海面周九秒時者長有二百六十尺若遇颶風則長有四百尺或四百二十五尺尸搖茲託氏經驗最長海波在印度洋見之云凡周十五秒時而其長千一百五十尺一時間即有四十六海里速力海波之高尤非

世人所易測也。其最高者。三十二尺。而六十尺者稀。七十尺者。即格外也。尋常風力時。則僅四五尺云。

瑞典潛水艇新法　譯西六月十六日工業報

邇來製造潛水艇。形如煙草捲葉。長五十餘尺。橫九尺。中央造圓形天井。以玻璃器造門。通於艇內。常閉鎖不開。隔玻璃照見水底。艇內分爲數室。各置蒸氣發動機。計可搭載才員三人。

美國新製屋形紙鳶　譯西六月十日美國工業報

美國泥出哂耶尸州。配搭地。近有新式紙鳶。此鳶乃流体學者賢茲哂氏所造也。以木爲骨。張紙于其骨面。形如人家。構爲二層樓。樓上供寫眞器械。在空中照寫万物。下具寒暑針。可以知高處溫度。哂氏造此器。因見颶風而始有所得。蓋美國西疆颶風最烈。時或捲人家住屋。飛而入于空中。高至八百尺。逾時尚未墜下。哂氏觀之。因思凡屋之所以浮空中者。由空氣侵入屋之下部。充盈屋內。其所充盈空氣。徐自上層窓漏出。漏則空氣復自其下而入。此所以飛揚也。因取其意。以造紙鳶。偏設窓戶。使空氣溢出。適當其度。遂可飛至三尺許。若升至四尺以上。即顛覆。墜地。可知住屋轉覆於颶風。亦即此理也。

水雷新製 譯西六月十二日英工業報

近頃英國造一種機械用之於戰艦使其發射水雷方向的準其法甚精凡水雷必可達其所欲至之處試驗委員報政府曰自今有事則宜每戰艦置此機械以備用此機械稱爲啞捕利式啞捕利者創造此物之人名也蓋以舵廻轉定水雷之所向云

意國新式飛行器 譯西六月十日藝業報

意國人馬痕尸澳內以意造新式飛行器其製當空中飛行之時若有他變或飛行不如意者可直下而駛航水面美國將以近日試驗之若果得宜欲自美洲向歐洲而飛行此器爲捲葉煙草形長六十尺横最大處有二十尺右翼至左翼総計六十四尺中央有鋼框懸以氣囊人乘其中囊中蓄水素瓦斯以絹布掩其前面更懸網其外如海上風船式此瓦斯容量凡一万四千立方尺即以此力浮于空中兩翼自可飛行也至其駛行水面特置一箱人可乘其中計容三人及荷具並重五百七十斤物空中飛行速力一點鐘可至最高七十五里最低百二十里駛行水面則或十里或十二里云

上諭恭錄 四月二十三日京抄

上諭數年以來中外臣工講求時務多主變法自强邇者詔書數下如開特科裁冗兵改武科制度立大小學堂皆經再三審定籌之至熟甫議施行惟是風氣尙未大開論說莫衷一是或託於老成憂國以舊章必應墨守新法必當擯除衆喙嘵嘵空言無補試問今日時局如此國勢如此若仍以不練之兵有限之餉士無實學工無良師强弱相形貧富懸絶豈眞能制梃以撻堅甲利兵乎朕惟國制不定則號令不行極其流弊必至門戶紛爭互相水火徒蹈宋明積習於時政毫無裨益即以中國大經大法而論五帝三王不相沿襲譬之冬裘夏葛勢不兩存用特明白宣示嗣後中外大小諸臣自王公以及士庶各宜努力向上發憤爲雄以聖賢義理之學植其根本又須博採西學之切於時務者寔力講求以救空疏迂謬之弊專心致志精益求精毋徒襲其皮毛毋競騰其口說總期化無用爲有用以成通經濟變之才京師大學堂爲各行省之倡尤應首先舉辦着軍機大臣總理各國事務王大臣會同妥速議奏所有翰林院編檢各部院司員大門侍衛候補候選道府州縣以下及大員子弟八旗世職各省武職後裔其願入學堂者均准入學肄習以期人才輩出共濟時艱不得敷衍因循徇私援引致負朝廷

諄諄誥誡之至意將此通諭知之欽此

中國駐日本神戶大坂領事諭華人閱東亞報告示

大清國駐劄神戶兼大坂正領事鄒　爲出示曉諭事照得明体達用至道不尙空疎考古通今應物必資聞見原吾華聖教本屬精深誠足範圍萬端經緯衆有一自藝文取士學者競襲詞章致道德流爲空談禮讓浸成文窮以視泰西諸國崇尙富强講求寔用者迥然有間且自海疆互市以來象寄譯鞮梯航踵至竟有挾彼之長以乘我之短狡焉思啓進逼封疆顧我亞洲同傷時局此固有識者所共知無待詳言而贅述也茲有東亞報館爰集同志創設報章以振興中國啓發東方衛種昌教爲己任其体例則首尊宗教次錄政治又次法律繼以商務藝學并末增一類名經世文選旁徵遠引條晰縷分上維二千年之統緒近詳數十國之新聞舉朝野錮習歐美良法凡有關乎致治而維世運者無不畢具誠堪啓廸識知藉新耳目固留心經濟者所宜取資尤僑寓海國者急宜省覽本領事爲此示諭仰神阪華商一体知悉凡向有閱報者務各按期購取俾得學悟源流事周中外將進明時務都成俊傑之才退擅奇嬴勝讀貨殖之傳宜各凜遵勿負厚望切切特示

光緒二十四年五月十二日示

至于獸類非必同父母者相集爲群異父母者亦相集爲群其中最猛鷙者以統率其群爲常乃可目爲社會也鳥類社會雖比獸類稍爲孤獨亦異父母之社會也若群中一二頭探見食物即喚聚友群以分樂當會食時二三頭必仰而四顧以警戒非常人稱爲奴雁奴鳥以此敓之是鳥類互相生養保全之道也雖然禽獸社會固不辨事理不解言語至千百年後智識莫闢與千百年燧古時無異此出於不能自闢其智也故欲研究其現象非置身其中者所得不甚多矣故姑畧之吾唯欲研究夫辨事理解言語者夫智闢才進不可津涯惟人類最高等社會之事而已故本篇所述非禽獸虫類社會乃述人類社會之義也

第二　社會定理

有用煉化石築塀者化石誠精良矣形不呰窳四隅不毁雖不用煉石灰其塀極堅牢而築亦得其宜若反而言之化石粗惡其質不堅四隅毁裂雖極力築之不能堅牢也然則其塀之堅牢與否由於煉化石質何如也若不用化石而用常石築塀欲其堅牢無顛覆之憂宜用切石四角等其大小者爲之若大小不等而用圓石築之石質雖極堅牢塀則不能安穩欲無顛覆之憂豈可得耶職是考之塀堅牢與否不止由石質何如亦由于其形何如也又用長方之形

堅牢之質。以煉化石築造一塔。此時四等面稜錐體其形。則塔極鞏固。若反而言之。築頂大底小之塔。其塔決不能妥貼。必有傾覆之患。由此觀之。塔堅固與否。不止係于所用質形。亦由於其經營如何也。概舉右所列數事考之。凡集合物特質。由於其經營諸成分特質如何。始有成效也。有物理學者化學者。棄目所覩手所觸之成分。更考其元素。如其物体相合所爲之成分。與前說無以異矣。譬如結晶之体。有以一元素而成者。有二元素相合而成者。有此等複成物更相合而成者（複成物謂二以上元素相合而成物体者也、以一元素而成物体者曰單成物）而各異其大小形色。不皆同。然若割裂此結晶体而視之。知其結搆儀型一定不易也。蓋分子各異。皆有特別之形。故其相合成一体。亦有特別形也。不問單成物合成物。往往有一物而有兩樣三樣形者。然詳查其所以異。即因於其分子隨同質變形（蓋炭素爲木炭又爲金剛石之類也）或異質同和量（謂成分和量同而性質異者也）等變化而起也。然則不問何分子。其性質與其結晶法。有相關係。一定不易也。是故若有二種分子。其性質能相似。即可知其結晶体亦相似也。試詳言之。無機体則元素性質自露出一定形跡于集合物之面。去無機体。就有機体（即動植物也）言之。其理亦同。先就動物中最易解者而舉其例。如彼珊瑚虫（即珊瑚樹）雖斬斷其体。片片不失珊瑚虫形。毫無異本來全体也。就植物言之。如秋海棠。投其葉碎片于

哈米路託痕馬哂孰哂賢等謀叛立時報痛論聯合之利銳意不惰感動民心遂成其志彼之時報至今美人爭引重焉故藏者寶之曰此美國憲法中一大寶典也至西曆千七百八十七年九月十七日始決議編纂美國憲法閲歷艱辛匪伊朝夕內部集權黨與各地分權党相軋互固執拗不動聯合之議將裂嗣得人居間排解之故所編纂憲法尙能保存其條例可增者別加補正其補正法文十五條中自第一條至第十一條比憲法修正會所之議定確定其地方均其權力者也第十二條乃千八百三年所修正定選正副兩大統領之法第十三條以下多屬奴隸事實南北戰鬪之原也昔北美欲廢奴隸南美怒而圖自立兵敗講和遂廢奴隸之約疇昔傭役盡解散之北美人士洵可謂有志竟成爾

北亞美利加合衆國憲法例言

夫我合衆國人民欲共和一致特設公正法律以保治平而禦外侮使衆庶寧謐永享自主故制定憲法緜曖奕葉以治北美合衆國焉

第一條

第一節　凡左所揭載立法之權総歸于合衆國中元老院及代議士院

第二節　代議士院議員每至二歲各州人民例宜撰舉議員應在各州內與有撰舉立法部議員之人其資格相同

爲合衆國代議士院議員者年齡至二十五歲乃能符例七歲居于合衆國爲其國民者例得選舉非其國民不得選舉

合衆國代議士院議員數並合衆國公費稅宜因各州人口多少而定且分課之各州人口合算其自由人民全數除印度人年期雇人且非有統自由之人謂奴隸也課稅五分之三也查各州人口宜在合衆國國會第一會議後三年內舉行之以後每十歲宜從合衆國所議定法律施行

未查人口之前先定各州所差遣議員數如左

泥烏哈魘普尸耶　三人　馬查鳰烏息茲託　八人

洛獨亞威辣痕獨及普洛皮笛痕斯植民地　一人

諤痕內苦鳰卡茲　五人　泥摇苦　六人　泥烏息路尸　四人

配痕尸路烏賢泥耶　八人　笛拉烏賢亞　一人　馬利辣痕獨　六人

第二公司制以千八百七十年六月十一日發布公司條例廢之該條例議定匆卒間者雖未盡善南方諸邦自千八百七十一年至七十二年間競效採用之公司今脫去政府認許及監督代依公司及債權者保護私法總則然此條例亦遂不得如其志此公司條例悉以數公司爲商事會社廢民事公司特別規則民事公司者此時其一部即基於奧太利會社法及普通法法理其一部基於普魯西千八百六十四年二月十五日所發法律以定之猶取索遜國名也拔倚賢路痕諸國法律以斟酌之自千八百七十一年至七十三年會社濫設其原因會社政無法以縛束之公司條例亦不得其宜所以致此也故千八百七十三年三月二十九日代議士辣開路氏提出一新法案于國會議院普魯西濫用鐵道布設准許制至千八百七十六年三月廿九日更改正其法律律旨頗高然當時商業有事遷延未行漸至千八百八十三年九月七日聞用法律及經濟諸大家聚議以編纂草案翌年三月七日司法省送付之於帝國聯邦議院經些少修正以提出于國會議院委員即調查之其年始成法律此法律要旨實取憑證於首唱者明白其會社設立顚末首唱之人主管機關及監督機關責務明確會社設立及業務之實行者劃定會社各機關行作並付嚴重責務及自守權於公司內之主客使與其營業

相結爲一。察近時會社設立情況。此法律能適用否。未能無疑也。

公司醵本金及有限公司出資章程

按法文公司者總社員以公司之事。不敢任其責而至無限。唯限於其人出資多少各分其責而已。此法未爲盡善。抑欲了解公司本性。宜小分其醵出資本金以記載于券面。又擔任公司債。其擔任之責。又宜限於券面額多少以分其責而各有差。即公司本性素不出此趣意。公司者乃人員相聚而成立之。故稱爲會社。會者即人相集之義。而社則相結成事之義也。故不可不分公司之事而任其責。此隨其出資券面記載額多少責各有限也。如德國公司法能一用之。可謂得其法矣。盖法國公司有獨立自己權利。與一人負債者同。其意會社公司亦只負公司財產責而已。又集夥多人員爲一体。竝生存於私法之中。公法權利則只不過副其旨而已。夫公司者私立團体也。吾輩今屬普通德國法律所謂團体者。而其近世法理及裁判例中與得日耳曼思想補助沿革發達者。以團体糾合一種特別之名義。此在公司會社實可謂適當名義也。夫公司者實非純正集合体。或又非集合体由契約若習慣法而變其形者也。又非出團体合意而成也。又非曖昧物介立于團体與集合體間而成也。又非財產法共同体也。亦非

路透捷電

美國通信檢閱官。遮斷美軍出自其國多磨派港者通信。故不知軍隊現在何處。美國艦隊。襲擊玖馬島額那託木港取之。美軍有患黃熱病者九人。盖病發于美國米斯尸茲皮河口。馬茲苦歇痕利。現尙四處蔓延。人心不安。軍隊自南部諸州來者。驚慌殊甚。均西六月十三日 德國艦隊集合于摩尼剌。德政府離間曰。我國決不棄中立義。唯在摩尼剌。欲保護德國大利耳。西六月十八日 清國軍艦熙鴻痕號。沈沒于旅順口。溺死百十八人。西六月十八日 日本嚴島軍艦至筑前博多洋演習。砲身破裂。死傷者四人。因回長崎再爲區處。西六月十九日 西班牙諸新聞紙論講和主義不息 六月二十三日 西班牙陸軍大臣誇路列亞氏切論美西戰爭害於商工業不細。六月二十三日 蘆漢鐵道資金比利士貸款不成。俄法兩國欲分任之。英國不肯。因山海關營口間鐵道資金。香港上海銀行曾擔當之。俄國抗阻。故兩國起而相厄 西六月二十三日 清總理衙門大臣翁同龢免職。直隸總督王文韶承旨入京。榮祿出天津。代王總督攝職。西六月十六日 英意兩國商人結合。更得河南省懷慶府鑛山採掘權。德國軍艦集合于馬尼癲灣。有流言曰。德國將有事於斯路諸島。斯路諸島碁布于捕路內澳。布威利茲皮痕間。

計共有百六十二嶋嶼。美國陸軍發基烏賢斯託。向幾出拔馬。至美兵死傷于餓亞痕多那木者僅五人。美國尸卞岳人。買占辣倚也小麥。約共二百萬斛。偶因失敗。一時盡投出市塲。市價頓落。均六月十五日 袁世凱斥俄國士官。拒絕其聘用。蓋俄國士官自求其聘用也。六月十八日

美國陸軍將泥耶布多列。進至贖痕笛倚亞岳東。占地凡六里。又海軍提督贖痕普嫂痕登陸而進。陳于派辣普賢路那利亞。西班牙海軍大臣至議院。明言曰卡麥辣提督部下艦隊。將向比律賓而發。均六月廿三日 日本暹羅修好通信商航條約成。西六月二十六日遂公布于國內。條約凡十六條。批准交換已畢則實施之。暹羅司法改革未行以前日本領事有裁判權。西六月二十六日 麻尼拉派遣美國第三遠征軍。以二十七日將發桑港。少將美利茲託氏爲其司令長官。西六月廿五日 西六月廿五日日本諸元老。皆相伴入朝。人作說曰。開御前會議。非故開之。只伊藤山縣大山西鄉黑田井上六大臣。何候御前有所奏聞。日帝下問各賜食。西六月二十三日日本諸大臣會于西鄉海軍大臣官邸。議秘密事。西六月二十五日 西班牙陸軍大臣切論戰爭有害商工業甚大。西國人多唱講和說。西六月二十四日 俄國軍艦餓列米耶斯鳩。出仁川港。西六月廿二日

本館總理撰述繙譯名列

總理　新會簡敬可石埭

撰述　番禺韓曇首雲臺　南海康同文介甫

番禺韓文舉樹園　順德吳天民介石

東西文繙譯　日本角谷大三郎　日本橋本海關　日本大橋鉄太郎　發行人葉棟

本館布告　邇來中國時事日亟不諳公法致召外侮日本大律師角谷先生有志東方時局爲本館專譯法律以餉海內同人又于每册附印萬國英傑小像中西地圖及新譯要書數種冀以廣開見而快閱者之目焉

本館向設日本神戸內海岸今已妥遷日本神戸下山手通二丁目三十一番地中外各處通商埠頭均可函寄本館或凂分局亦可代寄中外各處願爲本館派報者名作分局酬謝報費二成之數若代售本局所譯印各種東西圖書酬以書價一成五分滙兌諸費一切在內餘無另索或徑致本館購買書報亦可惟書價郵費請先給足

一收到各地閱報購書之費均有發回本館所印收單爲據

一閱全年報價四圓零售每本一角半閏月照加實價不折讓價金遠近一律惟郵價別訂之本報遠近郵價開列于後

廣東省城廣州府城外河南香港澳門上海天津山東寧波漢口厦門汕頭每本報加郵價一仙　北京牛莊橫濱長崎大阪每本報加郵價二仙　蘇州鎮江安徽蕪湖安慶常熟常州溫州台州紹興山西江西九江湖北武昌湖南長沙福建福州廣西梧州佛山官山順德大良陳村新會新寧三水城西南海口北海海防每本報加郵價三仙

安南西貢提岸仰江會安南定新州河內台灣台北淡水海參灣每本加郵價四仙　星架坡石叻庇能洳里末北般鳥務路棉砂老越實武牙司馬登略厘巨港吧咚加剌巴三寶壟加剌吉打吉隆泗水孟加錫孟米孅花羅井里汝雪梨谷當孖里畔舍路宿務怡朗奔角山打根舊金山正埠鳥約檀香山小呂宋每本報加郵價五仙　外洋一

仙值中國銅錢十文。祈各分局　先生。按地名遠近。除收報價外。照加郵價可也。

本書局繙譯書目列後　清日戰爭實記　近世物理學新編　中法海戰記　中國商業全書

英國社會古今義　萬國近世外交史　萬國新史提要　俄國產業新書　歐洲列國新史

日本龍馬俠士傳　五大洲人類種族攷　地球文明開化史　日耳曼新史　普通小學答問叢書十六種

萬國維新政治學　日本四十七俠士傳　開闢美洲科侖布傳　日本維新三傑傳　日本歲計政要

萬國交涉新公法　英國工業新書　海戰萬國公法　亞歷山大王戰紀　歐美富國新策

俄國近時大事記　萬國憲法　平權自由新義　法國新歷史　歐美强國新政治學博議

右書陸續刊印分發各派報處寄售。謹啓。

代派報處列

○北京　琉璃廠土地祠總報局　天津　官書局　針市街恒豐盛　羣　恒　益

森　興　行　裕　和　興○山東　燕台潮洲會館黃幼達明府　福　記

聚　盛　行　裕　慶　和　榮　豐　行　順　泰

元　發　庄　牛庄　東　盛　和　全泰盛信館　潮　興　行

元　隆　庄○江蘇　上海大馬路泥城橋大同書局　新　報　分館　二擺渡同和里廣永亨

廣　盛　泰　全　泰　盛　普安公司分局　金利源馬頭啓昌

棋盤街安祥源　同　吉　泰　源　盛　昇　振　源　行

蘇洲　閶門中市廣芝林　護龍街馬醫科巷口墨林堂　鎮江　閘口撿店巷吳調芬先生　德　記

廣　盛　隆○安徽　無錫代售申報處吳桂林先生　蕪湖電報局　三　益

源　記　行　廣　恒　豐　安慶電　報　局　常熟　醉尉街內閣張第

江寧　南京孝順里陳安園先生　常洲　龍城書院內李澤之先生○浙江　省城豐禾巷前杭嘉湖道宋公館

寧波諸街街餘代撿局嚴惠芳先生　同　福　和　啓　興　行

溫洲　瑞　記　洋　行　台洲黃巖縣柯豐泰　紹興　水澄橋墨潤堂○江西　洗馬池街李慎堂藥店

源　泰　裕　九　江　永　生○山西　由上海時務報館代寄惲伯思先生

○湖北　武昌省府街口鴻寶齋　漢口　億　茂　祥　廣　興　源　普　源　長

榮茂行 全昌正 永安和○湖南長沙 省城時務學堂

○福建 福洲南台閩海關科房代售各報處楊賓春先生 福建福州 太平洋行 滙豐銀行分局馮晴浦先生

渣打辦房容建邦先生 新福成 天保洋行 美記行

廈門 和鳳宮邊新允昌 鴻記 捷記 瑞記洋行

懋記行 建源行 福聯昌 汕頭同泰行

中和行 榮發行 光泰行 源盛行

元隆行○廣東 香港普安公司總理燕梳各先生 萬安公司總理燕梳各先生

濟安公司總理燕梳各先生 南北行街口永同福 上環昭信 東裕

廣南隆 誠安 信亨 公和

廣萬和 公源 俊昌榮 均興隆

厚豐 恒記 萬祥源 源發

聚棧 建發 同利祿記 中環廣恒泰

廣豐隆 廣永生 樹記 松秀東街福記

○廣西 梧洲九坊廣昌盛 仁興○澳門 大井頭知新報館 洒㗛街華裕盛

○廣東 省城雙門底時務書局 知新書局 城隍廟前廣泰和 大佛寺前恆善堂

拱日門廣裕祥 興隆南約泰盛 顯鎮坊口瑞成 下九甫昌和

槳欄街仁裕堂 打銅街生源和 安瀾街榮盛 大新街廣德生

萬泰來 第八甫義經 靖海門鴻安客棧 杉木欄晉和

迴瀾橋廣興源 祥發源 杉木欄祥記 全昌正

河南白鶴州恆裕茶行 佛山 梹榔街百元堂 公正市美彰 富文里昌棧

汾流街興隆 官山 茂昌 順德 大艮 六合 陳村 舊墟育記

源來 新會 江門舊椰街安盛 九如 沙仔尾廣裕豐

會城兄弟聯魁第趙 新寧 荻海紫來街恆泰 三水 城榲房杜伯俞先生 西南 瑞益

海口 源發利 信記行 興記 和美行

北海 永昌隆 永隆 裕豐 聯益

祥隆行 海防 致忠和 廣新源 茂發行

廣裕隆○安南 西貢南隆行 建芳棧 泉美號

萬源行 萬順安 生和祥 同安行

陶　玉○提岸南　隆　振　源　宅郡萬源
○仰江經　華　行　李　同　棧　瑞利棧邱益昌公司　瑞　發　行
李　同　盛○會安永　同　安　伍合公司○南定萬　源
○新州乾　成　利○河內信　記○臺灣台北豐興○淡水鴻　記　棧
瑞　記　行　洽　吉　行　同禎公司　隆　記　庄
○海參灣同　利　廣　泰　成　祥　輝○石叻大街萬永生
廣　恆○星架坡　普安公司分局　益　昌　泗　隆　行
德　源　行　合　隆　行　裕　盛　棧○庇能朱寶蘭
瑞　通　吉　遠　三利公司　興　利　行
和　盛　行　德　昌　行○泗里末裕　德　行　茂　源
○北般鳥廣　記　務路棉協安　益　利○砂越老振　安
○寶武牙朱　富　蘭○司馬登裕　和○豁厘美　源○巨港同　昌
○吧哰朱　富　蘭○加剌巴同　和　聯　興　行　福　和
○三寶壟有　祥　瑞　昌　同　生　光　盛　行
○加剌吉打和　泰○吉隆新福山公司　致　和　行　恆　棧
○泗水廣　彰　同　記　廣　裕　祥　朱　富　蘭
○孟加錫德　記　泗　和　棧○孟米仁信公司　廣　生　隆
○嗹花羅厚　德　昌○井里汶建　成　棧○雪梨公　平　行　均　利　行
○谷當協　安　行○孫里畔怡　昌　行　美　珍　棧○舍路廣　德　行
○宿務太　記　金　順　昌○怡朗捷　豐　萬　裕　行○奔角鶯　利　行
合　利　行　源　發　盛○山打根廣　潮　興○朝鮮仁　川　怡　泰
○舊金山正埠　廣東會館區次坡比部　生　發　號　聚　昌　榮　永　德
怡　棧　兆　昌　廣　益　行　兆　貞　祥
○鳥約黄　怡　昌　怡　興　隆○檀香山永　和　泰　合　利　號
○小呂宋榮　瑞　炳　記　捷　隆　行　順　昌　隆
榮[illegible]瑞公司　均　祥　泰　瑞　裕　行　五　美　行
○横濱大同學校　廣　生　和　正金銀行鄭曉初先生　東　同　泰
華　生　號　廣　榮　安○大坂北　幫　公　所○長崎永　同　孚

東亞報 苐三冊

孔子生二千四百四十九年

光緒二十四年六月一日

東亞報

トウアハウ

THE BRITISH

··EASIERN ASIA NEWS··

第三册

東亞報目錄第三 本館在日本神戶下山手通二丁目三十一番

華盛頓像
摹東瀛古畫

大地宜奉孔教主紀年議 承前

番禺韓文舉撰

嗚呼奉教主紀年其道宜哉然猶曰徵于外國匪徵于中國也徵于異教匪徵于儒教也請言

孔子

孔子作春秋立王制中國教王也春秋應天作新王之事董子言之（春秋繁露三代改制質文篇言之最詳）殷繼夏周繼殷春秋繼周淮南子言之春秋公羊傳曰王者孰謂謂文王也王愆期之說曰文王者

孔子也託文王以改制者也（說見尚書泰誓疏王愆期爲公羊家其說必非謬妄）出斯言之然則文王即

孔子孔子即文王猶緯書之言素王禮記之言明王孟子之言先王荀子之言後王皆

子之化身也其義無異也春秋之義惟王者而後改元立號夫既尊

孔子爲王矣乃不奉

孔子正朔是疑二五而不知十一之數也夫春秋既託始于隱奉元于王矣不以周正紀年何哉傳者恐世不察故解謂王者文王也然則經書王正月王二月王三月者爲文王之年號即

孔子之年號者也非時王之年號明如皎日矣若繫元于隱則不必稱王若繫元于周則不當附魯苟不達孔子託王紀元之義吾雖百解終日不得其疑也且虞書不詳紀年何爲有敬授

人時之命夏代既正黑統何爲有息弃三正之征不知以道統元以元統天以天統君之

孔子所以默示後王當繼天奉元者也春秋二百四十二年

黑龍帝子所爲繼周而王乎（諸微文異義多詳緯說非誕也何邵公云非常異義可怪之論說者疑惑信哉）非徒繼周授漢而已將治

百世也後人編年之史託始于春秋非奉教主紀年之義乎太史公十二世家

孔子世家皆書

孔子卒其自序自

孔子卒後至今五百餘歲云云微言大義炯然在是矣夫

孔子雖聖一魯邑平布衣耳非皇非帝非侯王其書則魯史其事則桓文以太史之職而操筆

削之權于襄公二十一年經何爲特書十一月庚子生乎孟子曰其義則竊取之其故可思矣

義从春秋則耶氏以降生紀年也義从史記則佛氏以滅度紀年也傳曰詩無達詁易無達占

隨時爲權文質相復于斯二者皆可法矣（余另有地球諸大教主紀年攷證）

難之者曰春秋之義踐土之會義進尊王杞子來朝貶用彝禮鄉壁虛造哲人攸非變亂常行

爲下之患非聖無法少正所以稽誅邪說淫辭孟氏所以相距吾且聞之聖人不易民而教知

者不變法而治。因民而教者。不勞而功成。据法而治者。吏習而民安。从此之道。是亂天下也。已吾應之曰。

素王與教。師賢得民。前詳言矣。歸命王者。郗妻見褒。與治太平。吳楚進爵。知罪無與。惟義之從。至若外教。披扇徒舍。衍蔓浮圖。寺刹紛布。支那彼得。保羅駢溢。大地今大雄之殿。清眞之寺。天主福音之堂。目之所寓。踵之所接者皆是也。而彼湟槃之歲。念主之值安息之辰。千門萬戶。車從駢闐。笙鏞雜奏。或捨金錢。或誦經讖。求棄來世之厄。以禱非望之福。彼蚩蚩者。奉順尤謹焉。煒哉盛矣。彼教之所由興。儒道之所由絀也。而我中國比戶數百兆。未嘗禮瞻聖容。華民出洋數十年。不聞倡興孔廟。(日本長崎有孔子廟聞前經合肥李經方所脩築嘗謁其堂其荒寂與內地諸廟同恫哉恫哉)而封圻劇吏。奉使行人。徒遊嬉于郢郛之中。奸寐于積薪之上。求便其私。養其威而已。絕不爲之提獎。爲之護持。反從而相掣也。非無一二三錚錚者。然鶩于他圖。則未遑計及此也。至使我四百餘州。而府縣僅有孔子一廟。德孤無鄰。已可傷矣。今試登其堂。闚其室。意圜橋春雨。依然七十弦歌。洙水溫風。猶是三千冠蓋。乃壇宇蕪翳。萎鞠蓬蔬。寢堂蔽汙。挺竄鳥鼠。誕辰朔望。徒存餼羊。村夫素流。未許軾轍。夫入學釋奠。禮謁聖師。而守門閽人。滋从訛索。乃得請焉。亦可異矣。(他省未知吾粵然矣)夫海禽

倦飛無意歸儒笠豚憤招因而墨逃遂使梓橦謬種桃園武夫倒持司祿之權僭借文廟之樂譬比遼金弱宋輸其金繒同之微子奔周抱其宗器逢逢學子忘我舊君恢恢儒宗淪于異族可爲悲悼可爲痛哭而儒生未諳當務矜以帖括爲高才婦女不誦詩書謬以無才爲美德試叩以我中國

孔子大聖制作之故誕諱之辰則嗒然若喪駭然若亡懞懞偟偟莫知其鄉也嗟乎以二千數年之大教七十弟子之後學晦育否塞迺至于斯貽哂外人益自赧汗正欲借此周監善推所爲乃上而士夫下而鄉邑臥盌甕而睨辰星遊彝杓而談瀛海囂然譌然繆然侈然群起撓折而禁錮之以爲是揃髮之俗無倫之教今爲鄭突之效尤誠爲子輿之所貶也嗚呼不思甚矣抑更有言者夫

孔子修父子之倫正君臣之義所以教孝教忠也尙書尊堯舜所以教讓也春秋無義戰所以教仁也此經傳之所傳而童孺之所聞也藉使有人焉其土地䦨遠非嘗聞華夏之風也其習俗荒夷非嘗漸唐虞之化也有能發乎至情出乎公義克諧丞乂如帝舜者焉三分服事如文王者焉去豳避狄逃周居吳如周之亶父泰伯者焉夫春秋之義無通辭用中國則進用彝狄

則退此之所爲正合經義中邦之人斯道反背且將从焉曷得而狄諸孟子曰如有王者必來取法紀年之義何變彝之云哉況乎守吾所固有振吾所未墜其義甚正其證甚確不待楚材晋用者哉第鄉曲賤儒窮巷悠識不審事變不見通學爲是厖吠耳嗟乎常人安于故習學者溺于所聞拘禮之人不足與言事制法之人不足與論變提

聖教禦外侮正國體範人心存種類一風氣道化流速何亂之存紀年之說夫何疑哉夫何疑哉夫人生之于母食之于君而師教之焉母有字子之恩而教不能逮君有食民之義而教未能周噫逸居之民希于禽獸師之爲道恩義兼隆夫衢民壽君猶致華封之誦萊子娛老不忘衣采之戲況于教我者乎況于教我者乎

孔子不有言耶父母之年不可不知喜懼存焉矧我配神明育萬物先天而天不違後天而奉天時之

孔子生後爲二千四百四十九年之儒宗四百二十兆民之父母生卒時日顧不知焉可不懼哉可不大懼哉（去年德人据膠州果有毁壞聖像之事所幸人心未死倘有能聯合各省同志扣閽上陳查究此事者嗚呼彼借教案而滅我疆土復侮我教主今不知所尊重益爲外教蔑視矣痛哉）

日本四十七俠士傳敍

番禺韓曇首撰

曩讀史記游俠列傳。喟然而思。瞿然而起。驚愕失措。心駭詫之。以謂俠者尙武犯禁。不軌正義。儒者弗道也。司馬公曷爲表章之哉。及觀戴記儒行。剛毅不屈。患難相救。知義俠之風。濫觴文宣。又爽然若失矣。夫緩急人所常有也。大石良雄諸傑。生當德川氏之中葉。政紀陵遲。皇輿失紐。巍巍越臺。惆游麋鹿。赫赫周室。幾淪禾黍。之數子獨能忠主復讐。赴士拯厄。鯁骨剛腸。勵世摩俗。或斷金湫隘。刎頸苫蓋。或要離焚妻。荆卿湛族。雖九重懸遠。百雉嚴絕。瀝血抽誠。披胸露款。丹心莫亮。白刄先指。赴焦爛于火湯。甘殞逝于旦瞬。瞰者怵目。聞者悼心。自非識靈魂之不滅。鑒輪廻之妙諦。烏能喪七尺之軀。殉一顧之感乎。如赤穗四十七士。信有足多者焉。以視我邦。載胥及溺。彊隣眈眈。肉食袞袞。尙復讒諂蔽明。邪曲害公。渙涊濁世。弗思振奮。嗚呼。可恧也已。

孔子生二千四百四十九年敍于東瀛顯學精廬。

宗教

論孔子爲宇宙一大思想家 譯西六月二十八日早稻田學報續第二冊

日本　大橋鐵太郎譯

支那哲學思想家古代歧分二派孔子之學稱爲鄒魯學戰國時有老儋者著道德經後孔子而別立一派老亦一代之碩學其博辯想足與孔子相敵焉老子之學後亦分而爲二派道家楊家刑名家是也關尹子列子莊子道家者流之錚錚者而莊子學兼儒老於書無所不讀復妙于文章巧于論辯實支那古今之奇才故老學至莊而大成焉然後繼無人其學與戰國共亡同歸湮滅復無敷衍維持之者至漢代淮南子僅堪追蹤然亦猶耿耿星光未能明照四海流而爲晉代淸談之徒講哲學者放意肆志專以虛無恬淡爲宗甚至樗蒲博奕蕩然無制又或錬丹以求不死則所見益陋盖道家至漢而巳絶滅焉楊家者楊朱倡之雖名著當世然亦無繼起若刑名家則習之者皆主實務而非湜思辯之徒顧其學亦不永傳墨子亦周代一大思想家學本出孔子後獨提倡兼愛尙同之義然能使支那哲學生一波瀾亦不爲不快也如非命非樂攻難孔子亦當時一巨子也然任俠尙氣捨身救人復能卓然窮物理而于經上下篇發明諸種機器豈非一代之奇材乎其弟子亦非不著然後世無一人能繼承者雖以鬼谷

之妙悟。亦僅傳一代而已。餘皆不能步後塵也。

獨孔子之學則不然。一傳而爲曾子。再傳而爲子思。三傳而爲孟子。以迄荀子。雖秦政焚書以來。其學漸衰。及漢興。其教遂熾。時則有賈誼董仲舒劉向楊雄等。接踵而起。蓋雖未能與前賢方駕。然已足延道脈矣。在唐則佛教風靡一世。老學亦大盛。儒學稍衰。幸有韓愈李翺之徒。毅然以儒學中興爲自任。宋代學者。大率出入于佛教。其意蓋欲採佛教之長。以補儒教之缺。濂洛關閩諸子。固非古人之比。然猶勉排佛而尙儒。孔子之道。愈見充拓而光大。後世得儒道之盛者。未嘗不賴諸子焉。竊思宋儒皆一代碩學。若欲持新見而別開生面。似亦不難。而終不敢爲者。足令人欽孔學勢力之大也。明代以降。學人多本宋儒之意。推尊孔子。故孔子之道。數千年後。愈致其盛。嗚呼。不亦偉哉。

孔子固古今極大之思想家也。然外包之思想。究非內容之思想。視老莊之幽遠深邃。蓋不同也。而其所以爲孔子者。實在此焉。嗚呼。支那上下二千餘年。豈無才識出孔子之右者。而皆不敢自異。且惴惴焉唯恐獲咎於孔子。何也。非以孔子教化之力最大。畢竟不能抗之乎。

荀子創辨學說 譯西四月廿五日早稻田學報承前

詳差別平等之二點。而能知名之羅織。然是等之名非雜然存乱者也。盖制名者。爲詳事物之情狀者也。然則名亦有關係。須就是等無數之名。可合則合之。可離則離之。於是乎有大共名及大別名之別。荀子曰。故萬物雖衆。有時而欲徧舉之。故謂之物。物也者。大共名也。推而共之。共則有共。至於無共然後止。有時而欲偏舉之。故謂之鳥獸。鳥獸也者。大別名者也。推而別之。別則有別。至於無別然後止。是猶西洋論理學派所謂類與種（類中有種集類而成種）之別歟。綜合種種異同之事物而生物之像。是普通於萬物。有此概念。是荀子所謂大共名者。而共名之極。遂至不能共也。反之別名者。用對共名而偏舉各異物之名。而別名之極。遂至不能別也。是即對類之種。而荀子謂之大別名。亦猶之云鳥獸焉。何則鳥獸者。對物則有類與種之關係。物分而爲生物及無生物。生物分而爲鳥獸也。然鳥獸者。不必別名之極焉。何則鳥獸各小別而爲無數之諸鳥類及諸獸類也。荀子所以不論及之者。蓋以爲單舉一例而已足矣。然其論之簡畧。固所不能免。余以荀子大共名大別名之說。比種類之別者。唯不過示一隅之類似耳。

名之羅織而成及分類之關係。已明之。請次自名學價值之點而論之。凡制名。雖不得不從以

上之法則其中往往不能保其無背名者於是乎名有宜名與不宜名之別宜名者即合以上之法則者其不宜名者反之也宜名固可然實名則更可也蓋荀子重實驗者也是故實名者即代表明思想者之義而善名者比實名尤多一層完全者也蓋制名之要不外夫一以便思想運用一以助思想交通而思想交通之要惟捷給最有益焉然則最平易而最易解者是即合制名之準的謂之善名凡名若具此等之要義則最完全也故曰名無固宜約之以命約定俗成謂之宜異於約則謂之不宜名無固實約之以命實約定俗成謂之實名有固善徑易而不拂謂之善名曰宜名曰實名曰善名是即同于論理學所謂明分晰明十全三著之概念也何謂明晰概念者乎能區別一概念與他概念者是也而同于同異之法則宜名分明概念何乎能辨別構成其概念諸觀念者是也十全概念者何乎構成概念者諸感念更覺明瞭所望明瞭之極是也而稍與實名及善名相類似焉

制名之必要制名之根據制名之規範既具之而制名者棄之而不顧於是乎名實相乱僞論簇生荀子謂之三惑而其一即拘泥于名而誤名好爲背理之言而欲聳動他耳目是也故曰見侮不辱聖人不愛已殺盜非殺人也此惑於用名以亂名者也

政治

保全中國策 譯西六月十日東邦協會會報

日本 大橋鐵太郎譯

本年二月英人既府羅埋既卡司者論中國帝國保全之要云德國占膠灣俄國占旅大此事果從何起點固無容深究但要之當馬關講和時以亞洲大陸一部之分割爲害東洋平和遂令今日本還附遼東於中國實由德國先唱以聯俄法二國故三國連合而干涉和局此固宇內所共知自三國既行其志勢不免市其恩衒其勞欲得中國厚報俄法二國已各有所要求然德國尚不與其列則彼二國者其互相呼應可知然二國駐京公使不顧德國之大欲如何唯銳意以求其利已當中國償金日本募集外債理宜三國平分以應之乃俄法計不出此俄國度支大烏衣子鐵氏直利此公債以供俄法財政連絡之具一面籠絡中國政府令將總埋募債之權密託俄法二國以俄政府之擔保終令應募各事完結於法國市場焉俄外務大臣羅哈諾府公開此事巧辨於德政府云中國應募公債之事外務省未曾關照而度支大臣專斷秘密迅速遂已舉行此事本當謀之貴國然事已至此眞無可如何請諒焉是知德國此舉破二國橫奪中國之利明矣此次應募公債俄法籠絡中國政府以逞無厭之求計甚詭秘而

其利最大者。在俄國則獲滿洲貫通鐵路布設之專權。在法國則獲中國西南部邊彊地。及鐵路鑛山諸特權是也。未幾。我英國亦要求中國。以利益之擴張。幷詰中國政府。以前年誓不割讓强洪（湄江河上流介在于雲南省與緬甸之中間土司部落之地名）之一隅。今竟以畀法國。索其賠償。令中國政府。割緬甸國界之要地。（雲南省西部地方）併開市西江。（南支那有名之大河發源雲南經廣西省注于廣東港）俾自由貿易焉。

當時（一千八百九十五年及九十六年）德國於極東。爲列强所紿。故其國中先覺。及夙注目于極東者。認定圖立脚地於中國。在所必要。遂決意不假列國之援。挺身直進。占取貯炭及海軍港於中國內地。於是德國不敢自秘其謀。於列國專窺南清。而西江開港期已近。故欲占取該港附近一地。一千八百九十六年一月。德國軍艦。測量澳門附近一小港。然該港本不甚便。未能副德國之奢望。乃棄之。轉垂涎于厦門港。然是亦列國開港場。不容德國占取。復注意於福洲北海邊托吳旣油諸島。遂向中國政府。爲公式之協商。要求永借該港。又被日英兩國抗阻。終歸徒勞。於是德國乃觀釁而動。焉盖德皇久欲擴張海軍。而此事雖屢次會議。尙未成功。故先占中國一海港。令國民知當務之急。然南清海岸。已見閉塞。更無可以入手。故轉注目于北方。先是德國有名之地理學者。利希托蝦烏海吳氏。與男爵啞司懷魯托蝦烏海吳。極爲德國所親信。一千八

百九十六年十月兩人任德國殖民長官而比新長官之任在指示占領膠州灣之利於德皇故德皇亦信此舉爲將來稀有之良圖焉

德國新植民長官說占領膠州灣之利益德國也亞魯府烏海魯報紙上將地理學者利希托蝦烏海吳氏之論詳細說明以堅各人之意德國民心思奮乃助成此進取之事蓋以團體之力咄嗟而起全國應之勢所必然此中有前任駐京公使府癲吳托氏及殖民新長官親友男爵亞啞歷山戲愛蝦魯托等知名之士將開進策及東亞經綸論等著爲成書以發明占領膠州灣之計畫其國整備如此德皇亦決意不藉外援然究恐列國偵知故於一千八百九十七年八月親訪俄皇密語將來若有機可乘欲求俄皇默契當時俄皇不敢拒然俄政府却有不滿之意先是年本年三月俄國勸中國政府云膠州灣本貴國樞要之地宜建貯炭庫築兵營設船渠貴國若鐵工費以及技師敝國當爲貴國供一切之需此即俄國慣用手段所謂將奪之先與之也俄國深秘此事未曾以語德皇然中國辭之未幾德皇將堂所語於俄皇者寄之英政府并令半官報鋪張英德修好之舉不圖此事反招俄國各報之嫉妬除諸烏啞司旣外俱將德英攻擊之論陸續登于各報其中如諾烏啞爰烏立迷也報尤極力詆誹英德兩國半

官報。聖彼得堡戲搖魯那魯報。亦欲離間德南國。痛論德國通商之利。及其植民方略。與英國必不能並行。非德妨英。即英妨法。故爲德國云。欲圖利巳。而與英國修睦誼。到底恐不能成焉一千九百九十七年。極東政策。德俄之相軋如斯。德政府乃愈加迫切。然俄國輿論。每多嫉妬德國之心。而且俄在北京。其勢力亦足以制德國。故德皇姑藏其鋒。以俟可乘之隙焉。

德國可乘之隙。昨年十一月。其機忽發。緣彼巡詳艦器魯木癩吳托號。適碇船武昌。中國暴民。忽集該港。向士官紛投瓦礫。又辱該國旗。維時德公使哈衣氣吳氏。與德國東洋艦隊司令官鐵衣鐵利希氏。探察楊子江諸港。聞變星馳赴武昌。要求謝罪。并各處分地方官。勉從其請。德公使將還北京。飛電又突從山東到。云駐兗州德國天主教堂總理海吳利及癩衣司二人。在曹州鉅野縣教堂。爲暴徒所殺。南北兩處。同時禍起。致令德國忽變其曩態。哈衣氣吳氏。直發急電。以待本國政府之指揮。乃昨年十一月七日事也。

世間評德皇者。皆謂當時此擧爲過激。而嗤其非策。然究屬無當。夫此等無理之要求。人誰不知哉。然欲副德國平生之奢望。計無善於執此虐殺大題。而可以求逞也。

顧此教士被殺之變。苟現于數年前。德國焉有如是之權哉。何則前二百年間。地球各國天主

敎敎士不問其屬在何處皆須受法國政府之保護雖相沿巳久幾等具文然一千八百七十八年伯靈會議尙且爲各國所確認矣

雖然德國宗敎與國家統治權分界判然故一千八百九十年德國宰相卞府利希衣氏握定國家統治權以恢復本國天主敎敎士保護權畫更從前羅馬之法凡宣敎海外云亦皆受德政府之旅行劵爲使敎士虐殺在九年以前則德國尙難藉爲辭柄今也不然故一聞虐殺即令德政府明目張膽直起而肩其責從此海軍擴張及海軍豫算遂收莫大之効焉蓋方今德國議會其最有勢力者爲中立黨即亞魯托羅埋烏吳旣吳黨是也凡海軍豫算諸法悉視該黨之向背德政府每憂該黨梗議爲今也外遭凶變政府於天主敎敎士及敎會一切保護盡力是以聳動羅馬法皇而法皇又能控制德國議會之中央黨令彼賛海軍豫算諸方案是理勢所當然也旣而山東省敎士虐殺一事尤足轉占領膠州之援設計以圖此爲最便知德國所渴望者本在膠州灣恰乘虛因虐殺敎士案要求益易藉辭耳

其形勢情態如是故駐京公使哈衣氣吳氏請於本國向清抗辭嚴辦及善後一切全權電達極其神速維時該公使直授秘計於碇泊上海德國小艦隊司令長官鐵衣鐵利希氏昨年十

一月十一日密發吳淞錨地駛向膠州灣占奪十三日已喧傳於上海及其他開港市場焉顧因外國人民之暴行要求賠償而不獲則占奪該國土地一部是歐洲列强所數見然前此德國雖曾受辱亦未敢施此辣手現於一千八百九十五年十一月汕頭附近地方德國教士某爲中國民迫脅毆打德公使訴之清政府亦不爲已甚之求而此次行爲大反從前驀出意外實足聳宇內人之耳目此種狂悖未易測其將來之用心如何然爲德國者欲永保膠州乎抑欲蠶食鯨吞以次相通窺此幅員無休息之日乎且德國與英國兩相默契果堪保乎德國占奪膠州後俄國於直隸海灣之勢力果不被其壓迫乎吾知此後列國注意東方者必多若夫法人嫉妬日人憤懣恐將來推波助瀾東洋愈見棘手夫以如是之形勢當悉比利鐵路工事未成之日雖欲雄飛極東而尙綿薄力者俄國也故得不凍港於黃海岸實俄國性命所攸關俄國於此每悉心籌畫不敢爲躁急之圖矧時（即昨年十一月十二月之交）近隆冬既爲避氷之計兼可監德國膠州灣占奪以及極東諸事并覓東洋艦隊碇繫處於北清海岸然俄人狡獪究不受海岸港灣之主權者蓋一則應德皇豫告之言又一則畏惹起極東大變亂也其與北京政府協獲旅順港以供艦隊之避寒豈同孟浪之德人哉

若夫以理論之則英國於此事無可執之辭柄故惟問清政府以俄國旅順港借地期限及借地契約之如何苟英國於該港能保既得之權此外無容置喙也蓋德國之占膠州灣其期久者實出教士虐殺本可據爲辭柄且因中國人民暴行之故足令清政府防衛將來危險其要求永借之舉萬國外交史上原有成例可按故德人此舉英國速烏魯司海利衣卿不爲抗阻焉

此際詳速烏魯司海利衣卿者頗多俄國諸報尤嚻嚻聚訟云英國軍艦惟令其進入旅順港而不令其進入膠州灣者果何故乎是蓋知其一而未知其二者也吾輩徵之事實昨年十二月英艦進入膠州灣碇泊數日以察清人借地之如何而德國所統治者均以中國主權爲例然則我英國既得之權一無所失故英國不敢與德國抗也

英國既得之權果不變更則德國永借膠州灣毫不妨害英國之商業利益若德國殖民於英國貿易及英國航業之地倘有重稅則英國必起而與抗以證英國既得之權然德國毫無此事也。在德國植民地、則對其輸出入貿易課稅、公平畫一、不別本國品與他國品、事詳一千八百九十五年英國議院公文彙報道商文書第五號

若俄國關稅則不然蓋俄於亞細亞關稅實爲殲滅英國貿易之計事詳印度貿易報告書、自一千八百九十六年至一

千八百九十七年器蹟癩吳及突厥斯坦通商報告、一千八百九十七年十一月六日孟買卡息子托印度財政說明書若旅順永久之主權。果歸于俄人掌中。則英國既得之權。或爲其所拒絕。或爲其限制。二者必居一焉。所以英國爲此事特向俄國問之也。

至英國在中國既得之權。則三十七年前。已載天津條約。前錄其第十二條。及第十四條。英國之所得者如左。

第十二條　英國軍艦。得隨意入航。碇泊於中華帝國內領各港灣。

第十四條　清國政府所許與外國臣民。一切特權。自由免除及利益。英國政府及英國臣民。亦均享有。（即最惠國條款者是也）

我英國爲護持既得之權計。乃令二艦進入旅順港耳。若令俄國遭遇與英相同。亦必爲此。其他諸國皆然。何獨怪我英國哉。

德國占領膠州灣。有咎英相速烏魯司海利衣卿之退讓者。臚列如左。

一　膠州灣占領之後。德國於極東商務大爲振興。將來與我英國爭強。漸不可長。

二　膠州灣一歸德人占領。必將大張海軍。以撓我英國之權。

三　該地爲德人所有他日英德搆釁我國必被其多方威嚇

四　膠州灣占領之後俄德法之在極東者必互相聯絡以作排我英國之同盟

是皆咎速卿者然吾輩以爲不足信請分疏之而破其謬焉

一　夫德國固經營商務於極東者其始未有貯炭所所領地然中國各開港塲商業已占大部分現更在悉比利亞東部令俄國望而生畏此次占膠州灣將來固愈增其通商勢力然不免多統轄之勞費損保護貯炭之勞費故謂德國通商遽增勢力者吾輩不敢信也

二　謂膠州占領之後德國海軍遽張是亦皮相之見若英德友誼久執英國海軍復能精益求精則德國焉能困我哉矧方今列强形勢德國海軍縱極增進然究非撓我英國實撓俄法二國耳何則哈魯旣子庫海上之權俄國艦隊不得不與德國及瑞典國連合艦隊併力而戰是實俄國之論也且法國爭强於海軍尤不甘讓德國加之德國海軍將來亦難大爲擴張無他其全力已殫於陸軍丁壯入伍者勢難另行更替且巨額軍費亦不能咄嗟立辦今又以大修艦隊之故合舉國生產工業爲是坐困國本安能不搖乎則德國海軍之前途亦不足畏也

三　膠州灣爲備戰要地人誰不知然欲使該灣爲後起之香港必須費數萬萬資財方克收

效此等鉅金。在中國猶待躊躇。且就令此灣於建築要工。事事成就。然苟非獨持北海地中海印度洋中國海各制海權。則該灣果何足恃乎。

四　至謂三國相連起。而排英似亦有見。然究非的論。何則若俄德法三國同盟已成。則我英國獨力抵抗德國。誠非策也。倘同盟未成。則爲我英國者。焉可挑釁於德。令彼聯俄法二國。而排英之同盟哉。此際宜持以小心。凡事不可造次。然則速烏魯司海利衣卿退讓德國一事。吾輩爲之力辦者。無他德占膠州灣究非英國之敵。且可爲極東屏蔽。使俄法二國。不能肆其蠶食想德國用心。亦如英國。欲抵抗俄法之横行。故爲此舉也。方今俄法二國。與英國交誼甚敦。然不能持之永久也明矣。我英國姑與周旋。早已通盤計算。爲速烏魯司海利衣卿者。亦惟圖我英國之利益。除自適已事。他非所知也。則爲我英計者務須知彼知已。以持自主國之權。至於大陸列強。初不必與于同盟之列。然非熟審大勢以察現在同盟中。孰爲多利。孰爲利少。然後擇善而從之。則雖超然獨立。亦不免守株待兔之譏也。所以英國於德國永借膠州灣。大度包荒。不外爲極東政畧起見。苟不審察其事之端倪。而徒歸咎於速烏魯司海利衣卿之失策。豈非未知活機活勢者哉。

且極東要件豈止膠州灣及旅順港爲然哉更有緊要重大於此者焉即中國新募公債是也此事在中國大陸招列强爭端極易蓋膠州旅順不過大陸一隅猶四肢也若新公債則實中國臟腑也我首相速烏魯司海利衣卿毅然當之視從前退守之策忽然一變此等手敏心靈實英國未曾有之雄斷也

盖經畧國中秘策以施其兵力莫如獨攬債權歐美政事家夙看破之彼俄法二國欲令中國外債權專歸己國以握其生命者不外用此秘策耳若英國亦如前日甘于退守不出而與俄法爭將來中國必破產而爲列强藩屬其尤甚則分爲諸國焉我英國欲保護無窮之利斷不能任彼豆剖瓜分見併於列强而爲其奴隸也

然則速烏魯司海利衣卿昨年之策可謂動合機宜且因此回新公債增入諸款條約覺比從前勢力尤勝又能促中華帝國地球各國擴張商務此後水陸交通獲利當何如耶

上文所述不過本論之緒言而非其宗旨則我國極東政策其終點尤有至要者存非以制勝一時遂能滿願顧此大關鍵在數年前謀國者尙不經心自去歲忽德俄兩國占領膠州旅順港始提醒我英國之心復因中國政府募集外債列國起而相爭尤能感動當軸至此始宣布

決心於宇內焉。於是數十年求茫無把握之端。及今始定。試綜念有名政事家之意見。抽出我英國將來極東政策。約其要旨。厥有兩端。

第一　永久保持在極東政事上現存勢力。

第二　令中華全國市場。保地球各國貿易之暢達。

我英國在極東。將來一定政策。以此二者爲終點。其第一點。前此尙未成立。觀於日本連戰連勝。直陷旅順威海衛。奪取遼東要部。欲乘勢破毀中華全國。於是俄法德三國聯合而制之。謀之英。英國辭焉。是當時未能保轉此第一點也。又視距今一年前。緬甸雲南交界處。改定地線。我英國令中國割器烏卡吳及其他各地與人。是亦未能確持此第一點也。雖然。我英國政事家。向雖逡巡姑待。而今已攪破酣夢焉。故此第一點。乃舉國所最注意者。本年一月十九日。度支大臣希子庫司希衣旣氏。演說於司懷吳戲衣商業會議所云。保中華帝國之完全。是英國所甚望。倘副所望。雖出於戰。亦不敢辭云云。是英國已宣布此第一點也。然非徒以虛言相喝嚇。盖國於此東方政策。務求實際。是所謂孟老主義者也。

論西伯利亞鐵道 譯西六月十一日英國商務月報

俄國政府旣支三億五千万留敷設鋼製軌條五千里于西伯利亞線路計至千九百四年七月一日必當見機關車北發海岸疾走于日本海岸後此十八月必當疾走西伯利線路以達于黑龍江出船送致乘客及諸貨郵信于哈拔洛布卡更自西伯利線南俄支線約十八時可達浦鹽斯德其相距之程約可十七日半即達也若再經數歲百事整頓得列車高度速力橫行西伯利則全線路乘客旅行可以九日餘而畢如經中國政府批准所敷設滿州貫通新線路亦可縮其旅程此新線路以具加爾鐵道澳諸痕停車場爲起點自玆路哈倚託近旁截斷中國國疆走入滿洲向齊齊哈爾呼蘭城及甯古塔方位而進行竟接合烏蘇里南境鐵道泥誇路斯苦停車場故此滿洲鐵道共長千九百二十里而其內則千四百二十五里在於中國領地盖初測量西伯利線塽諸泥誇路斯苦兩停車場間線路長二千三百三十四里及貫通滿洲如前言西伯利鐵道全体中可縮四百十四里自此滿洲線更轉向南在黑龍江方向線南對比前線氣候溫暖地質膏腴且又穀産豐盛可橫斷黑龍江地方松花江谷其地饒麵包概言此新線路中斷滿洲北彊鐵鋼旣饒財源自裕至於近年採堀金鑛又滿洲各地方皆此

線路所貫通。至其近旁。則爲通商路之大中心也。

英俄爭築北清鐵道　譯西六月二十一日國民報

據北京最近電報。中國政府將敷設鐵道于山海關及牛莊。與香港上海銀行約借資金二百万磅云。蓋該地鐵道工程。俄國欲獨任之。不料英國已投其資本金于中國。雖由俄國資財缺乏。所以至此。亦足知北京朝廷英俄勢力之消長矣。

中國夢醒　譯西六月二十三日國民報

中國皇帝陛下。喜革舊圖新。據彼國新聞所記。謂帝以本月十二日下令曰。宜排去守舊諸臣。及其一切敎育法官吏。凡欲登用才士。頗採西歐文化。內地各學校。皆傚北京大學例。奬勵文武諸官子弟。皆入此等學校云。

山海關牛莊鐵道記　譯西六月二十五日時事報

頃者中英俄三國經理鐵道事件。已據北京電詳。今又記上海報所載。曰牛莊與關外中後所間鐵道線路。目下丁抹技師踏查之大概。華曆六月中旬。可興工分頭併作。期可速成。西歷五月十一日。輪船西安號。已搭載職工四千餘人而來。厥後陸續輸致各種建造材料。俟牛莊

中後所間線路竣工即創中後所竝山海關工事以圖連絡天津又將開自牛莊至北方盛京鐵道此鐵道亦聘英國及丁抹人使之經理云

俄人注意中國西北 譯西七月一日大坂朝日新報

清國官塲中流言曰俄國諷示總理衙門欲變更中國土耳其斯坦西北國彊葢欲以苦路喃耶編入俄領也其奢望可知

列强耽視中國鐵道

西七月一日北京報云比利士與清政府約擔任一切尸痕喃託蘆漢鐵道工事約已成今聞其約以鐵道爲按當使歸外國人管轄北京駐劄公使中或推其爲主蓋以支鉅貲國之公使任之也俄法兩國立此約背後私有所圖德國亦望布設鐵道于天津鎭江間竊計欲達楊子江英國見德俄法三國舉止斷難默然云

中國改正關稅規則 譯西六月三十日東京日報

據東亞細亞誇路列痕斯捕痕笛痕茲所報清政府欲改革其海關稅則以邀利因此近日將與各締約國協議盖以目今金銀差格爲標準故現行五分稅率依然可存而稅金則以金貨

徵收之。然則自後海關稅收。當增二倍。清國雖有國債。以每年收入海關稅支之。除償本息外。尚餘若干以充國用。

俄艦永久碇泊東方 譯西七月一日東京時事報

倫敦報。俄國政府明年欲派遣巡洋艦二艘于浦塩斯德及旅順口。久駐該處。無事時則用之商業。蓋俄國欲派遣大艦隊于東洋。乃多年宿望。此二艦即爲先聲。後來逐加增六艘。漸次可達其宿志云。

美國欲占領威海衛 譯西七月二日時事新報

近日英美三國新同盟說盛傳諸邦。俄人演說曰。日英兩國有意修好。而勉加美國於其間。美國若不與西國戰。必已占領威海衛。聞故美國東洋艦隊司令官麥茲苦內亞氏還華聖頓府。面見大統領馬茲基痕列。及海軍卿笛氏。具陳東洋形勢。且談及美國政策曰。宜占領威海衛。因并述其事之易行。曰。德國占膠州灣。畢竟出注意威海衛而已。英國暫時不爲制止。苟美國據之。英日當不敢有異議云云。

俄改易旅順地名 譯西七月六日神戶又新報

俄國某新報作說曰。嚮者俄政府。以清政府好意借旅順口。自今以後。隸我治下。不可不以俄音改稱之。昔我政府占有海參灣。以其名爲中國之稱。（海參灣本清國地也）乃改稱浦墟斯德。蓋俄譯即占領東洋之義也。旅順口亦宜更號尼誇拉威港。尼誇拉威者。又勝人之義也。此所以傳俄帝威武於後世者也。俄人中言此事最盛。

俄國欲借布威利玆皮痕地 譯西六月二十三日美國報

俄國政府。注目于布威利玆皮痕群島。議論頗熾。未知所決。至言不可使英美德所有。衆口皆可之。俄國新聞。勸告政府曰。宜借彼群島中之一地。於西班牙爲食物供給地。以資俄國人來于太平洋者云

美國財政現況 譯西五月十五日東洋經濟新報

每歲五月。美國以送金幣歐洲爲例。本年不然。反見金幣輸入。今考其故。因美國昨年以來。商品輸出最盛。故紐育市中。多以歐洲小票相易。於時用金者少。故金利甚低。劇於倫敦。凡有遊金者。多購長期換用小票。以圖其利。因歐洲換用小票價格相宜。至二月十五日。美國軍艦咩倚痕號。在玖馬島哈拔那港。忽然破裂沈淪。尋而美西戰事將起。巷說紛紛。諸處銀行。積蓄金

幣于紐育各銀行者。爭向出之市中金價驟貴。比前一月價增至一分半之數。至是有游金者。用之於通常貸附金。遂不購換小票。而票價因益漸次低減。月之下旬自歐洲相續輸出金幣於紐育。以巴里倫敦爲最。其金幣合計六百三十万弗云。日本駐紐育領事報如此。

俄窺韓國 譯西六月二十二日朝日報

日俄新協商朝鮮政策。西歐外交各國因此竊有所疑慮。英新聞紙大抵以日本爲勝俄。諸毋啞斯鳩及法笛拔兩新聞。乃成日俄同盟地者。今閱英笛利鐵列餓拉布俄都通信報。似俄國更抱別志。卽舉俄外交家談論之意。證云俄政府令本國令在韓國者。一切財務顧問及陸軍訓練士官。使暫時勿助韓。非召還也。況俄國此舉。實恐日本妨俄占旅順。設非以韓國勢力讓日本。日本必妨俄國占領之事。故爲之耳。且其意亦欲朝鮮君臣上下。知其力微弱。非藉外國不能自立。故吾輩知朝鮮國王不久必再乞俄援也。吾又知日本陸軍欲掌握韓國。必以先取釜山爲當。蓋此足控制韓國故也。然日本誠取釜山。俄決不能默視。雖至日俄兩國交兵。亦不得已也。若日本掌握朝鮮灣。則烏拉西保斯德。黃海間道路遮斷。旅順口與烏拉西保斯德。亦絕無連絡。日本占有釜山。在東洋兵畧上。不止爲要害地。又實握西伯利亞鐵道之終點也。則

謂俄國不顧韓國而棄之是謬說耳釜山關係於俄國其利害豈細故哉

麻島官兵叛亂 譯西七月三日神戸又新報

麻尼剌土人嘗料合兵隊屬西班牙官兵忠勤無異至六月十七日忽叛殺其將官相率而投賊營云

地球中最小共和國 譯西六月十日工業報

皮列泥斯山頂平坦地有建國者名額斯託即共和國也其面積不過一平方里人口不逾百四十地球各國以此爲最小自千六百四十七年以來迄今已二百五十年其國尙存猶爲地球中一共和國云

麻尼拉現情 譯西七月二日東京時事報

西六月二十八日日本松島艦發麻尼剌七月一日夜達香港遠藤艦長電報海軍曰軍艦秋津洲以六月二十四日至麻尼剌該處屬西班牙國政府猶如舊美國派遣陸軍運送輪未至今軍艦矴繫于麻尼剌港者如左

日本帝國軍艦　秋津洲　英國軍艦　出席尼耶　威痕木多利鳰　皮具米　法

國軍艦　司令官培獨利賢路少將旗艦拔倚耶路。捕路威二艘。　德國軍艦　司令長官笛笛利玆熙中將旗艦卡威若由路木拉痕倚列內捕利痕息玆斯。痕亞烏倚路歇路甕。卞威若利痕。亞烏拿斯多五艘。

德國艦長漏言美事

德國軍艦威列內將校。七日前（即六月十七日前七日）泊于磨尼刺港。登陸野遊。西班牙將校招飲艦長公言曰。烏威路歇路甕二世君臨德國以來。不敢許美國併有菲律賓群島。

論戰後美國海軍　譯西七月二日時事日報

英國海陸軍新報曰。戰罷後美國必振興軍備。此自然之勢也。蓋新戰艦用亞辣拔麥威利諾威斯式。則其餘大小軍艦。當更新造。又戸由列將軍就磨泥刺海戰所獲八寸砲。論其用曰。八寸砲驗實有利。諸火術家亦左袒將軍。頻稱其利。欲裝置於新艦內。美國破壞水雷各艦。雖劣於西班牙。今又新製十六艘。其速力有二十八海里。以十六月而成。成則陵駕西國。爲日非遠。此新艦計容四百噸。內備四重膨脹機關。二有馬力一萬五百以至一萬一千。其力優於航洋可知。至其重要處。以二寸白銅鋼保護之。石炭搭載力有百噸。有十二封度砲二門。六封度砲

五門十二封度砲三門水雷發射管二口云果如所傳美國新破壞水雷艦壯大無比雖英國未有如此之大者也

英美同盟擬裁條約 譯西七月五日東京時事新報

英京倫敦報西六月十日晒路苦至氏于下院駁詰總理大臣婰路內配利氏政略曰近來英國遠也忽與美國深相結乃駐美大使撲痕布澳託氏之力若現下政府之所爲輕率軟弱如此豈能成事也今與美結盟肝膽相照孰敢沮之哉然如攻守同盟不能贊其成也且殖民大臣鴅賢磨拔列痕氏在德國所倡之論亦無望於實踐也又復大論外務省經費削減外務國會次官卡孰痕氏答曰使英美交情親密雖駐美大使周旋亦與有力然其功不獨歸大使也盖二年前尼路內配利卿以沈毅態度能勝其任功亦大矣英美條約將成而依此條約可決者有一美國加奈陀間事是巳然有係大英帝國休戚不可輕忽處定也烏賢斯米痕斯多氏與額席茲託氏等又說曰美國諸新報謂與英同盟自由黨必抗之者此不通事實也使美國交情益深正該黨所最悅其黨首領屢忠言於政府者無他惟以外務省處置未善更憂輕擧敗事故諄諄相告也豈有他意哉

列國紛論比律賓 譯西六月廿六日國聞新報

美艦封鎖磨尼剌灣以來諸邦預察比律賓群島前途現今有微漏其意者今錄之以供參考有美國占領之後賣與英國說有西班牙政府欲讓比島領權于法國說有德國艦隊欲占領呂宋島港灣之說有暹羅美國公使歸途熟察磨尼剌美國以日本政府向無異議欲慫慂日本政府購買說有置磨尼剌爲各國中立地除美國占領外其餘可任島人民意說有俄兵在阿笛玆賾者云俄政府以朝鮮委日本因讓受比島爲俄軍南進根據說有英國若見列國占領比島必抗阻之俄國亦同其意說以上諸說皆泄諸國微意者也他日磨尼剌府陷則列國爭比島議論必然鼎沸

英增太平洋艦隊 譯六月二十日美國報

英國政府欲强大太平洋艦隊勢力即永久派遣一等戰鬬艦鉄咩列痕路號計畫已成鉄咩列艦現在撲玆馬烏斯港於是竟發向賢斯開馬路託港巡洋艦烏澳亞斯派威託號亦陸續赴之英政府又召還隊艦小艦代之以大艦數艘即二等巡洋艦亞列斯與三等巡洋艦威卞辣斯號交代英國海軍部內作說曰英政府加增其艦隊戰鬬力將不日震驚全地球世人觀

法律　日本　角谷大三郎譯

國際公法之主體　譯最近世國際公法論承前

第一第二前既詳之第三永久局外中立國者爲已國防衛與他國開戰之外不能開戰端者也凡戰爭有爲已國有爲他國或有幇助他國戰爭其爲已國者國家主權之發動而他國不能制限焉其爲他國或幇助他國戰爭者豫因國際條約而禁止之而其禁止不限一時者謂之永久局外中立國矣

國家種類如前所述而考國家成立之始有因自然發達或有因特別行爲因自然發達者不待說而明也若其因特別行爲而成立國家者如因革命而成立國家因掠奪而成立國家因條約而成立國家因相續（謂繼承主權者）而成立國家者皆是特別行爲也詳論國家成立之初今不躰認之要姑附簡略故不在是焉

夫國家成立不要他國承認苟具備爲國家之原質則可然欲對外邦而主張國家權利則必要他國承認謂之國際上之國家表明承認不可不加愼重也今若有國內乱紛起殆爲分離而未具備分離獨立之原質輕忽承認其爲國家是蔑視本國主權者也是破不可侵他國版

圖之國際原則者也。是無理而干涉他國者也。是與將分離之國結交。而敵抗其本國者也。已亦不免受攻擊之憂患。反之其內乱告終。本國表彰分離國之獨立。第三國（法律語、謂局外國也）不表明承認。則是破與國分離焉之義也。亦不免受攻擊之憂患。外交之事。不可不深愼也。又方一國內乱。有本國以其反乱者之國。承認爲交戰國。宣言之於他國。此時旣脫本國而爲交戰國。其國人加害於外國人。本國不任監督之責。故有承認爲交戰國之利益。又有局外國以其承認反乱國爲交戰國。旣爲交戰國。則他國宣言局外中立。旣宣言局外中立。則反亂國有他國不援助其本國之利益。又有對自然發達國承認爲國際的國家。是以無利害相關之國。不必詳論。要之不具備爲國際的國家之原則。不能爲各國承認矣。

試進論承認方法。承認方法有二。一明示。二默示。明示承認者。一國特宣言承認某國爲國際法上之主格。或有數國連合宣言其承認。或有兩個關係國。互結條約以宣言承認爲國際法上之主格。此之謂明示承認。默示承認者。如公使領事之交置。條約之締結。犯罪人之交附。其他行國家間當作之事。雖皆不明宣言承認。然承認爲際國上國家之意。自表見于形外。此之謂默示承認。

更進論其承認功効焉夫列國互承認爲國家。於是始生國際公法之連鎖。既生國際公法上之連鎖。始有對外國家之權利。又對外國家之義務。如公使領事之派遣。及旗旐國表國璽等。此國家必要之徽號。皆爲承認功効也。又承認有溯及之權力。譬新立國家既受列國之承認。則巳既獨立。可宣言承認間之對外國行爲。即使如承認前之對外行爲。皆爲承認後國際法上之行爲。否則承認以前借入之外債。以未成爲國際的國家之故。至能脫免償債之義務。是所以有溯及從前之權力也。又一受承認。則不得排除之。是因排除承認。恐害列國既得權利也。

政體變更似與國際無關係。故貴族政治變爲君主政治。共和政治變爲獨裁政治。然亦視治法之變動而巳。而國家成立之原質。前後無異。故雖政體變更。國際關係依然前後一貫。雖然國際條約乃係君主一身。或係君主血統。則依其一身及血統之變更。成國際條約之變更。是理之當然也。

一國之版圖者何也。謂地外及地上之空間。地下及防禦力所達之海岸。區劃其版圖者。謂之國境。國境有三等。一曰天然之國境。例依河海山岳原野砂漠等自然之形狀而區劃者。二曰

人工之國境例築堤防穿溝渠建標柱等依人工而區劃者三曰精神之國境例依地球經緯度定堺限等之精神志想而區劃者而獲得之版圖有二等一本來獲得之地二後來獲得之地其本來獲得之地又別爲三等一天然增殖是因洪水及他變異而顯發新地又新地附着本土者二時效是因歷年占領此地而獲得者其地原雖爲他國版圖爲他國多年抛擲失主理其版圖之權是彼自招之也三先占是將欲收入自已版圖之名目的占有從來無主之地者也其後來穫得之地又別爲五一因賣買而獲得者二因贈與而獲得者三因掠奪及講和條約而穫得者四因交換而獲得者五因抵當而獲得者是也

海有領海有公海領海屬本國版圖何謂領海從前公法學者曰自海岸發砲砲彈所達之處即主權所達之所是領海也雖然砲丸所達說其區域渺漠不知國際上紛擾無定也近世學者曰以退落潮時自海岸三海里之內爲其國之領海是庶得穩當乎今若有海灣自其灣口兩端潮退落之時自三海里約縮得之則灣內甚廣則爲領海

中東官商輯睦會記

譯西三月神戶報

日本　橋本海關譯

客歲十月神戶大賈開會邀中國紳商赴宴故去月中國紳商在神戶中華會舘開日清輯睦會以荼禮爲舘中鋪陳倣效西式極其雅麗青葉古樹拱繞四圍異草琪花羅列內外門前楹聯扁額以碧紗籠之題日清輯睦會爲西洋煙花支那爆竹日夜喧囂電燈燭天幾同白晝東國旭日旂中國畫龍旂飄揚披拂東洋蓮炬毬火貫珠門外回廊中西樂奏堂下則梨園子弟跳舞高歌茶會大開酪漿罷嚼醴酒復進致足樂也是日中國紳商爲會長者有鄭雪濤藍卓峯鮑子卿容翰屏金靄堂孫通江吳錦堂王明玉柯謙友絁載之蔡念庭蘇寅生徐筱春朱瑞宇張瑞徵鄭悅亭麥少彭黃煜南李耀旒黃文珊陳達生葉香泉陳冠之盧紹庭戴金樹萬碧山羅籍生陳杏村吳福權黃禮初馬聘三揚符三日清官紳赴會者神戶裁判所長稅關長警部長撿事正書記官郵便電信局長市長助役市會議長稅關撿查課長外務課長神戶警察署長兵庫警察署長戶塲警察署長水上警察署長商業會議所副會頭神戶水道委員長三井會社長大坂神戶燐寸會社長東京大坂保險株式會社長神戶商業會議所會員川崎造

船所社長三菱公司會社長橫濱正金銀行長住友銀行長日本貿易銀行長上海紡績株式會社長鐘淵紡績株式會社長山陽鐵道會社長日本郵船會社長兵庫縣參事官神戶商業會議所會頭株式會社第一銀行長神戶商業會議所會員日本兵庫倉庫株式會社長神戶棧橋株式會社長日本商業銀行長神戶又新日報主筆神戶新聞主筆東亞報總理及主筆其餘中東人士甚夥難以縷數自七時始入席賓客滿座妮子捧觴墮珥遺簪獻酬交錯酒至半酣中國駐大坂神戶領事鄒振清隨員陳德球李鳳年離席向日國官商拱立朗頌祝詞均寂然肅聽誦畢然後反席神戶兵庫知縣亦離席向中國官商答禮頌祝祝罷僉拍掌歡呼洗盞更酌凡外邦赴會者均贈以銀爵其爵中有銘勒亞族臚歡四字以誌不忘是夕賓客暢飲至夜半始散車水馬龍不絕於道人影衣香觀者如堵咸以爲創日清向來未有之盛舉云

清國米價奇昂 譯西五月十五日東洋經濟新報

清國凶歉駐上海小田切領事既以去月七日及十五日兩報其事如江蘇省在清國中素產嘉穀浙江省土地亦宜穀客歲先旱後潦蝗害尤甚收穫不及向年之半至如徐州兩淮土地磽瘠秋穫亦屬不豐故其地人民窮困非常官民共賑恤之然餓莩猶滿道路盜賊出沒民情

恟恟安徽省安廣府較他處穫稍豐及新穀出每石價二千六七百文居數日騰至三千四百文後益貴達於四千五百文內外其故由於輸出各地過多云至如松江府新穀出時値四弗今已達五弗以上浙江省紹興府客臘漲至四千五百文地方鄉民相率至米穀大店將加搶掠官吏居間和解漸定爲四千文目下又貴達於四千五百文內外湖南地方歲暮至春初亦漸次騰貴目下每石二兩七八錢至三兩四錢內外百貨亦因而俱貴細民苦不可言南淸各處原有米賤之名廣東豐收時向例每年限輸出五十万石本年不登因此由上海陸續輸送廣東廣東積之再又經葡領邑澳門英領邑香港輸出外國者頗多廣東人民稟請地方官禁米穀輸出現今廣東地方穀價益貴細民愈困皆謂奸商犯禁輸出外國者多故至如此也地方人民皆疾視米商貧民數百成群白晝闖入宏益店搶奪上米千餘石下米一万餘石慘殺店伴二人次日復襲米商晋豐德安信和等各店搶奪上米千餘石而去夫食米每石價至四千文以上三十年來所未曾有各地方官乘此時嚴禁米穀輸出且誡米商勿圖利而故爲壟斷高昂其價上海某官醵資欲救恤徐州海州兩淮安徽宿州廣東省湖北施南府沈邱項城及江蘇省揚州等餓民最爲用力現下上海漢字新報亦多發議論風道臺嚴禁米穀濫出目

下上海米價逐日騰貴上米每石五弗九十仙以至六弗云。

日本米穀需給數

譯東京五月十五日農學報

前年米穀收穫不饒如明治二十二年時蓋承前兩年歉收之後是以米穀不給理有固然故外國米穀頻頻輸入今調查二十六年來米穀需給數列左即由收獲數中加輸入數而算之以記其羨餘也。

	產出數	輸入數	輸出數	餘贏數
明治廿六年	三七、一九九、六六三石	六二一、八一三石	六三五、四一三石	三七、一八六、〇六三石
明治廿七年	四一、八一五、七一四	一、四六八、七二四	五七〇、〇五二	四二、七一四、三八六
明治廿八年	三九、九二〇、八八二	七四二、八三八	七一九、三二四	三九、九四四、三九六
明治廿九年	三六、一九九、七七一	七八四、〇〇〇	七九七、三一一	三五、六八六、四六〇
明治三十年	三三、〇〇一、〇一五	二、六五五、八五〇	五四五、二七五	三五、一一一、五九〇

記斯賢內地峽貿易

譯西六月二十六日日本國民報

二十九年前開鑿斯賢內地峽貿易盛行。邇來尤盛英輪船往來該峽水路亦多據地峽主管年報可知其詳始開鑿此地即八百六十九年中輪船通過者纔十餘艘收入額不過二千磅。昨年通過輪船二千九百八十六艘收入額二百九十一万三千二百二十二磅云。

記加奈陀貿易盛況

譯西六月十五日東洋經濟報

據加奈陀貿易報客歲上半期輸出大爲增加下半期輸出統計九千九百八十万弗比照前年下半期三分已增其一昨九十七年六月三十日會計一年之數輸出總額一億三千四百四千万弗以是年加奈陀輸出與前年相較如左表中年度以前年六月三十日起至是年六月三十日止

	對英國及植民地	對合衆國	對其他諸國
輸出	八二、二〇〇、〇〇〇弗	四五、〇〇〇、〇〇〇弗	七、二〇〇、〇〇〇弗
輸入	三一、六〇〇、〇〇〇	五七、〇〇〇、〇〇〇	一八、〇〇〇、〇〇〇

		前年度
輸出合計	一三四、四〇〇、〇〇〇弗	一〇六、六〇〇、〇〇〇弗
輸入合計	一一六、三〇〇、〇〇〇	一〇五、三〇〇、〇〇〇

比照前年輸出加增二分以上輸入增一分以上

法國貨幣流通數 譯西六月二十五日東洋經濟雜誌

據本年三月刊行倫敦銀行雜誌法國貨幣流通數調查客歲秋季總計八百三十六万磅細分之則紙幣六百九十二万磅金貨九十二万磅五法貨三十六万磅記標銀貨十二万磅靑銅貨一万磅也各種流通貨幣在各縣多所達其金貨流通巴里者八分以下洛息路則至七

分居三。阿爾及耳則二分也。又一般流通金貨中八分之七。則法國貨幣一分之三。法國外羅同盟諸國貨幣也。五法貨分合亦同。且同盟諸國貨幣。比較分配。與千八百九十一年稽查數亦相近。唯千八百九十一年。記標小銀貨幣五分之九。即法國貨幣而二分之九。則意國貨幣也。現今法國貨幣占八分之五分半。別無意國貨幣。意國貨幣千八百九十一年後。皆復歸意國。不爲小貨幣用。不過爲小紙幣擔保。其餘比利時瑞西及希臘記標貨幣。流通于法國者猶多。惟意國小貨幣。則流通絕跡。

紐育輸入金 譯西六月十五日東洋商業新報

客歲以後。美國輸出甚多。然不見金貨輸入。至二月廿六日。英京倫敦法京巴里兩府。始輸送金貨二百八十万弗于育紐二三銀行。其後以次繼至。三月四日。已有二百七十五万弗。多自法國來。日本金貨居十分之一。或云此等日本金貨百万弗。乃經由桑港輸入美國者。法尙未詳。

德國擴張亞細亞貿易 譯西六月二十六日東京經濟報

倫敦經濟報伯靈訪事人云。漢堡亞美利加流船公司。北雅羅衣托公司。乃東亞航路之用。今

此兩公司新購郵船四隻欲盖努力擴張德國在中國各港之貿易云又德國外務大臣希油烏羅烏男爲德國經營東洋計公言要民間資金援助是即因得膠州灣之手法國之要求到底不免與英齟齬焉然清廷恐怖狼狽若非日英兩國自外助之吾恐法人必得所欲以去也

美婦人禁購法國品物 譯西七月二日東京時事報

紐育諸婦人以西五月十四日會于卞内鼻館約二千餘人各杼其愛國心有所協議頗恶法國陰助西班牙仇之最深有一婦人作說曰宜排斥一切法國物裁縫女工某大賛之曰自後凡二年不許法國輸入衣服絹布果然則法國機業司損失不下三百万弗衆皆賛成之諸婦又曰宜使國會議院勿交千九百年巴里大博覽會費因各歷訪國會議士陳其意法國報目美國爲貪婪無道頗加誹謗駐美法國大使卽至美政府分疏曰此言盖出於無賴之口耳非法國公論也幸勿介意美國官吏聞其實怒氣始解云

歐洲鐵道表 譯西六月十日工業報

據最近調査昨年之初歐洲現在鐵道里數十五万二十五里比前三年加增三千一百四十四里其中墺匈聯合國八百六里（匈牙利五百七十九里）俄國五百五十五里德國五百七十九里現在

各國鐵道延長里數如左

比利時	三五八二	英吉利	二一、二一七
德國	二九三五五	瑞西	一二〇九
荷蘭	一六〇八	法蘭西	二五、〇八九
墺太利	一八九五一	蓮馬	一六〇五
西班牙	七六一五	希臘	五九〇
意太利	九三四九	苦路息痕捕路餓	二六九
俄羅斯本部	二三、四五五	路馬泥亞	一、七八四
葡萄牙	一、四五一	芬蘭	一、四八四
塞維亞	三三五	瑞典	六、〇七三
那威	一、二〇一	土耳其及貌牙利	一、五〇七
兒耶尸馬路他及馬痕諸島	六八		

橫濱茶况依舊 譯西七月二日東京時事報

橫濱製茶販賣諸舘依然如舊，昨日下午某舘買收二十二三圓至二十五六圓茶約五万六千六百斤，再收十万餘斤，前後通計十七万三千餘斤，某舘購額亦亘昨日上午購買三万一千餘斤，統計百六十二號、二百二十五號、三十六號、二百十號、二百十一各號，合購三万三千餘斤，故市價依然不動，無挫折氣。

日本 橋本海關譯

鑿嘛捕拉路多路海峽隧道 譯西六月十日藝學報

法國欲避嘛捕拉路多路關門之險因鑿隧道于嘛捕拉路海峽以與亞非利加亞路呆耶相通今聞其計畫曰先起工事于西班牙領土母烏苦賢路斯灣直入于海峽海底登其多痕鼻路斯前岸海中長凡十九里餘以陸上隧道加算之卽爲二十五里餘自多痕鼻路斯東出戸泥多其間二十里足敷設鐵道又延而至亞路利呆耶海峽最短相距僅八里餘而深有千九百六十八尺不能穿隧道于相距較短之處故自毋亞苦賢洛斯灣迂回而穿之海深千三百十二寸可得通行其經費在海底要二千四百六十万弗在鐵道則要千八百万弗有餘他日工竣卽可避嘛捕拉路多路關門而得與地中海大西洋聯絡若法英搆兵法國受益實大建此策者技師捕路利路氏也氏曾開鑿息痕河底名著一世云

巴里府博覽會最大喇叭 譯西六月十六日工業報

西曆一千九百年法國巴里府將開萬國大博覽會因蒐集奇貨異物美國舊下院議士誇痕氏創造大喇叭氏以製造樂器爲業及聞法國巴里府欲開萬國大博覽會欲出絕世珍物以

驚人苦心焦慮。製成一大喇叭。高三百五十尺。與紐約市中最高樓相比。喇叭低僅二十尺。其所奏音樂。率用美國國歌。又製擬人唇者以附之。爲送空氣于喇叭。計其唇動以加減空氣量度。風力則以電氣機械運轉之。送出空氣。其聲大無倫云。

論化學物質 譯西六月十日美藝學報

路洛倚獨者。千八百六十九年。美國紐育人哈威亞茲託氏所發明。卽派倚洛茲幾尸利痕綿樟腦混合物也。樟腦人皆知之。至派倚洛茲幾尸利痕之名。世多未聞。抑知此物以硝酸處理綿。或諸植物所造。如六硝化綿火藥。而不帶爆發性者是也。又與寫眞用綿無異。卽四硝化也。盖賢路洛倚獨。其色微黃。透明有彈力。物体堅靱。質類牛角。放入熱湯中。化爲軟質。伸而爲板。可製而爲棍。或入摸型。更可爲種種形狀。又可鋸而截。可鉋而削。可轆轤而挽。其薄如木葉者。

發明醬油早熟法 譯西六月十二日工業報

日本長崎縣長崎稻佐村。有松村雄三郎者。夙究醬油早熟法。有所發明。頗極良好。聞其早熟方法之要。曰以麥大豆鹽水四種爲原料。如造尋常醬油法。可以三十時而卽成。其味能耐久。可鋏而截之。研而磨之。自生光澤。以手摩擦。自發香氣。染物則化諸色。至其製法。極簡捷。又能

與尋常醬油無異。

論化學物不燃性質　譯西六月十日工業報

法京巴里府亞茲息洛氏傳一法曰。欲以賢路倚獨爲不燃性。宜溶解十倍亞息痕獨別溶解鹽化馬餓禰戸烏三兩于火酒中。以賢路倚獨溶液四百兩。加鹽化溶液二十。混和而乾燥之。即可爲不燃性。

環球最大隧道

合衆國誇洛辣獨州。多鑛業地。每苦山嶽間隔。或爲所掩。且其山嶽拔出海面者。約千八百尺至二千尺不等。近者貫通廣大隧道。以聯絡各鑛業地。其長百五十万丈。高百十二尺。廣袤百五十尺。彎形以煉瓦疊其內。用白熱燈九百五十盞照之。每相距百五十尺。又設豎坑以流通隧道內空氣。隧道深平均二千四百一十尺。至于配倚苦山傍近毋倚苦託路市地下鑛穴之深者。蓋六千尺焉。工業甚難。其成工必以二十載云。

美人新創空中飛行器　譯西六月十六日工業報

飛行器有二。一則美國捕路鳲木亞府額斯他毋滑威託茲獨氏所新創也。其器形如大鳥。鳥名

（誇痕獨路盖鵬類也）羽翼有四長各十二尺尾亦十二尺乘者以手足運而行之進退如意當額氏初造此物乘之高至二千尺山巔翱翔至空中約四里許力盡而墜于水中（力盡盖手足運行力盡也）微被傷云其一則爲美國尸卡岳府人獨痕皮亞打磨斯者所發明考鳥類生理以製之大約四尺重量四封動力則用瓦斯其羽以堅布爲之長約六尺如鳥羽翼開闔自然頭部設舵尾有螺旋推進器助翼而疾行

美國製潛水艇 譯西六月十六日美國工業報

美國有歇路辣斯獨者始發明潛水艇世已知之美政府今與西班牙有事遂用爲戰具其艇長五十五尺横十一尺僅載水兵六人艇頭裝置水雷可以空氣力發射百斤綿火藥相距六里可達舢部具大砲水中發之至五百碼可謂軍中利器也

工業用水新法 譯西六月十一日工業報

夫燃料與水工業上最多用之不可一日缺也况水之爲用每每不適于用故選擇尤不可忽且同是水而水中所含有浮游物溶解物及不純物各等其浮游物一見即行溷濁宜濾過而去之其溶解物或有機性或無機性至於夾雜物宜注過俺酸加里（藥名）溶液以消其色其色

誠消則爲有機性物尙存之證宜更濾而去之若含無機性夾雜物之水帶異常鹹味是曰鹹水不得用諸工業其稱淡水者有硬水軟水二種軟水則可用諸一切工業硬水多含石灰鹽類軟水則不含之此所以有別也凡水硬度標準十万分水中含一分炭酸石灰者爲正（石炭鹽類合算炭酸石灰）硬水亦有一時永久之別蓋謂前者含炭酸石灰後者含硫酸石灰注石灰即石膏此一時硬水惟滾而沸之即可收用若永久硬水加炭酸曹達（藥名）而滾沸之又爲軟水也水性如此故用之於工業各有不同瀛罐用水則要軟水若硬水可用之精製至如釀造用水雖忌有機性物然黑麥酒則宜用軟水淡麥酒可用永久硬水日本酒更要加里鹽酸類及燐酸鹽類等酌而用之焉染色用水則以軟水爲宜其他製紙用水鞁皮用水精糖用水各等皆厭硬水好軟水然又有不可不用硬水之時故凡用水者宜先用未用而撿定之也

攷察水質軟硬法 譯西六月十一日工業報

欲知水質有石灰鹽類等存須以蓚酸亞痕磨木泥亞液（藥店有之）少許與亞痕磨泥亞水相混注之於水中令其振盪此時若生白濁即石灰墟類尙存之證也欲査鐵墟類宜水中添加黃色血滷鹽溶液少許若欲査鹽類所存先宜水中添加蓚酸亞痕磨木泥亞液與亞痕磨木泥亞

而後沸騰之即得其數且濾過而後蒸發其液愈見濃厚加之於亞痕磨木泥亞與燐酸曹達溶液以攪拌之若因生是白色沈澱即苦土鹽類尙存之証也

試驗井水簡易法 譯西六月十日工業報

自市內敷設水道以來民皆便之緣舊井放棄汲者絕少故井水不能推陳出新遂生有機物往往腐敗若遣婢僕供服役難保無此等水故當夏令用水道之水若洗食器欲用井水須先查之然分晰其定量定性究非常人所知因有一法甚覺簡易宜用其法而試驗之雖婦人小子皆可爲也其法汲井水于碗以過滿俺酸加里少許投之用手攪拌若該藥赤色消滅可知其水中有機物在因而腐敗也其水倘化爲赤色如葡萄酒乃良水也該藥價廉雖貧者亦可購

新發明燈光 譯西六月美國工藝報

美國洛額痕斯薄託市有泥茲卞磨者窮究五年發明新式燈光不要電線電池亦不用石油瓦斯止以化學作用遂能大放光明且其作法甚簡一切複雜機械皆非所需唯於硝子球中置化學物少許以排除球中空氣然後密閉其口則光明忽發射云

與日國神戶官商輯睦宴會敘

神戶中華會館來編

粵自徐市童男，秦漢肇親隣之始；王仁魯論，車書開同軌之風。文章則伯仲韓歐，理學則淵源閩洛。是以陽明宗派，婦孺口吟；朱子疏箋，洛陽紙貴。比戶讀貨殖之傳，奕葉藏計然之書。東亞同風，由來尙矣。洎明治變法，英主當陽，采納細流，網羅西學，又復推陳出新，精思巧製，用能涵今茹古，控米軼歐。彼商務起色，豈偶然哉？夫東瀛之與外邦懋遷也，自葡蘭開互市之先，長崎訂通商之約，橫濱大阪，鱗次疊興。唯神港宅中，實握形勝。摩耶聳翠，布引飛泉，市舶紛航，人炫金銀之氣；海王充牣，天開珠貝之宮。負販者駢肩，游歷者接趾。飛車漫地，周世昌無遭颶之驚；輪艦蹴波，空海禪有入唐之便。故米英俄法，雜遝偕來；浙粵江閩，持籌並至。猗彼大宰官之懷柔遠人也，東邦協會，畛域靡分；商業敎科，界彊聿泯。建虹橋而利涉，修馬道以馳驅。入關給節度之證書，旅館護行人之風露。鼠牙雀角，訟獄持平；狗盜雞鳴，澆風斯革。飲羊斂迹，五絃鳴宓子之琴；課稅無苛，舉國守虎哥之律。時復宏開寶庫，補助茅簷，惠洽垓埏，仁覃雨露。頻年穀賤，彌思李峴之來；載道花香，悵望盧潛之去。共銘心版，業播口碑。而且都人士之寵遇商旅也，礪義滂仁，捐贏斥羨。鮑叔牙之財物，分贈朋儕；齊公子之劵書，多焚市

上行道無拾遺之俗知交尙游俠之風以酬壺士靡匱煋邱之漿爲慰旅人時推蒲團之價客游得所賓至如歸無王仲宣之七哀有榮啓期之三樂莫不神游東岱目斷南天望切去思歌興來暮雀辭楊館常懷寶篋之恩燕別張巢永結雕梁之戀嗟夫亞洲種族遠肇犧農凡我同人有如昆弟伏望厓岸胥捐町畦僉化念相唇齒肯寄腹心聯黃人保種之親用白圭璧鄰之策重侯嬴之信義踐端木之語言同氣連枝盟心似水庶幾白種黑種無族類逼處之滋小東大東刪杼軸其空之句客歲冬月神戸鉅賈親睦宴會折簡相邀北風詠絮之天氈簾燭醉東閣官梅之月花戸琴彈重以紅餕餅賜載寶篋以登門錦繡巾遺薦雕槃而疊几拜登嘉貺祇佩盛心旣蒙桃李之投慙乏瓊玖之報茲際仲春佳節二月芳辰合支那葛藟之倫作東國梓桑之敬堂開晝錦盤燦牡丹菊部梨園蘇琶趙瑟苗婦跳月夔伯歌風紅袖魂銷銀箏響徹張瓊筵以坐花飛羽觴而醉月明星有爛懸煙火以喧天春水已波煎瑤漿而晋爵元鎭鏡湖之宴文士偕游君實雒水之娛時賢並集所幸

負瓢高賈同傾北海之樽

縉紱長官共赴南皮之會

于地有忽生全体者或葉莖間鱗狀物墜于地亦生全体其餘不論諸植物播種于地皆生其全体此理盡人能知之由是動植物亦推其成分性質可以知其爲集合物質也如社會亦然社會者以人類聯合團結而成其善惡與否鞏固與否胥出於聯合團結之一人如何而已今反覆前說而論之會長一人猶煉化石社會猶以此煉化石所築塀故創會一人若長智識社會亦長智識一人若方正有君子風社會亦受其沾丐焉一人若親睦結合社會亦可永久會長若互相猜忌社會亦易瓦解故欲學社會學者須先研究會長以一人成合衆人之公理推之以研究社會故名之爲社會研究進化盛衰原理定則之學又名之曰社會世態學抑社會學現象起點於會長一人之心與体也故欲究社會現象原因結局者必當先明心理學與生物學（即論一人心與体也）然此事本屬社會學外姑置弗道蓋社會現象彼此錯綜交互不容易攷其原因結局參伍錯綜之處故此現象往往無紀律或云現象者倏忽而起本無一定者非也凡社會現象者從一定不易順紀律之序而起講明此順序紀律則社會學之責任也此理在中日西歐古今同轍是故古人謂歷史爲稽古徵今之要典也然西曆十九世紀之初法國有誇磨託者出始發明人事社會原理定則立社會學爲一派專門學誇磨託名亞烏餓斯託法國

哲學士也生于西曆一千七百九十八年一千八百五十七年卒先是法國開社會立法頗極紊亂貧富貴賤懸隔不合教徒貴族占國內田地三分之二而免其租稅衆庶僅有其三分之一供給政府一切費用可謂不公正極矣木痕鐵斯幾由誇痕獨路息等憂之頻論社會良法猶未能細明其原理故不能立社會學社會紊亂貴賤隔絕人民塗炭怨聲載道至路易十四世路易十五世時法國政府勢猶强盛末如之何唯呪咀吸血鬼而已（吸血鬼謂貴族也）及路易十六世即位遂有革命之亂盡剔除法國積弊雖社會秩序紊亂未能整理誇磨託蔚起于此時聞社會良法喧論于當世遂發奮與起創設社會學後世稱爲社會學鼻祖哈拔託斯培痕賾次誇痕託氏研究社會學大有功力乃著社會學原理敘述社會學及社會學研究法焉

第三　社會現象要義

凡宇宙萬物之所生成皆由其物固有性質與其境遇性質相須而生者也譬水者液體也冷之則凝結成氷即爲固體熱之則蒸發成氣即爲氣體是一勺之水亦由於備固體液體氣體固有性質而然也譬人在高處誤墜于巖石中身体忽碎自喪生命是由於人身觸巖石必破碎性質而然也雖然若在高處不墜巖石中而落于海水上其身体必不破碎以是論之石水

拔路嘛泥耶　十人　諾路斯卡洛辣倚那　五人　查烏斯卞洛辣倚　十五人

而搖路兒耶　三人

凡不問何州有代議士缺其州知事宜發撰舉狀補充其缺

合衆國代議士院可得撰舉議長及其餘役員亦有彈劾權

第三節　不問其州大小宜以各州立法院例宜薦舉元老院之二議員期以六年爲任以爲

合衆國元老院議士元老院各得投票公選其人

元老院議士員既爲人民所選集會于元老院卽須以公平方法分爲三級第一級元老議士

員經過二歲則罷其職第二級元老議士員經過四歲則罷其職第三級議士員經過六歲則

罷其職每二歲可改選議士三分之一各州立法院休會中或有辭其職者或有故元老院議

士缺其州行政官假撰定議士員可補其缺至立法院定期會議日正可補充其缺員

凡得爲合衆國元老院議士者年齡至三十歲在國民籍者凡九閱年可得爲議士其選擧之

則州人選擧之也他州人不與選擧合衆國副統領雖可任元老院議長非議士投票決其可

否者不得合衆國元老院撰舉其諸役員或大統領有事不至副統領能代而攝之卽名爲任

議長。

合衆國元老院諸議士。有彈劾政府大官者。即有糺問其大官之權。若欲糺問之。盟于神。誓以詞。乃從事。若糺問合衆國大統領。判事長坐其一位以糺問之。然列班議士三分二以上不同其意。不敢决其罪有無。糺問他人。亦聞己意於列席議士。蓋不許獨斷也。

第四節　公撰合衆國元老院及代議院議士期日及其地並方法。雖任各州立法所判定條規。合衆國國會亦得更新其條規。或變更之。又合衆國國會每歲必開一次。即以十二月第一月曜日爲期。然國會以法律撰定其日。則非此限也。

第五節　元老院及代議院各查撿其院撰舉報告制格等。宜判定其正不正。而各院須待議士過半數相集開之。然所會議士少數。則暫休會。當以各院所豫定方法及罰則促議士之未至者。

元老院及代議士院。各正其議士品行。懲罰暴狀。其懲罰之。以議士三分二以上者。可得放逐其議士。

元老院及代議士院。各存其日記。時宜報告之。於國民。然事若關秘密。則省而不記。且各院議

無主之財產也非造營物也又非造營物與團体相合而成也蓋以上諸說頗有謬傳者也即公司者唯私立團体實基於契約者故法律中無精覈之解其設置認定惟一成於公司契約而已其契約者即公司之主也各公主設令雖無面識視其餘社員任義務自可明其義務者也即當如立契約之初意本爲如聚團体而建設故集合成體亦所不計也唯在達設立公司新依法規具備團体之能力與形体而已其起也雖在衆人集合其根基則要其實存于資金有公示醵出資本金額也抑此資本金宜于設立公司時必出公司主約互相醵出至足其額其額既足公司主宜受其責任細則定其規則代其保存有利則宜依其資產而均平公司分此醵出資本金金額確定小分額其小分額更不許分割若發行證券由其發行及讓兌與人務使共事者爲公司主也其證劵宜記載公司主出資義務分量以示一定金額則此金額總計相當其所醵出金資本與條理也然各憑劵當未出其所記載全金額以前所謂假股票也至全額完納之後始可謂股本票而發行也

故公司者以團体而成即私立團体也或曰公司實非純正集合体惟非集合体蓋由契約或習慣法而變其形者又非以團体合意而成又非曖昧之物介立于團体集合体間以成之又

非財產法上共同体亦非無主財產。非造營物。盖此說未免無錯謬也。即公司者唯私立團体而基於契約者也。故政府法律無精覈之。乃允許其設置也。政府隨於公司契約許允之而已。其契約者即公司主。而雖各不識面。互以義相結。如當初契約者之意。至團体建設否。非所敢問也。

續論公司新法

唯欲設立公司。宜依法規。全團体能力具備而已。其初起也。雖繫衆人集合。其根基則實存資金。即要取信於公示出資本金額。夫資本金者。公司設立際必出公司主約可達其額首唱人一遵守細則。可任其交納責以結局。（公司主納金曰拂込、即納之義也）其保存之宜賴資產賬算利益配當規則而定之。公司分割其出資本金金額爲小分額。其分額更不許分割。對之發行證券。出其發行及讓付。使共事者爲公司主也。其證券記載公司主出資義務分量。示一定金額。以金額総計相當其數。乃出全資本金之理也。雖然各證券在其記載全金額拂込納交以前。則假股票也。至全金額完納之後。始爲股本票也。公司雖得記名或無記名。假股票必記名。票面額雖少不得千馬克。然二百馬克以上記名證票則在左所列者許允發之。

路透專電

美國第三麻尼拉遠征兵。凡四千人。分乘商船四艘。發桑港直向麻尼拉。　美政府命卡麻辣提督。帥卡笛倚斯艦隊向蘇西。且使石炭船至紅海與艦隊會。　滑茲獨嫂痕大佐。任西班牙派遣艦隊別働司令官。此艦隊即爲甲鐵三艘。巡洋艦四艘。石炭船三艘。　法國定內閣。即捕李嫂痕任總理兼內務卿。卞滑鳩茲氏任陸軍卿。笛路卞息氏外務卿。開威卞路氏大藏卿。均西

六月二十九日　英國外務次官卞孰痕氏至英國下院。說曰。政府向淸政府將勸以改革中國內地河湖通航條例。使之確明其意義。　美國軍隊在幾出拔島絕蹟痕鳩亞岳水道。紐育府中喧傳此事。　美國欲暫置政府于麻尼剌。　美國布威利茲皮痕氏。與遠征軍司令官陸軍中將烏賢治列咩李茲託氏。共發桑港將軍。既達于麻尼剌。即發暫置麻尼剌政官宣言一篇布告云。　美國大統領馬茲幾痕列氏。發令封鎖幾出拔島南岸及撲託利夸島蹟痕布亞痕港。均西

七月一日　美國幾出拔島遠征軍司令官尸耶布多將軍發電曰。西班牙軍八千人。多携輜重。進向蹟痕鳩鳩亞岳將軍。欲不待美國援軍至。直進逆擊之未發。　美國烏亞茲託嫂痕大佐艦隊將進向西班牙。因無遠航準備。尙延滯出艦期。意大利內閣以卡內母亞路斯爲外務大臣。

嗹痕馬路茲亞爲陸軍大臣。均西七月一日　二日。製茶輸入神戶。総計千四百四十捆。十七万八千三百斤。西七月四日　蘆漢銀行。得直隷保定府山西太原府鐵路設線沿道鑛山採掘特權。英人亦在山西南方同得一特權。同上日　美國嗹痕普守痕提督本月三日。帥美國艦隊。進至于嗹痕鐵倚亞岳港。擊殲西班牙艦隊。又報西班牙軍使其艦隊登陸。自放火燒艦。西七月五日

今早橫濱二十五番館。購茶四万三千斤。其他一般注目。然來者漸次減少。價格微動。殆將略貴。西七月五日　德國於布威利茲皮痕諸島。將有所爲。美國知其意而詰之。德國辯其無他志。然美國疑怒愈烈。西七月十日　美國軍海陸竝進。攻幾出拔島嗹痕鳰亞岳。美國陸軍約一万七千人。戰頗烈。美兵死傷一千餘人。西兵死傷六千餘人　美國幾出拔派遣軍司令官戶耶茲陀將軍。報美政府曰。此地防備強固。以現在軍破之甚難。願速調援兵。美國陸軍都督陸軍中將內路嫂痕賢馬威路斯氏。論此戰曰。無戰敗。西兵亦善戰。而罷。均西七月五日　卡埋癩將軍統率之西班牙艦隊。擧水雷艇遣之本國。大軍艦入蘇士運河。七月七日

五洲彙電

京城英意兩國商相結更得河南省懷慶府鑛山採掘權 十五日 中國政府與香港上海銀行約借山海關牛莊鐵路資金二二百萬磅 十八日 英國總理大臣娭路斯培利氏公言於議院曰中國再造海陸軍因中英政府現在商議海軍訓練則署開其緒陸軍則未也中國不喜委任全權於英教練士官是以商議甚難且曰中國不再整海陸軍一朝有事必屈從敵國也 二十日 中國太后行幸天津閱覽袁世凱聶士成等部下新式兵訓練 二十三日 卞麻拉將軍帥西國豫備艦隊在于卞而尼斯商船別載兵四千餘人遂發本國 十六日 又同日向東過而捕洛路多 二十日 卞麻將軍部下豫備艦隊過卞獨笛迓苦岬卞獨笛迓苦岬斗出西班牙亞痕達路尸亞東西在距而捕洛路多約百七十里六 廿一日 西班牙東北卞多洛泥亞地方團体三十五新聞社十八相結宣言曰欲救西班牙覆滅不如講和也 同上 美國政府得西班牙豫備艦隊發卞而斯直又還西班牙之報 廿二日 西班牙諸新報猶唱講和有利切論戰鬪害商業 二十三日 英國海軍省以環球形勢有不可測深憚徒費石炭公然下令曰今年罷海軍演習 同日 海軍大臣岳茲尸賢痕至於下院曰英政府久審議增艦計

晝至七月十五日前後可言其詳 同日 埃及遠征軍司令官基玆鳰內路將軍與諸將校共向前衛 二十三日 前月二十三日美京華聖頓信曰法澳意三國向合衆國大統領警告之曰不可運美國艦隊于歐洲近海若運之是破歐洲平和也 二十六日 俄國基利親王以七月七日達日本橫濱即日入延遼館延遼館即日帝離宮在東京翌日入朝謁帝及后日帝亦幸其舘面談親贈以勳章云 一日 卞磨拉將軍率西班牙艦隊在撲託息玆港移炭煤于其艦隊埃及政府請止之又其出港將軍答曰現修艦因載石炭益急云 二日 德政府決議派遣將士四百七十人兵卒一万四百六十四人于東洋既上航路美國政府以德國舉動必將逞志於比律賓群島憤甚 四日 內勅今秋行陸軍大演習于河內攝津野參謀本部奉內旨已計畫各事日帝親統監之其軍卽爲第三第四師團及新設九十兩師團兵川上參謀總長佐久間中部都督等爲審判官 六日 法國郵船沈沒法蘭西大西洋郵船癩蝦烏魯器吳號載旅客八百從紐約向哈亞烏愛魯航行中七月四日於息衣府魯島南爲濃霧失其針路與庫羅埋亞鐵衣戲亞亞號爲癩蝦烏魯器吳號直沈沒僅救乘客一百七十人水夫三十人餘皆溺死 七月七日

本館總理撰述繙譯名列

總理新會簡敬可石球

撰述番禺韓曇首雲臺　南海康同文介甫

番禺韓文舉樹園　順德吳天民介石

東西文繙譯　日本角谷大三郎　日本橋本海關　日本大橋鉄太郎　發行人葉棟

本館布告　邇來中國時事日亟。不諳公法。致召外侮。日本大律師角谷先生。有志東方時局。爲本館專譯法律。以餉海內同人。又于每册附印萬國英傑小像。中西地圖。及新譯要書數種。冀以廣聞見而快覩者之目焉

本館向設日本神戸內海岸。今已妥遷日本神戸下山手通二丁目三十一番地。中外各處通商埠頭。均可函寄本館。或浼分局亦可代寄。中外各處願爲本館派報者。名作分局。酬謝報費二成之數。若代售本局所譯印各種東西圖書。酬以書價一成五分。滙兌諸費。一切在內。餘無另索。或徑致本館購買書報。亦可。惟書價郵費請先給足。

一收到各地閱報購書之費。均有發回本館所印收單爲據。

一閱全年報價四圓。零售每本一角半。閏月照加。實價不折。議價金遠近一律。惟郵價別訂之。本報遠近郵價開列于後。

廣東省城。廣州府城外。河南。香港。澳門。上海。天津。山東。寧波。漢口。厦門。汕頭。每本報加郵價一仙。　北京。牛莊。橫濱。長崎。大阪。每本報加郵價二仙。　蘇州。鎮江。安徽。蕪湖。安慶。常熟。常州。溫州。台州。紹興。山西。江西。九江。湖北。武昌。湖南。長沙。福建。福州。廣西。梧州。佛山。官山。順德。大艮。陳村。新會。新寧。三水。城西南。海口。北海。海防。每本報加郵價三仙。

安南。西貢。提岸。仰江。會安。南定。新州。河內。台灣。台北。淡水。海參灣。每本加郵價四仙。　星架坡。石叻。庇能。泗里末。

北般鳥。務路。棉砂。老越。實武牙。司馬登。略厘。巨港。吧咚。加剌巴。三寶壟。加剌吉打。吉隆。泗水。孟加錫。孟米。爄花。羅井里汝。雪梨。谷當。孖里畔。舍路。宿務。怡朗。弈角。山打根。舊金山。正埠。鳥約。檀香山。小呂宋。每本報加郵價五仙。　外洋一

仙値中國銅錢十文。祈各分局。先生。按地名遠近。除收報價外。照加郵價可也。

本書局繙譯書目列後　清日戰爭實記　近世物理學新編　中法海戰記　中國商業全書

英國社會古今義　萬國近世外交史　萬國新史提要　俄國產業新書　歐洲列國新史

日本龍馬俠士傳　五大洲人類種族攷　地球文明開化史　日耳曼新史　普通小學答問叢書十六種

萬國維新政治學　日本四十七俠士傳　開闢美洲科崙布傳　日本維新三傑傳　日本歲計政要

萬國交涉新公法　英國工業新書　海戰萬國公法　亞歷山大王戰紀　歐美富國新策

俄國近時大事記　萬國憲法　平權自由新義　法國新歷史　歐美強國新政治學博議

右書陸續刊印。分發各派報處寄售。謹啓。

代派報處列

○北京　琉璃廠甸総報局　天津　開口風神廟間壁西學官書局　針市街恒豐盛　羅恒益

森興行　裕和興○山東　燕台潮洲會館黃幼達明府　福記

聚盛行　裕慶和　榮豐行　順泰

元發庄　牛庄　東盛和　全泰盛信館　潮興行

元隆庄○江蘇　上海大馬路泥城橋大同書局　新報分館　二擺渡同和里廣永亭

廣盛泰　全泰盛　普安公司分局　金利源馬頭啓昌

棋盤街安和祥　同吉泰　源盛昇　振源行

蘇洲　閶門中市廣芝林　護龍街馬醫科巷口墨林堂　鎮江　開口撫店巷吳調芬先生　德記

廣盛隆○安徽　無錫代售申報處吳桂林先生　蕪湖電報局　三益

源記行　廣恒豐　安慶電報局　常熟　醉尉街內閣張第

江寧　南京孝順里陳安園先生　常洲　龍城書院內李澤之先生○浙江　省城豐禾巷前杭嘉湖道宋公館

寗波諸衙街徐代撫局嚴惠芳先生　同福和　啓興行

溫洲　瑞記洋行　台洲黃巖縣柯豐泰　紹興　水澄橋墨潤堂○江西　洗馬池街李愼堂藥店

源泰裕　九江　永生○山西　由上海時務報館代寄惲伯思先生

○湖北　武昌省府街口鴻寶齋　漢口　億茂祥　廣興源　普源長

榮茂行 全昌正 永安和○湖南長沙 省城時務學堂

○福建 福洲南台閩海關科房代售各報處楊賓春先生 福建福州 太平洋行 滙豐銀行分局馮晴浦先生

渣打辦房容建邦先生 新福成 天保洋行 美記行

厦門 和鳳宮邊新允昌 鴻記 捷記 瑞記洋行

懋記行 建源行 福聯昌 汕頭同泰行

中和行 榮發行 光泰行 源盛行

元隆行○廣東 香港晋安公司總理燕梳各先生 萬安公司總理燕梳各先生

濟安公司總理燕梳各先生 南北行街口永同福 上環昭信 東裕

廣南隆 誠安 信亨 公和

廣萬和 公源 俊昌 榮均 興隆

厚豐 恒記 萬祥源 源發

聚棧 建發 同利祿記 中環廣恒泰

廣豐隆 廣永生 樹記 松秀東街福記

○廣西 梧洲九坊廣昌盛 仁興○澳門 大井頭知新報館 泗嗌街華裕盛

○廣東 省城雙門底時務書局 知新書局 城隍廟前廣泰和 大佛寺前恆善堂

拱日門廣裕祥 興隆南約泰盛 顯鎮坊口瑞成 下九甫昌和

槳欄街仁裕堂 打銅街生源和 安瀾街榮盛 大新街廣德生

萬泰來 第八甫義經 靖海門鴻安客棧 杉木欄晋和

迴瀾橋廣興源 祥發源 杉木欄祥記 全昌正

河南白鶴州恆裕茶行 佛山 梹榔街百元堂 公正市美彰 富文里昌棧

汾流街興隆 官山 茂昌 順德 大艮 六合 陳村 舊墟育記

源來 新會 江門舊椰街安盛 九如 沙仔尾廣裕豐

會城兄弟聯魁第趙 新寧 萩海紫來街恆泰 三水 城糧房杜伯俞先生 西南 瑞益

海口 源發 利信記行 興記 和美行

北海 永昌隆 永隆 裕豐 聯益

祥隆行 海防 致忠和 廣新源 茂發行

廣裕隆○安南 西貢南隆行 建芳棧 泉美號

萬源行 萬順安 生和祥 同安行

陶 玉○提岸 南 隆 振 源 宅郡萬源
○仰江 經華行 李同棧 瑞利棧 邱益昌公司 瑞發行
李同盛○會安 永同安 伍合公司○南定 萬源
○新州 乾成利○河內 信記○臺灣 台北豐興○淡水 鴻記棧
瑞記行 洽吉行 同禎公司 隆記庄
○海參灣 同利 廣泰成 祥輝○石叻 大街葛永生
廣恆○星架坡 普安公司分局 益昌 泗隆行
德源行 合隆行 裕盛棧○庇能 朱寶蘭
瑞通 吉遠 三利公司 興利行
和盛行 德昌行○泗里末 裕德行 茂源
○北般鳥 廣記 務路棉協安 益利○砂越老 振安
○實武牙 朱富蘭○司馬登 裕和○略厘 美源○巨港 同昌
○吧吟 朱富蘭○加剌巴 同和 聯興行 福和
○三寶壠 有祥 瑞昌 同生 光盛行
○加剌吉打 和泰○吉隆 新福山公司 致和行 恆棧
○泗水 廣彰 同記 廣裕祥 朱富蘭
○孟加錫 德記 泗和棧○孟米 仁信公司 廣生隆
○[illegible]花羅 厚德昌○井里汶 建成棧○雪梨 公平行 均利行
○谷當 協安行○琠里畔 怡昌行 美珍棧○舍路 廣德行
○宿務 太記 金順昌○怡朗 捷豐行萬裕行○奔角 甇利行
合利行 源發盛○山打根 廣潮興○朝鮮 仁川怡泰
○舊金山正埠 廣東會館區次坡比部 生發號 聚昌榮 永德
怡棧 兆昌 廣益行 兆貞祥
○烏約 黃怡昌 怡興隆○檀香山 永和泰 合利號
○小呂宋 榮瑞 炳記 捷隆行 順昌隆
榮瑞公司 均祥泰 瑞裕行 五美行
○橫濱 大同學校 廣生和 正金銀行鄭曉初先生 東同泰
華生號 廣榮安○大坂 北帮公所○長崎 永同孚

東亞報　第四冊

孔子生二千四百四十九年

光緒二十四年六月十一日

東亞報

第四册

トウアハウ

THE BRITISH

··EASTERN ASIA NEWS··

東西

東亞報目錄第四

本館在日本神戸下山手通二丁目三十一番

俄割東方弗利日本說

南海康同文撰

甲午之紀日本率其勁旅擾我邊疆入我遼東將假道于朔方要我奮發冀我革新昆侖生縱而論曰日本于我情如昆弟狀類鬩牆事雖逝矣警醒冥頑庸有感焉俄丁斯際恐我夢覺從茲有爲也故運其秘謀宣其詭計遏日本之進斯亦云德然其終也卒搆譎言惑我當道曰某強將合而圖我分而軋我當道匪辨俄得藉口曰假我以地吾能保東方太平之局嗣是俄得旅順攖大連灣往義攘于日本之掌今自納于露西之腹前擧之義今擧之暴露西自問能無𩹧乎日本于是瞯然而神馳廢然而思返蒙聞枝其披者心其傷唇其亡者齒其寒況居則比隣勢成犄角者乎日本雖失其初志猶復丁寧誥誡希我猛省合禦外侮吾猶瞶然俄壤廣𡊮衆爲太西所嫉前此于波羅的海欲出而弗得于地中海欲出而弗得于印度海欲出而弗得今如其志然猶注意于東方竟得償所大欲也俄自大彼德變政以來專事蠶削滅裂諸隣地跨三洲矣支那之局殆汲汲矣士夫尙謂中俄輯睦崇尙玉帛弗事干戈歷三百載矣如是獨不思俄掠我克兒沙州奪我莫斯黑州刼我尅理十載塔什千之亂索我九百萬金黑龍江之割吞我數千里地乎何以啓門揖盜倒持太阿局勢之危類于魚釜猶囂囂自喜也中土晏安

如彼太和識士通人哲男慧女哀我如此且異喙同辭曰支那瓜裂日本殆哉然深叩其故皆曰土彊不敵于俄財賦不敵于俄兵甲不敵于俄之斯數者尚未足爲日本患也夫日與俄匹蝨與從也牴與猊也蝱與駝也蜎與貙也龍伯與僬僥也以蝨與從比牴與猊比蝱與駝比蜎與貙比龍伯與僬僥比盈尺乳稚亦能辨別況亘目燗燗者乎支那之危固也而日本容有利乎

政治家者言索其大地殖吾邦民開其口岸廣吾通商勒其鉅款充吾軍實豈非利也雖然有利弗及保種家者言保種家者言彼支那者種與吾同文與吾同政教昔與吾同宜迫其自立則東洋勢均東洋勢均俄豈敢南窺也出上之說則有尺布斗粟之事由下之說則有黃白種族之感今外患將至仍鷸蚌相纏不并執于漁父者幾希故執政治家言以難政治家曰吾索其地彼亦索其地吾增海軍彼亦增其海軍吾廣通商彼亦廣其通商以此與列彊相較利亦等也其利相等又何必出此或謂日本昵英以自強偵俄之鐵道未成不氷之港未得非耀威武不得與列強平等改訂和約是其苦衷實萬不得已也或謂甲午以前內地如故甲午以後匪堪聞問德据膠州法索海南俄實主之英領威海步武于俄原俄干涉日本有以启之是則

据膠州据旅連据威海衛日其致之日何德于我我猶眷眷也釋曰如是非日本启之高麗故藩有以启之匪特高麗而我內政不修外交不講故一旦有事償金億萬復遭豆剖也奚謂內政不修文學捨棄武備荒廢財政紊亂官階蕪繁有一于此足以致亡況乃數者幷集乎試問民心之固散與人奚若水陸軍團與人奚若攻守陳法與人奚若鎗炮命中駕駛得宜與人奚若孫子謂知彼知己戰則必勝如不度情勢妄启彊埸故爲掩耳盜鐘之計欺其臣民謂崇國體卒至輸金償款割地媾和忍辱圖生莫此爲甚當此之時忠臣義士能背城借一有幾人乎不自量度何怪其敗績也奚謂外交未諗外交一道列國均有專門方言國語罔弗周知異地情形靡不洞識口舌雖微國體是繫今以中土之大皇華命使不設專門事務則稽故紙言語則倚譯員倉卒之際望其如普之璧斯瑪法之大意郎俄之加且高弗英之巴圭斯東又何能爲肆責于彼彼豈任受也中東之役或以辱命或以見拒此誠關國勢之興衰而使臣每因國體爲輕重也中東之戰亦必究于內政不修外交未諗有以致之然日本雖勝平壤一役得利反不敵俄則日本不利者一

政治家之言曰俄已人盤据黑龍江與日之阿太島最爲相近恐有後禍卒以千島相易高麗

于是有北境之憂。自中俄分界。以松阿察河。經琿春河。迤南盡豆滿江口。東屬俄界。西屬中界。高麗與俄。始有侵壓之痛。日俄有事。其將在于高麗乎。高麗吾所扶植也。俄人垂涎于高麗。橫斷豆滿江。欲據元山津。以駐劄海軍。彼蓄意蓋已久矣。斯時或以勢力易我對馬。是如虎傅翼吾豈不早爲之防範哉。計俄海軍雖二晝夜。可達長崎。然運輸艱鉅。難操勝算。如欲萃海軍全力于東。烏知强隣不懾其西。如欲運陸軍于東。西伯鐵道。修繕未成。曠日持久。吾何畏于俄也。

俄人之言曰。高皇出奔。入我使署。皇妃之尊。橫遭慘死。幸俄鎭撫亂機。遂息韓廷。安睹至今賴之。俄之于韓。豈無望乎。日人與吾有事。必運陸軍于韓。阻吾南下。又必當吾氷港。以海軍擾我。又恃有良港。修輯戰艦。又度吾財政。如何能戰。如何能守。如何歲入可敷。如何歲出困乏。一旦有事。海陸軍務。必不能支。度吾畏葸。不敢與釁。此說謬甚。夫戰之道。在權利害。審形勢而已。俄日启釁。必肇端于高麗乎。此三韓政事。俄所以抗衡協商也。則日本之不利者二。

政治家又謂吾與英美盟。可作東方之雄長。吾與俄國盟。可執東洋之牛耳。同盟之有利如此也。試執政治家言。以難政治家曰。盟約之道。夫豈足恃。昔普之讐奧。始與法盟。約以互利。奧由是衰。繼則攻法。重與俄盟。法爲之敗。波瀾聯俄。約以息兵。俄卒噬之。嗚呼。寒盟如此。烏可恃乎。

中東之役。我求援于英。英弗之許。乞力于德。德且幸之。俄得乘間。遂有二氏秘密之約。攷中俄境界條約。凡十餘。則其中關鍵。厥有五者。一曰布楚斯克約。一曰北京條約。一曰嘉詩儀依氏秘密條約。一曰巴布羅福氏條約。其修約也。則必愈趨而愈南。或以詐誘。或以勢劫。抑磬縱控。肆其機巧。其布楚斯克約也。則循斯塔諾威山。至外興安嶺。以達于海。北屬俄界。南屬中界。又循額爾吉納河之右岸。屬于俄界。左岸屬我邦界。此界約之第一也。其愛琿條約。則以黑龍江。爲兩國之疆界。循烏蘇利江。以至于海。黑龍江松花江等河。航海之權。中俄共有。此界約之第二也。其北京條約。在于是年。英法之役。俄出居間。于是取我烏蘇利江與海湖白稜河瑚布江河圖們江以東之地。此界約之第三也。中東之役。又有所謂嘉尸儀衣氏秘密條約。要求我國。出琿春接浦潮斯得鐵軌之端。連達吉林。或由黑龍省愛琿。接彼西伯鐵道之幹。經齊齊哈爾迤伯都吶而至吉林。凡三十年。乃歸道于我邦。或强要築道于山海關。以達奉天吉林。或由山海關建道于牛莊蓋平金州間。以至旅順旅連二埠。俄得保護。此嘉尸儀衣氏秘密條約也。至巴布羅福氏條約。旅連二埠。假期二十五載。又从俄國伯都吶抵吉林及奉天旅順。任設鐵道。假彼利權。此巴布羅福氏條約也。俄之鐵道。横亘滿州。胯東三省。至遼東旅順。祖宗陵寢。

淪爲異墟。藩籬盡撤。攻守失計。刀俎魚肉。靡有已也。倘釁生不測。以鐵軌運兵。徑達京畿。數日可至。恃勢迫脅。吾何以支。俄既南下。將逞威武于綠江。握伯權于黃海。無待蓍龜矣。則日本之不利者三未畢

讀孟子豪傑之士說 譯西七月四十五號陽明學報

日本 橋本海關譯

天下之人宜明知凡民與豪傑之分。豪傑者萬事自草創。不敢踐人轍跡也。滕文公上篇第四章。稱陳良曰彼所謂豪傑之士也。蓋陳良者楚產也。楚在南方與蠻夷交。而陳良獨能超出習俗之表。北學中國。中國學者不能先之。西漢人云山東豪傑並興亡秦。當天下滔滔畏秦威風。得陳涉項籍劉李者。决然自斷爲起大事。是豈可不謂豪傑哉。日本神后征三韓。北條時宗殲蒙古兵。豐太閤伐朝鮮。可謂豪傑也。西歐墨瓦蘭自西洋航東洋。閣龍探出亞美利加。拿破崙混一歐羅巴。亦可謂豪傑也。近世徂徠先生（姓荻生雙松一姓物部江戶儒者也）稱仁齋（姓伊藤名長胤亦江戶儒者也江戶即今東京也）曰豪傑皆是在舉世宋學盛時看破宋學。獨唱古學。斯爲豪傑。故疑宋學著書辨之。山鹿（姓）素行先生。先於仁齋徂徠唱古學。痛排斥宋學。竟以事被流謫。亦可謂豪傑也。長州藩擬劍槍合擊法橫地內藤二子也。二子亦可謂豪傑矣。然二子幸遇時乘文武興隆治教更張之機。以爲其可爲所謂順風而呼者也。先是有栗栖又助者。有古武士風。又能以劒槍術導人。是可謂豪傑也。當今天下士風頗衰。雖小男子。能斷然以古武士風自任。以爲天下先。亦可謂豪傑

也今以一介士爲天下後世程式如彼且前所歷舉豪傑亦素非有王侯之位韓魏之富可知不能奮勵者不及於凡民也待孔子七十二弟子如漢高之蕭曹陳周豪傑而興者可謂凡民矣凡民所爲猶能如彼世之有作爲而可傳于後世皆當奮興矣

荀子創辨學說 譯西四月早稻田學報承前

蓋當時宋子云見侮然非被辱莊子之徒云聖人不愛巳又云殺盜然非殺人者各逞詭辨而自喜是畢竟拘泥于言語之末而自誤言語之使用耳宋子之侮辱莊子之愛殺二者義多曖昧而不足稱眞正宜名是職由不知所以制名之故耳凡名者本爲辨別事物而設也然則名之多義不合名之宗旨焉故曰驗之所以爲有名而觀其熟行則能禁之矣其二即拘泥于實而不解名之辨別是也蓋制名之根據者分天官之同畧而同異者本不過謂其主要之點假令二三例外亦不害全体之同異也然而若莊子山淵爲平宋子情欲爲寡墨子云芻豢不加甘大鐘不加樂是實不可不謂因特立之名而乱普遍之名焉然此等二三子若知制名之根據則安能逃其謬妄歟故曰山淵平情欲寡芻豢不加甘大鐘不加樂此惑於用實以亂名者也驗之所緣無以同異而觀其熟調則能禁之矣其三即拘泥于名而亂實者是也若彼白馬

非馬之論實拘泥于名而亂實者欲解此惑則須明制名之規矩焉故曰非而謁楹有牛馬非馬也此惑於用名以亂實者也驗之名約以其所受悖其所辭則能禁之矣

荀子論理大畧如前所述其所說未足以揚言中國論理學然其往往能注目于當時學者所未敢言好學之士決不可漠然相觀也況質其說之羅織及內容較之速庫癲鐵司且有過之而無不及也且夫此種之學說者單以暗示其思想而不爲足至明作一派之羅織而開列其說始有償値而上取義例之實據荀子之文者不使零碎語有失實之義而以一巳思想聯絡之者也嘗讀荀子而竊服其羅織技倆故述所見以表章其說也

論孔子爲宇宙一大思想家 譯西六月廿八日早稻田學報承前

孟子一代鴻儒其眼中若無人而尙曰自生民以來未有孔子宰我並謂夫子賢於堯舜夫堯舜乃儒者之極詣巍巍蕩蕩有天下而不與焉孔子所深稱也而竟稱其賢於堯舜豈非推尊之極乎維時子貢復以日月喻孔子以宮牆擬孔子至於麒麟鳳凰泰山河海有若更備擧以例孔子中庸頌其德且辟諸天地四時日月焉更有何物可及之者乎故雖學如顏子亦嘆其高堅前後欲從末由在孔子固足以服群弟子然群弟子服之如斯者非才識未優良由身入

其中。灼見其人物德行教育。超絕於老墨輩。也凡天下之可以感人心者。不在言而在行。孔子爲不厭。誨不倦。即鄙夫來問亦叩兩端而竭焉。豈非感人心之最深者乎。

余嘗讀梵綱經而有感焉。梵綱經者。本記大乘佛徒之戒律。乃其爲法盡悴也。今揭其文曰。

若佛子。應好心先學大乘經律。演說妙諦。見有皈依我法諸菩薩。不遠千里。來求解脫者。應如法爲說一切苦行。雖燒身燒臂燒指亦所不惜。若不燒自臂指供養諸佛。非出家之菩薩。甚至餓虎狼獅子。及一切餓鬼。悉應捨身肉手足供養之。然後一一次第爲說正法使心開意解。倘諸菩薩爲愛身故。應爲不爲反說經律之文垂前垂後謗及三寶者。犯輕垢罪。

凡欲宣揚大教。而千載下愈盛者。豈無法而可乎。若夫當其初緩漫放縱。毫無禁制則其教不終一代而即亡。釋迦設此等戒律。以律大乘佛徒。而大乘佛徒亦服其言則釋迦之人物性行。蓋有殊於人者也。衆人不辨教理之是非。唯渴仰其人之德行。而推尊之耳。推之基督及回回教祖。想亦如此。余雖未觀二宗教理。其能感化人心爲何如。然余信其教祖之人物性行。必有可爲師表者矣。

政治

保全中國策　譯西六月東邦協會報承前

日本　大橋鐵太郎

何言之當一千八百廿三年十二月二日米國大統領孟老氏明示於其敎書云我合衆國決不令歐洲列強以南北米洲大陸爲其植民地由此推之可知我英國亦決不令歐洲列強以極東大陸爲其植民地也故本年一月出納尙書哈魯蝦烏魯氏云我英國斷不肯聽從列強以中國爲其藩屬及其植民地此言恰與前者孟老氏若合符節爲英國者焉得不認此主義而獨當其責哉蓋此負擔乃所以防害於未形者我政府不得不先發制人也苟以其事之重大逡巡姑避恐將來英國之賠害正多蓋處中國之道其要約有二案今錄如左

第一案　近數十年間中國海岸及其他陸地邊疆已屢被人侵奪今也更進其步若德若俄尤爲貪婪無厭實兆中國分割之機故宜順此大勢以制列強

第二案　自後凡有欲將中國分割者必須極力抵抗施救治匡正之法以保中國帝國之完存

中國命運到底不能出此二者之外而第一案則俄法最爲適當何則彼二國者由中國所獲

之地與絕大利源。從此事事開擴。務使亞洲諸種人俯首帖耳。成其大一統之勢。是兩國之利在分割也。

英國則不然。中國分割。釀非常之損害。而一切統治領地。尤要最大之勞費。與最重之責任。故英國不得不起而相抗。

夫中國帝國之貿易。占其二成。是英人夙所經營也。若不幸見分割之禍。即令我英國占其半部。而此外半部。一切商務航業。必歸新主管轄。將不免受其排斥。而貿易遂至減半。試照英國現在中國通年所獲之利。折半計算。每歲約虧一千八百萬磅也。

中國分割之後。英國損失。豈惟此哉。蓋在今日則可不要軍備。外交各費。自足保護中國。若一瓦解之勢成。此等諸費。皆不能預爲之備。雖中國人民。無敢侮我者。然爲保護領地計。不能不常備大數之陸軍也。夫爲此無益戰備。令我舉國久據商業工業之盛。一旦化爲烏有。吾知英國之衰。可立待矣。

中國分割之事。英國被害。實如此。所以吾輩徹始徹終。務必與列强爲難。蓋確信所謂孟老主義者。在亞洲最爲適用也。至其第二點。請更陳鄙見焉。

是必洞開中華全國令爲宇內貿易大市塲是我英國第二要點也然此事究非新創前者中國條約中巳含之此策乃當時英外務大臣庫癩立吳托吳卿訓示駐京英公使愛魯氣吳卿者現今英國名士哈魯蝦烏魯氏及希子庫司希衣旣氏一切演述不過本庫癩立吳托吳卿之言而衍譯之者也

當時庫癩立吳托吳卿之訓示要旨如左

方今中華外國通商港不過僅五處宜除其束縛令其全國之貿易內外皆得自由并勸導中國政府向外國貿易開一切港塲令外國臣民皆得自由來往交通國內地長江沿岸各市邑及中華東北海岸各市邑亦要自由交通此事最要奉使命者當拏定主意云云

當時庫癩立吳托吳卿洞見中國內地釐稅煩苛之弊故主張如此恰與今日英國經營極東之策相合焉

夫我國第二要點已基於四十年前爾來居政府者不能長駕遠馭以實前言豈非憾事哉然則以口舌相爭究不如斷然行之尤爲得策也

今欲爲宇內道商洞開中華帝國全部令外國臣民皆得自由交通計將安施乎吾謂其法有

二首在斷行中央政府大革新令其權力强固次則用歐美人於各督撫衙門令將一切財政整理監督事即可成也

按此二法出駐芝罘英國領事府立吳那吳氏逐細查究而爲立氏之書明白剴切最適于中國財政大革新之機宜歐洲列國政事家講究極東之策者不可不一讀也

蓋中國財政之積弊以內地釐稅爲最其他諸徵收陋規亦所在多有凡人民所納雖號正供其實入官庫而供國用者不過三分之一欲救此弊在斷行中央政府即總署也大革新方能集其權力并令歐美人爲各地方稅務司監督整頓財政則中國不必另加新稅其歲入必優於現時四倍至第二要點在豫先區劃國內大商業地方及大生產地方分爲若干部與最相關係之列强彼此協商以務俾將內地經商各處擔保其獨立其區劃內之財務則必令外人監督焉若能實力行之杌隉之勢不出數年而自消而英國之新政策亦得現其效焉

此法當一千八百六十三年駐京英公使府利油烏司氏曾向總理衙門　之恭親王後此各公使亦有言及者然英國匠十餘年政府擧動痲痺故北京政府每多忽視而不聽忠言蓋亦無足怪焉者清國形勢大變貧弱已造其極是必當頭捧喝此言乃能入耳然則我英國擁護

中國舍今日更俟何耶

雖中國政府腐敗已甚一切統治之權殆將不可收拾然獨幸其民心未變所惜者嬌養居多不及土耳其慓悍好戰之風蓋由四千年來專圖內治闇於外情故也爲英國者果不憚列國之相厄毅然爲中國一洗其陋習中國人之先覺者必將翕然傾聽矣

英國救養貧民法 譯西六月十八日國家學會雜誌

英國托立衣戲氏論改正救養貧民法云我國信有進步然貧民在所不免此中改正救養之法可不究觀今現況所謂浮浪之徒逐年年加多比之一千八百九十年有二十三倍之數其嘗從事兵役者蓋十分居二焉可知前此立法之未善尤恐彼等將來或陷於罪終不可救現據利府矮府烏魯市長報告云無賴之輩因衣食不給流落他鄉者比比而是則此後繼起必更多救濟之策亦陸續而出當是時綜觀其全勢豈爲無益哉在我議會早晚必須稽查或新立法或因其舊而修正之也

凡貧民中最易改良者兒童也若壯年以迄老年則難爲力此固人所共知事關阨要而英國於此等教會乃極其冷淡何哉世人或云由該童父母之虐待苟盡職爲師者亦不難教此言

究屬未當盖嘗窺其實際此等貧童之保育唯有美速既司托教會爲最善雖人數已達千五百而孜孜不倦其法良意美可知也

虐待者何也謂在其父母强制彼等使之出入作業場是吾人平日所目擊於街衢上者也然安得人人皆有父母制之故非全部教育不爲功在英國此種兒童槪算不下二十三万九千人是皆賴救濟稅所扶養內一万八千在首府而其一万四千在貧民學校每年較其出入百分中約占六十三四分時時一家族中十三月間六十二回有出入作業場者云其結果有害兒童之健康且損道德至于貧民學校之結果在一方則令敎師膽落幷能濡染惡習令其父母全失責備之念縣治局明知其害而不講救濟策何也繼自今須改正法律以奪父母如是之親權而罰之且抑留彼等且苦役之又不可不合各處地方設立宜於此等兒童特別之學校凡一千八百四十一年以降貧民法委員會幷縣治局爲貧童養育指摘出入之作業場凡密接於惡德汚行者悉爲除之盖因在此場裏固爲保育兒童計然其敎化之法並監督之方尤不可不究也若欲改良則宜先分其房室收容之尤不可不講敎育及監督之道也此事謂倫敦市一大經濟矣一千八百九十四年十一月在首府作業場兒童三千人中約有二千人

已超過在學年齡云庫利吳烏衣子既作業場管理者云以予所見在作業場兒童之實況寔堪憐愍何則彼等所交者皆怙惡不悛者也

又有吾人時要注意者即工業學校條例第十九條自作業場被召喚者也當十九世紀末此等兒童待遇如何徵之一千八百九十六年該委員報告則可知焉

在政府亦認此等改正貧民法之必要已約之於倫敦市然該地未曾有此約誠憾事也

貧民兒童保護法其不完全之端非止上各端也最可憂者在彼等出社會時現今貧童保護者非排彼等親族而有保育之權力其親族中動有爲得保護者所給之被服資料覓幼者而收之故要與一層權力於保護者然現下權力甚薄弱唯幼者達十六歲之間時時臨撿之其實際非有虐待之確證不得干涉也倘進一步宜使一般公衆維持適切之制度如首府幼僕保護同盟會幼女救恤會等故事令貧童於後日所居地究其結果將來亦必有可觀者倘望處處有此設備今非無二三設備者然規摸狹少不足恃也

現今窮民中其於心神衰耗者殆無適當之善法而在瘋癲爲尤甚據最近調查獨在倫敦市統計九千八百人中其心神遲鈍者有二百十一人確要特別處分者也在英國則全体心神

衰耗之幼者有七箇小學校至於瘋癲則改良之途甚少然保護心神衰耗者之途想非無之近來聞政府着手此事然亦止注意首府他尚未及焉從事窮民敎育之師雖以窮民故爲之畧加斟酌然現行制度較之普通小學其位置甚低課程亦不得當若要高其位置加其俸給烏容吾人之喋喋哉一千八百四十七年以來未曾見有變更課程者至一千八百七十八年稍爲擴張然亦不過隨意科也

又就所謂屯集學校而言此學校收容七百以至千五百之生徒周年不許外出其經費之巨額及生徒之健康性質德義上之惡結果彰彰然矣其缺點當一千八百七十八年爲政府所認識上院委員處罰之在倫敦市者政府已將議廢地方此舉於一千八百九十七年特別委員諮問會確認此種學校有損於目不止使患者苦痛不能施敎育又因此而失終身生活之途亦不尠焉

在一方又不可不改正貧民保護者之糾合縱或能全其職更無可訾然大要刷新亦不尠豈可視爲細故或等諸公共之事業在政府不必關心與盖凡屬縣治局不可不加一大改革假令當其任之行政官敏腕極多屢經奏效可謂不愧其職然比而例之以一醫而診七千四人

與一官而監督兒童一千八百人。精神雄以兼顧。其事之不舉可知。加之又有聽職者出於其間。苟無監督之途。依然不能更其弊。今也根本改良之時機已到。加一大刷新。必先認有使移貧童至殖民地之要。當其移住。調護固不俟言。即已到後。亦大不可不加保護監督。其所須之練習船。仰有志者之寄贈。將來必有可觀者也。要之吾人非一掃上述弊言。立法未爲盡善。至兒童。苟有將來作業上之能力及特性。更須發揚之。以爲登高自卑之楷梯也。

以上主就貧民兒童論述之。蓋彼等最有可憂者也。然亦將來出壯而老之害。決非可輕輕看過。世人或不措意於所謂浮浪之徒。頻年非常增加。然徵之昨年報告。實較一千八百九十年。有二三倍之多。人或云其數十万或十六万五千。據余則確知其幾於三万也。此大數中。乃以從事陸軍軍役者爲多。而海軍出身則甚少。據貧民檢察官報告。謂老兵之數占其八成云。又據作業場管理者之計算。更達七成五分。豈可謂不寒心哉。

貧民法改良上。滋生之道無他。惟視其執定條例而強行之耳。據該條例。凡屬浮浪者。保護官始二日間抑留之。使服一定業務。至一月以內。爲團体保護官所抑留。更得延之四月。執行此例。必增加救濟貧會之負擔也。故欲遂此希望。莫各加變更。於是會域限之要在利府矮矮府

烏魯及理吳旣愛司大亞其成效頗有可觀者焉

欲補此缺點且免無職業者將來之害宜結合地方廳及救貧會與僧侶是下院特別委員會所主張盖當困厄未甚之時杜其弊爲較易且該委員會又可分與無職業者任務其有不能勝任者須排而去之盖彼等浮浪者每欲向其保護官求職不知勤惰攸分美惡斷唯難溷視故浮浪者必宜拒之故有取於分房之制也

此等浮浪者與流行病傳播相不可忽據羅吳庫氏報告一千八百九十三年在避病院天然痘患者二百二十九人中有二十八人自浮浪者保護所來百二十六人自其他救貧所來百七十六人自共全宿泊所來云則此等貧民救恤制度在衛生上要最嚴於監督也

余又有不得不一言者無他在卡魘哈亞烏愛魯作業場健全貧民之狀態是也在該所所得充分之辛金健全貧民原不尠然彼等悠悠閑臥或事遊戲或談小說稍有失意便訴不平傲慢亦不甚乎此等懶惰放逸之徒處置未免過寬故往往有捨自己生活而欲入此貧民之樂園者果然則凡爲管理不得不負其責英國救濟貧民之主要自愛利贖海司帝以來在使健全貧民自勞働凡不勞働者不得食是英國救濟貧民法之精神也盖此健全之貧民最可憂

者在於病狂當一千八百五十九年其數三万一千七百八十二人至一千八百九十七年達九万二百七十四人之多即全國狂者增加比例而視實多千分之十八及千分之三十二假令日積月累不幾於舉國皆狂乎然亦惟無收容此等狂者適當之設備故至於此若夫老而貧者救濟之道改良更少雖或年中與之以金然徵集方法付之不問果能有濟否耶故余信若依現行法以彼所存資金與管事者則目前弊害概可刪除余又欲於貧民法上令凡擁護者及救恤員保育員等皆各實任其責如是則彼等同情與智識大得奏其効也

現計收養老者之法多未改良爲食物之粗惡監督之虛曠及謀生一道毫無變化皆是也至所謂部外貧民尤不可不一考聞之經驗家彼等多不有人生之特性與心髓所謂貧而無賴到底不能與獨立貧民同其位置者也

余前二年間因老貧者主張必要醵集慈善資斧而據慈善會委員最後報告收蓄年金五十五万二千百十磅收蓄施物料三十六万五千七百廿九磅云此等資金現下增加是八成也必矣然則合此金額與其他救恤資金務使事歸實際出入不苟豈尙有作業場之弊哉余本無貧民病院改良之責今顧論之唯望大衆熱心注意然貧民法改良之不可忽事有固然凡

縣治局亦不可不改革其貧民課余確信政府當有此舉何以害方日增而當局者乃膜視乎

廣州灣土民不服法國 譯西七月八日日本新報

法國新得廣州灣於中國士民不服屢與法人相軋昨忽報曰法蘭西將校率水兵登陸强捉土民數十人土民不解其故因大怒事將不測地方官即具狀達廣東巡撫巡撫電其旨於総理衙門衙門詢之駐京法公使公使陳其事情通知中國政府曰前日法國水兵數人將登廣州灣游獵土民忽來襲我法國海軍將官訴之地方官求將犯人議罰地方官不敢應亦不敢却乃僅刑殺無辜老翁以塞責嗣因法人不肯罷手乃遣一司員及數兵捕縛犯人加以笞鞭又據鳩耶倚那咩路新報廣州附近土民觀法人建設兵管禁土人賣以糧食每與法人有隙地方官吏甚苦於鎭撫之難有一中國人爲法人所雇用當在輪船爲水路嚮導而入廣州灣爲土人所殺家族亦被虐待云

德國援西班牙 譯西七月十日東京時事報

德國軍艦在弗非律賓島舉動有異本國除社會黨新報外諸新報皆極口駁詰美國曰現時美政府營造軍艦意不可測譁罵無所忌憚西人國內所至歡迎頃者西政府購收輪船于北

德瀛船會社。德政府周旋之。更從德國內醵集西班牙軍費。其額達二千三百万金。或云約一千百萬圓。

美西戰鬪終末 譯西七月十日時事新報

據近報。西國艦隊集碇于幾由拔島。嘖痕鳩餓灣。爲美艦所殲。使此說果如所傳。可謂美事。西國已定亡也。何則此艦盡屬精兵。一戰忽亡。他更可知。或云西國陸兵猶多據島內。不可輙降。雖敵已執海上權。西國即囊中鼠耳。俯聽講和。當不在遠。其條件雖不可豫知。然此戰本出於欲救幾由拔島。美勝必管轄之。否則使自立爲國。此雖失義于西班牙。顧島民苦其虐政已久。今得爲地球明文之民。艮可賀也。蓋此地豐饒。人民固具自治之力。因爲人所束縛。不許其自立。人民欲脫其羈紲。而束縛益緊。是以亂端紛起。雖有天惠富源。而卒不免於疲弊。譬如幼子女遇繼母虐待。不得衣食。雖有發育資質。而精神衰弱。氣息奄奄。不能自保。美民見之。而不能禁。爰仗義以救之。此正如出幼子於繼母虐待之手也。有識者必稱之矣。然試問非弗律賓島措置如何。爲美國者。將永歸其屬隸乎。抑暫拂其管理乎。此二者天下莫敢異議。蓋以戰勝國收其勝利權。正理也。美人素喜平和。少有野心。若舉群島以託於美人。闡發其智識。以墾拓此

土地即變荒野爲沃田商工二業亦隨繁昌近隣國民更多所益雖然美政府果爲其所有否未可知也當麻尼剌艦隊敗時有人傳美國政府意曰萬一西國不賠償金即可售賣弗非律賓島蓋以數千里外有野心國垂涎於此美國管理非易故也美政府不乏土地恐當不占領之若然則必使其島民自立爲國也試能自立爲國彼强國挾野心者必割據此地築砲臺浮軍艦貯石炭置兵器製造所以振勢力又不免爲日本之勁敵蓋臺灣人民亦動輙生亂其困於防備盜匪淺也他國野心尤不可不防也則雖美西戰鬪罷恐弗非律賓島論愈益皷動當局者宜豫用意也

英京倫敦府街路 譯西七月九日英京倫敦報

英京倫敦實環球大都會其人口合法巴里德伯林俄聖彼得堡羅馬四都而統算之可以相匹牛齒有四百二十五萬街路之延長尤堪驚愕行者即不廻步然以一日九里計約要九年方遍使街路延長一線以測量地球一周尙餘倫敦桑港間地云

蘆漢鐵道 譯西七月九日時事新報

英國得鐵道布設權于江浙間既測量其土地當此之時蘆漢鐵道非可閑視客歲五月三十

日鐵路督辦盛宣懷與比利時國尸痕哂開氏約借金四百五十万磅後有故破其約十數日前北京有報蘆漢鐵道布設費列國爭欲貸之今又據所聞六月二十七日夜盛宣懷與比利時尸痕哂開氏及泥培路氏領事布辣亞路氏約又借用其費其條件未被見知于世或言期限二十六年而布設以三年半竣工其鐵路北自保定府至蘆溝橋其間工事殆至可敷鐵軌漢口地面工事未盛比利時肯借債則其盛可知也今尙以戶部支出補助金而從事各工聞道路所傳此外國債耑供保定漢江間鐵道布設費保定北京間工事猶以戶部支出金爲之去月（六月）二十六日上諭大意曰芦漢鐵道之事前命盛宣懷督辦後將兩年土地測量收用諸事諒有可觀該鐵道爲緊要線路不可曠日持久資本金亦已備盛宣懷宜速興工將來方略宜具上聞倘再遲緩不開辦誤此重大事業盛宣懷不免重責其餘廣東漢口間及上海南京間鐵路當事者宜迅速開辦勿得任意遲緩於是盛宣懷知不可猶豫心頗困苦今者比利時契約已成鐵路定可無滯云

呂宋獨立說 譯西六月二十三日時事報

美國新聞報載美國欲乘此際併合布哇基由拔布威利玆皮痕諸島歸其管轄美民亦多主

張其意．極口論之．未知美政府意向如何．窃聞美政府意見云．布威利茲皮痕群島．與基由拔．均賴美國相助之力．各使自立．美國之志也．即喃油鳥賢將軍委摩尼剌軍事于賢米利澳亞熙那路獨氏．亦可知其志在呂宋自立矣．

各國要求改北京臭穢街市　譯西六月二十五日時事報

各國使臣會于西班牙公使館．議北京街市事．遂欲運合要求將市街改革．衆無異議者．即置委員．將有所陳說於總理衙門．即以德法意白墺等各公使爲談判委員．共赴總理衙門．公然勸之曰．宜先改繕公使館道路．及內外城間大門前門暨鐵道停車場．且又宜植電氣燈．于此邊．至於修繕各費．每歲必要四萬兩．清政府若不欲監督之．則各國公使設法使外國人任之可也．衆談數刻．清政府大臣知其有理．然議論相反．後遂答各國談判委員曰．熟圖而後對之．各國委員乃去．比利時公使言．恐此事未必能速行也．

北美合衆國電氣鐵路日盛　譯西六月五日太陽報

以電氣爲發動力．此等電氣鐵路．近時尤有進勢．而其日尚淺．如北美合衆國．其初實在十數年前．該國街市鐵路．長約共二百五十哩．悉以馬力運轉之計．用一萬一千六百七十八人．至

一千八百九十年約共長八千百二十三哩其原動力五千六萬六十一哩用馬力二千八百四十六哩用電氣或機械力計用七萬一千人同九十四年電氣鐵路之哩數遙超過於馬車鐵路二千四百十三哩遞來伴電氣鐵路有進勢馬車鐵路益退同九十六年馬車鐵路二千三百三十七哩電氣鐵路一萬二千百三十三哩合計一萬四千四百七十哩同九十七年電氣鐵路一萬三千七百六十五哩馬車鐵路九百四十七哩他用電氣力者一千零七哩合計一萬五千七百十八哩從事人員約十六萬六千人資金八萬萬四千六百十三萬一千六百九十一弗電氣鐵路如此勢進彼馬車鐵路今將消滅云

威海衛近狀 譯西七月十一日日本報

英艦母倚苦託利耶斯號與諸艦在威海衛者合以西六月十七日就歸途是日英國吏員爲水兵所擁護下艦往市軍隊爲先導與中國官吏禮會議兵營建設物被盜竊事禮招傍近隣邑長使其遺戒將來誓書十八日英國諸艦在灣內者出兵八百人各荷劒銃挽野戰砲二門以登陸張勢舞威以喇叭隊爲其先導巡行威海衛並其近邑北清日報論之曰英兵今日之擧不用戰兵而鎮制土民蓋欲戒後來而已未可非也

中英俄德四國交涉 譯西六月十日外交時報

英政府以西四月廿三日備舉外交方略事關中國者刋。而報議院。其大要曰。俄國之議借旅順口也。英大臣嫂路斯培利。即命駐京英公使馬苦獨那路。獨曰中國若貸旅大于俄。英國亦將有所請。即使日本歸威海衛于英國。此艮策也。馬苦獨氏答之曰。俄國此舉其意盖欲屯兵滿洲以防禦諸外國來寇也。所謂諸外國者。指英及日本也。雖然俄國代理公使不明指何國盖有所秘也。清政府知其情。因使人來請英公使舘曰。貴國宜聽敝政府請。使英國謂滿洲無事。望我乃諾之。清政府因謝俄國曰。英國無事滿洲。故拒其求。俄國未服。時聖比得堡駐英大使報嫂路斯培利大臣曰。俄大臣魘辣毋倚賢布作論曰。極東形勢。將來必有事。不如今日先借旅大。以爲他日備也。因欲遂其所請。初魘辣毋倚賢布向英國約以旅大開放各外國通商。後又曰旅順口地形不便貿易。因罷其約。不開放外國通商。時俄國益迫清政府。清政府遂允俄國之求。三月二十四日。馬苦公使報之於英政府。二十五日。嫂路斯培利大臣即電報馬苦公使曰。北直隸灣均勢。意爲俄國所破。故日本軍隊撤去。宜急借威海衛。故英國軍隊已出香港。赴北直隸灣。今已在途。二十六日。嫂路斯培利復通牒德政府曰。英國借威海衛。在抑某國

行其威力於北京政府而已。不敢害貴國山東利也。又如布設鐵道于威海衛。以通山東內部。亦不敢爲也。以是考之。俄國始布鉄道於滿州。欲以此地爲西伯利亞鉄道中最終要點。然託言防禦英國及日本求借旅順口。未事因陽與英國約爲開港地。以避英國駁詰。及事將成。即罷此約。其謀可惡。於是英政府謂清政府曰。貴國若允俄國之求。敝邦必借威海衛。以維持極東均權。清政府以俄國所藉辭者在防備日本及英吉利。即依英國。使英政府謂俄政府曰。英國無事滿州也。英政府諾之。如其言以告俄。然俄國猶述其理由曰。極東將來形勢必異。因此求借旅順口不已。此暗指日本態度不定者也。當時英國政府。又告日本政府曰。貴國亦言無事滿洲。何如。日本固無意滿洲者。因不應英政府。遂不顧俄國口實。岸然言曰。俄國據旅順口。此欲制北直隸灣關門。威嚇北京政府也。因述其理由。遂得借威海衛。威海衛在山東省。山東省爲德國所利地。故先於德國。未有言而以牒通德國。盖謀避後日有事相忤也。且據拔路布澳路氏演說。近日英德相親。欲共享其利。頗迎德國歡心。

以上極東事件。乃列强最後所定者也。其結合明晰可得而詳矣。本年二月以前。英德法三國結合。以迫中國。日英皆屹然立于局外。至三月以後。漸一變。今英即進與俄對峙。法則依然就

俄德將去俄就英日本尚在此數者之外雖俄法結合堅牢而英德結合未固此英國官民所以頻欲通意於日本也英美親交亦原於此爲日本計者宜以此自出對俄法兩國亦對英德二國行其意之所欲爲匠心獨運諒非無優於同盟政畧之功也

中俄新訂條約 譯西六月十日外交時報

光緒二十四年三月初三日即一千八百九十八年三月二十七號中國與俄國在北京訂定條約其文列下

大清國全權大臣大學士李鴻章戸部侍郎張蔭桓大俄國全權大臣駐劄北京代理使務賓羅夫爲訂定條約事

第一欵 因俄國願在中國北海濱境有方便地方以資俄國水師得天然形勢之勝而保俄國水師無意外之虞故大清國大皇帝陛下特允將旅順口大連灣二處及鄰近相連之海租與俄國惟中國帝權不得稍有損碍

第二欵 租地界綫隨後測量至於由大連灣往北之界及他方向之界一切細情俱應隨後由兩國政府派遣勘定惟租界境內俄羅斯應全享租主權利

第三欵　租期應自畫押之日始通算二十五。惟既已滿期之後。應准由兩國會商斟酌續租。

第四欵　按照第一欵所開俄羅斯即可派遣官員在兩處經營水陸武備。惟一切俄人應歸俄國大員一人管轄。不得用總督巡撫等名目。中國兵隊。不准在租界內屯紮。中國人民准其居住。惟不得犯租界內一切條規。如遇中國人民犯法。應交中國國家最近之地方官審判。兩國辦理罪犯情形。仍遵照咸豐十年即一千八百六十年之中俄條約所開。

第五欵　租界北界之外。應留一甌脫。兩國不准居民之隙地　其甌脫界限。應隨後由駐紮俄國之中國使臣與俄國政府商妥。甌脫境內應歸中國管理。惟除先行與俄國商妥外。中國兵隊。不得私入甌脫。

第六欵　旅順口既允准作爲水師屯集之處。祇准中俄兩國之船停泊。他國不論兵船商船。一律不准駛入。至大連灣亦須擇一方便地方專爲中俄兩國屯泊兵輪。其餘各處准作爲通商口岸。所有各國船隻。准其隨時出入無禁。

第七欵　旅順口大連灣兩處。因地勢險要。故俄國情願自籌欵建造礮臺營寨及一切保衛地方應行舉辦之事。隨時由俄國酌行。

第八欵　中國前于一千八百九十六年。准造鐵路一條。經亞西亞鐵路軌道。接至大連灣。現准即行開辦。所有築造詳細情形。悉照中國滿州鐵路章程。並准添造支路。從營子（即牛莊）鴨綠江中間。接至海濱方便之處。其如何築造及勘定地址。悉出中國使臣在俄京聖彼得堡。與東方鉄路公司督辦。會商妥協。惟俄國築造鉄路。不准格外侵佔中國地方。

第九欵　此項條約。自簽押之日爲始。兩國即行遵照辦理。其換約之處。須在俄京聖彼得堡。

朝鮮時事　譯西六月十三日朝鮮京城報

法部大臣李裕寅。轉任中樞院議官。外部大臣趙秉稷。現轉爲法部大臣。西曆六月五日。朝鮮帝巡謁諸陵寢。臨還大雨驟至。雷聲震耳。轎無雨具。左右近侍大小官吏四十一人。爭先逃還。唯警官與兵丁。護衛陪從。其餘皆不顧而去。帝頗困。既還。蹙然顧左右曰。諸臣不忠。彼等平日開口輙曰。忠君愛國。遇有患難。悉去朕而不顧。彼等只太平忠臣而已。至八日。詔減當日遁還者月俸。閔泳駿。金永壽等。上䟽自劾。乞帝加罪。其餘諸臣。亦惶悚。當日走者。閔泳駿。金永壽。李載純。及各部協辦等。共四十一人云。

國際公法之主體 譯最近世國際公法論承前

日本 角谷大三郎譯

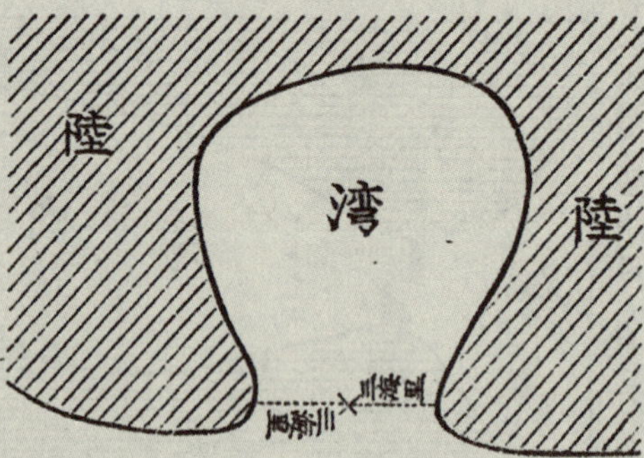

又有內海。其兩端以潮退落時三海里約縮得之。則內海甚廣。亦爲領海。

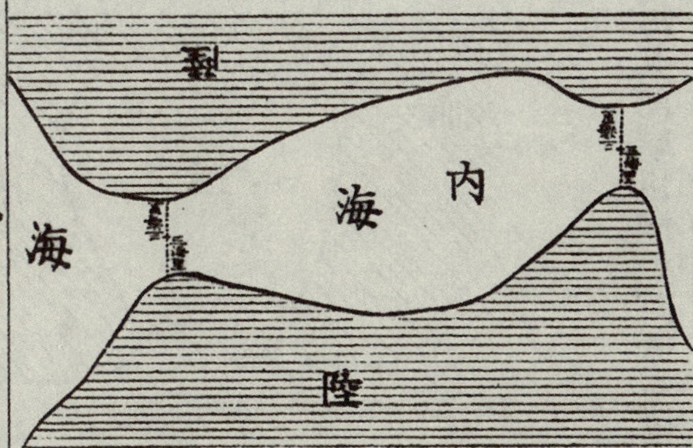

對領海之本國權利與陸上之權利無有毫差。故本國行政權、司法權、警察權皆及于領海之例。有誰何詰問入領海者之權，有令豫通報入領海之權，有或以行政權或以條約權罰擅入領海者之違例之權。有封港權利，有爲禁遏密輸出入查察監視船之權，有使用權，有漁業採藻之權。有制馭領海內平和攪亂者之權。有制定稅關規例、衛生規例。日本俗語難船之意遭難破船之

規例之權有拒絕外國船舶入港之權要之一國主權普及于領海以外之大洋謂之公海公海各國主權皆不及焉

河流有二一爲領河流二爲國際河流領河流者專屬一國內主權能爲其全部國際河流者其流長跨涉他國不能不許萬國舟航相通故主權祇及其全部然如司法權警察權河流諸費徵收權各自本國有之

互通公海與公海間之運河（日本俗語云一運河）不論專屬一國與分屬數國又不論平時與戰時不能不許万國舟航相通是因恐万國交通之澁滞也但得徵收實費如修繕費浚渫費之類而實費之外不得徵收海關税之類是也

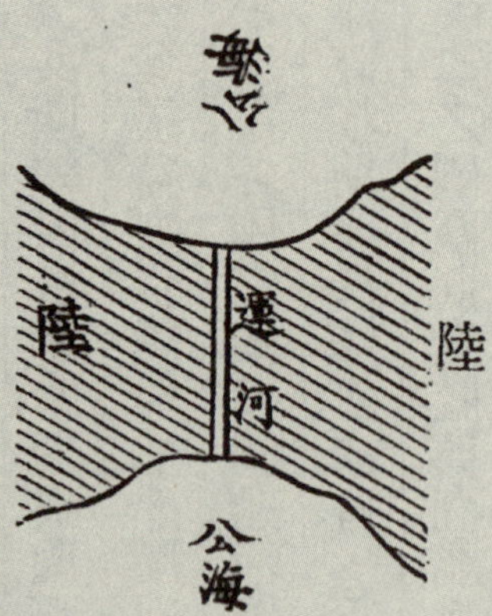

數國公共圍繞內海湖水。則與國際河流一般。必不可不許万國舟航相通也。

隨外交發達。益要保護船舶船舶亦不外已國版圖延長部分。欲保護船舶。不可不先設明其國籍之法。現各國定國旗制船簿。蓋爲之也。船簿確正國籍。國旗表示國籍。顯視吊之意於國旗。乞難破救助亦於國旗。國旗之功効與言語相同。其益不尠矣。又爲區別軍艦與商船。有用軍艦旗之國。區別重艦與商船之要何乎。在戰時則中立國對交戰國軍艦與交戰國商船。異其待遇。又於交戰國間有砲擊敵國軍艦之權。不能砲擊敵國商船。在平時亦必要區別軍艦與商船。即軍艦入他國領海。不要服從其國之法律。如撿疫亦有以艦長保證爲据之特典。反之商船入他國領海。不可不服從一切其國之法律。船舶在公海。万國主權皆不及。故公海上。二國船舶相攻擊。救濟之之策。只有自助力而已。各國警察權不及。又司法權不及焉。雖然有二個例外。一甲國之船舶乘員在乙國領域（領地又領海）行犯罪。其船舶超乙國領域而出公海。方此時則其船舶在公海。乙國尙有進及之權。二以追及海賊禁遏奴隷賣買之名目。則他國船舶在公海。尙有侵入其船舶之權。又軍艦不獨供軍事之用。常有海洋通商保護之責任。爲此責任不止。爲已國有爲万國保護之權利。否則海洋至爲盜賊橫行之衢也。

德國商業繁盛記 譯西五月十五日國家學會雜誌

日本 橋本海關譯

美國統計學者迷卡愛魯戲衣埋魯哈魯氏寄書於本年初刋北美評論以記德帝國千八百七十一年以來最近二十年間産業之發達無比其所錄之諸統計足以資參考錄其大要如左

人口 帝國人口增加千二百五十万人於最近二十年間其中約有四分一移住他處故內國之增加九百五十万人其街市地方人口增殖尤多錄如左

總人口累年比較表

	普魯士	巴威倫	他諸國	合計
一八七五年	二五、七〇〇、〇〇〇	五、〇二〇、〇〇〇	一二、〇一〇、〇〇〇	四二、七三〇、〇〇〇
一八九五年	三一、八〇〇、〇〇〇	五、八〇〇、〇〇〇	一四、六五〇、〇〇〇	五二、二五〇、〇〇〇
增加	六、一〇〇、〇〇〇	七八〇、〇〇〇	二、六四〇、〇〇〇	九、五二〇、〇〇〇

市街地及村落地之人口比較表

	市街地	村落地	通計
一八七五年	四、六七〇、〇〇〇	三八、〇六〇、〇〇〇	四二、七三〇、〇〇〇
一八九五年	九、一八〇、〇〇〇	四三、〇七〇、〇〇〇	五二、二五〇、〇〇〇

大市街地人口增加表

	伯林	漢堡	迷油油尼希	癩衣府既希	其他五十六市
一八七五年	八三〇、〇〇〇	二四〇、〇〇〇	一七〇、〇〇〇	一一〇、〇〇〇	三、三二〇、〇〇〇
一八九五年	一、六八〇、〇〇〇	六三〇、〇〇〇	六三〇、〇〇〇	四〇〇、〇〇〇	六、〇六〇、〇〇〇

農業　耕作地。自一千八百九十三年至一千八千九十五年。統計較之一千八百八十年至一千八百八十二年。則十五年已增九成八分。然尚不過耕作全國土地之六成二分也。收穫亦當八十年至八十二年間。每一愛衣卡爲二十四哈吳托立子托烏愛愛托立子托烏愛愛托。即約增加七成。尙未足滿全國人民之要需。最近三年間輸入穀類。一年平均爲三百五十万噸。即一年中二月間依外國之穀類保命者也。一農民平均生産額。大約不過二噸。比之英國之三噸。美國之九噸。法國之二噸半。尙不免遠遜焉。

牧畜　除羊外皆大進步。肉類生産。二十年間僅增九成七分耳。一千八百七十三年中人口每一人産七十三磅。今每一人不過六十磅。其不足者。皆仰給於外國。

森林　制度之整頓。無如德國者。

	森林	樹木價格總計	一愛表卡亞平均樹木價格
孛漏西（一名普魯士）	二〇、四〇〇、〇〇〇愛愛卡卡	四七、六〇〇、〇〇〇弗	一一、二二五弗

巴威倫	五、九〇〇、〇〇〇	一五、〇〇〇、〇〇〇	二、五五
他諸國	八、二〇〇、〇〇〇	四五、二〇〇、〇〇〇	五、五五
合計	三四、五〇〇、〇〇〇	一〇八、〇〇〇、〇〇〇	三、一二

總森林三千四百万愛衣卡亞中以九百四十万愛衣卡亞即全体四分一以上卽國有森林也

織物業　進步最著增加百十哈亞息吳托於二十年間視左表可知之

	綿布	毛布	麻布其他	通計
一八七四年	一二〇、〇〇〇	八〇、〇〇〇	八〇、〇〇〇	二八〇、〇〇〇
一八九四年乃至一八九五年	二九〇、〇〇〇	一八五、〇〇〇	一二五、〇〇〇	五九〇、〇〇〇

方今綿布出產統歐洲大陸無及德國者也毛布比之佛國既在伯仲之間九十五年製造織物總額凡五億千万弗內有二千七百万弗暢消於國內即每一人當消八弗英國消費十五弗米國消費十三弗

製造業之發達固如前所述至於金屬製造之發達尤爲可驚

自一千八百七十五年至一千八百九十年間實增加百八十哈亞息吳托先舉金屬製造額

如左。

	鉄	鉛	鉄鉛	通計
一八七五年	二、〇二〇、〇〇〇	七〇、〇〇〇	九〇、〇〇〇	二、一八〇、〇〇〇
一八九五年	五、七九〇、〇〇〇	一〇〇、〇〇〇	一七〇、〇〇〇	六、〇六〇、〇〇〇

全帝國中一等器機工場有七百五十三所。內有三百所在普漏西。製造鉄路農業礦業最大者爲庫詹子府鉄工場。其工場地域一千愛衣卡亞。用蒸滊機關三百一十個。職工二万人。每年消費百万磅之鉄鋼。器械製造額。在一千八百七十五年。則較之法國如三於四。一千八百九十五年進及如五於二。較之英國現時地位。約如四於三也。

砂糖　自一千八百七十六年至一千八百九十六年二十年間。甘蔗消費額達三倍。而砂糖生產頗同。年每達四倍。砂糖輸出額。是年達十八倍。

礦業　唯不及於英國美國。諸礦物生產額。二十年間之進步表如左。

	石炭	生鉄	亞鉛塊	通計
一八七五年	四九、五〇〇、〇〇〇	三、七〇〇、〇〇〇	一、七〇〇、〇〇〇	五四、九二〇、〇〇〇
一八九五年	一〇四、〇〇〇、〇〇〇	一二、三〇〇、〇〇〇	三、九〇〇、〇〇〇	一二〇、二二〇、〇〇〇

船舶　船舶之進步最著。除英國外。未有能匹其二十年間增加登簿噸數如左。

	蒸滊船	帆船	通計
一八七五年	一八〇、〇〇〇	九〇六、〇〇〇	一、〇八〇、〇〇〇
一八九五年	八八〇、〇〇〇	六二〇、〇〇〇	一、五〇〇、〇〇〇

雖僅增加四十哈亞息吳托。然積載噸數遙過之。統計七十五年爲百六十二万噸。九十五年。爲四百十四万噸。約增加百五十六哈亞息吳托。其積載力較之英國約有七分之一。較之米國約有三分之一。

貿易　算其價格。則七十五年以降。貿易不甚增進。緣商品價目尚低。故其表如左。

	輸入品價目 百万弗	輸出品價目 弗	通計 弗
一八七六年	五五〇	六四〇	一、五九〇
一八八六年	七四〇	七七〇	一、五一〇
一八九六年	一、一四〇	九四〇	二、〇八〇

此中五分一乃英國及其殖民地之貿易。次則爲墺大利及北美合衆國也。就貿易品之數量算之。則此二十年間。殆過三倍。此等輸出入數。據稅關所查。從德商船而知之者。約爲六成八分。較之七十六年之七成二分。德船舶外國航路發達甚著。然藉外國船之助者。尚居大半也。

鐵路　地球各國除美國外無如德國線路之長七十五年以後增加者約四成八分普魯西約一万哩至一万八千九十哩巴威倫二千二百四十哩至三千八百哩全國通計一万七千三百八十里至二万八千二百四十之增加自有此鐵路之便能使運費價廉產業發達較之英國運費一噸百哩三弗六十仙德國不過僅一弗五十仙美國更低廉不過僅七十二仙德國有鉄路費用總計二十五億五千万弗據九十四年至九十五年計算則一年純益平均一億二千七百万弗即該當總費用百分之五云云

中國綠茶貿易　譯西六月十四日東京日報

中國綠茶貿易在印度孟買及俄領屬中央亞細亞間尤盛實即為亞細亞製茶貿易市場爭利藪焉近來英國銳意經營惟查此地從前貿易乃印度商館代理者自阿富汗斯坦（地名）配沙烏路（市名）商館為英人所占俄商欲挫其氣百方策畫以甘言誘惑印度人欲共謀擴張製茶貿易事於是俄商置五商店于中央亞細亞更置分售處於中國蓋其意欲以多量綠茶輸入中國廉其價以壓英冀攘其利者也

歇茲開路氏人種說 譯西三月二十八日東京人類學會雜誌

日本橋本海關譯

自鳩耶路斯達路威痕氏人種原論出以來葛裘已易四十歲月不爲不多其間言自然淘汰言適者生存言生存競爭優勝劣敗生物上術語變爲社會上套語當今之時悉說進化論述系圖說可謂六蒲十菊也（菖蒲爲五月五日物、菊花爲九月九日物、共言六蒲十菊者謂時已晚也、）然退而考之反對（反其意者）學者嘲之以猿猴說彼曲士聞之必臆測曰猿猴既爲人祖則是人皆猿猴子孫謂人種乃猿猴所化亦進化論者之感人也於是人類學者相踵輩出倚利痕餓氏講之於前達路磨斯他茲託氏論之於後皆以猿爲人祖也邇來人種書出于歐美各國者不啻汗牛充棟其流傳日本者不過木路斯氏講演翻譯石川氏進化論箕作氏動物新論而已實則無一可觀頃者動物學校敎師賢路痕斯託歇茲開路氏寄贈自然創造史第九章於日本東京大學此書一千八百九十八年所刊行由近日智識大闡多所增訂至如人類系以圖編本㖞出撲亞氏猿人說以補正之即紹介其梗概於大方併欲略敘其人種說此說一基於德國達路倚痕氏之見世人信否姑不具論然苟有志此學者莫不窺之即目我爲遼東豕亦不敢與較也

由此進化主義。愈推論之。以斷定人類統系。案古今所說。皆有不同。然亦道其常而已。今求其比不一而足。如誇配路泥路苦斯氏破地球中心說。辣馬路苦氏排斥特別創造說是也。人類者生物耳。且又能動而有脊椎。胚胳具爲其爲萬物之最靈。學者所知也。距今百六十年前。瑞典博物家卞路布澳痕李痕內氏觀察人類體格。嘗分其類。然尚有一疑義。試問人類可屬乳類乎。抑與猿猴類並列。而特成一屬者乎。及李痕內氏出。排斥前說。呆茲鳰痕呆痕氏以人類學鼻祖著名實解剖家也。世人又稱搖哈痕布利獨利熈捕路咩痕拔哈氏。嘗以人類爲二手類。與猿猴四手類並列。蓋因兩足拇指不排列。猶於手指之故也。雖然此唯拘泥形態而言。非基於生理而言也。彼獨未察及黑人與大猩而已。詳論于後捕苦斯利氏。根據其精確詳密。比較解剖說。以斷之曰。以人比猿猴。恒見其無異。唯能審查其機關。乃知之也。蓋在解剖上。人類與大猩黑猩差異。猶大猩與下等猿猴亦差異。於是又以論理精確。合人類與猿猴爲靈長類。以同編列系統上。而靈長類有七種。第一亞痕託洛撲泥。第二卡他利尼。蓋謂舊大陸眞猿也。第三普拉鳰利尼。謂美洲眞猿也。第四亞路苦託皮鐵幾。第五列磨利尼。第六熈洛米尼。第七額列澳皮鐵基尼。蓋謂猿之近似者也。

比較解剖學者所言如出一口無分寸差異蓋事實也墺國人類家滑倚斯拔哈哈氏以研究學術周遊地球檢查諸人種体格精爲測定一一以會計法排列之曰人類似猿猴不止限一人種然其分量多少固所不免遍閲諸人種各体我輩雖歐人不能脱其類似也雖然現存猿猴固無一非人類先祖人類同祖動物此義不明久矣歐洲有發見猿猴化石者即以猿猴類化石比肉食類者跡類等其痕跡實靡得而詳矣第三紀又暨澳息痕米澳息痕時代歐洲發見猿猴化石近時學者尤聚訟不息蘭國博物家由哂賢痕捕亞以千八百九十四年至瓜哇國普利澳息痕熟慮焦思發掘地中獲原人遺骸其骨格不與猿猴遺骸相肖以是千八百九十五年學者在列倚笛痕萬國動物會議舘討論大起三人曰此即一大類人猿猴頭蓋及上膊也別又有三人曰此人類遺骨無疑也六人亦與諸專門家論此乃自猿猴將進入人類其中間動物也

中央亞細亞新桃源 譯西六月十日工業報

距今四年前瑞典人斯配痕歇磨痕氏單身深入中央亞細亞探撿諸地方以求科學利益後還斯託茲苦化路磨與博士那痕息痕氏齊名氏亦嘗探撿北極者也當斯配痕氏登程實一

千八百九十三年（明治二十六年光緒元年）十月。先經幾路基斯治他尸賢開痕獨及派米路高原北陲。過他斯開痕獨河沿岸出麥開玆託。又復出他幾亞馬卡痕沙漠地方。苦心焦慮。有所尋究。得觀往古都市埋沒沙中各事跡。又發見一大河流。及大小鹽湖共二十三。其利於地理學。誠非細故。氏所探撿地域。概皆荒蕪。野獸爭餌而奔跳。猙獰可畏。駱駝無牧主。群集嚙草。荒悽風景。使人戰慄。氏不恐怖。皷勇直進。或涉未經山河。或往無人境域。屢爲凶暴土民所剽奪。僅以身免。氏既還故鄉。語人曰。中央亞細亞諸沙漠土民。多皆無智矇昧。然以道撫之。不必戰而自服。至其土音。清語與俄語混調。不能遽審其爲何等血族。以其外貌考之。略如韃靼遺種。大抵居于俄國境界者同族也。至其婦人。概皆容姿艷麗。且頗有尊女卑男之風云。

日本發明養蠶器 譯西六月十日工藝報

日本橫田氏發明人工養蠶器。昨年埼玉縣兒玉郡人始用之。極精良。本年相州藤澤驛養蠶室。置五十臺。傳習生百二十餘人。皆師其法。近日法益盡善。吏民來觀者。絡繹不絕於途云。

工業觀察 譯四月二十五日工業報

第一工業位置　產業中較各工產物與農產物。爲三與五比例。則工產物雖未及農產物。然

兩者每歲加增其產額苟逆爲比例以觀之吾知農工更其位置而工業蓋亦不甚相遠也然趨勢如斯猶顧政治上社會上工業位置與經濟界工業進境多有以爲未足者請試分項說之

其一政治上工業位置　凡保障國家有外禦內養二道此二者能相待併進國家之福大矣然今之時勢急於禦外侮而不遑養內力重置軍備輕視產業亦無可如何也然振興軍備必賴產業充足始可得其運用之全功目前我國產業僅有航海及造船奬勵與輸出品之保護而已其他如商工局通信局及鐵道局分佈水產局實業教育局特置並二三領事館及商品陳列所與夫農商工高等會議開設處卒以經費不足未竟全功雖勸導與助長成績頗著然猶有憾焉嘗聞政治家某在稠衆中言曰西歐人來遊日本者散金最大決不可忽焉嗚呼某政治家眼孔太小僅如神戶一區耳則凡政治上工業位置其低不更可知乎

其二社會上工業位置　勞働最多者爲農夫職工次之試觀農業難入易熟而工業却易入難熟實相反者也然農夫或有減而有增職工則有增而無減且工業日益多即無職者日益少社界上原甚可悅然工業常極紛擾者何也蓋以理論之工業固非易入然人多不肯寄心

於農業。而欲爲職工。自雇主言。不知活用職工之道。故事事多要衆人。至職工無伎倆者迭增。則紛擾接踵而起。如同盟罷工職工誘拐卽是也。今則更輕視職工。等諸不齒。而工業位置盖亦可知矣。

其三經濟界工業　或謂銀行業盛之時。卽工藝業衰之候。此言誠合近今事情。盖金價益騰貴。則工業劵日見低下。確有此現象。而其實出于資財之缺乏。是時擁資財誰肯棄融金厚利。而顧此工業哉。金源閉塞。事業萎靡。實目下狀態也。矧工業比農商業尤覺可虞。如鐵道鑛山。水力電氣等。其利害未能豫睹。然非地域地質所得而限制。卽與農業稍異。而旱潦風雨皆所宜避。由是觀之。其危險不更甚於農業乎。近歲經濟社會。有憂外國貿易逆勢者。苟欲防輸入之勝。已不必爲抑制購買計。宜俟他日振興工業以補之可也。且欲開融金之源。亦視乎工業。然則工業之在經濟界。尤不可不最重。而以今日情勢觀之。要皆重農重金者也。則工業之於經濟可知也。

上諭恭錄

上諭翰林院侍讀學士徐致靖奏保舉通達時務人材一摺工部主事康有爲刑部主事張元濟着於本月二十八日預備召見湖南鹽法長寶道黃遵憲江蘇候補知府譚嗣同着該督撫送部引見廣東舉人梁啓超着總理各國事務衙門着査具奏欽此

五月初五日奉　上諭我朝承宋明舊制以四書文取士康熙年間曾經停止八股改試策論未久旋復舊制一時文運昌明儒生稽古窮經類能推究本原發明義理制科所得實不乏通經致用之才乃近來風氣日漓文體日敝所試時藝大都循題敷衍于經義罕有發明而譾陋空疏者每獲濫竽充選若不因時通變何以見實學而拔眞才著自下科爲始鄉會試及生童歲科各試向用四書文者一律改試策論其如何分場命題考試之方詳細章程該部即妥議具奏此次特降諭旨實因時文積弊太深不得不隨時改變以破拘墟之習至士人爲學自當以四子六經爲根柢策論與制義殊流同源仍不外通經史以達時務總期體用兼備人皆勉爲通儒毋得競逞博涉徒蹈空言致負朝廷破格求才至意欽此

五月十二日　上諭御史宋伯魯奏請將經濟歲舉歸併一科各省生童歲科試迅即改爲策

諭一摺前因八股時文積弊太深特諭令改試策論用覘實學惟是揆諸大典以鄉會兩試爲綱鄉會試既改策論經濟歲舉亦不外此自應併爲一科考試以免紛歧至生童歲科試著各省學政奉到此次諭旨即行一併改爲策論毋庸候至下屆更改將此通諭知之欽此

上諭茲當整飭庶務之際部院各衙門承辦事件首戒因循前因京師大學堂爲各行省之倡特降諭旨令軍機大臣總理各國事務王大臣會同議奏即著迅速覆奏毋再遲延其各部院衙門於奉旨交議事件務當督飭司員尅期議覆倘再仍前玩愒並不依限覆奏定即從嚴懲處不貸欽此

上諭自古致治之道必以開物成務爲先近來各國通商工藝繁興風氣日闢中國地大物博聰明才力不難傑出秖以囿于舊習未能自出新奇振興庶務富强至計首在鼓勵人才各省士民若有新書及以新法製成新器果係足資民用者允宜獎賞以爲之勸或量其材能授以實職或錫之章服表以殊榮所製之器頒給執照酌定年限准其專利售賣有能獨力創建學堂開闢地利興造槍砲各廠有裨于興國民之計者並著照軍功之例給予特賞以昭鼓勵其如何詳定章程之處著總理各國事務衙門即行妥議具奏欽此

性質亦不爲無關係此作用也。投飯櫃飯粒于庭前。則可成堆。試紛散同量米粉于四方。則爲堆不高。又抛同量樹膠球。則散亂四方。不聚一所是飯與粉樹膠球由其固有性質然也若球落于泥土之上。則可在一所。紛落于流水之上。流而散於四方

以是考之。土地性質。若地與水相背。亦關係此理可知也。種蠶豆于津輕（地名在北方）不易成長。雖有成長。不結良實。然種馬鈴薯。則繁殖可驚林檎（苹實也）不產遠州（遠州地名在東海）茶與密柑最多成熟。是由植物固有性質。與土地性質而然也。狼住山中猛悪可怖。狗住里中。馴狎可親鴨生野者。羽强難捕。鶩畜家者。飛不上塀。蟾蜍與華臍魚。雖同其先祖。一則棲陸。一則棲水。其差如此亦禽獸之固有性質然也。此理亦可應用人間社會。如戰國之時長於武術者踵出。至太平之世秀於文藝者並生亦可推其理矣。今分人間社會所生現象與人間固有性質所生現象爲二種。又分此二種爲二一曰天然。二曰人工。臚列于後。

一　人間世境遇所生現象。

天然原因所生者。

氣候寒暑乾濕。

土地肥瘠。
山川多少。
植物多少及種類多少。
人工原因所生者。
疏水與開墾變更氣候及地質。
加增動物數及變更其性質。
二　人間固有性質所生現象。
天然原因所生者。
人成特別体格於天由之進化社會。
人受特別情感於天由之活動社會。
人稟特別智力於天由之爲社會利害得失。
人工原因所生。
社會人口增減。
分業法。
社會全体一人之關係。
一　獨社會與諸社會之關係。
學術言語機械等。

論可否有出會議士五分以上請求者得可記載日記簿。

合衆國國會會議中元老院並代議院未經他人允諾不得三日以上休會又兩院所定之會議地不得遷他處。

第六節　元老院議員及代議士須受俸給其俸給大藏省以法律定之以報其職任之勞也。議士非犯反逆重罪凡雖有微咎不得在議院及赴議院途上而逮捕之又在議院中所演說大本不得出在院外駁詰之。

元老院議員及代議士在其職之間不得任合衆國政府所設置文官且又不得叙任高俸文官又不問官高卑凡在合衆國政府下奉官職者其奉職間不得爲元老院若代議士院議員。

第七節　合衆國政府徵募歲入議案一雖代議士院草之元老院可得可否而修正之。

代議士院及元老院所議定議案先呈大統領問其意大統領許可之則直調印以爲法律大統領以爲不可即書其意而再還付議院議院記載其大統領之大意於日記簿再議之若再議猶如前日衆議士可之即合其議案與大統領大意書再遞送之於他議院他議院因又開會議其院議士三分二以上可之則其議案直法律効力凡再議之日兩院共以可及否二字

決其議。不可涉細議。而可其議案者。並否之者。共可記載其姓名而以永存于各議院內。議院再又將其議案呈於大統領。後十日內。大統領不返還其議案。宜以大統領已贊成其案之意而視之。其議案即忽爲法律。然國會有事。而大統領不返還其案則非此限也。

凡要元老院代議士院同意之命令書。或投票實行。宜先告於大統領。得其准許而行之。若大統領不可之。元老院若代議士院。更宜求其議士三分二以上贊成而行之。

第八節　合衆國國會。有可議左件之權

賦課徵收租稅。輸出入稅。物產稅。消還公債。計畫合衆國総体防禦及全般幸福。

以合衆國信任。募集公債。

管理合衆國與諸外國貿易。及州與州貿易。並印度人種與合衆國人民貿易

設置外國人歸化入籍法。並倒產律

鑄造合衆國通用貨幣。定其價格。定外國貨幣通用于合衆國者品價。及度量衡本位。

設贋造合衆國公債證書。及流通貨幣者。罰則。

設置郵便局及驛遞道路。

法國議院選擧法

法科學士若林信夫君譯
支那番禺韓曇首譯

貴族院議員選擧制 千八百七十五年八月二日公布

第一條

貴族院議員選擧。宜在六月前公布。即以共和大統領勅令而定之。其時市村亦可定選擧代理人選擧期日。其選擧代理人選任。與議員選擧。其間要在一月期間。

第二條

選擧代理人。各市村會選任之。其選擧之也。不開會議。專以秘密投票而行之。投票謂用小票紙記載其所選人名、以投寄也。以過半數決定。第二次以後投票。則取多數而可矣。而投票同其選數。即以其被選擧權屬年長者。若市村長之職。不兼市村會議員。止占選擧會議長席。不得加投票人。選擧代理人。拒絕就職。又有故不就職。則亦宜同日選任替代理人。且一以合式而行之。市村會議員選任。止爲市村會議員。不得屬衆議院議員。縣會議員及郡會議員。

第三條

市村會議員選任。毫無區別。於其間。屬市村全選擧人。而市村會議員亦包在其中

凡在市村委員所存市村。則選舉代理人及代代理人。前市村會任之。

第四條

選舉代理人。或選舉期日不涖其席。則市村長宜期以二十四點鐘時間。通知當選者。其當選者就任允諾。宜以五日內稟告於知事員。若不肯就任。或辭退與沈默。即使代代理人代之。而以之爲選舉代理人。可登錄名簿

第五條

凡關選舉代理人及代代理人選任之明細書。宜直送付之於知事員。明細之書。必須記載選舉代理人或代代理人諾就任否。雖一人及多人。凡市村會議員。或有異議。亦俱可記載明細書中。

第六條

選舉代理人及代代理人選任終局一覽表。知事員。宜以八日內編成。許請求者縱覽。且得謄寫公示。

各選舉人。經由市村廳。就縣廳各課。縣廳內各分事員。得謄寫各市村會議員名簿。

第一　由帝國聯邦議院所議決。特要在一地方起公益之業

第二　帝國或聯邦或公立團体對一起業。保證無條件及無期限而收利時有一定

第三　公司會社有規約不可變更者。臨讓交其公司金。必豫定其公司司信諸時

又公司解散要使總公司主。于預其醵出金額外。猶財產法上割分予之。然雖有社會債。不得使公司主關係至無限。故合成資本金。究出資分額性質。則公司主出資義務。限於票面額者也。若欲使公司主猶使帶分外會社負擔。是本於從來習慣之法者。非德國公司法也。公司事業。設令雖非商事。皆以商事會社目之。其規定得適用商人。其營業雖在營商業。唯不得爲小商人而已

自第三至第五　公司成立

第三　唱首人　會社規約條目　唱首人報告書

凡欲設立公司。不可無唱首人。法律上定唱首人資格者。實千八百八十四年法律也。據此法律。雖寡五名人員結合。各持一公司。經裁判所或公證人手。確定其會社規約條目。然則此等之人。法律上爲唱首人也。其他不問何人出資者。亦唱首人也。而可記載條目事項有七。若欠

其一公司無効力。又不能受公司成立必要登記。又雖登記之後。未能爲公司會社也。公司會社宗旨實基於此定其會社規約。其宗旨事項如左。

一　適合興業大意商號。

二　興業大意

三　原資本金額。並公司票券面額

四　公司類稱。記名或無記名　各類公司數

五　主幹設定方法

六　總會招集方式

七　會社廣告方式據法律或規定、要廣告于公刊物、公刊物則德国官報、必要適切者也

會社規約。對會社。以付法力者也。其規約如左

一　管業期限　二　用股票面額。發行股份

三　變更公司種類　四　股份利益及財物均分。皆保證其特別之權利

五　總會者或爲事勢所迫不得以過半數爲決議

路透專電

美國陸軍兵約二千五百人以西六月三十日達于飛非律賓島七月一日登卡母倚鐵近傍陸。西七月九日 朝鮮閔泳駿朴定陽圖廢立事覺下獄其黨數顯官皆遁匿。西七月十日 朝鮮前警務使金在鳳聯隊長金在允李中家三人昨日被逮安駉壽逃之大隊長李學均等逃者亦多出謀顛覆政府改革庶政云。西七月十一日 美國大統領馬玆幾痕列氏蓋印布哇合併決議案直派遣軍艦一艘向布哇島盖軍艦往而樹美國國旗于其島也。西七月九日 贖痕鐵倚亞餓休戰期已畢然猶未開砲火美西兩軍共在華盛頓馬德里間議和。西七月十日 西班牙艦隊在幾由拔島贖痕鐵倚亞灣息路母賢辣氏帥之禮拜日突出港外將向西遁走美將贖磨普嫂痕率美國艦隊追之西國艦隊拒戰美艦砲彈雨注西軍知不可敵各近其海岸自放火于艦中而去西兵戰死溺死者三百五十人被傷者百六十人被執者千六百人西將息路母賢剌氏亦爲美兵所擒美兵死傷僅三人於是美國陸軍司令官尸耶布多氏勸西將在贖痕鐵倚亞餓者降曰苟猶不降砲擊市街贖磨普嫂痕將軍因得始入港内。西六月六日 卡厤辣提督部下艦隊中大形者入于蘇士運河水雷艇則引而還西班牙。西七月九日 美國陸兵凡二千五百人去六月三十日。

達于弗非律賓島。七月一日。進至卡毋倚鐵近傍。西七月九日 日帝訪俄國基利路親王于濱離宮。親贈遺菊花大綬勳章。西七月九日 日本林松田兩大臣。七月九日。訪板垣內務大臣於內務省。鈴木次官亦參預密議。蓋關北海道廳長官警視總監東京府知事縣治局長等候補撰擇也。西七月十日 日政府改正條約。以明年七月行之。外務省因通牒于日本駐紮各國公使。各國公使即通牒其旨于本國云。西七月十日 德政府雖勸各商會人等。敷設鐵道于山東省。可以採掘礦山。然事尚未確。西六月二十五日 美國政府得報。曰美軍於西班牙豫備艦隊發卞而斯者。再還其本國西班牙港云。西六月二十二日 美將軍尸耶布多師美國遠征隊。至于幾由拔島。贖痕鴅亞岳海。以西班牙兵屯海岸十五里間。不得遽行登陸云。西六月廿二日 俄皇從弟烏辣而米路親王。將以西七月五日前後來日本東京。西六月廿六日 吳淞停車塲告成。建築制度。酷似上海。可見電信線沿鐵道而走。載于鴅耶威那額席茲託新聞中者可按云。西六月廿二日 蘆漢鐵道工事。頗極遲緩。即自北京以達保定府。尚要一歲方成云。西六月廿二日 中國沙市暴民凶亂。動欲再發。清政府謂巡捕不嚴所致。請於日本傭聘警察官一人。即日本警視廳決議。免東京府下谷警察署長岩田隆志職。使應清政府傭聘。以本月中上途。俸每月百五十元。爲巡捕顧問。革易警務也。五月二十九日

西七月十二日朝。香港電報至于陸軍部內曰。西班牙乞和於美國。將有不日締約之勢（西七月十二日）沙市暴民。嘗燒日本領事舘。日政府與清政府議。其條件大要如左。一中國政府須布告戒飭官民。二須嚴罰中國官吏處置暴徒失宜者。三須賠償損害金一萬兩。幷支沙市居留地堤防費五万兩。四須減輕沙市居留地地價。以道路爲無稅。允許中國人將雜居之新築屋。充日本領事舘。不取其租。五須開岳州贖痕哈倚灣。定專有居留地制。直付與日本六。福州居留地。即測其地狀況。更可協議以定之。（西七月九日）日本東海道官設鐵道火車發着點時。以西八月一日變更之。緣有關於大阪商船會社。輪船接續。且以遞信大臣。召商船會社使竹內貨物課長東上。（西七月十二日）江西暴民起勢甚猖獗。保定府兵爲亂。燒法國教會堂。（西七月九日上午九點三十分）朝鮮李鐘健。任警務使。發吏悉捕隱謀連累者。（西七月九日下午）朝鮮閔泳喜除度支部大臣。沈相薰任軍部大臣。新警務使李鐘健。忽免職。尹勇烈代之。朝鮮隱謀者。皆國中有名之人。强半屬事大黨。餘則民間志士。勢極大。（西七月十日）度支部協辦李寅裕。任法部協辦。（西七月十一日下午）俄國基利路親王。今日正午開午餐會。俄國公使及公使舘一等二等

兩書記官。尼誇拉倚司敎。阪本万里小路兩接伴官等陪之。下午三點五十三分。發新橋驛還艦。今日上午十點。西鄉海軍桂陸軍二大臣以下。會于大隈総理大臣邸。議政府豫算方畧。及議員選擧并官吏任免事。均西七月十三日 中國江西省擾亂。叛徒取撲寧天保二市。又叛徒起廣西省。圍梧州。多殺釐金税官吏。勢甚急。富家多避徙他方。西七月十三日 西班牙軍不肯以無條約而降。美因九日再戰于瀆痕鐵倚亞岳。 美西講和之説漸起。然玖巴總督捕辣痕誇氏以部下兵卒不肯降服。頗爲所困。此部下兵未嘗取敗。是以意氣尙壯。羅馬法王説西班牙政府。將使十日休戰。西七月十二日 朝鮮李載純再任宮內大臣。朝鮮國帝廢立隱謀事覺。被逮者已五十八人。須開高等裁判所云。 朝鮮政府兌換日本一圓銀貨。猶多遺漏。蓋約一百萬圓。朝鮮政府於朝鮮法貨未備以上。即併合極印一圓銀而通用之。西七月十二日 德國新造水雷艇八艘。有排水量各一百五十五噸。速力二十五馬。石炭三十噸。西七月十一日 卡磨辣提督西班牙艦隊甲鐵艦二艘。巡洋艦二艘。水雷艇三艘。別有運貨輪五艘。塔載陸兵四千。至埃及撲託瀆威。獨埃及政府禁售積石炭於艦隊。艦隊碇泊埃及撲託瀆威。獨待西政府訓令至。 美國政府派遣艦隊。隷屬尸由列威提督。砲擊西班牙諸港。追擊卡磨辣提督艦隊。西國防禦不惰。六月廿九日

本館總理撰述繙譯名列

總理新會簡敬可石薌

撰述番禺韓曇首雲臺　南海康同文介甫

番禺韓文舉樹園　順德吳天民介石

東西文繙譯　日本角谷大三郎　日本橋本海關　日本大橋鐵太郎　發行人英葉棟

本報布告　邇來中國時事日亟不諳公法致召外侮日本大律師角谷先生有志東方時局爲本館專譯法律以餉海內同人又于每冊附印萬國英傑小像中西地圖及新譯要書數種冀以廣開見而快閱者之目焉

校勘記　第二冊一頁四行朱當在九字上十行鉼誤鉼四頁廿三行託誤記九頁一行德誤法

本館向設日本神戶內海岸今已妥遷日本神戶下山手通二丁目三十一番地中外各處通商埠頭均可函寄本館或浼分局亦可代寄中外各處願爲本館派報者名作分局酬謝報費二成之數若代售本局所譯印各種東西圖書酬以書價一成五分兌滙諸費一切在內餘無另索或徑致本館購買書報亦可惟書價郵費請先給足

一收到各地閱報購書之費均有發回本館所印收單爲據

一閱全年報價四圓零售每本一角半閏月照加實價不折議價金遠近一律惟郵價別訂之本報遠近郵價開列于後

上海天津芝罘蘇州杭州每本報加郵價一仙　北京牛莊廣東省城廣州府城外河南香港澳門寧波漢口廈門汕頭橫濱長崎大阪每本報加郵價二仙　鎭江安徽蕪湖安慶常熟常州溫州台州紹興山西西江九江湖北武昌湖南長沙福建福州廣西梧州佛山官山順德大良陳村新會新寧三水城西南海口北海海防每本報加郵價三仙　安南西貢提岸仰江會安南定新州河內台灣台北淡水海參灣朝鮮每本加郵價四仙　星架坡石叨庇能

泗里末·北般鳥·務路·棉砂·老越·實武牙·司馬登·略厘·巨港·吧咚·加剌巴·三寶壟·加剌吉打·吉隆·泗水·孟加錫·孟米·爈花
羅·井里汶·雪梨·谷當·預里畔·舍路·宿務·怡朗·奔角·山打根·舊金山·正埠·鳥約·檀香山·小呂宋·每本報加郵價五仙 外
洋一仙·値中國銅錢十文·祈各分局 先生·按地名遠近·除收報價外·每本照加郵價可也·
一首二三冊告白原議·廣東省城·河南·香港·澳門·寧波·漢口·廈門·汕頭·每本報收郵費一仙·今郵局重定新章·每本報改
收二仙·蘇州原議每本報收郵費三仙今改收一仙本報自第四冊以後郵費照此爲据特此佈聞

本書局繙譯書目列後　清日戰爭實記　近世物理學新編　中法海戰記　中國商業全書
英國社會古今義　萬國近世外交史　萬國新史提要　俄國產業新書　歐洲列國新史
日本龍馬俠士傳　五大洲人類種族攷　地球文明開化史　日耳曼新史　普通小學答問叢書十六種
萬國維新政治學　萬國議院章程　萬國選舉公理　日本維新三傑傳　日本歲計政要
萬國交涉新公法　英國工業新書　海戰萬國公法　亞歷山大王戰紀　歐美富國新策
俄國近時大事記　萬國憲法　平權自由新義　法國新歷史　歐美强國新政治學博議
右書陸續刋印分發各派報處寄售謹啓。

己刻局書價列
南海先生四上書記一卷價二角（大同書局刻本）　五上書記卷一　價一角
孔子改制攷十卷　價二元　新學僞經攷六卷　價二元（廣州萬木草堂刻本）
日本四十七俠士傳二卷價四角（東亞書局刻本）開闢美洲閣龍英航海家獨幾列合傳一卷價二角
右書欲閱者請到各分局購取或付書本館皆可照寄

中國代派報處列 各國分局下期續刊

○北京 琉璃廠廠甸總報局 天津 閘口風神廟間壁西學官書局 針市街恆豐盛 羅恆益 森興行 裕和興
○山東 燕台潮洲會館黃幼達明府 福記 聚盛行 裕豐和 榮豐行 順泰
元發庄 牛庄 東盛和 全泰盛信館 潮興行 元隆庄○江蘇 上海大馬路泥城橋大同書局
知新報分館 二擺渡同和里廣永亨 廣盛泰 全泰盛 普安公司分局 金利源馬頭啓昌 棋盤街安和祥
同吉泰 源盛昇 振源行 蘇洲 閶門中市廣芝林 護龍街馬醫科巷口墨林堂 鎮江 德記
閘口鹽店巷吳調芬先生 廣盛隆○安徽 蕪湖代售申報處吳桂林先生 蕪湖電報局 三益 源記行
廣恆豐 常熟 醉尉街內關張第 江寧 南京孝順里陳安圃先生 常洲 龍城書院內李澤之先生 安慶電報局
○浙江 省城豐禾巷前杭嘉湖道朱公館 寧波諸衙街餘代織局嚴惠芳先生 同福和 啓興行 溫洲 瑞記洋行
台州 黃巖縣和豐泰 紹興 水澄橋墨潤堂○江西 洗馬池街李愼堂藥店 源泰裕 九江 永生○湖北 武昌省府街口鴻寶齋
漢口 億茂祥 廣興源 普源長 榮茂行 全昌正 永安和○湖南長沙 省城時務學堂
○山西 由上海時務報館代寄輝伯思先生 ○福建 福洲南台閩海關利房代售各報處楊實春先生
福建福州 滙豐銀行分局馮睛浦先生 太平洋行 渣打辦房容建邦先生 新福成 天保洋行 美記行
厦門 和鳳宮邊新允昌鴻記 捷記 瑞記洋行 德記行 建源行 福聯昌
汕頭同泰行 中和行 榮發行 光泰行 源盛行 元隆行○香港 上環昭信
東 裕 普安公司總理燕梳各先生 萬安公司總理燕梳各先生 濟安公司總理燕梳各先生 南北行街口永同福
廣南隆 鹹安 信亨 公和 廣萬和 公源 俊昌榮 均興隆
厚豐 恒記 萬祥源 源發 聚棧 建發 同利福記 中環廣恒泰
廣豐隆 廣永生 樹記 松秀東街福記 威靈頓街聚珍樓 文武直街文裕堂○廣西 仁興
梧洲九坊廣昌盛○澳門 大井頭知新報館 海傍街某裕盛 顯鎮坊口瑞成○廣東 省城雙門底時務書局 知新書局 城隍廟前廣泰和
大佛寺前恆善堂 大新街廣德生 興隆南約泰盛 下九甫昌和 漿欄街仁裕堂 打銅街生源和
安瀾街榮盛 杉木欄祥記 萬泰來 第八甫義經 靖海門鴻安客棧 杉木欄晉和 迴瀾橋廣興源
祥發源 全昌正 河南白鶴州恆裕茶行 佛山 椰樹街百元堂 公正市美彰
富文里昌棧 汾流街興隆 官山 茂昌 順德 大良六合 陳村 舊墟育記 源來 新會 九如
江門 舊椰街安盛 沙仔尾廣裕豐 會城兄弟聯魁第道 新寧 荻海榮來街恆泰 三水 城犒房杜伯俞先生 西南 瑞益
海口 源發利 信記行 興記 和美行 北海 永昌隆 永隆 裕豐
聯益 祥隆行 海防 致忠和 廣新源 茂發行 廣裕隆

東亞報

第五冊

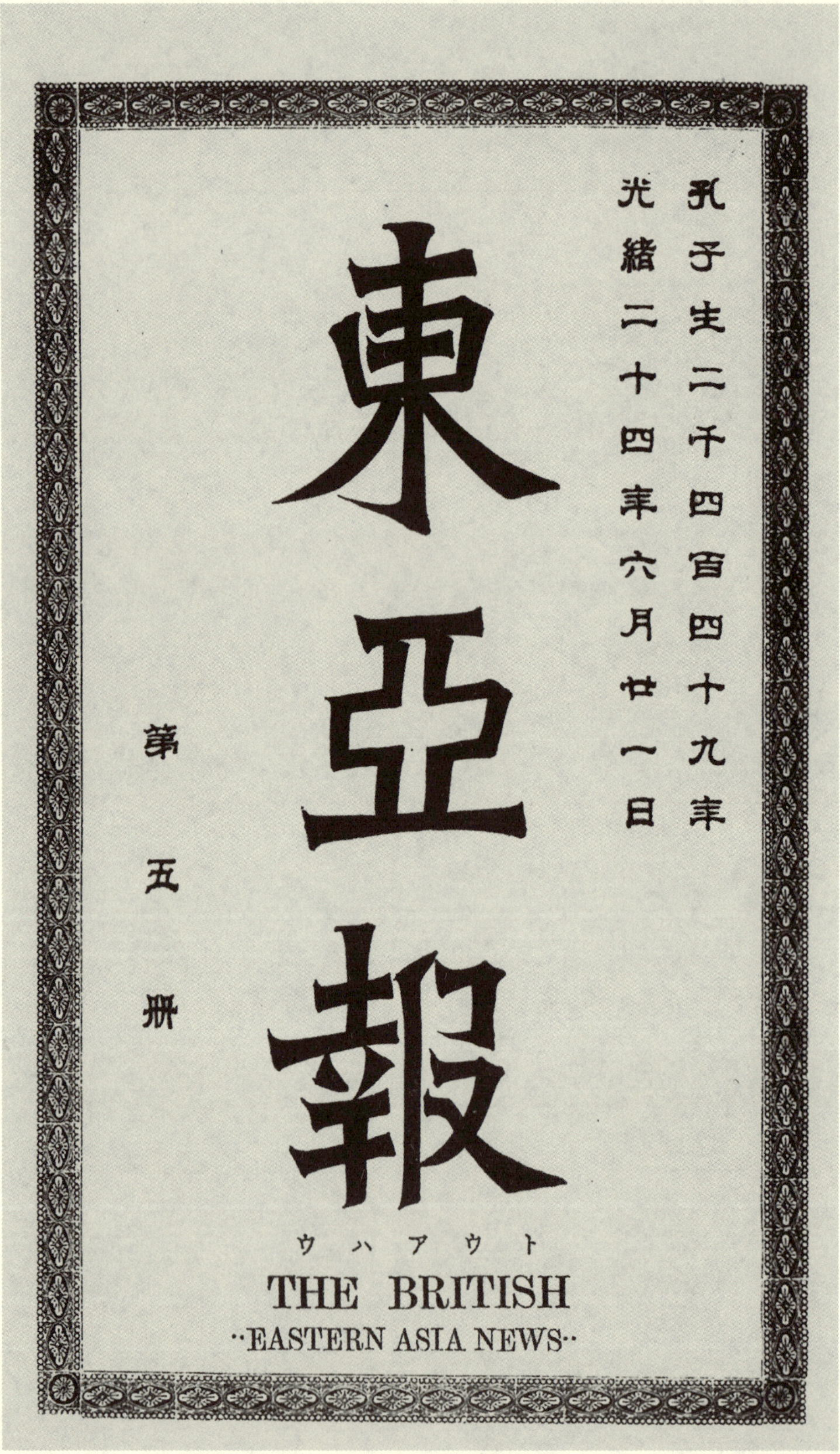

孔子生二千四百四十九年

光緒二十四年六月廿一日

東亞報

第五冊

ウハアウト

THE BRITISH

··EASTERN ASIA NEWS··

東亞報目錄第五 本館在日本神戸下山手通二丁目三十一番

日本皇帝像

論說

宰割中國議上

嗚呼薾然厖碩之支那帝國自甲午一役其尫弱之實相腐敗之隱情儼如魑魅魍魎經日中
天天惟醜媚畢暴露於宇內而不能自飾雖五尺之童樵薪之夫亦知其終將不可恃也故歐
洲列強羣逐逐焉覬意于遠東遂亟爾日宰割中國之勢焉嗟乎三百年前亞米利加旋已開
闢矣二百年後濠大利亞旋已經略矣近十餘年亞非利加又復剖割始盡矣南北氷洋之索
東西印度之拓日復一日地運自西而東此時爲然使我歐洲守不出閭例澀然如三月婦不
進與他人相角逐是違時也今我歐洲若俄若法若英若德若奧若意諸強宜協心同力奮智
共謀宰割中土以破碎其腐壞之帝國以銻遏其黃種之人民夷爲我白種人永久之殖民地
豈不快歟若後時而不取彼一旦蠕然覺悟孛焉中強必貽我他日患也又曰今中國四萬萬
蚩蚩無教頑愚之衆憤忌我白種之相迫痛託我西教之相侵亦已久矣或殘虐教士或侵燬
會堂或撓害通商之利權或背犯訂定之條約種種誘然自大傲然自恣不調外情不諳時務
頑冥之風習蔽錮之性情我歐人尚恬然隱忍寬待悠悠以迄于今今我復含詬包荒如昔適

長其士夫之驕泰、草野之頑錮而已。我僑居此土之民。不堪其屠毒也。于事何裨哉。今我須以猛力搏擊。以伸我勢權。以保我名望。不少寬貸。豈可如前之厚恕以自貽伊阻者耶。此皆西曆一千八百九十四年俄之諸烏啞司暨報論中日平壤及鴨綠江之戰之說也。（平壤及鴨綠江之戰我軍敗績）（即甲午年也議論森森迫人聽者戰慄我黃種之民能無悚惧）又同年德國伯林京城尼由烏愛尸鐵那希利滕亦著論曰。（即德相卑尸麥克之機謀）今中國當潰敗之餘。各國競申其封豕長蛇之欲。張其鷹搏虎噬之謀。以加威于中國。為德國者豈可閉戶自守。默然不出。而與列強爭干涉之勢哉。況居今歐洲列強攘美利收大慾于中國者。則英為最。我德其次也。如中國一經宰割。而我不與聞。而俄而英而法咸欲均其利益。勢不至卒于互相競爭不止。俄德此時則雖欲蹴三國之後塵。啜三國之餘膩。豈可得哉。我大德帝國之聲名。不委焉墜地乎。今為德國計。亟須上下同力。銳意憤心。以與各國干預宰割中國之權。是誠我德當近之急務。行政之要圖也。又曰。為德國者必須以地球上之帝國自負。不然。今日雖列為第一等國。他日將降為第二等。其若諸強何。今當風雲遷變。龍蛇起伏之時。我德當奮袂而興。乘運進取。以保持現存之形勢。以擴張異代之遠圖。必能如願以相贈也。如其否也。我德豈能俔俔偭偭。默聽歐洲列強擅行掠取亞東大陸。而甘為牛後哉。既而一

千八百九十五年。（即光緒乙未年也）中日之戰已定。馬關之約垂成。歐洲列强。楚子問鼎之謀。秦皇括囊之志。紛紛接踵于東方矣。況當中國西南諸方鬧教之案。蠭起四出。遂使師曲于在楚。益長責言于西鄰。而英法德米挾其兵威。厲其長舌。要求腐敗之政府。政府束手畏威。莫可如何。爲之宣諭。加其保護之勢。爲之改約。長其法權之勢。爲之賠償。爲之撫卹。兇徒爲之誅戮。彊吏爲之斥黜（四川之教案革四川總督劉秉璋今山東之教案復革山東巡撫李秉衡進退之權己落他人手矣嗟乎）而後始漸漸斂威而退。然其中若英國要約政府。尤無上上之權利。使英艦隊得行駛長江上下。以示其威稜。而德國亦爭效西子之顰。趨尼父之步。而廣東汕頭港。如英國例。得肆其艦隊出入無禁。而腐敗政府。慑其威重。屈首就盟。儼如予取予携。不汝瑕疵。有求必應焉。由斯益啓外人覬覦之熱心。日恣悍夫攫奪之猛志。於是德國諸報及商會公司。咸哆焉看破中國政府衰老羸弱。無復申其抗拒外壓之力。以爲雖稚夫孱子。可狎而侮之。故德國畧中國之雄心。愈熾。日煽動政府。以張其進取剝割之謀。現德國協會修書于該國相臣蝦烏愷吳羅烏愛君。其書中約旨言當乘時領据中國海港。以擴張我殖民地。毋落他人後也。其領据之地。當以浙江之舟山諸島爲最。（先是西一千八百四十七年中英條約內載舟山諸島後來除英國外不得讓與他國云）然前協會建議之意。祇亟亟圖德國張拓一己之私利而已。而毫

不顧列强之嫉妬而議其後也彼復有言上海之地若非爲德國領据則德在東方亞細亞之商務能希望其振興于來日哉雖然德國諸東方協會其進取中國之志不可謂不炎炎如火矣然靜言審之事豈易爲力哉況中國政府已强顔卑言表過謝罪屈馴列强之請矣于是德國之謀遂怏怏不得已而强中止焉然其熱心仍燄燄不熄也（即西一千八百九十五年）比及來年（即光諸丙甲年也）德國諸報暨東方貿易商會再申宿議極昌言痛論肆無諱忌若謂一旦宰割中國機會已來我德應爲領据之地當在黃河長江之間自黃河以北區爲俄界自長江以南區爲英界乃未幾中國政府復畀俄以東清鐵路中俄銀行及滿州築路採鑛行輪修電種種特權而朝鮮與俄之訂立合同條約國内之財政兵權悉歸俄人掌握而俄國在極東之氣燄蒸蒸增長益援德人之口實矣于是德人遂振振猖論咸醉目俄之經畧東方其政策如是之迅速心手如是之敏捷我德來軌之鑑也德爲此際尚徘徊觀望躊躇不進乎如我因循姑待則將舉中國四百餘州之山河四百餘兆之民庶悉委擲于俄人之指揮頤使吾復爲其排斥吾恐德國至此雖欲求一立錐之地其可得耶然方斯時俄新皇之親臣烏富施摩尸戲伊氏奉承密詔使赴中國遂結合中俄交誼鞏固不解弄北京君臣于撫掌之上令俄之威力漸于中國彼時俄

之將軍。曲埋羅夫氏。侈然狂論。俄之得長威力于東方。宣布中外。謂若中國。若海老。若突厥。蘇丹。若西藏。若印度。舉東方諸國。皆上帝尊意。畀授我皇領轄。東方諸土。將必歸我俄管受。歐洲列强。尙復不畏天命。妄奮螳臂。而與我力爭乎。審羅夫氏之說。足窺俄人尊强自大之姿態。益激盪德人領割中國之雄心。我德國姑不究上帝之屬意于俄如何。但我德瞻視俄在中國勢力。宛然旭日之東上。橫流之西決。無可遮蔽而過抵之。矧其蠶食力之勇捷。非令德人所懼畏而羨望不置乎。我德不欲辟土地蕆中國則已耳。不然。我德之欲乘運而攫奪中國港島。豈得已哉。然已非一朝一夕之故矣。舟山厦門膠州。昔德政治家垂涎久矣。然舟山已有中英之約。厦門已成互市之場。豈容德人插足乎。則德之所側目者。膠州也。第膠與旅順。中國政府已貸俄艦避冬寄泊矣。若兩港未專割于俄。英則可援千八百五十八年（咸豐戊午八年也）之約第五欵。辟論中國何處港灣。均能隨時自由進出。及一切採索薪水糧食。修繕船艦。推而視之。旅膠雖貸于俄。英豈不同霑利益乎。則亦不容疑患矣。夫德俄經畫中國秘策如是。英則如之何。一宜鑑觀往事得喪。綢繆事前。以保固有之權。一宜漠處靜窺。如猫捕鼠。以圖後日之利。苟善于東方外交之治政家。知今英之經畫中國情形。與昔年在亞非利加西海殖民地何以異乎。觀于一

千八百九十年某月鐵哈無熙鴉伊君之說足爲今日審其經畫中國類似之左劵矣

開闢美洲閣龍航海家獨列幾合傳敘

昔夏禹疏鴻水導鼠穴而亞洲君主之局萌張騫汎星海通絕域而西南蠻夷之彊埊上下五千祀横睇廿四朝凡職方之所紀青史之所錄伊古以來闢土植民僉以二人爲稱首厥功偉哉洵後世航海家之先河歟閣龍獨列幾二子生當中國明季正德萬曆間志淩環球氣吞海若後先蔚起駕機尋源可謂美具難并矣當夫泛槎千尋懸帆万里赤虹亘漢鋏颶推山浪怒烏斯蛟噩馬嶋榜人失色舟子盪魄而廼越阻弗驚中流容與狎銀濤于西國爭綫路于南洋果使沸瀾息湃劫燼騰灰烏約穩航龍動紀績（英倫敦日本譯作龍動）或開闢美洲肇共和之政治或擴張英版建立憲之基礎揆諸三代兩漢儼然來者在上焉區區禹功何足算哉何足算哉誘哉司馬長卿之言曰世有非常之人然後有非常之事有非常之事然後有非常之功二子非世所謂賢豪間者邪嗚呼我震旦國里日蹙淺恩覆巢他族實滋遑論拓土顧視伊英諸傑能弗赧乎彼守舊之黨捫盤之瞽坐盌井而瞰星辰穿芥舟而譚瀛海亦當恩豁爾醒瞿然起矣時

敘于 孔子生二千四百四十九年也

宗教

周濂溪張橫渠二子哲學論 譯西七月十日哲學報

日本 大橋鐵太郎譯

哲學者謂觀於形而起其意識也。尸搖配痕哈烏賢路氏曰。觀人生之所爲與地球之所生而不詳其出。心大不安也。凡眼之所觀。万象森羅。日日觀之。不覺自動其智識。此即人之情巳然。則哲學非一人所私有。不以古今別也。泰西自昔有捕拉託痕。亞利託鐵斯氏。近世又有卡痕託歇呆路哈路託馬痕等諸氏。東太平洋亦在昔有老莊諸子。近世有周程張朱陸王諸儒。印度(日本哲學暫置而不論)然今日言哲學者。專潛心於泰西學。予未見其當也。至中國近代哲學。論其本体說心說性。頗極深奧。與泰西卞痕氏以後近代哲學較比。未甞稍遜。夫東西兩洋哲學各自立起源爲自立發達。然究其歸。則所見若合符節。可知兩國形面學同其源並同其流。故亦同其歸也。中國古來哲學者推老子爲最。至近代則推濂溪爲最。二子各以其時新創哲學。然則如周子者。在中國哲學決不可無之。其能解釋先哲未言之事。以利哲學者。厥功非細。後世諸子皆不能出其範圍。除周子外。爲張程朱陸諸氏。不免失其意義。蓋其所繫。猶近世泰西哲學之於卞痕託氏。向徵卞痕託氏。此後學者俱不能了解哲學。而且卞痕託氏解釋先哲未言之事。

後世學士亦不能出其言外故泰西哲學決不可無卞痕託氏卞痕託氏以前有笛路託斯皮諾若拉威捕尼茲培哥痕熙出磨氏周子以前亦唐陸淳趙匡宋孫明復陳圖南种放穆修又有佛教道教等義至於周秦以前其殆如古希臘乎孔老以下莊列孟管荀墨申韓各立創見異想羣起頗有絢爛之視迨至漢晉以降乃無一人出而創說者間即有一二卓識少唱異論然此時佛教已入中國又不欲身入其途故不得不取古聖賢糟粕祖述其說至稍有能力者亦只解釋其訓詁以矜博洽卒不免煩瑣之譏西歐中世紀時亦皆以捕拉託痕亞利託鐵列斯氏等所說爲不可易者學士屈從此輩無一人自出其意識即令不爲所囿亦祇傾心於西教之義如笛卞路託培哥痕輩乃尸祝此等教義自成一家發表其新意見以爲近世新哲學先驅者亦猶陸淳趙匡排斥三傳孫明復笑墨守古義陳圖南出指玄篇寓言釣潭等說爲周子以後新哲學者渡津之筏也然此輩雖爲新哲學先驅識力究不及周子故未說周子所說蓋中國哲學最煥發於周子之時欲解近世哲學者必不可不熟讀周子無待余贅言也然則周子哲學何可廢乎即今繼周子者爲張子然張子之哲學無他亦祇略述周子而已雖周子在哲學上其論議未必詳細如張子實則張子就周子所說者益加推闡非自闢一途也故

能通張子則周子之說自明若徹周子即無張子蓋張子即周子之擴而大焉者也欲詳周子不如講張子也張子與二程子共承周子學傳之朱子使朱子集其大成然則所謂宋學者乃周朱間橋梁也

不論中國內外何等人類當其注心万物皆自得抽象學即以君權言之養民與化民而已以人事言之厚生與利用而已以生初言之亦唯知快與不快而已如利害相懸即觸於利害而自發者是至人之言行其能以理斷夫利害而淵源亦出於知其利害也蓋觀於形而起其意識凡物皆然故人性易離此利害亦宜燭此利害即在其根本原始外別出一意識以研究偶發抽象學理只能爲此事者早已論心性說形式至如中國人民以保守爲性者其於抽象之學發達甚緩此種學派出自政教上而以君爲主者故欲與政教相離成精純抽象學之形殊非易易以習慣已成自然故也中國自古以君主爲民師輔政者共垂其教當養民則告民以事理凡示教者即與矣立執政治民之人以君主爲最優於學藝故臣民皆服君主教訓而不敢致疑遂終始奉一人以爲師彼以其獨想見施抽象討究於事物上者未嘗有也其討究抽象發現所謂學問眞正意義者實自周始蓋當時君主賢聖治道得宜凡治平之策雖講究亦

屬無稗此君主賢聖治道得宜之故也。迨至暗主馭世。憂國之士。乃講此策。以獻謀於君側。此理所宜然也。若朝廷不用其策。遂不得已。欲求知己于後世。退而述其經綸以筆之書。以吐露其不可遏抑之情。此亦自然之勢也。於是始離其實而以空言講究抽象學問之端緣茲起焉。

夫聖哲以空言吐露一家意見。論究實際以外者。實以孔子老子爲濫觴。其始憤己策不用。激爲此言。故從其所感之淺深。以判抽象之多少。孔老皆不容於世。然孔子不幸。比老子猶淺。若老子之不幸。實深於孔子也。彼等既啓抽象學問之端。其繼起者。假令彼用于世。承其餘流。即可大振宗風。無如天竟厄之也。老子之後有莊列二子。相續出世。孔子之後有子思。論及人性並鬼神。迨至孟子。更論性善養氣盡心。益增抽象之度。顧當時儒家所說。雖已稱正正堂堂。然研究純粹學理。爲哲學考察者。究以儒家開祖孔子爲最。後世宋儒論太極性理。雖名道學。而以思想統系論之。仍屬儒家派也。原來中國學者。專於師事。例疏於言性理。概以保守遵奉爲歸。老莊說万物自然狀。漸涉性理。而猶法五帝三皇。以取信於天下。孟荀管墨。雖非不說性理。猶有執而末化之弊。彼昔揮自由思想者。尚且如是。況於秦漢萎靡不振之時乎。

日本　橋本海關譯

日俄新條約實施後情形

譯西七月十三日大阪朝日新報

西五月十九日俄國新報記載東洋漫遊記者戸餓麥氏意見題曰日本裁判權其言曰一千八百九十五年五月二十七日俄國與日本政府締結條約此條約批准交換後經四歲始實施之俄政府據此新條約領事裁判權自絕不能裁判日本在留俄國人即此條約以一千八百九十九年五月二十七日實施之吾輩固懌此新條約者也蓋吾等由此新條約之力可得縱歷遊日本全國又不問都鄙得以爲家且營通商貿易不限土地隨便可以移轉故日本駐劄俄國公使煕茲洛烏澳氏勸說俄人曰宜深信日本政府服從日本裁判權此時俄人在留日本者甚寡故察其利害亦寡然時勢遽變又將大異近來至冬季俄人渡航長崎者三百人他日西伯利亞鐵路工成俄人來于長崎者必十倍今日俄國東洋艦隊冬季碇繫長崎其間艦隊士官妻孥必可來長崎西伯利亞人亦至冬季來遊日本猶俄人以冬季遊意太利今日俄人居于日本內地者雖未多至內地雜居之時俄人絡繹航日本俄人住居日本利益頗多而此利益至西伯利亞鐵道已開隨其航軍機關開發更倍加其利益當此之時日人認俄人

在留內地之便利至開自烏拉西保斯德航于日本諸港之便不容疑也吾客歲十一月發烏拉西保斯德抵長崎經由長崎駐在俄國領事烏斯鳩諾布氏巡視長崎監獄及裁判所後領事烏氏語我曰余嘗爲函館領事駐在函館時薩哈連流刑囚逃來北海道余欲送其罪囚于本國暫繫彼日本監獄然其罪囚在獄中致書於我曰日本獄吏待我等罪囚頗苛我雖在薩哈連未嘗遇殘虐如此也我將凍死願閣下速送我於薩哈連獄舍我觀書憫然即贈衣食臥具于典獄吏以救彼等凍餓由是觀之日本監獄不適俄人英人素重自由因建築英樣獄舍于開港地然則日本監獄不適歐洲人宜以此言徵之也異日日本政府以日本法律管治歐洲人其監獄構造及待遇方法可有所自悟也

日本伊藤首相辭職 譯西六月二十六日東京報

前數天日本諸元老同會御前議參機務其夕五大臣會集伊藤総理大臣邸有所密議此日薄暮桂陸軍大臣訪山縣元帥于目白臺夜深乃還伊藤総理冒雨訪井上伊東二大臣至朝井上桂末松三大臣等會于伊藤総理邸山縣井上相前後倉皇參內拜謁日帝奏聞歷七八時桂大臣亦下午二點入朝與山縣井上二大臣會集于宮中岩倉氏臨総理邸伊東末松二

氏終日不出総理邸與総理密議西鄕海軍大臣來訪府下流言百出口耳相屬昨朝総理上書乞骸骨及奉還勳位顯爵上書曰謹奏臣博文荷聖恩屢奉重任孜孜圖報効而事與志違是臣才疎之所致恐懼曷勝若猶荏苒尸位壅塞賢路恐汚聖鑒茲謹奉表以辭寀職併乞奉還勳位顯爵伏願皇上陛下曲垂哀憐速賜聖允臣不勝恐懼屏營之至誠恐頓首再拜側聞初時伊藤首相提出增租案於第十二次議會決其可否議會解散命下即以爲躬自料合新政黨以破目前危難否則待自由進步兩黨合同成薦大隈板垣二伯引身而歸於是有所謀於平素意見相同之知交贊成者頗多然異論百出究竟難行其志遂上書辭職即薦大隈板垣二伯曰使用此二氏即將來有利益於國家也

列國軍艦數 譯西七月六日東京時事新報

嗚耶路斯而路苦氏蒞英國議會說列國軍艦數曰英國就役戰艦五十二艘中兵艦九艘已命人製造尙未竣工者三艘統計六十四艘各種船艦總計三百七十七艘法國就役戰艦二十七艘中央艦八艘各種船艦總計百四十八艘俄國就役戰艦十二艘中央艦六艘將開工者四艘各種船艦總計百十二艘德國戰艦十七艘意國戰艦十五艘日本戰艦三艘甲裝巡

洋艦一艘。保護巡洋艦十艘。無保護巡洋艦八艘。海防艦三艘。水雷砲艦一艘。水雷艇四十四艘。各種船艦總計七十艘。別有建造中央戰艦三艘。保護巡洋艦六艘。水雷破壞艦八艘。水雷艇十二艘。此皆各政府所報也。

德國艦隊運動 譯西七月六日麻尼剌報

德國少將而獨利熈氏帥德國軍艦五艘。逗留麻尼剌。氏求西班牙總督曰。宜割弗非律賓群島中一地讓德國。又宜許德國陸兵登弗非律賓群島。西人素與德親。於是俄疑德國而獨利凞變心。通欵於反徒統領賢米利澳亞皮那路。獨蓋欲使反徒離間美國。俾弗非律賓島自立于歐洲也。前二十一日。朝德艦誇路木拉痕馳向馬利母賢路斯灣口。一時莫知踪跡。既而母倚路欵甕路艦自日本長崎至麻尼剌灣。會美國旗艦澳利痕皮亞鑿母倚鐵滊。即至其傍下錨而泊。及晚有一艦自灣口來。即美艦誇痕誇路。獨出而偵察四方者也。然誇路木拉痕艦以搜索燈頻照美艦。人或異之。美艦拉列號。即至。亦以搜索燈照德艦誇路木拉痕誇路木拉痕艦。竟滅其燈云。

英國歲入 譯西七月十五日東洋經濟新報

本年三月三十一日統算英國歲入計共一億一千六百一万六千三百十四磅其内九百四十万二千三百十磅爲地方稅較前年加增三百八十一万七千七百六十七磅其百三十六万四千六百六十一磅爲土地及其餘租稅九十万磅爲國產稅六十万磅爲資產及所有稅五十四万二千七百三十一磅爲關稅三十万磅則印紙稅三十一万磅郵便稅十万磅電信料唯雜收入則少三十二万二千五百十二磅

英欲聯美 譯西六月十九日國民報

英國輿論益以孤立爲憂因俄國用力於極東若果相逼而來尤覺可慮因欲求同盟國以離間俄德法三好與美國議相結蓋英國之意待美西戰鬬已罷美國兵力異常增進欲併力向俄爲非常之舉也

英領事欲救比律賓總督妻孥 譯西七月十九日國民報

比律賓總督澳額斯鴅痕妻子在其鄉拔磨拔痕額爲叛賊所捕居于賊魁亞鼻那路獨陣中駐在麻尼拉英領事欲救之前日遣副領事辣魘笛痕于賊中言其意賊魁亞鼻那路獨辭曰拔磨拔痕額尙未服從不能應命

俄國親王游歷東京 譯西七月十二日時事報

西七月十二日下午三點五十二分俄國親王至新橋駕皇族所乘滊車退而去東京四點三十三分抵横濱諸大臣以下宮內省吏等皆送至新橋又近衛第一兩師團諸隊亦爲儀仗兵自芝離宮正門蜂擁至新橋停車所或謂親王將遊日光及江島鎌倉箱根等諸勝地

西班牙國間諜被執 譯西七月十四日大阪朝日新報

前月六日倫敦報曰萃盛頓駐紮英國大使而由利亞痕撲痕斯布澳託氏向合衆國政府曰英國使西班牙間諜頭目卡辣痕若中尉等在加奈陀者以三日內可退去先是合衆國大藏省獲卡痕若中尉贈馬里提督威咩倚氏密畫以公行于世其文言西班牙卡笛威而艦隊宜速濟太西洋衝捕斯託痕撲託辣痕獨及洛痕餓亞倚辣痕獨三地不然則失時機於是合衆政府疑卡痕若中尉翌日倫敦有電報云已拿捕卡痕若中尉

廣東九龍借地條欵 譯西七月十五日國民新報

英國既借九龍四周地當時即報之今據北京電報詳其事曰此地借用約定以六月九日盞印然總理衙門以正式而允許之實五月二日也其地自九龍背後至米路斯灣與而捕灣一

線地拉痕多澳島含有其區域內面積約二百里凡此等地全屬英國法權下借用年限算自本月一日至九十九年爲期中國政府不貸與米路斯而捕西灣北岸地然其水面全部悉貸與英國唯不問中立及戰務使中國船艦得收隨意出入權利或云九龍一千八百六十年英國嘗借以防備香港今再借之强固香海防備也故擴張其區域于背後

韓廷怪事 譯西七月十四日大阪朝日新報

朝鮮有閔康鎬者頃出入于宮廷慫慂韓帝曰須埋地雷火于慶運宮外四周引火闕內萬一有事可爲急速發火之計葢有韓人以浮言恐嚇韓帝者曰朴泳孝回自日本韓帝頗畏之故閔康鎬乘機奏聞此計帝大怖直嘉納之一兩日前使兵丁援巡闕外日督工役埋地雷火云

德國政策本色 譯西六月十九日國民報

德國政策修明今猶昔日事多確據俄國所深知也至英國利益於德國終始不貳故請與英結可以進退共之然互相提携而周旋於無利益之地德國亦不爲也葢德國利益在維持西歐平和故同其意者則合否則不合是德國向來政策也矧在極東變局以前首唱排俄同盟論至占膠州又駁詰英國今忽變其意欲與英國同事足見極東變局以來列國形勢之異葢

極東變局以前。定列國形勢者。惟在西歐內治。至其後。事則不得不因時局。而急爲變計也。

論俄國海軍 譯西六月二十日大阪朝日報

據內母倚利餓而搖所報。俄國海軍擴張費。始言需九千万留。以其七年間所新造艦計畫非常之大。實需至二億留。其中即時興工者。在黑海造二巨艘。與託利斯母倚亞鳴鐵利亞號同其形。即戰鬪艦也。在波羅的海造戰鬪艦三艘。在美國及德國造大巡洋艦二艘。水雷破壞艦數艘。曾在黑海造一等巡洋艦二艘。今將竣功。此艦形同俄艦第倚亞那號。六千噸也。俄國計畫如此。本年中所造艦數。出于英國之上。蓋俄法兩國。欲奪英國海上覇權也。

俄國交涉風說 譯西七月十日時事新報

六月十日維納達美國報曰。墺太利政府。無意干涉西美戰鬪。俄國則不出數日。將發言美國恐不能保有弗非律賓島。島內叛徒。亦謂一切不奉他國政令。故美國更難令其服從。歐洲各國待戰畢。議將有所爲。此日馬獨利玆獨有報云。駐西德國大使。聞列國使臣將議弗非律賓事。即往事見西班牙外務大臣。外聞訛言大喧。

記西班牙情形 譯七月五日太陽報

某西字報記西班牙之國狀云

西球牙國內反徒有三前古巴總督烏愛癩亞將軍派一卞亞利司托黨一共和黨三者各異其希望然欲顚覆現下政府則一故皆鳴鼓以責政府之非挑發民心凡政府提出之軍費一有削減即反拒之頃者三派聯盟共協力以傾政府實西班牙腹心之患也而烏愛癩亞派推將軍爲主望作武斷內閣共和黨欲起革命而打破君主政体卞亞利司托黨希令托吳卞亞羅司即王位國內宛如亂痲焉

未幾從前之贖卡司太內閣更迭而贖卡司太新內閣成其內閣員如左

総理大臣贖卡司太　外務大臣亞魯本托府烏　陸軍大臣哭魯立亞中將　大藏大臣府衣庫息魯烏魯　內務大臣卡府鉄蝦吳　司法大臣庫羅衣贖魯托　海軍大臣府烏托魯中將　殖民大臣卡埋連烏　工部大臣羅美衣氣羅吳

此內閣果能拮抗叛徒而保其威信否非所敢知也

論古巴之將來　譯七月五日太陽報

某西字報論古巴之將來云古巴若離西班牙之管理必爲自治又添幾多竊權者之軋轢即

退去三年間。爲該島獨立睹身命之反徒。可望得主權地位。多年主張該島之自治制志士。亦期握覇權。積勢如斯。假令古巴爲自治躰。政權之爭所必不顧。徵古來史乘。此事亦必然之勢。何獨怪西班牙哉。抑西班牙人之弊風由來久矣。有司不廉。皆衣食於賄賂。彼等官箴已經墜地。故島民以居官爲致富秘訣。亦所謂誠而形者也。

大勢如斯。則古巴之獨立。似不可必然。亦决非絶望。西班牙西美利加人。今將有建一共和國之勢。或者前途亦能放大光明乎。

中華內地通航規則 譯西七月八日時事新報

本年二月。英公使馬苦獨那路獨氏。迫中國政府。得內地河湖小火輪通航權。其權便益中國商業不少。當時兩國全權官約以四月內定其節目。今將馬苦那路獨氏與中國政府所結條約書列左。

內地河湖火輪通航規則

第一章 登記

第一條 有條約港之省。內地河湖。宜爲內外國小火輪出航。自條約港者。公開之。

第二條　唯小火輪航于條約港內又與從條約港通航內地者皆稟告稅關稅關吏宜依法律收國籍據證書與携帶證許且又宜合收其船主姓名住所小火輪形狀並水夫員數記載證書稅關所交附證書每歲改書之若舊主變替或罷通航宜姑返納之稅關證書收稅金初次十兩改書稅爲二兩

第三條　據前條所經稅關登記之小火輪船則不別要稟告稅關得隨便通航港內但航內地時出入共稟告之

第四條　點燈法及豫防衝突法水夫搭乘並機關等事宜遵行其所屬港規則

第二章　稅則

第五條　凡在條約港搭載貨物宜報告之於稅關官吏隨稅關所認定支其關稅貨物從內地輸入條約港亦宜隨前法

第六條　凡在內地登貨物於陸或又搭載輪中則宜據其地方規則支諸費及稅金

第三章　罰則

第八條　凡在內地抵觸法律又以人身財產事犯罪其地方官吏宜以處其省人民之法而

處之。但其犯罪船舶係外國人所有。或犯罪者雖爲中國人係外國船舶所使役。其地方官吏宜通告之於稅關官吏。稅關官吏更報告之於領事。領事即派官吏查其罪狀。其犯罪者。係外國人。宜護送之于其條約港領事館。若外國人不携帶旅行劵。可拘致之。

第九條　小火輪既經登記者。不碇繫于內地碇繫地而通航。又水夫等在內地以事相閧。內地督撫隨其規則所定。宜科其罰金。稅關即沒入其稅關證書。從其罪輕重。不可允許將來通航于內地。

以上規則。以奬勵內地河湖小火輪業爲主。若有不可不變更者。必改正之。

山西省開鑛事業　譯西七月八日時事新報

英意尸痕哂開託。於山西開鑛業。屢經通報。尸痕哂開託更請併合河南懷慶府下鑛山採堀權。竟得之。其誓約如左所列。

契約書一號

晉豐商會劉愣得以山西開鑛事業。起募外債之權利。於山西總督府。故與北京聯會代表者。路若玆鴻氏締結契約。

第一條

劉愣得孟縣平定路安澤州鑛山開堀全權於山西總督。總督蓋印此證書之後。將選定其適開堀鑛區。

鑛山事業艮好。得宜更漸次擴張此事業。

第二條

劉愣得起外債。認許於總督。其總額不過一千万兩。若鑛山技師豫測以爲不足。劉愣即與北京聯會議。得增募外債。

割鑛山純益金中八分爲息。先抽去之。以一除爲蓄積金。就餘額中納其二成五分於北京政府。總督承認之。

第三條

鑛山監督及開堀事業。劉愣與歐洲人共任之。然鑛山內則一用中國人。

第四條

輸入材料品。可支通常輸入税及通過諸費。

第五條

鑛山事業債北京聯會負擔之

凡總督此省者特保護北京聯會助土地購入交通道路修築等萬般之事千八百九十七年十月二十五日

契約書二號

千八百九十七年十月二十五日北京聯會路若茲鴻與晋豐商會劉愕訂結契約如左

晋豐商會以千八百九十七年九月三十日得契約書一號第一條金權於山西總督併得關外國債可商議之權利

第一條

批准後北京聯會直送鑛山技師于該地方

第二條

技師報告若稱可望北京聯會即與晋豊商會議以起債其額數不過一千万兩

第三條

雖契約書一號第三條意義瞭然茲更明記開掘及監督一任歐洲人劉樗與共補助事

第四條

別契約書一號第二條規定利益分配率以純益支十分之八于北京聯會之後二成五分納交山西総督

八分　利息　一抽　蓄積金

餘額八分之一

二分之五　北京政府　二分之五　山西総督

五分　北京聯會

第五條

開掘權各別算自新開掘起業日保續六十年間其一切鑛業器械六十年期限經過後歸山西省所有不爲取其價

千八百九十七年十月二十五日

千八百九十八年四月二十六日清俄銀行主管配卡鳩洛氏與北京聯會代表者路若茲鳩氏所交換記臆書

今朝會于李鴻章官邸。在李氏之前。據李氏要求。訂締山西省鐵道及鑛山事業。兩方限界約。

一　北京聯會。不設布鐵路于正定至太原間。又不布設其左右百里間。且北京聯會。允許記入此事於聯會與總理衙門所蓋印契約書中。但清俄銀行不布設支線于正定至太原本線至鑛山間。北京聯會有布設此支線權利。

若清俄銀行從本日二年以內。不布設其鐵路。則以上條約作罷論。

二　清俄銀行約北京聯會用銀行所布設平定以東鐵路。運搬其物。其運費可高於其以西運費。

三　北京聯會將下所列明地方。放棄其鑛山開堀權。

太谷　太原　陽曲　平遙　靈石　孝義　澤州

四　清俄銀行。北京聯會。未完成會社以上。不得更向中國政府要求讓山西省鑛山。故北京聯會在其後。清俄銀行。係第三項所記載地方鑛山業。雖有所要求。不敢沮之。

五　北京聯會。俄清銀行。各在其限界內各不相妨。并宜互助之。

以上契約。李鴻章協賛而成。因兩方代表者蓋印之。

山西商務局與北京聯會議定山西省內製鐵業鑛山業及諸種鑛産物運搬事其規定如左

第一條

山西總督允許山西商務局在左記地方（地名略之）占石炭及鐵鑛採掘全權以六十年爲限割其若干開掘權以更移於北京聯會

第六條

利益分配

六分 對資本利 十分之一 蓄積金

五分 冶金費

第十七條

凡欲運搬山西石炭鐵及諸産物因修築道路架設橋梁開通運河又架渫之若連接鐵路支線于鐵道本線或水運便地宜不仰政府以私費築造布設鐵路支線規則則後日定之

正宗太原間鐵道費商務局前已借濟其資本金故北京聯會在其左右百里以內更不布設

鐵道。其故謀避爭論也。凡欲起以上所承認事業。過人民私有地。隨公立會社規則借之。或購覓之。不些侵害私有財產。地方官廳用力保護之。

中國時事雜誌 譯西七月二十六日東洋報

滿州鐵道線路。未全確定。三變其方向。每變皆以廣布俄國版圖爲主。名則稱淸國東部鐵道。以保中國人面目。其股票俄淸兩國民皆有之。俟至股票彙齊。必歸俄人。有淸民股票定多虧折。固不俟言也。查該鐵道。與西比利亞及託辣痕斯拔倚卡路。區海參威等處。互相聯絡。本以供俄軍之用。而爲俄國保護。即使俄國技師。以俄國資財與材料佈設之者也。其經過地方。今雖猶屬淸國領地。後日必不得爲中華領土。鐵道成功。即以一千九百三年八月二十八日爲期。後至八十年。淸國政府若尙存。則或可歸其有。顧其鐵道。以私立俄淸銀行貲財經營之。其銀行。又爲俄政府所保護。名雖爲俄淸股份各半。實則併股票利益監理。皆俄人握之。淸民不過爲華股轉交資本。及書記供給下等役而已。其利害。已見于俄淸聯合約中。茲不具述。

近頃黑龍江畔。卡拔洛夫卡與海參威地通鐵道。該線路約共長四百八十七里。自一千八百八十七年九月興工。至一千八百九十七年九月畢事。先後統計十年。比滿洲線路。實長三倍

滿洲鐵道已有其三倍之難欲僅以六歲竣工充此鐵道工役者皆用樺太島貶謫罪人當之也其意叵測最宜留意勿徒膜視蓋俄嘗分遣罪囚一千二百人卞于拔洛夫卡左右使充工役人或疑罪囚成群一時奮至恐非盡屬犯罪之人英人某嘗查之始知其罪幷非大辟不過偶觸法網者而已某因托事入罪囚隊中撿其記錄查其食物謂人曰予觀俄國待罪囚極其寬大後皆起臥好宿房供給好衣服飽養好食物故或有忘其家者據彼等所述俄政府屢減通例就刑期限俄皇又以數歲間普施恩澤如即位結婚戴冠諸盛典固多惠及更宣旨于西伯利亞配所輕減罪刑前此處以十年懲役者今已得受放假免狀書蓋俄政府以鐵道工事代刑役卽以一月工作當一月半之刑統用此法以役囚徒焉

黑龍尸路卡兩河輪船往來頗盛兩河共有燈臺浮標自五月至十月河水不凍合若由此處至斯託列鐵痕間鐵道開通彼東洋歐洲交通愈便沿岸將必日臻繁盛云

日本政府旣設釜山及仁川軍用電線約酌量時宜妥訂條欵以期經久第四爲親兩國之交際獎勵貿易朝鮮政府約開一通商港於全羅道第五即明治二十七年七月二十三日於王宮近傍兩國兵員偶相衝突彼比均不追究第六日本政府因望朝鮮政府成獨立自主之業將來有

事兩國政府各派委員會同議定此條欵中第二及第三關係甚大我官民宜規畫之

西五月十日黃昏外務省着公電傳一大變報云九日午下七點鐘清國暴民蜂起於沙市燒帝國領事府及稅關滊船公司日本領事瀧久吉以身遁避難於船中又別報云九日午下七點鐘暴徒蜂起於淸國新開港場沙市燒日本領事府及英國領事府然人尙無損暴徒蜂起之因未知其詳然近時帝國與淸國交情漸密忽聞此變深爲駭嘆惟燒我日本領事府旣出于暴民之舉亦我國榮辱所由關與日淸之交情又當別論吾將刮目以觀我政府之處置焉

沙市暴徒已歸鎭靜然渡事固不易測且該處有日本居留民不能保其無虞於是我政府定議派軍艦於該處西五月十三日海軍大臣發電於廣島嚴島沖之常備艦隊司令長官令調上海碇泊之高雄號及佐世保碇泊之摩耶號二隻溯揚子江航行於沙市漢口等處焉

去月十七日香港發報曰廣西之三曜會甚關係勢極猖亂民進取南甯更北向廣西府陷桂林廣西省最繁盛之地都市多被圍貿易非常被害蒙軍隊巴个衣北遮止亂民西進廣東高洲故梧洲人心甚恂恂云

日本伊藤相頃漫遊中國已從大磯出岐阜同地剃飼及金華山探養老所等之勝泊上京大

阪神戶一二日從嚴島至馬關長崎乘舟直向釜山仁川赴朝鮮京城然後到山東芝罘大沽天津山海關游歷鐵道再返天津入北京乃出上海巡長江沿岸要區至南京漢口沙市宜昌等再由長江下南方香港厦門乃返國云

據近刋北清日報清國壯年社會咸望日本皇帝航幸清國親與清帝對話使日帝告清帝居常不必長在禁闕當屢出深宮而汎覽萬國實勢云

中華政府既製造巡洋艦于毋亞路卡路造船所已成前月十三日揷德國旗而入于香港長約三百十一尺濶四十一尺吃水十六尺馬力八千排水二千九百五十噸以鋼鐵製之速力十五碼半其武裝則置六尺速射砲二門四寸化茲鳰裁斯砲八門四寸化茲鳰幾茲斯砲六門及機械砲六門又有三水雷發射管

七月十四日以前廣西暴徒勢益猖獗盡毀地方諸城砦英國派運艦于梧州府保護其居留民又直隷省鑛山德國人笛茲託利痕餓氏以一人任其採据事英國向中國政府求開湖南省長沙湘潭常德爲外國貿易地則以此賠償沙市暴亂之事也政府未答云

英國得鐵道佈設權于清國在上海南京間至如由上海以達寧波等處尙未批準云俄國欲

得蘆漢鐵道佈設權。奔走周旋。不遺餘力。

英國外務次官卡孰痕氏。至於下議院演說曰。據俄國外務大臣磨辣母倚賢夫所報。則俄國雖借旅大。仍保存清國之主權。不敢侵害清國與他國所締結。故自今以後。外國軍艦及商船。皆得隨意往來於清國各港焉。

前聞德政府以四月二十九日。在議院商議膠州灣費。每年約需五百万金。今又聞其詳云。五月三日。議院遂納其議。時海軍大臣鳩路皮玆宣其意曰。政府將築防波堤棧橋倉庫等于膠州灣。前日使吏查其地。吏即測量水陸。該處雖有砲臺。不敢改築。唯突堤工事及貯炭所。改之至於水軍。不可不駐屯。通算其運送各費。每歲要一千一百七十三万金。方得敷用。與阿非利加駐屯兵。較其費頗鉅。

據德國報。前遣爲清國特使烏布託覓基氏言曰。初德國欲占膠州。豫謀之於俄國。俄國答曰。大失我望也。德國因占有之。俄國遽太驚。欲占據旅大。基氏聞之曰。俄國倘早。俄人反詰之曰。當此時強請北京政府。何求不得。基氏曰。不敢。必列國以其威力臨清政府。恐速其顛躓。養成革命氣運。不保其不破棄所結條約。是又長失清國富源開發之機也。

國際公法之主體 譯最近世國際公法論承前

日本 角谷大三郎譯

又主權雖不及公海但主權及在公海船舶上蓋船舶與已國領域之延長一般也故已國船船在公海在其船舶他國人行犯罪則得依已國法律而處分之

船舶在領海時如何凡船舶在已國領海則在已國主權之下適用已國法律是自然之通理也而入他國領海則不可不服從其國法律譬中國商船在乙國領海則必須從乙國法律何者在乙國主權之下也雖然特約治外法權則不要從其國法律因已國法律受已國領事之裁判蓋是特例也日本中國現約歐米各國之治外法權志士所常慨嘆也他國軍艦入已國領海不禁之通例也然軍艦以帶多少危險有一定理法則得拒其入港又附特殊條欵以得拒其入港但破壞時必不得不許入港而至于商船希圖人類公共利益者常可許入港也締盟國軍艦又商船於已國沿岸破壞以與對已國船艦同一注意不可不救助其船艦是國際公法原理也而其費金負担方法多豫因兩國條約而定之

臨終欲論國家消滅國家消滅種類有四一戰爭之餘受他國之掠奪而消滅者二因戰爭以

外之適法行爲。解除國家權力而消滅者。譬因兩家合意承諾。棄自巳領地上之權力。而委之他國權力之下。或依相續（詳前）而讓自巳領地。或數國合同聯成一國家。而棄舊數國家權之類。三國家主權滅絶。缺其繼續主權而消滅者。四割已國版圖一部。認容爲國際公法上之主體。其地獲得爲公法上國家之資格。而舊國家消滅者是也。又自他點觀察。則爲三種。一强制消滅。譬一國爲他國所倂呑之類。二合意消滅。譬任意承諾上一國合倂于他國之類。三自然消滅。因天變地異。一國版圖。失其形體之類。

方今歐洲列國。常託事占領支那領土。支那固有國際上完全權利。徒恐列國之威嚇。而一任彼陰謀。不知國際上權利安在乎。是自侮蔑巳之國權也。其害延及東洋。一般之安危所關也。故志士痛恨不能措置。余當編述國際公法之主體。不覺涕淚滂沱。擲筆爲之三嘆也。

第二　國家權利

既有國家。不可無維持國家之權力。維持之有道。或以兵力。或以法律。但須不侵害他國權利。今若欲維持國家。而侵害他國權利。是濫用國家權利者。違犯國際法矣。不可不愼也。國家維持權之發動。基於國家自主權。國家而無自主權。是非國家也。亦何由生維持國家之權力哉。

於是乎感悟必要講究國家之自主權矣

凡有國家者其版圖內寸壤尺土皆主權無所不及故外國人而入其版圖必不可不服從其主權法律制度不外主權所發外國人不從其國法律制度是蔑視其國主權也小之有賠償之事大之有戰爭之憂在外之人不可不深察也

往昔有主權屬人之說羅馬國民往於外國尚服羅馬主權受羅馬裁判毫不服從其居留國法律制度本國主權常隨伴其人所往是由主權屬人之主義也想古代野蠻人民逐水草而居酋長止統御人民不保有一定國土主權属人之主義盖淵源于兹迨至後世人口繁殖自成團体保有一定國土而主權常專屬其國土於是乎主權屬人主義一變爲主權屬地主義今也主權屬地主義爲國際上大原則確乎不可動也

夫主權屬地故入其國之外人不可必服從其國法律制度然列記於左者有特別理由而不適用此原則

第一（治外法權） 治外法權者何乎曰雖在外國版圖猶在已國版圖不服從其居留國主權今試舉有治外法權者國家元首（帝王大統領等）公使其家族從者及一國軍隊等其身在外國不

要服從外國主權。夫主權各國相等。以互相尊重。不敢毁損。爲國際要義。治外法權之行。亦不外於是也。其所以謂之治外法權者。爲在自巳之治外而行自己法律權也。又搭載國家元首公使之船舶。公使舘舍。及其貨物旅具書類等。皆不要受外國之法律制裁。是爲期圖元首公使等治外法權之完全也。如軍艦郵便船。隷屬國家而供國家使用者。亦有治外法權。是亦不外圖列國主權之安固矣。

第二（領事裁判權） 凡外國臣民之在他國也。不可不從其居留國法律。而受居留國裁判。然居留國未脫野蠻之域。法律制度。未合世界通理。則外國臣民。不欲受其居留國裁判。乃因以統治野蠻國民之法律。不可令服從文明國臣民之理。由特結條約。其條約事項。不受居留國裁判。而受己國領事之裁判。謂之領事裁判。領事裁判之約。抛棄其國一部主權者。不免爲國家耻辱。今案地球列國條約。領事裁判之制。皆行於東洋諸邦。清國朝鮮暹羅等。屈此條約之下。可嘆哉。日本頃變法律。其所定皆合地球通理。又改與歐洲列國訂結之條約。撤去領事裁判之制。始得雪多年屈辱矣。清國國土廣大。民衆四億。實地球大國也。而尙受此屈辱。是因拘泥古法。不通觀地球大勢也。四百餘洲之民。宜一覺迷夢矣。

商務

厦門港商船出入現況 譯西七月十五日東京日報

日本　橋本海關譯

駐厦門日本國一等領事上野專一氏報告本年五月中厦門港船舶出入近況曰本年五月中厦門出入船舶総數百十六艘此噸數合計十一万二千四百七十七噸内入港輪五十八艘此噸數五万六千八百十三噸出港輪船五十六艘此噸數五万四千四百四十九噸其他入港帆船二艘此噸數千二百五十噸比之前月船數增十一艘噸數减一万五千百九十噸查增减原因雖不一而足前月以來二三千噸以上大形船舶往來頗多千噸内外尋常形船舶交通畧少自入本月以來臺灣地方際製茶輸送時節加之自香港上海所輸入雜貨並船客等稍多隨增加交通近海小形船舶切要所以因勢而見艘數增加也至欲攷該港今後貿易何如則本月下旬配斯託病愈倍蔓延然旅客雖交通不便就商况大体觀之未至沈淪不振每方皆有臺灣輸入茶轉送在地方則牛莊之芝罘上海輸送豆餅及雜貨日漸加多若使配斯託病不甚猖獗貿易前途不足憂也日本郵船會社船相模丸以五月六日發福州七日入本港其搭載貨物總計二万二千五百六十箇凡此等豆餅多在上海積之殆滿船中

其他中國船客七十八人皆至厦門自厦門所輸送之貨物合紙類雨傘剝篤亞斯諸貨物共三百八十六箇九日去向香港本月中中國人出外國者前後合八回其人員合計五千一百六十三人今舉其船名本月四日培列洛布澳痕四百九十五人此日餓列那託尼四百人九日餓列痕布滑洛茲苦九百十八人十四日治威痕那三百四十一人二十五日鳰賢痕化苦基耶痕七百二十三人二十六日化痕列澳痕七百五十一人二十七日賾布配託痕千三十人三十日鳰烏痕尸耶痕五百十三人多投向海峽殖民地新嘉坡及南洋等處

臺灣貿易情形　譯西七月十四日東京日報

本年五月中臺灣貿易據官所稽查輸出入貨物原價總額二百七十六万千七百十五圓比較前年五月輸出入原價總額二百七十四万九千五百八十二圓即加增一万二千百三十三圓又比之前月輸出入價額二百三十三万百二十六圓即加增四十三万千五百八十九圓即加增一割八分五厘又算自本年一月至五月累計輸出入總額七百九万三千七百二十四圓比前年中至五月五百三十五万五千七百八十六圓即加增百七十三万七千九百三十八圓其內輸出原價百五万八千九百八十八圓比之前年五月中百三十六万六千八百十七圓

即減少三十一万七千八百二十九圓（即二割二分五厘減少）盖因重要輸出品。如樟腦及茶等。比前年不多故也。即樟腦輸出額。本年五月中十二万八百二十餘圓。對比前年五月中二十二万五千四百六十餘圓。實減少十万餘圓。自一月至五月。累計本年度五十萬三千三十二圓。比之前年五月累計八十四万二千五百餘圓。減少三十三万九千四百六十七圓。又以茶輸出額。二十四万七千六百五十圓。與前年輸出額。六十四万五千九百二十八圓對比。即減少三十九万八千二百七十八圓。以本年累計二十九万六千八百六十八圓。與前年五月中六万四千三百三十五圓對比。即減少三十六万七千四百六十九圓。然就輸出全体累計閲之。則較前年加增四十六万餘圓。（前年度三百五十餘萬圓）又輸入品原價百七十万三千七百二十六圓。與前年五月中輸入品原價百三十八万二千七百六十五圓對比。加增三十二万九百六十一圓（即三分之二）其故由石油煙草酒豆類綿布絹布類麻布類豚米麥酒中國酒燐寸等飲食物及奢侈品輸入增加也。其五月末日累計本年度七百九万三千七百廿四圓。與前年累計五百三十五万五千七百八十六圓對比。即增加百七十万三千九百三十八圓。

論樟腦前途之利益 譯西七月十七日國民報

樟腦之用甚廣。古來多用之醫藥防臭及防蟲劑。近歲用途愈廣。凡樹膠及無煙火藥。暨製造象牙等皆宜之。然其產地甚少。僅以東洋一部內日本臺灣中國福建省及安南等爲產出地。是以歐洲諸國。欲求代用品以防其輸入。未得有適合者。屢用那布噴利痕代防臭防蟲劑。價直雖廉。香氣雖烈。然其功却遜於樟腦。故在今日日本臺灣中國福建省。皆以其產品應環球諸國之用。如英京倫敦市。充扱日本產及中國產。然中國樟腦產出其數甚微。并不足充已國消費數。即以各開港多輸入日本產之故知之也。故倫敦市稱通常支那產者。其實產於臺灣。非中國產。盖係自臺灣復輸入香港。自香港輸入倫敦市者也。故歐洲市樟腦供給。即可謂日本獨占也。今量日本產輸入倫敦市者如左（合二歲而筭之）

年次	輸入額	濟荷額	年末在荷數
一千八百九十六年	六、四七三個	一〇、八一四個	一一、九三三
一千八百九十七年	七、五二三	八、〇一七	一一、四三八
一千八百九十八年三月末			一一、四三三

其餘輸入歐洲諸國者。往時大抵經由倫敦。然至近歲。輸入此等地方。

昨年中倫敦市樟腦景況。不甚盛大。至今年二月初。稍復舊觀。價額乍低乍昂。一時日本產每

本直價六磅（六磅五十九圜二角二分九厘）達所謂支那產五磅十志（十志四圜九角三分）至是歲五月價再跌其後復張幾又跌邇來至年姑息買賣價格諒亦不貴要之前年市況平穩不振至于本年市況依然沈靜本邦產四磅十七志六片所謂支邦產四磅十五志也邇來猶未振興比之數年前其價格低落顯著

樟腦市況既如此或爲投機商所買占因一時市價昂騰以是攷之樟腦者日本獨有品而已各國無競其利者用代品亦未有之使製產者計市中需用多少適度產額昂騰市價非難也製產者及輸出商斟酌得宜市中直價可以已意定之也政府若稅之增加其國庫歲入諒亦不少也

論中國米之利益 西六月五日太陽報

偉哉中國米之功其名雖稱南京米實西貢瀨吳庫烏吳及安南等產米總稱也在我國開港以前則外國唯知南京荷蘭耳故東洋諸國產米盡稱爲南京及今始見其輸入于我國人皆卑之謂米無光澤不宜於滋養若食之則易於下痢謗聲四起中產以上之人皆耻食之後至明治二十二年（即西一千八百八十九年）穀不稔向所謂中國米者輸入漸多爾來連年米穀非常豐收故

不聞中國米之聲。然自二十九年至三十年。水害虫害交臻。收數大減。自昨年秋至本年間。所謂中國米之輸入爲數更多。凡中產以下者。亦食之。米商又常混之于料料米中。故上流社會亦多不辨而食之。聞昨年來輸入額約五百萬石。則令我同胞免於饑餓者。實中國米之力也。若無此輸入。米價必愈騰貴。恐小民糊口難艱。餓莩滿道路矣。曩昔天保年間飢饉。前幕府儒臣青木昆陽教以蕃薯作食。救民命者甚多。故蕃薯先生之豐碑。永旌其績。然昨兩年間中國米之輸入。尤抑止米價之昂貴。其功更偉。非天保年間蕃薯可比。中國米之利賴。眞無窮。彼爲青木昆陽建紀念碑者。宜爲中國米亦建紀念碑矣。

倫敦金價情形　譯西七月十日時事新報

四月上旬英蘭銀行加分數賁爲四分。自是市價頗動。英國於巴里伯林並紐育正貨輸入。自是月六日至六月二日。數十日間正貨約共七百二十五万八千磅。後猶陸續不絕。市中諸銀行因此市價低下。減價爲二分。英蘭銀行吸收正幣約七百萬磅內外。至五月下旬低下三分半。六月上旬。又低下三分。據倫敦賢誇諾米斯託所託所說。使英蘭銀行價格頓低者。由五月下旬日本政府購入印度銀劵二百五十萬磅。融通資金于市中之力也。

電氣燈新製 譯西七月十三日日本報

日本 橋本海關譯

亞息鳰列痕電氣製法可稱獨擅者唯要二金屬器而已此二器共盛水一有密着盎蓋一有電氣貯溜鐘以金屬造之此器兩相竝置其傍雖置烘爐金庫不能多置物焉其二器以一管連之投卡路皮託一塊于甲器盛水者中即溶解而發生電氣次之爲氣泡潛水中而浮故電氣自除不潔爲淸淨經甲管而入于乙器集聚其電氣貯溜鐘中使其鍾高昇經此電氣貯溜器所設他管導而去即可點火供夜用其裝置略同尋常電氣溜趣向然此裝置外尙不可無禦其破裂之計又不可無防其電氣發生強大熱力增進之計於是彼甲乙二器外尙要諸裝置加設洗淨瓦斯趣向置之于其二器間以爲常

當卡路皮託溶解之時生非常强熱電氣發生亦極迅速故以卡路皮託多量一時投水中此極危也是以發明特殊裝置法即區劃卡路皮託溶解水器上盛卡路皮託于此區劃各器內用一槓桿運轉此裝置即執其槓桿以動之自然起活動動而不絶終日不煩人手即上下一槓桿水自然注入于此溶解器中自分一區共一塊卡路皮託自然落來入水發生電氣早入

于電氣貯溜器集其鍾中使之高昇電氣爲他所導去而燃燒鍾則從而低降其降下時又自然及槓桿作用次第以動之隨其動卡路皮託溶解中所生石灰水自其器底流去更取他水器以補新水而復落他一區分內所盛一塊卡路皮託于水中使發生電氣如初唯其如此故不煩人手而成一由運轉法也獨要職工一人耳雖小兒爲之非難也唯當執業之時忌日光照射耳

植物油抽出法並壓搾法 譯西七月美技藝報

西醫培兹卡氏基於皮痕獨辣氏及斯兹氏法解說抽出植物種子油新法云取植物種子洗淨磨碎煮沸于鹽及糖蜜溶液中少時即以軟塊力壓之蓋此法之妙去酸氣除一切異臭一也用尋常溫壓法避過熱二也西醫馬哂木氏評之曰非攝氏寒暑針二百九十度以上高熱恐不能去酸氣以除一切異臭且近世溫壓法必籍力於蒸氣以行之培兹卡氏所言未可盡信至如馬哂木氏抽出法眞適種子製油之用也何則近倣其法所製各油其數量品質較用他方所製者實爲遠勝蓋此法乃收盡包含種子中之油云

論臺灣非熱帶地 譯西六月十日工藝報

德醫哈威痕利淵馬倚路氏曾應日本政府聘在農科大學校爲其教師著日本樅科植物考書名書中立定界限區畫植物帶以至北緯二十五度爲熱帶至三十五度爲亞熱帶據此說論之則琉球群島半屬熱帶四國九州南陲及紀伊伊豆安房等半島皆屬亞熱帶諸植物發生于此地者不得不稱熱帶植物及亞熱帶植物近頃諸外國人來日本者如馬倚路氏所著書最行於西歐學士間顧其植物教科書中一切議論皆取氏說以立日本植物帶區劃然日本植物學士大渡忠太郎受日本大學命前年赴臺灣熟察其地氣候變化以及植物種類狀態知悉臺灣決非熱帶又非溫帶乃爲亞熱帶夫臺灣不得稱爲熱帶可知琉球亦不得稱爲熱帶也大渡氏將著書詳論其事他日書成必當破馬倚路氏說一變日本殖物帶區劃

發明速射砲法 譯西七月二日神戶又新報

西歐各國爭鑄造軍器各有所發明如德國盛鑄造速射砲其砲一分時可發五丸及七丸各國聞之皆驚此次法國陸軍亦發明速射砲一分時可發十八彈及二十强法國陸軍皆採用之德國聞此遂停鑄已國所發明速射砲云

鑄鐵燒鈍法 譯西七月五日太陽報

鑄鐵者其質脆軟雖不能用鑪錐施工若熱而爲暗赤色覆以粉炭凡可二寸又以灰埋之棄而使冷即脆軟質更化爲柔軟可得施鑪錐術云

論玻璃類別 譯西七月五日太陽

玻璃器就其性質上分之有二種一用石灰與硅石而造之常用器具如瓶窓玻璃及鏡等皆是也二謂布利痕託玻璃光學上所用之物而用酸化鉛及硅石造之故又曰鉛玻璃丸顯微鏡千里鏡其餘諸種眼鏡類皆屬之因能屈折光線性故其製造在後輩當最注意其價比前玻璃亦遠過云

哥囉仿護電氣製造法 譯西七月三日太陽報

盛鹽化加里廿三斤與水三百斤及酒精卅斤于一蒸溜罐內以熯之然後溫溶液中沈發電氣兩極以通電流即鹽化加里自分解生發明期鹽素此鹽素者作用酒精遂生哥囉仿護云

格羅謨明礬利用 譯西七月三日太陽報

此物用途所主乃染色上媒染劑也雖然方今亦與食鹽混和爲製革用品以阿膠及樹膠爲不溶解性以供造防水布之用其用途頗盛其他用之捺染術者近來更多矣

攻擊之便前歟則是任使俄國鐵路於東三省縱橫如網四通八達而有事之日東三省非復
清國之有矣後歟則是任使俄國戰艦於渤海灣出入自在管握海面而無事之日渤海灣非
復清國之有矣然俄國之要索此事也據密約文其意猶竢他日則今佔踞以遂初志而不知
清國欲復何恃以守燕京乎此其宜遷四也英俄二國不相下之國也俄國既佔踞旅順英國
豈可袖手傍觀哉於是要索清國以威海衛一欲以制俄一欲以利己或謂英俄相爭如此清
國之幸也殊不知英俄相爭以不可共利耳利若不分何必相爭哉故英俄在未佔踞之先極
力互相阻礙其事清國或可以免侵奪之禍今也不然英得寸俄亦進寸俄得尺英亦進尺是
故二國佔踞之後清國之憂逼於旦夕而其尤危者即在燕京此其宜遷五者也國都者宗廟
朝廷之所在一國萬機之所出故以譬諸堂奧焉蓋宗廟朝廷欲其居之之深穆也一國萬機
欲其出之之寧靜也不深穆則不安矣不寧靜則不中矣更以軍國事論之國都師營之大者
耳交戰之際兩敵帥營必在炮火不及之處否則不能進退操縱得其機宜今以宗廟朝廷之
所在一國萬機之所出置之國中最危之處其可乎其不可乎前之英法之役後之日本之役
使清國之都不在燕京必不至如彼之狼狽失度也此其宜遷六也雖然以上皆是就危與弱

而立論。恐非清國之所樂聞也。玆乃欲變危爲安。轉弱爲强。亦以遷都爲急務中之急務。何則。
清國一大轉機。實在今日安危存亡。視其道何如耳。處之不以其道。印度之在亞細亞。土耳其
之在歐羅巴。此其明驗也。處之以其道。二百年前俄國之中興。四十年前意大利之一統。三十
年前日本之維新。不難接踵。而清國大國也。其興也沛然。孰能禦之。今論清國急務者。曰兵宜
練也。曰財宜殖也。曰民宜教也。曰煙宜禁也。曰礦宜開也。曰鐵路宜築也。曰機器宜造也。曰商
工宜惠也。西學宜講也。曰考試宜改也。曰法制宜變也。凡此端皆是興利革獘之事。清國舉而
行之。大有裨益。然而求其所以應一大轉機。更有大焉者何哉。上下人心之一新是也。在昔普
國爲法國拿波崙所破。勢蹙力窮。幾乎一蹶不振。而普先王斐迭禮陰懷報復之志。臥薪嘗膽。
以勤儉二字爲興國之訣。重禮厚俸以招名將。精兵不數十年。國以富强。於日耳曼列國中遂
執牛耳焉。俄國先王彼得之經營新京也。招工匠以造戰舶。修道路以通行旅。倣歐制以練兵
卒。設巡捕以緝姦宄。通溝洫以洩瀦水。立郵局以通文書。設鑛局以開各鑛。凡此一切之事。先
王以身任之。大而鑄礮。小而索綯。躬自操作。卑其宮室。薄其衣食。如不知爲帝王之樂者。而所
貽孫謀。在使俄國他日帝於五州。由是而觀之。俄國今日之强且大。豈偶然哉。今以版圖之廣

第四　原人體格

凡人智開闢類人身發達人人所行似一國歷史以此論之上古未開之人殆類孩稚通俗教育論云世俗呼無罪者曰孩稚（無罪蓋謂無邪惡可罪也）又曰小兒如佛小兒心如白紙以孩稚爲善良無惡此大誤也人謂孩稚智識未開奸惡邪智盖鮮然細察之其欲爲惡之念甚夥矣先以其容貌論之鼻低而孔向上唇大且厚髮際不齊兩眼遠隔如類野蠻人者容貌已如此天性安得不然又最喜爲惡戲保母奴婢屢爲所困鞭笞猫犬殺傷各種動物女子多不讓男兒與男兒毆鬬喧豗屢煩父母師長之教又以虛言欺人甚則竊奪食物至如赤子私慾尤甚動作任意不顧萬物進化之理亦不問一人終身人類數世其進化順序方向相符合否試細觀察小兒舉動必有令人可驚者雖小兒容貌似野蠻人天性亦類之及漸成長其容貌亦漸發達天性亦漸發達且人類有天賦人爲兩性其天賦質性者在小兒若上古之時所備也人爲性質者在于年齡長大若進化之時始備也利人之心爲人爲性質利己之心爲天賦性質務義之念爲人爲性質其喜自由爲天賦性質在開化之人則有務義之念有利人之心此出于自然而非關强作也察此心此念之所由起即隨社會進化而起也故假名曰人爲性質而已通俗

教育論云上古草昧之世以弱肉强食爲風故人類腦中唯塡充私欲惡意絕無相恤相愍之情又無智力辨別邪正曲直誠與禽獸不異日事戰鬪掠奪殺傷其猛獰有力者遂爲酋長恣張暴威不中其意者必殺之其當時人人怖酋長如羊群之畏猛獅唯唯諾諾惟命是從毫不違背雖非無同類相掠奪相殺傷之念但恐觸酋長之怒蒙其責罰不敢作爲也是以平和親睦共爲生活當此之時彼等心中不知正直父子之道只怖酋長之威如知正直父子之道者以爲我欲作如斯之事不合正道也假令不蒙酋長責罪於理不可行也我欲爲如斯之事此背父子之道也假令不蒙酋長責罰於理不可行也素有此等智德以感動之然非不欲行也唯怖酋長之威所以至此耳故怖威如知其道者亦如犬猫怖主人叱恚蟄伏于座隅而已唯由恐怖而制其心戒行惡事如暗受縛束于法律裁制也者雖酋長已殀其恐怖念慮亦深銘於種族心中不敢脫去故思酋長雖殀魂魄必在人間監督我輩所爲行狀若不中酋長意嚴罰必立至亦如暗爲宗教裁制所檢束不知不識戒行惡事物換星移種族繁庶亦漸知守酋長之法制遂習慣自然萬一違背則種族擯斥不齒其人於是人皆除法律裁制宗教裁制外又怖輿論裁制遂戒行惡事

案已經各院議論可否宜記載其日記簿其所記載或有求看者非有莅席議員五分一人數不得

合衆國國會會議中不問元老代議士兩院不經他院允諾不得三日以上休會又不得妄遷兩院開會地于他所

第六　元老院議員及代議士合衆國大藏省給俸以報其職其俸一從法律所定若非犯反逆罪及犯害國家罪者不得於途上捕縛各議院議士又在議院内討論演說若有違理不得於出院外時詰問之

元老院議員及代議士其在職之時不得叙任文官增加俸給又不問官高卑凡屬合衆國政府中奉職者不得爲元老院及代議士院議員

第七　凡徵募合衆國政府歳入議案由代議士草之元老院修正其可否

代議士院及元老院議定即爲國家法律其未爲法律以前先呈合衆國大統領大統領可之即蓋印爲法律否則書其理由交還於其所草議院議院即出日記簿記載大統領理由全文而後再議之若再議議員尙多贊成前案卽併其議案與大統領理由書遞送于他議院他議

院亦開再議若議員三分二以上賛成爲者其議案即不可易凡再議之時兩院共以可否二

字決其議不得捃摭細故凡可其議案者及以爲不可者宜共記載其姓名議院又再取此議

案呈大統領後十日大統領或可或否不復交還凡經大統領盖印其議案遂定爲法律然國

會開期遲延大統領欲交還之而不得則不在茲例

凡議決要元老院代議士院同意之命令至於投票未及實行之時先禀告合衆國大統領待

其允許若大統領不可元老院及代議士院倘於其所不可者將前節規則及制限得議院三

分二以上賛成即可再議

第八　合衆國國會有議左所列明諸權

賦課徵收租税輸入税物税清還公債計畫合衆國總体並防禦各事但輸出入税及物產税

則合衆國所至皆同

管理合衆國與外國相通貿易及州與州貿易並印度人種與合衆國人民互市事

設外國人入籍歸化並倒產律

鑄造合衆國通用貨幣定其價格並定外國貨幣通用於合衆國者價格及各度量衡本位

又經由市村廳得謄寫各郡會議員名簿

第七條　凡市村選擧人在三日期內得提出關選擧之異議於知事員

若知事員以其選擧違法有注銷其人之權

第八條　凡關選擧代理人及復代理人選任之爭宜在縣會裁決之殖民地即參事院裁決之

選擧代理人不合法律所定條例或又所行有缺因被注銷其撰任即使替代理人代之

或以就任辭退或就任後宛亡之故得被注銷選擧代理人若代代理人選任由市村會另行新選任其期日以知事員命令而定之

第九條　在內地則知事員在殖民地則內務部長各期貴族院議員選擧後八日內宜以法國字母順序編列各縣選擧人名簿此名簿得公示於請求者且使謄寫之各選擧人以一人投一票不得多投數票

第十條　凡當擇衆議院議員縣會議員若郡會議員之時稽查委員會擇其資格可充衆議員縣會議員者若遺漏未經其稽查之人則先登錄于選擧人名簿中而後可爲投票

第十一條　亞路㖞賢利三縣。即以左所列明數種而聯成其選舉會。

一　衆議院議員。

二　法國衆民嘗爲縣會議員者。

三　在各市村之法國衆民。而嘗爲市村會議員所選。曾任選舉代理人者。

第十二條　選舉會以內地各縣主要地。若殖民握要地司法裁判所長爲會長。會長使其蒞席中年長者二人。年少者二人。補助會務。又別就選舉人中。擢任書記一人。會長者故不能蒞。副會長代而理之。副會長亦有故不能自來。最古裁判官代而理之。

第十三條　選舉會事務所。宜以法國字母順區分選舉人。此事務所任命各部部長及投票撿查人。以裁決選舉中爭論曲直之故。但不得反本法第八條旨意。

第十四條　第一次投票。上午八點停止。十二點鐘停止。第二次投票。下午二點開。四點鐘停止。若倘要第三次投票。即下午六點開。八點鐘停之。事務所稽查投票結局。即日由選舉長宣言之。

第四節　唱首人設立公司　公司規約登記並公告

凡設立公司其法有二以唱首人主意而設立之一也以募集公司之法而設立之二也以唱首人主意而設立之也以此法設立公司則唱首人悉任其總公司事凡定奪切規約條目皆唱首之責至裁判公證之事亦任之也唱首人誠能擔任公司即爲公司主也即分原資本金額的其可受受而後始了結公司規約則公司始設立也然當公司交收物品其物品主欲入公司告其意於唱首人唱首人必共議之始可允許凡以此等法收其原資本金額以達其數然其實公司未立猶在草創中而各公司券面額雖少使收四分之一又券面額價額出于四分一之上則其步合金必須收之公司雖爲唱首人所立其行事非唱首人所得而獨擅也且在創業時置總會司理及監查員各執其事務此際所定之規約爲公司成立後之規則監查員總會定之總理亦總會任之總理及監查員具撿查創業顛末筆而報告之若總理監查員兼唱首人更置撿閱員要其撿查及報告撿閱員者補總理監查員即商事局任之也商事局在裁判所內撿閱官只審查出資事實報告唱首人正確完備如何而已至如經濟實効不能判斷也欲使公司成立于合法之制即如以上所述宜確立定欵擔任公司規約交收出資金

額撿查公司總規則而後更要登錄公司總規約於其公司所在商業局簿書此時總唱首人
總理監查員呈公司上申書于裁判所裁判所記以各公司制規金額交收清楚事於是公司
始成總理保管之附記上申書者如左
一 物品出資契約
二 唱首人報告書
三 創業費用計算表
四 總理及監查員任定憑證書
五 總理及監查員或撿閱人撿查報告書並其理由
六 興業要政府允許或爲帝國聯邦議院所允許即其允許憑證書
夫以如此之法上申公司規約於登記裁判所求其登記登記裁判所撿查之擧其事實而證
明之登記已畢登記裁判所公布其要路如左
一 規約訂結年月日
二 規約中强行條目 廣告新聞

路透專電

古巴叛徒頟路尸亞遣將軍尸耶布多書憤美將待古巴人不遜讓請爾後不援美軍。美國政府欲置貯炭所于撲託利哥島或拉獨洛痕群島以爲媾和條件拉獨洛痕群島在太平洋上乃西班牙所領之一群島曩者美軍向小宋呂途上占有者也至如比律賓群島未有所決事在美京華盛頓所確言云。西七月十八日美國艦隊攻古巴痕著拉尼路洛即蹟痕鐵威亞岳東賢斯配拉痕著灣中一港也美軍擊沈西班牙商船三艘並砲艦五艘西兵死者百人美軍無有死傷。英國烏賢路斯親王傷膝醫欲不施手術於該部恐至脚部羸弱云 西七月二十三日

英國海軍大臣岳斯鳰賢痕氏欲營造戰艦二艘巡洋艦四隻水雷破壞艇十二隻要求費金八百万磅于衆議院蓋此擧因海軍大臣見俄國恢張海軍謂英國艦隊數宜與俄國艦隊相埒。西歐洲列國除英外皆相議不允許美國併有比律賓。美國大統領不准美軍襲擊西班牙海岸日至和事將畢成日乃全力攻之。美將滑茲託嫂痕氏帥別働艦隊將向撲路託利誇島未發。美國陸軍都督馬威路斯將軍率步兵四千人砲兵五中隊向撲路託利誇島第一軍將以後七日踵發西班牙軍嚴修防備。西軍相踵降美軍美將尸耶布多派遣

部下士官于餓滑痕他那木拔拉哥亞𧸖餓亞拉餓拉痕獨三地方受降人均西七月二十五日西班牙政府經美京華盛頓府駐紮法國大使乞和美國美國大統領與內閣諸重員議將有所覆答云　古巴叛徒向美國政府請建古巴爲共和國云　西班牙國內人心乖離餓那那達州民倡亂其餘數州携帶兵器者亦百十爲群　西七月二十五日美將馬威路斯率陸兵若干至撲痕斯島撲痕斯州在撲路託利卡首邑𧸖痕哷由亞痕西南　合衆國政府築兵營于香山化諸路路府欲爲太平洋戍兵最大堅固駐屯處云西七月二十七日　美國大統領及內閣諸員聞西班牙政府諸將開議然前議未决者猶不遽罷大統領意欲使古巴自立受美國保護且使讓撲路託利卡於美國並置貯炭所于那痕獨洛痕群中一島之地與比律賓羣島中之地即以此爲講和條件本旨云西七月二十八日　美政府謂西班牙政府未履行美政府所求之大体豫約條件以上則不肯中止其爭戰記者曰此言如答西政府求休戰者　西班牙國王患痲疹已就蓐　英國皇太子烏賢路親王創傷少瘉出遊哥母斯德相比斯麥黑氏病篤親族集于布利獨利㵎斯歇邸西七月二十日

今春清國允法國要求。其要有五事。一須在清國南海岸。貸附近一港。二須沿至雲南府延長鐵道。三清國各省沿東京一帶地不可割與他國。四海南一島不可割予諸外國。五宜以法國人任清國郵政長官。西二十七日　俄國官報俄帝作賀結約借旅順口大連灣之文以贈清帝。清帝亦作文答之。其大要在感謝俄帝懇欵。盡心隣國。　西六月十二日英國外務省報告。前土曜日。七日　英國議院發表英外務省報告書。其大要所述始於德國占膠州灣。至俄國强貸旅順口。而畢英國首相曾路內拔利。欲阻支那之分割而不得。勢不能不借威海衛以自固。因詳述其顚末。第一我明語足下。俄國常謂清國領土。與俄接壤者。除俄國外。勿使他國領之。此俄國所奢望也。其言出於駐清俄公使疤普洛布氏之口。清英公使苦辣鳥獨馬苦獨那路獨氏。親聞之於疤普洛布氏者。昨冬十二月六日始報英國首相曾路內拔利。第二俄國外務大臣曰。余初聞德國占膠州灣。不覺大驚。當時諸烏啞斯鳩新聞傳其意曰。若德國長占膠州灣。俄國亦不可不向清國熟籌其利害。從來德國所望。祇在植民爭鬪。今日向清國爲此處置。是使德國相接。而觸及俄日之利害也。則德國建設一根據地于俄日兩國近隣。展其勢力。

未免大拂俄日之心也。十七日　美國第二次麻尼剌派遣兵發桑港。其兵先抵捕諾路路軍。艦十三艘擁衛而發運貨輪三十五艘從之。然秘而不言其所之。美國北太西洋艦隊司令官瀆磨捕嫂痕氏在于幾由拔島洋。日竢陸軍至。且以電言於本國政府曰。援軍何日可至瀆痕鳩亞岳危矣。美將尸耶多氏率兵至幾由拔島瀆痕鳩亞岳洋。西班牙兵屯衛營舍凡亘十五里。以故不得容易上陸。即先砲擊之。二十一日　吳淞停車場告成。建築制度酷似上海。可見電信線沿鐵道而走。載于鳩耶威那額席茲託新聞中者可按云　蘆漢鐵道工事頗極遲緩。即自北京以達保定府。倘要一歲方成云西六月廿二日　意太利王甥母威苦託路賢磨馬奴賢路親王。欲漫遊地球。目下在美洲巡遊抵桑港。小住片時。不日將來日本。親王去歲曾與法蘭西公爵澳列亞痕決戰。以勇聞於國中。二十一日　美軍已占有麻尼拉市。玖巴西軍降于美軍。　美京華盛頓政府公報。大統領不欲占有比律賓群島。唯以取餓亞磨島得一貯炭所爲足。若讓與撲路託利誇許玖巴獨立。不敢要償賠金。西七月十八日　西班牙政府拒瀆痕鐵倚亞岳降服議論鼎沸。西政府如拒其降服。政府曰不知也。事必出於小人口。因守備將軍託拉路氏就軍法會議所分疏之。西七月二十三日倫敦報　明治二十九年以來。日人被朝鮮

人所殺者尙未追顯至今日日本公使就朝鮮政府要求其賠償金嚴迫其政府　韓署理外部大臣俞箕煥上書辭職不允獨立協會迫議政府趙秉式罷其職金炳始任議政金榮壽任參政炳始尙未拜命均西七月十八日　麻尼剌叛徒久不聞其近狀或云兵器不足所以久不聞開戰也　美德兩艦在麻尼剌海上軋轢最甚兩司令長官屢相仇視　英與美結每事忤德國均西七月二十三日　日政府購入金塊三百萬圓于倫敦今由歐洲輪積而入神戶後又可續輸送蓋日政府以漸次收托倫敦政府故其所貯之金源源而來也西七月二十二日　日本常宮周宮兩皇女本日上午十點三十分入禁闕謁日帝及皇后　板垣內務大臣松田大藏大臣林遞信大臣本日上午十一點參內　大隈總理大臣今早歸自早稻田大石大臣鈴木次官河野廣中藤金作野村臺灣事務局長等訪之特延大石大臣河野廣中于別室有所密議　至臨時總選舉之後將黜陟各國駐紮公使欲置全權大使於英美兩國　星公使將還自美國　矢野駐淸公使以西七月十六日發北京上歸朝途日本憲政黨新總務委員楠本正隆及江原素六犬養毅會于本部協議黨務選舉補闕幹事三人聞又楠本江原二氏與前總務委員四大臣會于紅葉舘相與熟議　日本水雷艇第二十三昨日下午至福

山海加丹。遭難水兵無事。今早英國軍艦過馬關海峽向西 均西七月二十二日 日本九州山陽兩鐵道會社與外國商議。將借金圓。北越鐵道亦與橫濱捕洛澳痕。賸米由路。尸木倚拔三商會議。將借金圓。三商會競應之。年息七厘。雖無政府擔保。其約可成 西七月二十三日

昨夜日本澁澤榮一。益田孝二人。訪松田大藏大臣于其官邸。叩內閣財政方畧。大臣曰。地租增徵。前內閣計畫之。商工業家亦皆贊成。雖然此使農民不任負擔也。因不許。但酒稅增徵及其餘新稅。足以補歲入之不足。唯其細目。非經稽查。不能明答 西七月二十三日

中國寧波暴民蜂起。雖不害日本官衙及居留民。諸外國人被害者不少。聞近日已歸鎮靜 西七月二十二日

漢口爲中國中央市。歐洲各國爭欲得其居留地。德國求之久矣。至昨年始獲一狹小居留地。日本亦得一區。不知德國何意。竟抗議沮我。未詳其故。待後報至 西七月二十三日

英國陸軍省。築城家李烏威斯帶國命。件陸軍技師二人。士官二人。測量師數人。赴于威海衛。或傳英政府築砲臺威海衛。滯留約二年 西七月九日

西四月二十九日。德國外務大臣皮油洛氏。至德國國會議院。公表德清條約前半部。後半則秘而不泄。且曰。雖英俄法三國。亦不敢將此約告之也。蓋德清條約。乃處置膠州灣事者也 西七月三日

本館總理撰述繙譯名列

總理新會簡敬可石[illegible]

撰述番禺韓曇首雲臺　南海康同文介甫

番禺韓文舉樹園　順德吳天民介石

東西文繙譯　日本角谷大三郎　日本橋本海關　日本大橋鐵太郎　發行人葉棟

本報布告　邇來中國時事日亟。不諳公法。致召外侮。日本大律師角谷先生。有志東方時局。爲本館專譯法律。以餉海內同人。又于每册附印萬國英傑小像。中西地圖。及新譯要書數種。冀以廣開見而快閱者之目焉。

又日本據東方要衝。五洲時務。電報飛馳。本館特增譯數葉。俾留心經世者。爭覩爲快。

本館向設日本神戶內海岸。今已遷日本神戶下山手通二丁目三十一番地。中外各處通商埠頭。均可函寄本館。或浼分局亦可代寄。中外各處願爲本館派報者。名作分局。酬謝報費二成之數。若代售本局所譯印各種東西圖書。酬以書價一成五分。兌滙諸費。一切在內。餘無另索。或徑致本館購買書報亦可。惟書價郵費。請先給足。

一收到各地閱報購書之費。均有發回本館所印收單爲據。

一閱全年報價四圓。零售每本一角半。閏月照加。實價不折。議價金遠近一律。惟郵價別訂之。本報遠近郵價。開列于後。

上海。天津。芝罘。蘇州。杭州。每本報加郵價一仙。　北京。牛莊。廣東省城。廣州府城外河南。香港。澳門。寧波。漢口。厦門。汕頭。橫濱。長崎。大阪。每本報加郵價二仙。　鎮江。安徽。蕪湖。安慶。常熟。常州。溫州。台州。紹興。山西。西江。九江。湖北武昌。湖南長沙。福建福州。廣西梧州。佛山。官山。順德大良。陳村。新會。新寧。三水城西南。海口。北海。海防。每本報加郵價三仙。　安南西貢。提岸。仰江。會安。南定。新州。河內。台灣台北。淡水。海參灣。朝鮮。每本加郵價四仙。　星架坡。石叻。庇能。

泗里末。北般鳥。務路棉。砂老越。實武牙。司馬登。略厘。巨港。吧咚。加剌巴。三寶壟。加剌吉打。吉隆。泗水。孟加錫。孟米爔花羅。井里汶。雪梨。谷當。孖里畔。舍路。宿務。怡朗。奔角山。打根。舊金山。正埠。鳥約。檀香山。小呂宋。每本報加郵價五仙。外洋一仙。值中國銅錢十文。祈各分局 先生按地名遠近。除收報價外。每本照加郵價可也。

一首二三冊告白。原議廣東省城。河南。香港。澳門。寧波。漢口。廈門。汕頭。每本報收郵費一仙。今郵局重定新章。每本報改收二仙。蘇州原議每本報收郵費三仙。今改收一仙。本報自第四冊以後。郵費照此爲据。特此佈聞。

本書局繙譯書目列後

清日戰爭實記　近世物理學新編　中法海戰記　中國商業全書

英國社會古今義　萬國近世外交史　萬國新史提要　俄國產業新書　歐洲列國新史

日本龍馬俠士傳　五大洲人類種族攷　地球文明開化史　日耳曼新史　普通小學容問叢書十六種

萬國維新政治學　萬國議院章程　萬國選舉公理　日本維新三傑傳　日本歲計政要

萬國交涉新公法　英國工業新書　海戰萬國公法　亞歷山大王戰紀　歐美富國新策

俄國近時大事記　萬國憲法　平權自由新義　法國新歷史　歐美強國新政治學博議

右書陸續刋印。分發各派報處寄售。謹啓。

已刻局書價列

南海先生四上書記一卷價二角（大同書局刻本）　五上書記卷一　價一角

孔子改制攷十卷　價二元　新學僞經攷六卷　價二元（廣州萬木草堂刻本）

日本四十七俠士傳二卷價四角（東亞書局刻本）開闢美洲閣龍英航海家獨列幾合傳一卷價二角

右書欲閱者請到各分局購取或付書本館皆可照寄

外洋代派報處列 中國分局下期續列

○安南 西貢南隆行 建芳棧 泉美號 萬源行 萬順安 生和祥

同安行 陶玉○提岸南隆 振源 宅郡萬源○仰江經華行

李同棧 瑞利棧 邱益昌公司 瑞發行 李同盛○會安永同安

伍合公司○南定萬源○新州乾成利○河內信記○臺灣台北豐興○淡水鴻記棧

瑞記行 洽吉行 同禰公司 隆記庄○海參灣同利 廣泰成

祥輝○石叻大街永生 廣恆○星架坡益昌 普安公司分局 泗隆行

德源行 合隆行 裕盛棧○庇能朱寶闌 瑞通 吉遠

三利公司 興利行 和盛行 德昌行○泗里末裕德行 茂源

○北般鳥廣記○務路棉協安 益利○砂老越振安○實武牙朱富蘭○司馬登裕和

○略厘美源○巨港同昌○吧唥朱富蘭○加剌巴同和 聯興行 福和

○三寶壟有祥 瑞昌 同生 光盛行○加剌吉打和泰○吉隆新福山公司

致和行 恆棧○泗水廣彰 同記 廣裕祥 朱富蘭

○孟加錫德記 泗和棧○孟米仁信公司 廣生隆○鸞花羅厚德昌○井里汶建成棧

○雪梨公平行 均利行○谷當協安行○孖里畔怡昌行 美珍棧○舍路廣德行

○宿務太記 金順昌○怡朗捷豐行萬裕行○奔角劉利行 合利行 源發盛

○山打根廣洲興○朝鮮仁川怡泰○舊金山正埠廣東會館區次坡比部 生發號 聚昌榮

永德 怡棧 兆昌 廣益行 兆貞祥○島約黃怡昌

怡興隆○檀香山永和泰 合利號○小呂宋榮瑞 炳記 捷隆行

順昌隆 榮瑞公司 均祥泰 瑞裕行 五美行○橫濱大同學校

廣生和 周傑臣先生 正金銀行鄭曉初先生 東同泰 華生號 廣榮安

○大坂北幫公所○長崎永同孚 神戶楊海籌先生

東亞報　第六冊

孔子生二千四百四十九年

光緒二十四年七月一日

東亞報

第六冊

ウハアウト

THE BRITISH

·EASTERN ASIA NEWS··

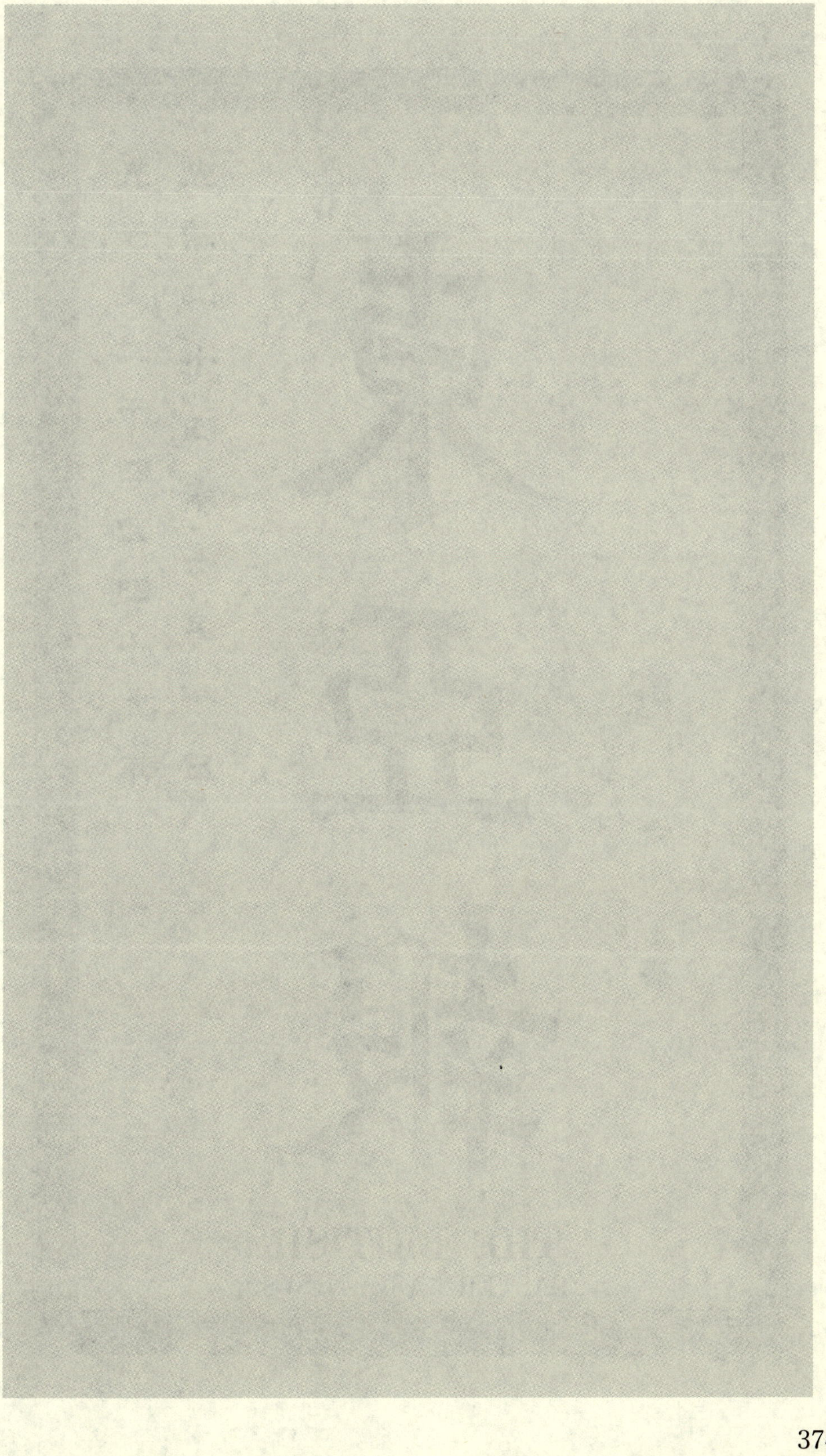

東亞報目錄第六 本館在日本神戸下山手通二丁目三十一番

路透專電

美國人憤慨時事者會于紐約欲成其志糾合國民團体選定委員將有所爲 席內拉路咩利滑託氏以前二禮拜日達于小呂宋運貨輪五艘昨日必當達小呂宋亞鼻那路獨氏與笛油鳥賢氏相和無所傾軋 西七月二十九日下午七點五分美國戶加岳報神戶製茶輪出公司日市情頗旺中等以下茶品需用增加又是日六點三十分加奈陀木痕託利澳路來電

日茶况漸動市價與美國同均（西七月三十一日）美國大統領馬茲幾列氏就美西講和條件欲使古巴島自立于美國卵翼之下且又撲託利哥及拉獨洛痕島以爲美國領邑又欲取布倚利茲皮嶋一區之地置貯炭所 英國埃及遠征隊置兵餉所于戶耶布路河下流十二里處埃及軍集諸兵于澳磨內路馬痕其國王公言曰朕率兵而發（西七月二十八日） 美國小呂宋派遣軍司令

官咩李茲託將軍帥第三軍乘輪船尼由撲託號而至其餘運貨輪亦將踵至三軍既登卡母倚鐵島殆有五百人操練不怠前月二十七日由小呂宋社友之報（西八月三日） 美國大統領馬茲幾痕列氏欲放棄比律賓島美國人民不服將加保護 法國新報稱故皮斯馬路苦公爲英傑文中倘暗含千八百七十年怨恨 英國新報稱故皮斯馬路苦公日建造德國絕代雄

才因以法國拿破崙拔兹託苦洛磨烏賢路等相比，且稱其成三國同盟平和歐洲功（均西八月二日）

美國政府議定講和條件曰：須割撲託利哥島贈美國，更宜允許古巴島自立，并割拉獨洛痕群島之一，又設遽未可允休戰，又美政府不肯擔保古巴與擔託利哥債，至比律賓之事則美西兩國各派委員協議定事，小呂宋及其附近地美國管轄之，古巴未置政府以前亦由美國暫管治之。

卞母捕痛氏爲西班牙全權代理委員，八月三日至美國大統領官邸，與馬兹幾痕倚氏會議至一點之久，美國諸新報緘口不言其事。英國議院討論外務省豫算，議士或以中國事質之，外務次官卞嫂痕氏答曰：英政府援助清國，其憑證確明，或謂閉鎖滿州港，是虛言也。英國以三月間所得於清國之地，與我國敵手諸國所得較尤大，邇來英國有就北京議外交事，更無有比勢力也。其（均西八月五日）

西班牙政府允美國要求媾和各欵。美國大統領决意置海軍貯炭所于木瞔亞島中疤岳疤岳。

美將尸耶布多氏與部下諸將校連署名建言于美政府曰：非速移陸軍兵于他處，恐罹熱病死亡必多。美國陸軍省現將糾美軍送還本國。（均八月六日）

美國郵船積載石炭十噸至長崎，明日向小呂宋（八月五日）

五洲彙電

德國皇弟歇痕利親王昨二十九日發膠州乘德國鴟拉痕獨艦朝鮮釜山浦不日抵日本

美國併有檀香山日政府嘗以其移民之事與檀政府議人或疑之當局者乃語人曰美政府當未併合以前欲平其事諭檀政府使速平之檀政府從命允交日政府所要求損害賠償金四十万圓日政府即經畫此事大約近日即可了局　大隈內閣總理尾崎文部大東司法三大臣今日上午十點入朝候日帝起居西七月三十日　比利時國公使與中國政府訂結其所領土公果自由國通商條約其志在中國人移任　中國政府欲急派遣總領事于小呂宋蓋因美西開戰之故也　日本算目貨幣實施之日至昨二十九日兌換圓銀總數四千八百九十万二千百四圓昨日亦多所兌換　開捕路輪船今日向日本北海蓋加修繕後擇要安置海底電線　日本關東黨欲以星亨氏爲外務大臣松田大臣在內亦極力周旋之關東黨曰事若不成將有所爲其勢頗烈板垣大臣頗憂之昨日松田及諸大臣訪板垣林二大臣說之曰以瑣事怒關東黨非利也且星氏苟去亨其利者獨有舊進步黨而已舊自由舊進步兩黨竟氣不相投一朝決裂勢力必係於星氏之在不在因反覆辨論久之板垣林二大臣竟從

之然不可不採進步黨各大臣意見於是板垣大臣訪大石大臣有所協議即由大石大臣傳其意於大隈總理及尾崎大東兩大臣云（西七月三十一日）

英商與朝鮮政府議將選鑛山一區開採政府允許之約已成其鑛區在二歲以內而定（西七月二十七日）

日大石大臣今日上午八點訪大隈總理大臣

大東司法大臣近日將巡按控訴院有所黜陟昨夜大隈總理大臣邸開政務稽查委任會

昨日下午一點日本憲政黨會于東京本部共議党務並內閣施政策曰雖行政改革令然未發布世上恐不足服人惟事係將來內閣與廢及政黨盛衰此際宜斷然行改革今日上午八點亦相會議曰觀政府今日事迹每多姑息無一新人意者以故民心日離政務稽查委員會亦如此究將何益宜各陳其策以稟告內閣議竟即決（均西七月二十八日）

臺北縣宜蘭土匪七百餘人降服北方土匪亦將投誠（西七月二十九日）

日本臣民算自西九月一日得與西班牙臣民受商標新式物保護蓋基於明治三十年一月二日締結日西修好航通條約第十六條也

日本移住民五十九人至于南濠北方苦倚痕斯拉痕獨州木曜島苦倚痕斯拉痕獨政府兄不携帶行海外旅券者不許其登陸

日政府囑德英二國製造水雷驅逐艇海軍大臣即名第九號曰陽炎第十號曰望月第十一號曰朧第十二號曰渚以上是爲水雷驅

逐艇名第五號曰千鳥即水雷艇也 日秋洲艦昨日自香港還澎湖島 日內務省概算加增經常費二百八十餘圓減臨時費八十餘万圓（均西七月二十八日） 日政府定臺灣學校分爲臺灣公學校令臺灣公學校官制臺灣總督府小學校官制準今歲十月一日施行 日憲政黨昨再會于東京本部議定政府改革條目凡三十條其重要曰宜廢文部司法二省宜減控訴院數宜廢警視廳宜廢勅任參事官宜行諸縣廢合宜公選郡長宜恢弘市町村長權限宜改革教育制度更革私立學校待遇法宜革易會計撿查院官制宜改革文官任用令恢擴試驗任用範圍宜以各局長爲奏任官其他議財政整理等凡適合時事者數條本日上午八點又開相談委員總會協定之有所修正然大体仍如故因付之總務委員委員審議而後致之於內閣云 本日上午十點關東俱樂部憲政黨員會于其本部議政弊革新建白案 日政府已經議會協賛以公布水害地方地租特別處方法其第一條曰本法算自明治三十年七月至十月其間洪水損害地第二條曰地雖未荒而無收獲者蠲除明治卅年地租其第三條曰該當前條地地租延納年賦金係明治三十年者除之第四條曰依本法未稽查其損害者允許延其地租徵收第五條曰在本法施行以前所徵收既納之地租金則交還之其第六條曰凡

關本法施行不得哀訴及因行政而相訟第七條曰欲受本法處分者宜限明治三十一年八月三十一日禀告之若在此期限內不禀告不得受本法處分又附第八條曰依此法律蠲除其地租不在納稅資格中控除之 貴族院茶話會員或有與內閣意見相反者此輩今上午十點鐘會于華族會館議事 憲政黨總務委員楠本正隆犬養毅等今上午九點訪大隈總理大臣于官邸提出相談委員會所決議行政改革條目（西七月二十九日） 日本各省豫算概算書以明日送寄大藏省事畢則開豫算會議稽確定 美國多岳麥稅關報橫濱獨茲託爲賢路路卡利路商會云日本輸入製茶凡一函十斤以上即每一斤稅十仙美國各稅關皆然 德國伯林府以本日行皮斯馬苦公追悼祭德國政府通其意於各國駐劄公使及諸領事各國皆行半旗弔禮（均西八月四日） 日本事有漢口居留地論已畢然德政府因與中國政府有交涉故其境域尙未定 中國政府置鐵路工務總局以王文韶張蔭桓兩人爲總辦（均西八月三日） 臺灣幣制以日本內地同一金貨本位行之於本年八月以後即設法律令以無瑕圓銀爲代用物俾資流通（均西八月四日） 美軍在撲茲託利哥島土民歡呼聲裡取撲痕斯州中一市該地名而由亞那笛威亞 西班牙政府聽從美國提出講和條件大体華盛頓並馬德里府喧傳之（均西八月）

四日 美國大統領開臨時議會召聚代議士提出現備陸軍十万之制求其協贊 英國首相媿路治拔利氏抵上院答其反對黨首領幾痕拔利氏問曰清英兩國計畫楊子江事他國有强迫清政府專其利者因七月廿一日訓令馬苦獨那路獨公使曰不問何國若以攻略法迫清政府使英國臣民因擔中國鐵道敷設工事蒙害英政府必出而抗之以援中國政府宜以此意報告中國政府均西八月三日

美國陸軍司令長官咩利茲託中將目下謀攻小呂宋後發運貨輪當以二十九日至自桑港想此等援軍未至美兵叛徒必皆不攻小呂宋 輪船火夫往來中國沿岸者請增俸金四弗一弗二十三仙九毛未得相與罷業貨物滯積在上海及沿岸大市港西八月一日 英國甲裝巡洋艦拔布利油亞並亞痕達烏痕鐵茲獨兩艦嘗矴繫于横濱昨日駛向中國威海衛西七月十三日 頃有自牛莊傳天津所報告曰俄人

在牛莊忙於圖聯絡天津鐵道布設其材料不日至自紐約布設工用一大蒸氣機關已輸送自海參威尙有機關師測量師十數人不日乘輪而來現各俄人往來如織哥蹟茲苦兵帶短劍所到之處宛如牛莊已歸俄人占領有西七月三十日 吳淞停車場告成建築制度酷似上海可見電信線沿鐵道而走載于鴎耶威那額席茲託新聞中者可按云 蘆漢鐵道工事頗極遲緩即自北京以達保定府

尙要一歲方成云 清國湖廣總督置商務局于漢口以整理商業湖北巡撫譚繼詢命候補府朱惠之爲其總辦 清國皇帝銳意欲收天下望近日允閣臣請禁收厦門溫州諸港屋稅及鴉片重稅又止內國募債蓋因厦門溫州前日有亂匪蠢動故也 日政府以勅令第百八十五號改革稅務管理局官制定司稅官員爲三十一人分局于東京大阪名古屋仙臺廣島熊本置横濱稅務管理局統轄神奈川縣靜岡縣一帶又置神戶稅務管理局統轄兵庫縣一帶即以九月一日施行印紙類賣下發賣規則中以勅令其規則第一條底加收入印紙削除第五條 日人兒島惟謙贈意見書于大東司法大臣與帝國通信全文連帶以客月二十七日贈之文頗長大要以前內閣末路所行殊非立憲處置因即指明前內閣淘汰司法官處分第一淘汰處分經過第二處分結局第三處分違法第四憲法蹂躙不擧第五密謀豫備久各就五項而痛論之 農商務省發令允許欲營保險業者之請 臺灣一圓銀貨不以時價制限其額使通用之但時價現據臺灣總督所告示即定一圓銀貨價格爲九十二錢極印一圓銀貨亦定其價格爲九十二錢 臺灣総督府欲制定食塩專賣法取六十四万圓歲入改革地租增徵九十万圓兒玉総督以其意編製豫算案提出于大藏省（西八月七日）

俄國今帝像
邦人之仇也宜刎首而已

宰割中國議中 未畢

雖然以規畫昔年西海政策而爲經營今日中國機謀則失計之甚也何爲其然也當千八百二十五年（同治乙丑四年也）英員奉命調查西海領土者其所布施之經署一以爲擴張西海岸領土于非州多害寡益一以爲英領施行政要唯欲誘導土蠻文化日開令其酋長建立自治之政三以爲管轄領地之權當讓于各部酋長使能知自立政体時英宜速放撤管轄政權不預聞問當時英政府用之徒拘拘于煦子之義而令同領非州殖民地受禍爲不淺矣夫鐵哈氏本樂天主義之徒當日嘗預調查之任者也今亦蟠然追悔附和同寮經署之失計始以爲主張土酋自治之說果使駸駸漸于文明無異英爲代也庸知地不加闢政不加變反令我商塲衰退如斯其劇乎況彼不爲我德反爲我讐而誘募法德諸國侵削英權代收我放棄之土是余於三十年前調查會商之時意想所未周者也嗟乎鐵哈氏之自悔如是然此放任主義英斤斤持是以施于中國者蓋已久矣今試舉失權于中國成敗之由足爲西海覆鼎之今證也千八百六十年（咸豐庚辰十年也）中英二次之約吾方恂然誠心意竭智力欲以昔之望西海者望中國

輸進歐米之文明振發中華之風氣使立自强治基辟中興新運夙夜隱懷將有所于冀今日矣不審其鄙然自豪之性拒慢猜忌倚虎豺而爲鄰援蛇蠍以入室（指引俄爲保護之事）侵我條約防我商權不啻西海酋長心法之相授嗚呼念俯細非眞西東同慨哉斯所謂宜鑑觀往事得喪綢繆事前者此也然中國政府其心休休無他技所怖于外國者惟威力已矣此中英千八百五十八年六十年商定條約時英特權使臣愛魯氣吳氏憤政府之說也斯言雖鷙不公于理然以三十年來近事徵之諸約國駐劄北京使臣之察查窺驗咸白眼瞠視覷破政府性情之元素積習之眞形縱欲誘掖扶持採法歐米革新庶政豈伊朝暮哉是故擧英進步之黨張張焉咸以愛魯氏說爲之鵠謂英宜料寰球諸强國忍辛艱冒危險排艦隊調戍兵內則鋒其說以懾其情外則廉其威以餒其勢然後縱衆之所欲權衆之所擇東南通其海港之場西北辟其砂磧之地礦產窮山晉秦漁鹽絕壑吳粵滊船川灌湘淮鐵軌郵通滇蜀使五州之衆勇者競先懦者踵起簇簇蠅集于亞東大陸如付腥羶如啜醯醴支那之富藏利藪威吸收攫採取盈無餘蘊焉與昔年我英開拓亞非利加一例同觀哉斯實近十年來極東之狀態也尙何于有衆遂虎之日群雄走鹿之場猶忍隱漠處靜窺如猫捕鼠圖他日之利之云耶不然慢藏之器

行路側目他人有先我着鞭而去者矣豈不遲哉雖然今吾推究支那帝國貧弱之原財政爲之也海防鼇捐旣遍徵南北各部矣然剝削愈甚飽蠹愈多司農方窮仰屋之悲周王益長築臺之慮于是俄德法諸國强爲把持輸其浥注要挾之案繁于鼇毛償貸之期急于星歲分析之慮未敢決也一千八百九十五年（光緒乙未二十一年也）駐滬英之戲也迷吳領事于斯事嘗言之詳矣政府不察謬增商稅自貽束縛以梗遏其富源則破產之憂不待繼晷也援救之術何哉今爲英計當決然革故改良廢棄昔年委蛇操縱之機課排除對外重遲迂遠之手段勃然申威迫勸政府洞闢城鎭弘爲華洋貿易之塲堙鑿川河紛灌內外航通之路斯策誠行則運輸旣便徵納遂豐國債之貸款足以償矣度支之出納足以應矣山海之寶藏足以源源增拓矣水陸之師團足以漸漸擴張矣諸他費直罔不咳唾立辦使得計臣益善維持而經理之何庸謬征違約非理之賦斂而爲此損民傷財之舉哉此中國財政救敗之善策英宜竭力心爲之而已矣且中國政府之隱憂固在足腓矣其腹心尤甚何以知其然也患在外者蠶食患在內者魚爛也聞之一千八百九十一年哈魯哈烏魯氏嘗爲演說發布于埋吳旣爰尸太阿地學協會云其言中國革命會黨名目種種紛結內外其尤强衆者滋蔓湖湘滇粵之間臥榻之旁能

安枕矣乎夫中國軍制不講求者素矣神機綠營固不足用有事徵募率皆草野不逞之徒急則需之緩則棄之故組結斯類社會者心腹羽翼皆此黨也今中國彊土南北相去二万餘里而朝建之政化若不逮于南方者竊閱廣東西邊雷高瓊廉諸州海寇暴徒累載烽煽水陸梗通民商交憊而地方命吏竟曠然相率放棄其民命財產之任絕不爲之保護一若耳無聞目無見以爲是莫須有之夢幻也否則有控訴于上官者則擯而去之反以爲是誨盜之咎也何爲知其然也于一千八百九十五與九十六二年英駐廉州北海領事之報可据也又据同年英駐廣州領事報告粵省不靖之風說比歲而來盜寇充溢良民洶洶不安于堵其騷擾惶怖之狀態與雷高廉瓊諸州勿異也蓋其所胚孕者久矣況當中日戰爭以後財政究迫羅握幾空詩云此方多寶玉慎勿嫌清貧而不肖之紳吏藉是爲漁餌肥私之計誘導有司加稅增釐卒使民商忿怨相率爲難搆訟經年猶不解免所幸粵民卑順息事爲寧抗上之力不逮其遏下之勢馭富之氣不敵其治賤之威雖其情有所不甘志有所未逮戚戢戢遵法以爲是有司當莫可如何之時作此不得已之舉以彼之徵搜我于今日者或希其保護我于來日也夫粵吏且懸煌煌諭示于國門矣旨謂以粵省之金錢作粵省之保障粵民舉欣欣然竊以爲自是

而後我之生命可免不虞矣我之財貨可免滯留矣我之產業可免藉沒矣我之子女可免標虜矣我之寢食我之出處可無宵暮之警江海之患矣豈意其擔荷民生所寄之義不能貸之重任不寒暑閒相委然而放棄于中道也如故反使民倚外權以相託庇粵之民情可見矣欲禍不作豈可得哉豈可得哉此駐廣州英領事之所報如是也況近數年來中國之有遠志者周遊海外諸國歲有所增絡繹中內不絕舉地球上無不有華人足迹焉其飜譯東西變政諸書報亦漸推擴漸有人材蔚然芽出其東南諸方一變其士人之風氣一新其民商之思望（謂南方之人多出洋國也）外有所觀內有所感其視乎晚近之政府長有不滿不平之念者矣然使政府遠察外情參視近勢可少貸下權以革新其國政拔其平昔鬱鬱不滿不平之徒以共治爲理豈無二三豪俊出而爲我走集也彼不將憤其血氣傾其心腹耗其肝膽罄所積蘊以奉上而思自奮于風塵者哉天下敖敖方引領踵集矣于自强何有焉不然革新之舉不速行也外釁之變內腐之潰決裂五出癰臭之禍可思擬哉況法人之蓄謀于南方久矣粵之毘近越南（法國領殖民地也）擊析宵聞者也而山海寇盜踰越出沒常爲法人患萎靡之吏無術以驅除焉實貽法人之辭据故刼虜之案時有所傳要償之求紛于諸報且法自領軍隊踰域而擴攻之畀人大柯欺

迫滋甚。嗟乎兩粤三十餘州之山河終爲法人所索求必矣。蓋法之取越南。醉翁之意豈在杯中物耶。今試舉其夙謀以爲來證焉。未畢

周濂溪張橫渠二子哲學論 譯西七月十日哲學報承前

日本 大橋鐵太郎譯

故自漢末以還魏晉各馬鄭王何賈逵服虔等皆徒事訓詁記誦甘於嘗古人糟粕當時雖佛教已入中國然政教之權全在儒道故潛心於儒學者不屑與佛教爭是非爰欠研究佛教之機會依然恪守舊規不出新說兩晉時人漸厭漢末儒者拘陋老莊佛學乃頗行於世然亦只尋章摘句未脫古來習慣浮華相當不過以老莊佛義理爲清談放言之資而已雖然漢唐訓詁學殆極其弊而自由思想亦漸發動其機運方熟於此時代中國人民雖喜保守遵奉不復永齷齪於古聖桎梏之下遂有昔人之書不可不信不可盡信顧於理如何耳等語從此祖述古人之風漸止而自省其理之心亦漸興唐中世如陸淳啖助趙匡共駁三傳舉漢儒相傳經義每爲批評家所議泰山孫明復承陸淳之後著春秋尊王發微十二篇獨闢町畦慨儒者溺於漢唐訓詁弊不知研究義理且曰天下之士皆致力于聲病對偶之間其探索聖賢之閫奥者百無一二非挺然特出之士孰克舍彼而取此其譏泥守舊註者曰專守王弼韓康伯之說而求易吾未見其能盡易也專守左氏公羊穀梁杜何莊氏之說而求春秋吾未見其能盡

春秋也。專守毛萇鄭康成之說而求詩。吾未見其能盡詩也。專守孔子之說而求書。吾未見其能盡書。此等論。豈非鼓吹儒道革新者乎。矧當時佛教盛行。頻繙譯經論以闡宗風。佛教哲學。漸出學者口中。其說間與儒教所言若合符節。故談性理者。喜爲究之。柳宗元生于此時。欲折衷儒佛老。以爲一家言。雖不幸早世。然革新思想與研究義理之基。全肇於此。以至誘起宋儒太極性理新說。夫宋儒太極性理新說。雖儒教哲學所發明。其實融合儒道佛三教而成者也。當宋儒未成新說之前。欲合而不遽合。觀於道學所說。一則近於儒。一則近於佛。卽爲兩者相合之媒。而其機未轉動。此卽宋學以前形况也。迨至開新哲學之時。其機已迫。而明眼達識之思想家。遂生其際。爰立新統系于哲學史上。周邵二子是也。二子旣出。發前人未發之秘。又豈偶然哉。試分中國自上古以至近今。其學風異同如左。

一　創始併立時代。

二　守舊專攻時代。

三　**融合獨想時代**。

融合時代。實始於宋儒理學之說。至創始時代。則自開闢以至春秋。守舊時代。則自秦漢以及

唐宋在秦以前雖創始儒道刑名兵醫樂曆諸學然皆自立門戶焚書以後至漢世訪殘經斷簡於遺老甚且求之壁中務稽古而不務通今遂爲守舊惡習致使漢世以後學者造詣不及鄒魯之盛此吾儒所共知也夫拘古學問之淵源取其一端而專修之雖自設獨有心得而卒無一人能脫舊套範圍如蓋公之於黃老賈誼之於刑名易有施讎孟喜梁丘賀京房之學書有歐陽生夏侯勝夏侯建之學詩有轅固韓嬰申公之學無一不專於守古皆不愧爲聖教羽翼然古來習慣者乃益滋其當此積弊既極之時即有脫古聖哲教權而開學風改新之機然儒佛欲合而不合者亦由於習慣之故也至唐末始有會其通者然此非拘守古訓所能見及必脫出聖敎權外者乃克毅然爲之如柳宗元有欲合同三教爲一團之志早世不果韓愈極力排佛而其志將使儒佛合同觀其與李翱書可以知之然則漸脫古聖賢羈絆已昭昭于此時然儒佛尙未全合至宋則其機大轉古聖教權外則有自由考察達識者出焉於是立一系說盡將三教融合使中國哲學史上耳目一新是實宋儒之功也然彼等此言决不蹈襲前人之說蓋以意識自由獨想至此故予謂宋儒太極性理學爲融合三敎之旨也至欲詳說融合二字之義譬如本非物理混合而在化學結合宋儒太極性理之學非儒敎非道敎又非佛敎

其性質本與此三者異。而宋儒即以此三者。結合於元素化學中。亦猶水素硫素酸素結合。而其性不帶水素。不帶硫素。不帶酸素。自成別物者也。宋學調和方內方外。此即宋學所以爲宋學也。何則。老子遊於方外。談天地未成之前。未曾論其經驗。孔子遊於方內。論天地既成之後。未會論其形面。莊周出自老子。自天而及人。孟軻得之孔子。自人而言天。是老莊與孔孟正爲兩極端。一則出于方外。一則入於方內。一則超越實際。一則就實際而推之。此兩極端混然相合者。實在宋學。亦猶西國卞痕託氏。欲調和實經派與觀念派也。宋學中其論究方法。大有與從來異者。試分古今來中國論究方法如左。

具體論究法　傳說抽象論究法　獨立抽象論究法

具體者。專以事理爲本。即基之以說其道也。孔子設吾欲託之空言。不如見諸行事之深切著明。非以事理爲師者耶。抽象者反之。不必拘於事理。而自能別究其理。如老莊列關尹諸子。及宋儒性理論者是也。

政治

日本　大橋鐵太郎譯

東歐紀事　譯西七月三十日東京日報

希臘償金第一回交納　英法俄三國保證希臘。公債以本月九日在巴里倫敦聖彼得堡三府發行其事頗得宜。蓋發行價格百法五十三而（一法三十九錢二厘一毛）利子每歲二分五厘巴里發行額一票二千五百法者有一万六千六百票。聖彼得堡府諸銀行皆應其募至如俄羅斯商業銀行其應募達二千七百五十万法云。

希臘公債發行日希臘駐紮列國大使通牒土耳其政府告希臘償金第一回已交納土政府即發勅令撤去土耳其兵在鐵茲瀆利威者。於是土國輸船頻往來鐵茲瀆利。載兵士還國土耳其國內諸地方人民爭迎兵士。歡聲如雷如澳茲託馬痕國舊京師小亞細亞中捕路烏斯市歡迎會實爲其最是日不論基督回徒多至自遠邇市中商店皆鎖門而不市裁判所亦罷刑。迎凱旋兵士矣。還道歡呼上天使人慰勞兵士將以六月八日撤去蓋希政府償金第二回交納以六月一日爲期。其餘額尙待土兵皆撤去方交云。

俄墺秘密協商　頃有流言曰俄墺兩國。以巴幹半島政策之事密相結盟。俄墺兩政府欲撲

滅墺流言。故墺匈外務大臣。極口言其無實。或云俄墺今日之事。未至以同盟相視。蓋千八百九十六年。墺國皇帝赴俄京聖彼得堡。有所協商。今聞其協商大要。算自千八百九十六年。至五歲間。維保巴幹半島現狀。

英鳩賢磨拔列痕氏公言　前日英外務大臣鳩賢磨拔列痕氏。在倫敦府。公言英國外交政策。聳動衆心。其大要曰。俄國今日舉動。專欲排斥英國利益。故英俄協商。可言而不可行也。是以英國與美國。相結。進退相共。以當俄法同盟。尤不可不講對德墺意三強國同盟之策也。有人作說曰。鳴氏公言此意。以聳動世人耳目。其意在由此以動列國政府心而已。蓋欲獲英國多年不能獲於絕東者也。

土耳其人注目日本事情　頃者土耳其人。成注目日本事情。日本事變。人皆喜聞之。前者俄日兩國。以朝鮮事協商。已盖印定事。土人各以其意論之。土耳其諸報。無不譯載。歐洲所傳。土國政治家實業家等。皆云日本將不日而爲絕東英國。

俄國要款四事　譯西七月廿九日大阪朝日報

中國公使許氏　曩者中國公使許景澄。駐俄京。有流言曰。許氏將回中國。荏苒至今日。尚未

就歸途捿息內母亞河中島上別墅高揷龍旗無還意俄政府待許氏以大使之禮許氏亦如以中國大使自居者然據所聞設許氏實非大使之職在總辦滿州鐵道也其要務在選定滿州鐵道線路並定線路出遼車曾經與俄國商議事殆決

俄京戒嚴　前月俄帝在玆亞利斯哥賢息路離宮間美人謀逆埋炸藥于地下事覺被捕或云美人由魔力擒一技師以有此舉警史探偵其党晝夜不惰得其踪跡盖風傳也

中央亞細亞鐵道　中央亞細亞瀆馬路迸痕獨鐵道成長七十七俄里地方人民稱便因欲建一教會堂祈俄帝万壽地方總督以聞帝曰朕嘉國民忠良故有此舉從之

西伯利亞鐵道　據該鐵道總督云全通當在一千九百四年中屆期可以卅日周遊地球且此大鐵道雖成爲天變地異所損然自鳩賢利耶皮痕斯若起點至海參威終點其間必能完成其線路又至西八月移居民來于笛瀆席痕地者計凡二万人皆有家族由政府輸送之也此輩整備糧食農具出是西伯利亞農物大增即政府先以此鐵道供人民移居西伯利亞之用并尋供輸出農物之用現今貫通鳩賢利耶皮痕斯苦賢尼息諾託河畔卞拉斯諾耶利斯苦間約二千五百俄里火輪日往來於卡拉斯諾耶利斯苦驛在貝加爾湖畔威路苦託茲苦

府數日程。此地亦有乘輪便鐵道。用材奉俄帝亞歷山三世詔。盡用俄國物。雖一基釘。莫不皆然。獨貝加爾湖壞氷船。則外國製也。

論山海關外鐵道　譯西七月十三日大阪朝日新報

山海關外自中後所至營口。其間布設鐵路。英國商人統其工事。因英人珠氏來于營口。寓居瑞林洋行。日稽查其事。其線路起自河北塘至田莊臺。出集臺子杜家臺大凌河迄杏山松山高本甯遠州中後所。以接續北洋鐵路。天津中後所間頃日既樹旗於鐵線路布設地。以爲標。是爲西路鐵道。起自營口至海城縣感士莊。長約九十里。接潘旅大道。俄人欲統督之。

沙市暴亂事定　譯西七月二十七日時事報

自沙市暴亂以來。日本矢野公使屢與中國政府議。有所要求。久不決。至本月八日。議始定。其大要。中國政府布嚴戒官民之令。嚴罰官吏不制暴徒者。賠償金一万五千餘圓。即一万兩另金七万五千圓。以充居留地堤防費。又減居留地價。免道路稅。充許將民居起日本領事館。不取館租。更開岳州沙灣。定專有居留地制時。即直與之。如福州居留地。計地方狀況。別議定之。於是沙市事定云。

中國設立大學堂 譯西七月二十七日時事報

定舉人採用試驗制度。廢八股文。專用策論。世皆巳知之。是爲中國改革之始。爾後設大中小學堂。使貝勒留學于歐美。此舉大有可觀。或曰。吾輩鑒往事。不知果奏成効否。雖然中國此舉。差强人意也。

小呂宋戰爭近報 譯西七月十五日時事報

西七月一日麻尼剌報。運貨輪送美國陸兵二千五百人。分乘澳斯託辣利亞號。尸鳩澳捕配幾痕號。尸鳩澳捕尸獨尼號。三貨輪六月三日至麻尼剌灣內卡毋烏倚澳。滊軍艦鳰耶列斯託痕號護送之。至後數日。美將而由烏賢氏。派部下拔路鳰木亞船輪。出迎諸船。導入于麻尼剌灣。陸兵即行登岸。士官水兵皆大悅。

餓亞磨征伐　初鳰耶列斯託痕艦長餓剌斯。將發美國。美政府贈一封緘命令書於餓剌斯。大意有向餓亞磨島之語。因餓剌斯率軍艦及運貨輪三艘。向餓亞磨島。六月二十日遂達餓亞島。入于瀆痕路倚笛威亞捕拉滊滊頭。有寨發十三吋砲擊之。餓亞磨屬拉獨洛痕群島。群島太守世居于此。艦長餓剌斯使人登陸。招呼太守。時太守未知美西戰事。觀美艦發砲。誤作

禮砲。即謝餓亞磨曰。我無彈藥。是以不能答砲。即將往面餓亞磨。未幾聞美西之事。乃大驚。因使其秘書官答之曰。太守而由亞痕馬利那。不能赴外國船也。次日美艦長將餓剌斯附精兵二百人于士官。至皮鴻市有所交涉於太守。太守竟交付餓亞磨島以下獨洛痕群島權力於美艦長。凡守備軍隊及兵器糧食。悉付之餓剌斯。强召大守。命解除守備兵。後又使水兵一隊上陸。擄西兵五十四人。又解除士民兵。艦長即拘太守以下西國士官于其艦。不令還宅。此時美兵所捕獲有西國軍旗銃砲。二十二日艦長餓剌斯登陸。樹美國旗于牘痕多苦路內城寨上。鴻耶列斯託痕艦鳴砲祝之。凡二十一聲。

叛徒占據　呂宋叛徒悉占有卞母鐵全州。厤尼剌市四周外諸邑。拉餓那全州。拔多痕額斯全州。米痕獨洛全州。他耶拔州將置州廳。

叛徒獲物　在卞母鐵獲銃凡八千口。在拔多痕額斯獲銃凡二千口。在厤尼剌郊外二千口。在拉餓那一千口。在普辣卞痕二千口。在木洛痕餓三百口。在拔痕拔痕額二百口。叛徒倘有砲十六門。小砲艦四艘。小火輪五艘。諸路笛痕布賢路託砲三門。

日俄新協商輿情趨勢　譯西七月十五日國民報

俄國官報宣言　俄國政府。一變對韓策。世人汲汲揣摩其意。適俄政府以西七月十日官報。公布日俄新協商法。日政府亦公布之。然對照東西兩政府所公布者。亦皆亭典也。因併譯所謂新協商及俄政府序文

日清戰後。俄政府傾全力以經營者。在發達韓國獨立也。初韓國欲確立軍隊及財政根基。要外國助力。因此千八百九十六年。韓王請於俄帝。乞派遣其訓練將校及財政顧問官。俄國應命出力助之。不敢後時。致韓國能以獨力爲獨行之運。於是俄日兩國。欲明決確定朝鮮事態。各以友誼交換日俄協商書。

此協商書。乃補充千八百九十六年在莫斯科所定之結約書也。其大要云。日俄兩國互信認韓國君主主權及完全獨立。且約不干涉韓國內政。若韓國有不得不借力於兩國之事。兩國即先通其意。不敢擅爲處置。即俄府命日本駐劄全權公使洛席痕。日本政府命外務大臣西德二郎。各委任全權。基於千八百九十八年六月二十日。俄國外務大臣公爵洛拔諾布及日本陸軍大臣山縣有朋。會于莫斯科所協定之結約而定之協商三條略之。

此外交之文書也。日俄兩國各據極東。互有深廣利益。以維保特韓國獨立及內治安寧。使兩

國互保朝鮮平和此書即其證也

俄國諾烏澳斯鴟新報素主張日俄同盟者也此宣言書乃取莫斯科之會不達其意者以補充之不過明確朝鮮半島日俄關繫之意而已然諾烏澳斯鴟新報論此宣言書曰可謂日俄同盟條約矣

欲使韓國不受他國干涉因日政府與俄政府議以定條約本日竟公布于世上實在極東開日本政畧一生面也夫日本與俄國爲隣固要同盟如日英同盟世久已喧傳之然未嘗聞其實豈非日本知英國可親又知親俄國爲可喜之證乎抑韓國在極東屢開紛爭禍機所伏至與日本關繫實多若俄國則不然以俄國觀韓國不知其利所存然則何足以武裝講平和又忍爲韓國殺其身哉且事旣如此何故又爲韓國爲新協商而不訂結同盟條約也即今回協商唯在韓國不過規定日俄兩國商工業與兩國勢力而已然韓國自立日本外交上利益也以是觀之則設乃此協商一種日俄同盟條約亦可政府宣言書中云以此友誼意爲協商俄國乃得用全力於太平洋沿岸此言也蓋俄國領土永與隣邦平和互確立事業者也抑又開外國通商門戸于東亞者也

俄國半官報甘言　半官報諸烏澳賢烏列米耶解釋此新協商不過敷衍其意而已其第一段說協商第二條所規定訓練將校及財政顧問官事曰日本向韓國欲派遣將校訓鍊其軍隊或派財政顧問官干涉其財政誓非豫與俄國議不能爲也第二段說協商第三條所規定商業事曰俄國非今始知日本商工業利害係韓國唯時未至故忍而不言耳且想將來利益不爲也第三段論曰俄兩國協商足重曰日俄兩國親疎在重此新協商否耳故日本决不以無法處置苦韓國也第四段更述將來所希望曰滿州鐵道敷設不久即成功此鐵道關繫日本不細將來又必與日本更協商今據新協商爲韓國解除日俄兩國紛爭日俄互相親自是愈密即日本享利益極大矣然則諸外國以借旅順口大連灣之事目俄爲侵略人國者亦由新協商及滿州鐵道始解其疑焉

非俄國黨論韓國可折入俄國曰使日本益厭惡俄國以供已經營資及此新協商成徵於太平洋上經營則其事釋然天下無復有懷疑者今又使人生疑誰能信之耶至末段又作論曰英國人士畫策曰英同盟由此新協商計畫齟齬意思背戾日俄親昵愈益親以我圖之俄已得此協商可無後顧之憂其一意從事西比利亞鐵道與滿州經營可知也苟全通此大鐵道

定海軍根據地于旅順口已告成功。卽再起事朝鮮。不容疑也。然則俄亦唯年月間遵守此協商條約而已

英美同盟條約 譯西七月十三日大阪報

有傳英美兩國局盟條約各項者。不詳其所出。條約中亦有可疑者。今姑揭以示衆

一英國不敢加領邑于美國北半球。確保美國建國舊地位。蓋所謂木痕洛主義也。

一美國倂有今回美西爭戰所獲土地。若有防碍者。英國助美國保護之。

一美國在極東及中華。可從英國政略。英國港灣在東洋者。從最惠國條約。可開放于美國。

一合仲裁條約主要爲一。至係木痕洛主義及泥卡拉額運河之事。別選委員協商

列邦猜忌美國 譯西七月十三日朝日報

西六月十六日紐育烏亞路獨新報。載倫敦報曰。俄英法破美國。殲滅西班牙艦隊之功。如使德國占有厤尼剌。獨漁其利。三國皆不容也。列國猜忌無害於美國所得之比律賓島。德國伯林新報以虛喝論排外主義。更不足介意也。一說曰。德國太平洋艦隊司令官達倚笛利玆。至于厤尼拉。意在於視察海軍提督艦隊操縱而已。非敢包藏禍心也。

非洲端那倚額爭端寢息 譯西七月十三日大阪朝日報

英法葛藤久結不解。將有不測。衆以爲戰端開在近者。亞非利加那倚額之事也。前數有所記。閱西六月十二日倫敦報。英國保捕茲蹟。法國獲尼茲幾那倚額二港及達歇咩倚背後地一帶。凡法國貨輪抵那倚額諸港者。通過拉岳斯時使便宜從事。議遂決。蓋出於英國讓步故也。

小呂宋各國風傳 譯西七月十四日日本報

德國領事他洛呆路氏在小呂宋。頻訪小呂宋總督母澳餓斯鳰痕氏。領事與本國政府書信往復極繁。有流言曰。德國屬望小呂宋北方斯滑路港。斯滑洛港在李痕額賢痕灣。形勝之地也。德領事密通其意於小呂宋總督。言德國出力戡定其內亂。內亂已平。即獲此斯滑洛港以爲瓊報也。

法英兩國近情

法國代理領事那痕氏。亦有所秘計。然未及喧傳如德國也。其舉動亦極穩妥。英國領事母澳路卡氏亦不顧之。其意曰。法國何德國何不能咸太事也。然是亦眞意不可測云。

朝鮮京城近信 譯西七月三十日東京日報

參政趙秉式。爲獨立協會員所迫。勸其罷職。趙乃以書對曰。官職進退。唯在皇上處分。非臣子所能擅。假令身雖有宿愆。已屬既往。今亦不必追論。且現受任勅。未數日無一言一事措施。竟致如此紛擾。非直以此身而言。恐非待政府体例。請見它日實行如何。會員得書不懌。十九日更會于掌禮院事務所。選總代委員三十人。將就趙氏宅。更勸其罷職。此夕朝鮮帝召獨立協會長尹致具。有所下問。趙忌面見協會員。不出宮。凡四日。目下愈危。

德國商民。嘗以江原道金城堂峴金礦開採事。有所請於朝鮮政府。朝鮮僉外部大臣斥之。德國領事大恚。即召僉外部。叱責且毆其面。於是遂允許德國商民所請。十九日因領事訪僉外部。協議開採條欵細目。

德國總領事餓李痕氏。前日受轉任之命。拉威痕斯獨路布氏襲其後任。十五日即至京城。氏曾爲領事館書記。即今轉任中國厦門領事館之書記人也。

前日以來。韓人立大道。集衆論議國政。其事頗盛。警務政廳即揭榜各坊曰。朝廷之事。非士民所敢擅論。自此更禁路傍演說。

英韓採礦契約。　英國公使請朝鮮政府。使英商某在上海者。採掘平壤近傍炭礦。頃日韓政

府乃與英商某訂締條約聞其契約要點所漏言曰第一欵大英國商人木爾鐸海意兩人或該兩人代理者延聘礦師一人兩歲內揀選礦地一區計長六十里廣四十里并照韓里計算按照此合同各欵任憑開採礦產第二欵該揀選得礦地界限內所產金銀銅鐵至寶石石炭一切等類任憑該商或該派代理人開採並准一切掌管此等礦務而在此合同所定年限未滿期以前韓政府概不准在他人所選礦地界內開採礦物第四欵自開礦日起以二十五年定爲合同期限第五欵如水與吉州端州平壤載寧遂安咸興不准別國人採礦并有陵園墓宮及大城大鎮商市附近之處皆不准選擇礦地開採第十欵就開採礦產所得利除去其鑛務一切經費按照淨利每百分以二十五分繳歸韓政府照收即以每歲六月三十日及十二月三十一日爲兩次分繳期第十二欵該礦雇用人役該商及該代派人宜百人中雇用韓人九十人若韓人不應其雇役該商及該代派人宣雇用外國人充其役第十五欵訂此合同當畫押前及畫押後若韓政府與世昌洋行（在仁川即德國人商會于預韓國礦山事）所證定合同彼此互字字樣有所改替即此合同亦可照樣改替

獨立立會威勢　協會首領尹致昊威勢太熾前日迫趙秉式使辭職鄭洛鎔閔種默嘗避物

議于城外。尹使人召致協會事務所。面詰曰。聞子當趙秉式任參議之日。與趙結託。以王城守備倚賴法國。果否。閔種默答之云。不知。蓋出於訛言耳。趙已畏怖協會。鄭閔亦辟易無威。仍退屈居于城外。洛鎔實爲皇國協會首領。勢既稍衰。世人因目獨立協會爲革新黨。目皇國協會爲保守黨。有人作説曰。朝鮮亦生政黨。此唯私黨中易樹一私黨。不過獲官爲搆陷器而已。未可以政黨目之。

嚴貴人　貴人欲冊立爲朝鮮皇后。其志汲汲不怠。群小阿諛取容。如廢立陰謀。實妨貴人欲爲皇后者也。貴人以廢立陰謀事。怨徹骨髓。趙秉式蹉跌不起。閔泳駿朴定陽將不日宥其罪。其餘皆將處以流刑。獨李容翊任典圜局長兼宮內府所管各道各鑛監督事務及鐵道司監督。韓帝信寵益厚。

公果自由國　譯西八月一日朝日新報

公果自由國位于亞弗利加州中央。當赤道直下。故氣候酷熱。不宜於身体。哥痕岳大河貫流域內。其始横過赤道處。自爲瀑布。所謂斯他痕利瀑流是也。至其下流斯他痕利池約一千里。舟楫往來時現河畔。多置宿驛。輪船定時日上下。其間全國面積約九十二万五千方里。人口

未詳。或謂有一千二百万乃至四千万人。其內有歐洲人。據客歲一月稽查總數千四百七十四人。即比利時人八百八十二人。英吉利人百二十五人。葡萄牙人九十一人。瑞典那威人八十三人。法蘭西人四十人。亞美利加人六十四人。意大利人八十七人。丁抹人廿人。荷蘭人三十七人。德國人二十一人。西班牙人一人。墺太利人三人。瑞西人十四人。其餘皆黑奴。有食人俗者云。以撲馬爲首都。即在哥痕岳河下流。重要輸出物。椰子油。樹膠。象牙。岩草。哥疤路樹膠。落花生。染料木材稱卡磨烏茲麥。重要輸入物。布絹。銃砲。火藥。酒精。煙草。千八百九十六年輸入總額數計千六百七万三百七千法一法三十九錢二厘一毛。輸出額總數計千五百九万一千百三十七法。此境土千八百八十五年二月十六日。經伯林列國會議所定。八十九年。列國再開會議于比利時捕路茲息府。以比利時國王定爲公果自由國君主。八十九年八月二日。國王讓其統治權於比利時王。九十年七月三日。開比利時公果兩國合同會議。定議十年之議。以公果自由國與比利時合爲一。

日本各省要求概算

譯西七月三十日國民報

日內務省輕減河川改修費。增加府縣聽費。又加下級官吏俸。因百物貴翔。故增其費。比之前

歲加約二百八十餘万圓冬期議會就政府國庫支監獄費約可達三百五六十萬圓農商務省要求加增製鐵所費及巴里博覽會費額百四五十万圓以外另加下級官吏俸約六十餘万圓司法省加增約百九十万圓陸軍省要求新營費未詳其目然兵士旣增其數則營費額鉅可知聞陸軍省現作概算書與大藏省交涉顧大藏省不拒其要求海軍省未算費目文部省要求額比前歲當初增加四百万圓後漸減然尙有二百五十万内外遞信省在末松大臣當職時因改革電信費要求三千三百万圓以連五歲猶連七歲求其照計旣造概算書以付大藏省計本年支出額約四百万圓内外云大藏省亦增加國債費外務省有要求五六十万圓加額凡此等概算書未提出議會以上尙當有所變更然結局不免有四五千万圓不足云

美西媾和前途 譯西七月三十日國民報

西政府旣經駐美法國公使手乞和美國美國大統領與諸閣員商議將有所確答前日洛威鐵路已報之聞亦以此事報於日政府雖未詳大統領之意何如或謂美政府當允其請其媾和事件當亦不至過大徵於美政府從來主義可以知之故西政府誠能明其講和意略有所讓可速結局美政府以何條件結講和之議雖不可知要以得玖馬處置及軍費賠償爲主義

如其所望他必協商定事不責難於西政府也美國合併古巴若自立使美政府卵翼之列國無敢異議者即英政府亦賛成之當無大碍也

中國大學校章程　譯西七月三十日時事報

中國政府創設京師大學堂于北京據其章程記其大体曰此大學堂既開則統轄各省諸學堂以示其模範今倘未遍開置中小學姑於大學堂內兼設小學堂中學堂且堂中別置師範學堂以養成敎師又置翻譯局于上海及諸地方編纂各種普通學其書淺而有要無論何人皆可講習即分其書小學中學大學三級以充敎授書其書拔華經子史集精要譯出歐美學校所用諸書加以潤色分給該學堂學生又頒各省學堂又設藏書樓于大學堂即圖書館廣蒐集內外圖書設儀器院陳列各種學術應用儀器分授業科目爲普通專門兩類更傚泰西日本學校敎科種別參酌中國敎法以定其科目第一經學第二理學第三中外掌故學第四諸子學第五初級算術第六初級格致學第七初級政治學第八初級地理學第九文學第十体操學以上是爲普通學其敎科書皆用上海翻譯局所編纂者第十一英國語言文字學第十二法國語言文字學第十三俄國語言文字學第十四德國語言學文字學第十五日本語言文

字學以上五種學生每人自擇其一種與普通通學共習之其教科書一皆用原本第十六高等算學第十七高等格致學第十八高等政治學法律學歸此門第十九高等地理學測繪學歸此門第二十農學第二十一鑛學第二十二工程學第二十三商學第二十四兵學第二十五衛生學醫學歸此門以上十種是爲專門學俟普通卒業各使修其一門及兩門其已習得西文者就西文各門原書修之未習得西文者就翻譯局譯出各門書修習之學生年齡二十歲以下者必使習一國語言文字學教員即以中國人學通內外者一名爲總教習置普通學分教習十人皆用中國人置英文分教習十二人用清英兩國各六人置日本分習教二人用中日兩國各一人置俄德法分教習各一人用其國人及中國人又專門學十種分教習各置一人皆用歐美人又置官學大臣一人以大學士尙書侍郎充之執其職務略如管國子監事務大臣其下置總辨一人提調八人供事十六人以執學堂事務至藏書樓儀器院別置職員經費豫算大學設立創業費及學堂樓院建築費圖書器械購入費傭聘教師來航旅費等通計約二十五万兩至已開之後每歲支消經費豫算總計十八万八千六百三十兩云

法律　　　　日本　角谷大三郎譯

比律賓島新立共和憲法　譯西八月四日東邦報

比律賓義徒統領賢米利塊亞鼻那路獨氏。建置共和政府事。既登報。今復布其憲法如左。

比律賓革命政府大統領兼軍務總督獨痕賢米利塊亞鼻那路獨布亞米宣示。

本政府以憤抗西班牙政府之秕政。矯正從前公務邪曲澁滯奢侈虛飾弊風。代以簡易質實制度。自由公布諸條。申告比律賓人民。一體週知。

第一章　革命政府

第一條　改獨裁政府。稱革命政府。其大要未經西班牙與獨立諸國公認以前。宜盡瘁用力圖自立。爲建置眞正共和國。備改獨裁官。稱革命政府大統領。

第二條　分府政爲四部。一外交。掌管海軍通商事務。二掌管陸軍及公共工務。三掌管警務公安司法教育衛生。四掌管財務農業並製造事業。但其部數可以隨便增設。

第三條　各部就公務施行。宜輔佐大統領。各部置長官一人。各使監督其事務。

第四條　分外務部爲數局。

第五條　陸軍部亦同前條。

第六條　他諸部亦隨時便得分數局。

第七條　諸部長官與大統領任各部政務責。各分局亦有其長。統率僚屬監督事務。

第八條　大統領隨其所選。任命諸部長官。又與諸部長官協議。任命其以下諸吏員。但如國家名譽。與革命成功。即要敏而有智謀者。不得徇情濫用。

第九條　各部長官在議會。輔佐大統領。得以大統領名起議。及應對代議士質問。但議論不得出于質問事項外。

第十條　大統領乃比律賓國民化身也。故出此意義。執行其職務。若萬不得已。或有別故。提出辭職表於議會。議會宜選擧其人爲大統領。若未提出辭表以前。則照現所規定。繼之至革命成功之日而止。

第二章　革命議會

第十一條　革命議會。始基於本月十八日。發行規定。選擧比律賓群島諸州代議士。若有未全能脫去西班牙政府管轄。不得擧代議士。政府選暫行代議士。以治之。

第十二條　各代議士來集于政府所在地會議事堂則以多數取決置委員五人稽查各員身職資格造憑證書更置委員三人稽查其委員所稽查憑證書其置委員亦可據選舉法定之

第十三條　已選舉委員畢翌日再會于議事堂聞前後委員報告有身望資格可疑者乃以多數取決定其可否次可選定議長副議長及代議院書記官

第十四條　開置議會處神聖不可犯倘國議會騷擾議長不能復回原序必請而求之勿使兵士携帶武器入于議院

第十五條　議會職權保護比律賓人民全体利益監督革命法律施行在大統領裁許前日討議條約及公債定其可否每年稽查財務長官所提出歲計豫算案及臨時稅案以定之

第十六條　凡重大事件必諮議院若屬緊急大統領專決之乃可通告其處理之意於議院

第十七條　議員與國務長官等由大統領命提出皆得自提出議案

第十八條　議院議事即爲公開事若不得已得爲祕密會

第十九條　院內宜整肅不紊亂議長監督院內諸事

第二十條　大統領決不妨議院集合。又不得議事。

第二十一條　議院可選任控訴及裁斷與官吏訴訟法律委員。

第二十二條　議院書記官室置名譽錄。使錄有功勞於國家者姓名。其功勞統歸議院所論定。比律賓人。不論文官武官。凡自今日革命開治以來有功勞於國家者。添證憑書。得就議院請錄其姓名於名譽錄。今後有超群功勞者。政府記其姓名。而提議其登錄。

第二十三條　議院在政府提議。宜支扶助金與死於職務或殉其國者後人。

第二十四條　議院決議。未經大統領裁可以上。不有得處行。大統領若以其決議爲不得宜。可陳說其理由於議院。以求反省。兩議院固執。而其事本格愼嚴者。得破其議。

第三章　軍法會議

第二十五條至第三十條。規定陸軍刑法。省略之。

日本 橋本海關譯

美國綿業概況 譯西七月三十日每日新報

日本三井物產會社報。設美國植綿地。比前年畧減。其故或因地瘠。或地宜穀而不宜棉。故不種綿。是以收數畧減。國如地質肥沃者。其所產仍二三倍。以本年計之。通共二千一百九十五万畝。比前年僅減千分之四耳。更就有名產地分之。其畝數加增者。米斯尸茲茲皮州一分。路威尸亞那州一分。鐵幾贖斯州三分。亞路卡痕贖斯州三分。鐵痕內茲而州三分。其餘大概皆六分。所減者。則北卡洛利那而澳路而亞布洛利達亞拉馬麥等。大率自一分至三分云。試記數年來畝數如左。

千八百五十八年	三一、九五七	千八百九十七年	二三、〇五七
千八百九十六年	二〇、八四三	千八百九十五年	一八、四三
千八百九十四年	二〇、六二七	單位即一千賢卡也。	

更聞其綿花生育。本年收獲比往歲略遲。而且生育不一。上中下概分數等。據昨年六月七日報。米斯尸茲拔河畔育綿地。爲洪水所阻。下種稍遲。幸此地肥沃。生機仍復可視。以現時攷之。

尙在中之上云又美聞美國棉花近歲價頗低業此者汲汲於少種然其事不輙行如本年度棉花市價勻計每斤五仙雖價低如此然種者仍不甚減詢之業者此設低價如此有何所利彼謂大祗收市價之益蓋因業此者植農物于綿地以補綿價之缺故也

橫濱生糸市 譯西七月三十日每日報

橫濱生糸市自前歲至今日美國未來購唯輸出歐洲新糸已成猶未入美國亦唯歐洲購之需用期節已迫橫濱市中料美國必將訂購即累積生糸昨日九十番館彼果三次購信州大糸及上州座繰五千斤一万斤二万五千斤百九十八番館百六十番館亦將有所訂購生糸輸入美國自是復始

輪臺灣米况 譯西八月三日每日報

東京米穀聯會店七月受授屆期米商以臺灣米充之買主不懌前日聚議今據所聞設買主欲以臺灣米格位準武藏中米市價標然則臺灣米援受內規爲劣米劣米謂除去不收也雖然以一方論之定期米從來以武藏中米格位爲標準以買賣之故定期公定價格惟武藏中米市價與定期米差玉四圓以上蓋由外國米代用尙存也卽臺灣米亦以平均價格爲標準

定其格位米穀聯會店因以六月期米授受前例處分之云

美國及加拿大茶況 譯西八月三日東方報

前月二十九日美國市俄古報三十日下午達至神戸製茶輸出會社云市况益帶强氣中等以下茶需用增加是日又有加拿大痕託利路市報云市况漸盛價與美同

俄清銀行橫濱分局 譯西八月三日每日新報

俄清銀行橫濱分局以西八月一日起業此銀行係前三年創立資本金六百万路普路即英貨九十六万磅換算日本貨幣凡九百五十万圓總局在俄京聖得斯堡府分局在浦鹽斯德莫斯科北京上海天津旅順牛莊巴里長崎九處今又置一分局于橫濱俄人尸洛痕濕利㖒亞氏司之中國人袁子莊爲清日業務主子莊以海產物貿易知名更將置分局于神戸西京等處

美國稅輸入茶 譯西七月三十日每日新報

頃者美國政府稅美國輸入茶初日商論之曰果然則日本輸出茶不免虧折又曰未必可憂及美政府稅之今未詳知其實况桑港陸奥領事報云前月十三日美國大統領始稅輸入製

茶。其間未滿十日。恰當新輸入期。故日本輸茶商。及美國輸入茶商。損耗必鉅。然美國輸入之茶。亦未豫期茶稅令下。因見日商輸入茶多。俄有此令。逐減價妄賣之故也。以今攷之。爲日尙淺。雖未知其虧折好何。據該市一二茶業者設。此日最虧折者。粉茶也。蓋舊稅未廢。粉茶輸入。源源而來。計該地時。每封成本在五仙內外。而此零賣市價已十仙。今加輸入稅十仙。並關吏費。則爲原價十五仙以上。零賣市價。必在二十仙以上。且該地購粉茶者。多皆食力細民。此輩前以十仙購粉茶。今忽漲至二十仙。恐不能繼續耐久。矧戰端未罷。諸物貴翔。貧民苦甚。各需用物。購之不易。以昨日之價。今竟俄至二倍以上。愈加其苦。則此回加稅。不啻禁粉茶之輸入耳。又以粉茶禁止稅而論之。從來每封零賣市場。二十五仙以上各種製茶。問其虧折如何。其受累之無如粉茶也。蓋日本製茶。多爲該地中等人所嗜。要以市價三十五仙五十仙等茶爲多。因此向各茶商新法曰。稅令已出之後。即從來零賣市價五十仙者。加增五仙。爲五十五仙。間混以低價茶。庶彼此可保利權。荷値七十五仙二弗良茶。直加十仙。務使需要者不轉爲他好。則其需要數。較從前亦當不減。

藝學

化學工業之發達 譯西七月五日太陽報

日本 橋本海關譯

化學工藝。至現世紀。功績大顯。純正化學愈發達。硫酸曹達製造與鹽酸漂白粉鹽酸加里硝酸等製造。出化學研究者。其製法愈見得宜。且以化學分析術施之工業。諸種製造者最多。即所要硫酸製造者。已改革之。又定水蒸氣量。愈加改良。有海路卡氏法。蓋發見化學製法者。爲苦列咩痕託氏及笛嫂磨斯氏。後有培利岳茲託氏及烏倚痕苦列路氏。烏賢培路氏。路痕呆氏。其餘諸氏。皆說明硫酸製造化學反應。以審其法。又分析硫酸製造中鉛室內所起之電氣体。使之用其工業製造。厥功尤大。烏倚痕苦列路氏利用此電氣分析。竟得工業製法。觀察亞硫酸及硫酸亞硝酸化學作用。然多所得今日皆由此法。以益開硫酸製造方法。自是工業諸藝術。爲純正化學所助。亦非鮮少也。

以酸化硫黃與酸素製造無水硫酸。古來唯於實驗上少量製造。自烏倚痕苦列路氏研究其法以來。更得多量製出焉。其用途亦廣。可供種種工業用。亞硫酸從前亦只用於製造硫酸。而已。今則爲絹布毛帛類漂白劑。得多量用之。近來用之纖維素製產。其量最鉅。

曹達之製造用食塩製曹達化學所發明也卽爲工業上大根基焉可謂化學中興也其發明之者尼誇辣斯路拉痕氏也後一千八百二十三年馬斯捕拉茲託氏在英國利母亞捕路建一工場大改革曹達製造法助其發達者不少要曹達製造分析其原料品製產物其精製品等始得爲今日工業最大要品即先變食鹽爲硫酸曹達由磨加以石灰石末終得炭酸曹達由磨此法本就化學原理而明之以至今日熔爐法

觀察化學原理行曹達製造改革法不化食鹽爲硫酸曹達由磨形用亞痕木尼亞曹達法直以食鹽製炭酸曹達由磨此法雖簡然用之工業尙須時日宜益加探究至曉嫂路毋賢氏製造亞痕木尼亞曹達法此法化學者最重之殆壓倒捕拉痕氏法今日由捕拉氏法生副產物即鹽化水素酸鹽素是也此法愈盛將來路布辣痕氏法可廢

鹽化水素酸以價太廉多製出之培路託痕氏自實驗塩素及亞路卡利有塩化物漂白作用以來益製造漂白液一千七百九十九年餓拉斯岳鐵那痕託會社始製造鹽化石灰過酸化麥痕額痕者用塩素製造者也遂爲廢物化學士皆棄之烏路獨痕氏再用之發明新法一千八百六十七年以還此法能助理學又笛誇痕氏以塩化水素酸製造塩素此法亦基於理學

現今工業上多用之。即以墟化水素酸與空氣混合。而加硫酸銅者也。

臭素及沃素。比墟素少天然量。且應用亦不廣。雖然在工業上則有用物質不減於墟素。其製造法。呆路蹟茲苦氏拔拉獨氏始開之。即就墟素母液取沃素。以酸類加于智利硝石燐火石。而在母液中得之也。沃素及臭素與銀化合。造沃素銀臭素銀。多用寫眞術。

硝酸大要用化學工業者也。特用爆發物製造硝酸撲多尸由磨。自古至今不可缺。火藥製造用。從得硝酸曹而由磨。代用硝酸撲多尸由磨。以硝酸曹而由磨與硫酸共蒸溜而作硝酸。又使硝酸曹而由磨。作用墟化撲多尸由磨。賴其複分解造硝酸撲多尸由磨。此等使用乃今法也。

火藥及爆烈藥。重要化學上。其發明應用。與現時化學密接。中國人蹟拉息痕人。自古以來每製造煙火必用之。歐洲則自第十四世初紀。彈丸放射時亦必用之。五百年以來。化學者用以供燃燒料。捕痕息痕及尸尸茲布二氏。精細測定火藥燃燒而所發電氣体及其殘滓成分。始知火藥爆發于電氣体中也。後得利痕苦卡洛賢培路諸培路及笛捕斯氏等。力大有所發達。一般爆烈藥學造。卽一大工業根基。必賴化學研究。以供實用。一千八百四十六年。息痕拔倚

痕氏培茲託呆路氏發明綿火藥。以一新化學。其燃燒性質反應列痕苦卡洛利。熈列痕賢培路等數人詳述之。至一千八百六十二年。諸培路氏研究之應用始廣。賢培路誇茲捕鳴耶歇痕皮澳痕氏更深研究。最用心於其造成法。至造達威那馬威託應用愈廣。無煙火藥成分實類之。卽包含尼託洛治性者也。利皮茲熈氏等益加研究。以製造雷管及導火管。

燐寸製造。亦取其原因於化學研究。自化學製造發明以來。發達非常。一千八百七年。墟酸加里。與硫黃相混而浸于硫酸液中。由其燃燒所得者。卽火賊也。（火賊一曰火絮）更加研究。至於由摩擦而生火。卽用燐製造火柴。基於一千八百三十三年。洛咩路木路笛痕哈烏賢路二人發明也。爾來屢改革之。發見無毒赤燐。一千八百四十八年以來。得精良赤燐。自是用途漸廣。五十年來應用大盛。一千七百七十八年。尼誇拉斯氏又改革之。近歲布引茲呂氏又研究其法。遂爲天下通用。

曹達製造發達。與化學工業諸藝術。大有可觀。特以石鹼製造爲是最先研究此法者。息母路路氏也。近歲得詳細脂肪化學性質。卽哈威痕茲及培路鐵洛氏之力也。此二氏曰。夫脂肪者數種脂肪酸中性餓利息利痕賢斯鐵路也。日常所消費蠟燭。實悉知脂肪性質而造之也。

上諭恭錄

二十四日奉　上諭總理各國事務衙門奏遵議侍郎榮惠奏請特設商務大臣及選派宗支游歷各國一摺商務爲富強要圖自應及時舉辦前經該衙門議請於各省會設立商務局公舉殷實紳士派充局董詳定章程但能實力遵行自必日有起色即着各省督撫率各紳認眞講求妥速籌辦總期聯絡商情上下一氣毋得虛應故事並將辦理情形迅速具奏至選派宗室王公游歷各國亦係開通風氣因時制宜之舉著宗人府察看該王公貝子等如有留心時務志趣向上者切實保薦聽候簡用欽此　又奉　上諭昨經降旨　令宗人府保荐王公貝勒等選派游歷因近支王貝勒等職位較崇朕當親行查看毋庸保荐其王公以下及閒散宗室如有志趣遠大才具優長者著宗人府隨時保奏欽此　又奉　上諭御史楊琛秀奏請釐定文體一摺國家以制藝取士原期闡發經義講求實學勉爲有用之才茲據該御史所陳近日文體之弊斟酌釐定並各項考試不得割裂經文命題等語著禮部議奏欽此

中國駐日本公使横濱大同學校立案稟批

監生鄺華康光祿寺署正鄭觀光等稟批

前據該生等稟呈剏立大同學校告成請爲查明原委立案給匾以安人心等情前來正擬據

情詳請

欽憲察核適奉

憲諭飭爲查明具復等因奉此當即轉諭中華會館董事查復之後隨據該董事等復稱該生

等創設學校原爲敎導旅濱商民子弟起見本屬善擧尙無別情本總領事復查無異足見該

生等好義急公殊堪嘉尙惟事屬初創一切尙未大定除據再查明稟復存案外應俟辦有成

效之時再請

欽憲賞給匾額以示鼓勵旋奉

批示如稟辦理等因奉此合行鈔錄原批仰即一併遵照可也

橫濱中國大同學校今年二月中旬告成闔阜商人于三月入稟　公使領事立案爰錄批

語以告天下

諺曰習爲性又曰習慣者第二天性也然時或見與第一天性無違夫既由習慣養成惡惡夫性又由遺傳長惡惡之心時以万物進化原理無怠其作用人心改良進步駸駸乎無有止時故上致祖宗亦常有無此智識者又于法律宗教社會所裁制之外更爲德義裁制所撿束至戒爲惡事猶詳哉言之不問法律宗教輿論惡惡避之善善行之同胞相親同情相憐良心始發生焉此自感於情而發是爲良心起點自良心勅發以來由今溯古良心日漸長進卽以子良心比其親良心日有進境以孫良心比子良心益得其宜又開化人良心勝於野蠻人良心良心無或間斷以進入純全境域然則據此而論若經千百年後致今日開化程度未可謂良心無失錯誤謬也

及社會文化漸開以人工變更天然境遇故比未開時代天然境遇波及社會進化者其度鮮未開化時代人類社會發達所大波及者別無可論其稍進開化之社會發達上亦尙未波及卽以人工變更天然境遇天然境遇波及人工發達亦甚少也又上古之時人類多聚集地質肥沃之處逐水利而居彼此互相結好以通有無故其進化甚速蓋理勢然也天氣寒暑之波及于社會進化其力猶大矣試觀寒帶地方晝夜之別不如我東洋處溫帶之便利故隨地上

半歲全晝而已或由土地全不晝而長夜此時人皆就業蓋以理而論雖似稍便夫人之勞力固有限故在晝長之日不得不設寢息時間若生南北極地天逞寒威以迫人類須盡心力汲汲防之不暇他顧况於謀進化乎然則半歲全夜土地即以全夜而夜甚長攷之更有甚於半歲全晝而晝甚長之時也如亞美利加北部半島辣普辣痕獨土人身體常塗鯨油以保體溫雖爲凌寒氣之計至不能忘其苦寒家在雪中止得點淡暗燈火如欲燒薪炭則不可得也唯其然只計抵禦寒氣奚暇謀身體康健子孫蕃殖哉欲求社會進化戞戞乎難矣又觀熱帶之地炎熱爍金奪人類之聰强使之陷于懶惰故土人若食物耗盡始勞力求之食物既足安逸是耽不作一事至如衣類終年裸體故不勞紡績彼等皆知有今日而不知有明日之人類也故到底難言進化稍低熱度地方雖晝間不耐炎熱夜間與朝夕炎熱不劇可堪勞役以土地膏腴故食物富饒禽獸夥生古代人口蕃殖開化等級亦出于各國之上然如日本夏日勉强力大減是等地方人民樂慵惰送日人口蕃殖衣食生計皆不容易故人君與富豪等雖以最少工俸使役勞力社會（勞力謂傭夫也）勞力社會者恐失其職些少工俸猶且努力强求人口愈蕃殖貧富愈懸隔人民品位愈卑賤（下劣謂勞力者愈多也）

設贋造合衆國公債券及贋造流通貨幣者罰律

設置郵便局遞信道路

與專賣權於著述家及發明者獎勵學術技藝開設高等裁判所以下諸裁判所

定海賊罪及其他大洋上所犯重罪及萬國公法犯罪設其罰律且布告開戰奪敵艦狀允許掠奪敵船艦之命令書也並設海陸奪掠物處分規則

設法維持陸軍但不可將陸軍費用金額爲二年以上準備

準備海軍並加維持保護

監督海陸軍並定整頓海陸軍諸規則

施行國法鎭壓內亂防禦外寇召募民兵

編練民兵給以備用武器且設其練熟規則又設管理民兵從事本國者規則但任其士官練熟民兵其權悉委之於各州

設合衆國政府土地受領割予城堡武庫造船所並諸建築及土地購覓等諸法律

第九　合衆國國會本國人欲轉居外國者或外國人欲移住內國者其意若無所害則不可

禁遏之。然國會每移住者一人。可得徵收十弗以內租稅。

合衆國國會當內亂外寇時。不可抑止本國民人保護自巳權利。又不可設夷滅族類。及追溯既往之法律。

合衆國國會欲課分頭稅及正稅。非與第二條第三項所記人口稽查相應。不得課之。

合衆國國會不可稅各州輸出物品。又甲州開港市通商規則與乙州開港市通商規則相同。不可寬嚴有別。又船舶從甲州至乙州。或自乙州至甲州者。入于丙州港。其港不可設收其出港入港稅之法律。

合衆國國會不使大藏省各官省於定額外更支費用。其各省定額金歲以法律定之。所謂法者。經國會議定者也。若公款收入支出。渾從其規則。作明細簿。時時可公告之。

合衆國國會無論何人。不可呼以尊稱。又仕合衆國政府保有官財者。不經國會准許。不可受外國帝王侯伯及其政府贈物官位尊稱亦然。

第十　無論何州。不可約合同盟。不可發奪艦令。不可鑄造貨幣。不可發行信用劵（註即俗稱銀紙）不可以物品償債。必用金銀貨幣。不可設夷滅族類。追溯既往。及損害契約等法律。又不可授貴

第十五條　不論何人非充左所列明條件在第一次第二次投票不得選舉爲貴族院議員

第一　過半數投票

第二　投票數不入登簿選舉人四分之一乃不能選舉

第三　投票同其數宜選任年長者

第十六條　貴族院議員選舉會宜從一千八百六十八年六月六日法律而行之但修正其法如左

第一　此集會算目選舉代理人任命之存續至投票之日

第二　此集會不可預宣言而開之即如其所集會日時宜待臨時宣言而定之

第三　除衆議院議員縣會議員郡會議員選舉代理人及候補者外不得參與此集會而使市村吏員監視之

第十七條　凡選舉代理人可參與投票者得其選舉會長撿印證憑示之於政府國庫即得其旅費其方法同千八百十一年六月十八日勅令第三十五條第九十條以下諸條係陪審官規定

第十八條　凡選擧代理人而無故不蒞投票席若及時期不通報其補充者即處五十法罰金此罰金則其他司地裁判所宜依該官省要求以宣告之

代理人既得接書信電報而不蒞其投票席者罰金如前項

第十九條　凡依刑法第百七十七條以下諸條規定方法收賂賄贈遺以購求選擧者投票若已受賄而決意不投票者亦處三月以上二年以下禁錮處五十法（一法三十九錢二厘一毛）以上五百法以下罰金若只此二種刑之一　刑法第四百六十三條適用本條刑

第二十條　凡貴族院議員不得兼左各官職

參事院議官　參事院議官補　縣知事及副知事　但息奴縣知事及警視總監在此例外

控訴院及第一審裁判所檢事局員惟巴里府控訴院檢事長在此例外

支給資財官長　特別收入官並諸省吏員

第二十一條　列擧于左者其職務執行間及辭職退職轉任依其他方法去其職務之後六月間不得復選出爲職員于其管轄域內府縣及殖民地

三　營業年限　利息分配益公司財產分割

四　特別利益　物品出資　物品交收創業費用

五　唱首者資望公司擔任理由

六　主幹及監查員資望又撿閱人資望

七　公司規約中通常所定主幹意思發表方式

第五節　公司募集會社設立　公司來稟　創業總會

募集公司以設立會社此所稀行其方法複雜不簡凡據此方法確定規約條目之後唱首者於所擔任之外不得不要募集其殘餘公司此公司募集有嚴格定式準政府訓令書式以復式書（公司募集書）而行之者也就該募集書應募公司數或券面額有差等明其應集金額又明其公司種類猶可記其募集書者如左

一　公司會社規約確立年月日

二　公司會社規約中强行條目

三　物品出資會社規約

四　公司主有異種類即其各總數

五　唱首者資格

六　公司主發行價額

七　各回收納金額

八　因公司會社設立決議未堅固公司主稟啓無効其無効期限

公司主募集書中脱漏以上八者定件若記以上外制限即可無効然會社既受登記且欲入公司者加公司主創業總會議或其後行公司主權利若盡其義務則其欲入公司者即爲有効公司主對公司募集書帶已責務者也唯公司募集書中記此八者以外制限對會社無義也凡至唱首公司主擔任與應公司主之募者達原資本金額即假權撿查劵面額收納爲幾許撿查已畢即登記其公司規約于公司會社所在地商業登記簿其登記其地裁判吏掌之也必添呈公司募集書副本及唱首者署名公司名簿該名簿即錄各公司主所有股票及收納額於是登記裁判所直招集諸公司主使其議公司已成之後公司主可守之事以定公司規律此際監查総理宜據已所發報告書説明其撿查成績又非唱首者

本館總理撰述繙譯名列

總理新會簡敬可石薌

撰述番禺韓曇首雲臺　南海康同文介甫

番禺韓文舉樹園

東西文繙譯　日本角谷大三郎　日本橋本海關　日本大橋鐵太郎　發行人葉棟

本報布告　邇來中國時事日亟不諳公法致召外侮日本大律師角谷先生有志東方時局爲本館專譯法律以餉海內同人又于每册附印萬國英傑小像中西地圖及新譯要書數種冀以廣開見而快閱者之目焉

又日本據東方要衝五洲時務電報飛馳本館特增譯數葉俾留心經世者爭覩爲快

本館向設日本神戶內海岸今已妥遷日本神戶下山手通二丁目三十一番地中外各處通商埠頭均可函寄本館或浼分局亦可代寄中外各處願爲本館派報者名作分局酬謝報費二成之數若代售本局所譯印各種東西圖書酬以書價一成五分兌滙諸費一切在內餘無另索或徑致本館購買書報亦可惟書價郵費請先給足

一收到各地閱報購書之費均有發回本館所印收單爲據

一閱全年報價四圓零售每本一角半閏月照加實價不折讓價金遠近一律惟郵價別訂之本報遠近郵價開列于後

上海天津芝罘蘇州杭州每本報加郵價一仙　北京牛莊廣東省城廣州府城外河南香港澳門寧波漢口廈門汕頭橫濱長崎大阪每本報加郵價二仙　鎮江安徽蕪湖安慶常熟常州溫州台州紹興山西西江九江湖北武昌湖南長沙福建福州廣西梧州佛山官山順德大良陳村新會新寧三水城西南海口北海海防每本報加郵價三仙　安南西貢提岸仰江會安南定新州河內台灣台北淡水海參灣朝鮮每本加郵價四仙　星架坡石叻庇能

泗里末。北般鳥。務路棉。砂老越。實武牙。司馬登。略厘。亘港。吧咚。加剌巴。三寶壟。加剌吉打。吉隆。泗水。孟加錫。孟米。爐花
羅。井里汶。雪梨。谷當。孖里畔。舍路。宿務。怡朗。奔角山。打根。舊金山正埠。鳥約。檀香山。小呂宋。每本報加郵價五仙。　外
洋一仙。值中國銅錢十文。新各分局　先生。按地名遠近。除收報價外。每本照加郵價可也。
一首二三冊告白。原議廣東省城。河南。香港。澳門。寗波。漢口。厦門。汕頭。每本報收郵費一仙。今郵局重定新章。每本報改
收二仙。蘇州。原議每本報收郵費三仙。今改收一仙。本報自第四冊以後郵費照此爲据。特此佈聞。

本書局繙譯書目列後　清日戰爭實記　近世物理學新編　中法海戰記　中國商業全書
英國社會古今義　萬國近世外交史　萬國新史提要　俄國產業新書　歐洲列國新史
日本龍馬俠士傳　五大洲人類種族攷　地球文明開化史　日耳曼新史　普通小學答問叢書十六種
萬國維新政治學　萬國議院章程　萬國選舉公理　日本維新三傑傳　日本歲計政要
萬國交涉新公法　英國工業新書　海戰萬國公法　亞歷山大王戰紀　歐美富國新策
俄國近時大事記　萬國憲法　平權自由新義　法國新歷史　歐美强國新政治學博議
右書陸續刋印分發各派報處寄售謹啓。

己刻局書價列
南海先生四上書記一卷價二角（大同書局刻本）　五上書記卷一　價一角
孔子改制攷十卷　價二元　新學僞經攷六卷　價二元（廣州萬木草堂刻本）
日本四十七俠士傳二卷價四角（東亞書局刻本）開闢美洲閣龍英航海家獨列幾合傳一卷價二角
右書欲閱者請到各分局購取或付書本館皆可照寄

校勘記　四冊二頁十三行己字當在人字下十頁一行難誤作雄五行苟誤作荀七頁廿四行門下脫商字

中國代派報處列 各國分局下期續刊

○北京 琉璃廠廠甸[illegible]報局 天津 閘口鳳神廟間壁西學官書局 針市街恒豐盛 羅恒益 森興行 裕和興

○山東 燕台潮州會館黃幼達明府 福記 聚盛行 裕慶和 榮豐行 順泰

元發庄 牛庄 東盛和 全泰盛信館 潮興行 元隆庄○江蘇 上海大馬路泥城橋大同書局

知新報分館 二擺渡同和里廣永亨 廣盛泰 全泰盛 普安公司分局 金利源馬頭啓昌 棋盤街安和祥

同吉泰 源盛昇 振源行 蘇州 閶門中市廣芝林 護龍街馬醫科巷口墨林堂 鎮江 德記

閘口攦店巷吳灝芬先生 廣盛隆○安徽 無錫代售申報處吳桂林先生 蕪湖電報局 三益 源記行

廣恒豐 常熟 醉尉街內閣張第 江寧 南京孝順里陳安園先生 常州 龍城書院內李澤之先生 安慶 電報局

○浙江 省城豐禾巷前杭嘉湖道宋公館 寧波 諸衙街餘代攬局嚴惠芳先生 同福和 啓興行 溫州 瑞記洋行

台州 黃巖縣柯豐泰 紹興 水澄橋墨潤堂○江西 洗馬池街李慎堂藥店 源泰裕 九江 永生○湖北 武昌省府街口鴻寶齋

漢口 億茂祥 廣興源 普源長 榮茂行 全昌正 永安和○湖南 長沙 省城時務學堂

○山西 由上海時務報館代寄惲伯思先生 ○福建 福洲南台閩海關科房代售各報處楊賓春先生

福建福州 滙豐銀行分局馮晴浦先生 太平洋行 渣打辦房容建邦先生 新福成 天保洋行 美記行

廈門 和鳳宮邊新允昌鴻記 捷記 瑞記洋行 戀記行 建源行 福聯昌

汕頭同泰行 中和行 榮發行 光泰行 源盛行 元隆行○香港 上環昭信

東 裕 普安公司總理燕梳各先生 萬安公司總理燕梳各先生 濟安公司總理燕梳各先生 南北行街口永同福

廣南隆 誠安 信亨 公和 廣萬和 公源 俊昌榮 均興隆

厚豐 恒記 萬祥源 源發 聚棧 建發 同利福記 中環廣恒泰

廣豐隆 廣永生 樹記 松秀東街福記 威靈頓街聚珍樓 文武直街文裕堂○廣西 仁興

梧洲九坊廣昌盛 ○澳門 大井頭知新報館 泗唔街華裕盛○廣東 省城雙門底時務書局 知新書局 城隍廟前廣泰和

大佛寺前恆善堂 拱日門廣裕祥 興隆南約泰盛 題鎮坊日瑞成 下九甫昌和 槳欄街仁裕堂 打銅街生源和

安瀾街榮盛 大新街廣德生 萬泰來 第八甫義經 靖海門鴻安客棧 杉木欄晉和 迴瀾橋廣興源

祥發源 杉木欄祥記 全昌正 河南白鶴州恆裕茶行 佛山 [illegible]街百元堂 公正市美彰

富文里昌棧 汾流街興隆 官山 茂昌 順德 大良六合 陳村 舊墟育記 源來 新會 九如

江門 舊柵街安盛 沙仔尾廣裕豐 會城兄弟聯魁第趙 新寧 荻海紫來街恆泰 三水 城[illegible]房杜伯倫先生 西南 瑞益

海口 源發利 信記行 興記 和美行 北海 永昌隆 永隆 裕豐

聯益 祥隆行 海防 致忠和 廣新源 茂發行 廣裕隆

東亞報　第七册

孔子生二千四百四十九年
光緒二十四年七月十一日

東亞報

第七册

ウハアウト

THE" EAST ASIA".

ISSUED THREE LIMES IN A MONTH.

路透專電

美政府令美國艦隊司令官笛及尸布澳茲兵將發亞託拔拉矣不如置之於歐洲管治法之出烏賢威及賢痕捕嫂痕二提向蘇丹本日騎兵砲兵兩隊已內漸次誘致自治制也況歐洲督解其封鎖 西班牙政府就發 美政府定議自今後非將之制森嚴中包容仁慈必得其講和條約規定送付古巴及化軍咩利茲託氏所請不送兵于宜（西八十九月日） 美國輿論以保有託利哥于美國 美國此回戰比律賓島（均西八月十六日） 合衆國比律賓爲可者大有勢力云（均西費概算一億五千万弗（一弗二圓三錢九毛） 國務卿笛倚氏辭其職倫敦駐（八月十九日以下所錄均各匯雜電） 本日以官美國最重新報報英美合同檠大使化倚氏襲其後 苦利報布臺灣文官任用令勅令第事曰兩國合同保護中國利益託島內亂達其極晏後一千五百九十號曰廢明治二十九年且言保護比律賓島適切理由百人肆橫行虐殺日加（西八月十八日） 勅令第百零三號臺灣總督府（均西八月十五日） 那威路遠征軍司 俄京聖彼得堡府半官報勸文官特別任用令及同年勅令令官幾茲鴟賢那將軍率烏澳告美國曰據美人所經驗直欲第百二十九號勅令第百九十亞烏威鴟兵及利痕哥路痕兵旋立自治制度于比律賓甚難一號曰臺灣総督祕書官不依

文官任用令規定得可任用勅令第百九十二號曰凡屬臺灣總督府職員五歲以上從事官務現在判任官三等俸以上者不要試驗經文官高等試驗委員銓衡可得任用卽警部長辦務署長稅務官典獄一等郵便電信局長勅令第百九十三號曰臺灣総督府判任職員除所屬吏外姑不必依文官任用令規定可得任用　臺灣総督府以廢文官特別任用令之故議曰宜從來加俸十分之三者再增十分之四五以示優遇現已稽查之　昨夜有人還自檀香山據云日本向擅香山有所議客月二十八日兩國交涉已成三十一日平井外交官與擅香山政府員會收損害賠償金七万五千弗卽日本十五万圓昨夜必有公報于政府此等金原擬二十五万圓今減爲十五万圓蓋謀速畢事故也　據美京華盛頓府駐剳宮川代理公使電報前十二日美國大統領與西班牙全權委員駐美法公使卡痕化痕氏訂結休戰條約各巳盖印又兩國政府期以十一月一日互派遣全權委員于法國巴里府締結講和條約云

朝鮮閔泳駿朴定陽以謀韓帝廢立事下獄訊無實據因釋之（均西八月十五日）

中國政府以翰林院編修某任駐韓辨理公使

中國政府決議將特派大使一人于日本及英法俄德美諸國（均西八月十一日、中國有障故報至遲）

五洲彙電

德國皇弟化痕利親王以西九月廿七八日將來日本雖未得公報。日政府已預爲待遇備。據陸軍省告示第八號。本年召募陸軍教導團步兵科生徒。素可以十月一日入教導團學校。延爲十二月。故十二月乃入學校。

據文部省告示第四十三號。長崎縣中學校猶興館依陸軍補充條例第七條第二指定之

日本內務大臣。以本日官報。公示新條約實施告諭。日政府選鹽業稽查候補委員十六人二三日中必發表其姓名。會長即田村保。委員則農商務官吏數人並庶民數人。臺灣事務局長亦在委員中。稽查事項有三。圖日本製塩費低廉一也。策外國塩防其輸入二也。置製塩試驗所于各要處以爲政府事業三也。大約本月杪次月首當開第一回委員會。本月八日。內田高砂艦長在香港以電音報海軍省曰。高砂艦以今日發香港。十四日定回橫須賀。矢野駐清公使本日詣宮內省一兩日內必當拜謁天顏。七日臺北分局報橫濱臺灣貿易會社曰。臺灣大水。淡水河溢。人畜多死傷。分局無異。威海丸大谷氏乘船未至。八日又有電報曰。威海避難于沖繩。今夜當至火輪車電信並不通。因不能詳地方爲何狀。然諸分局必當無異。

本月八日桑港電報曰。美檀合併委員三人將以八月十日

發桑港向擅香山化諸路路府均西八月九日　朝鮮政議府用度支部之議將以金爲本位鑄造貨幣此與日本貨幣同其本位然今尙未鑄造西八月三日　朝鮮尹雄列免官閔泳琦兼警務使朝鮮獨立協會員二人爲警務使所拿捕又禁其演說討論或云由以不敬之言辱韓帝其實則欲排斥李客翊苦其盤踞宮廷之故西八月五日　臺灣臺北六日朝降雨至七日夜風雨益暴淡水河溢臺北市街大半爲洪水所沒人家崩潰千戶死者過一百人家屋半崩船舶破摧傷者不知其數今朝水退風息臺北市外損害亦甚　五指山生蕃討伐隊三日始開戰五日擧隊攻之生蕃所逆擊激戰卻之悉燬蕃社七日引還新竹將校二人兵卒五人辨務署員一人死之傷者八人西八月九日　中國政府欲開一二港于福建省議已決明春卽開福寧及三都澳兩港兩港利中日貿易非細清國廈門日本領事分舘八月一日開始　日政府要求特定居留地于福州已得之英國亦要求擴張其租界　美國第三軍於二十五日至比律賓島將官撲卞氏選爲亞爾丁共和國大統領見前月十三日倫敦報　日本政府戰後計畫財政新定關稅法將期明治三十二年行之此時輸出稅亦將廢經營已定其後因墺法條約未得如意至不能廢輸出稅現當局者編製明治三十二年度豫算概算依然照舊入於歲入部然

則明年雖行新關稅法及國定
稅法而輸出稅則不全廢云
有人說曰美檀合併委員目下
已在檀香山首府化諸路路集
會商議委員議定要項如左云
一檀香山與治外國現行條
約消滅制定將來必要條約
二制定檀香山將來統治即行
政司法軍事規律　三制定檀
香山官有地公有地管理處分
法律　四制定北美合衆國海
關稅則又制定合檀香山民俗
法律　五制定今後拒絕中國

人移住于檀香山諸規則　聞
日政府稽查奏任局長及書記
官多年勤績者加年功俸爲三
千圓云　神戸清商鼎泰號西
八月三日未明積戴外國米二
万袋于火輪太洋丸逆輸出寧
波　西八月二日德國火輪獨
拉鳰賢痕布賢路斯號入于日
本門司港報曰德國顯現親王
一旦發釜山向海參威留數
日即來日本該火輪隨親王
經厦門香港向小呂宋近海再
還膠州更將來門司塔載石炭

目下膠州安靖德國軍艦二艘
碇繫該處　六月十三日俄國
陸軍士官一人率名哥薩克兵
二十人發仁川出水路至龍山
其夜遂達京城入俄國公使館
因從前以海軍爲公使館護衛
交代不便因暫廢護衛兵迄今
陸兵始至故公使館用爲護衛
爲前中軍李錫在者頃日上疏
曰東宮殿下殆同廢人（愚癡也）臣
恐其不可主社稷倘他日義和
宮還國（今在美國）禍或起於其中不
如先爲之計幸嚴貴人前日誕

生皇子宜立爲嫡子使即帝位并陞嚴貴人爲皇后此乃萬全之策云云　據美國新報捕路餓拉茲治書籍館賃貸書籍於讀者借主久假不歸至近日已失四万冊不詳其所往因閉館罷業　俄商住居黑海阿德悉港者將輸送貨物于旅順口因出書於大藏省問關稅有無答曰旅順口俄國領土也故不稅其商貨至俄國商貨來自歐洲各港者亦然（西八月五日）　據東京電日本各省豫算概算書昨日

已送致大藏省以其要求額比較本年度豫算大凡加增如左　外務省約四十万圓　內務省約四十五万圓　大藏省　陸軍省約八百万圓　海軍省約六百万圓　農商務省約二百万圓　遞信省約一千万圓　司法省約百九十万圓　文部省約二百五十万圓　凡此等不以歲入補足之別加增事業公債募集額以補足之或曰各省欲完成既定事業故以是補其不足云此事載在國民報然

據朝日新報則略異蓋大藏省會議或削減之只目下歲入不足者殆五千万圓云　朝鮮政府定議採用金貨本位制度　李寅裕任法部協議　警務使尹雄烈免官閔泳綺代之禁獨立協會公論政事巡撿兵士等警戒頗嚴　李容翊免鑛山監督事務並典圜局鐵道監督（西八月八日）　日本宮內省改革學習院官制　置日本帝國郵便局于中國厦門名厦門郵便局開始期尙未決厦門郵便局發着

時刻並郵便物稅率照明治二十九年遞信省告示第二百八號。日本尾崎文部大臣決議廢明治三十年文部省訓令第十號以下訓令內訓內諭等二十餘件當以明日官報發示之。日政府經勅裁廢臺灣文官特別任用令。本日上午八點。板垣大石二大臣訪大隈總理于官邸會德大寺侍從長來過。總理先面德大寺侍從長。九點鐘侍從長乃去。於是三大臣有所協議。至十點鐘前大東大臣

來訪與諸公與議焉。大隈總理嘗與大藏省有約。因十點鐘後抵大藏省。桂陸軍大臣昨下午赴神奈川縣酒勾松濤園逗留約十四日云。駐美星公使十四日夜或十五日曉可回橫濱。富山縣第四區議員選舉爭競殊烈。因請派遣憲兵。均西八月十日　中國同文會創立員大內暢三嘗帶會事在西京。昨二日還東京。又井手三郎亦以創立員本日上午七點坐輪車赴于山陽及九州。宗方小太郎在中

國專執會務。西八月十日　中國黃遵憲任日本駐紮公使。西八月十二日　朝鮮議政金炳始上書辭職。蒙允。西八月十三日　英國商業會議所聯合會決議。囑鳰耶路斯培列斯夫澳獨氏稽查英國貿易狀況。氏乃以次月二十四日發英向香港。尋入北京云。英國總理大臣嫂路培利赴法國哥痕託列席毋倚路鑛泉養痾。英國鳰耶列斯嗬路苦氏以中國事問於英國下院曰。英國曾言中國允開放其門戶與各國交

通然德皆欲閉鎖其領域此何故言之有不豫色鳥倚利耶魘哈哥託氏亦抗論謂不詳英政府政策所存殊抱不平於是大藏總裁拔路布澳亞氏答曰帝國獨力亦與他國結盟若以爲可妨障他商國及武國之發達是誤也且我國所得於淸國較舊日爲最優至爾後尙可保持否不能豫睹然英國所占貿易之利期將來可以速增顧爭商業與爭土地異尙自今他邦以往有阻絕英國商務之意者英政府必不能認而究不知歷制俄國爲今日之策也若言英民居留中國者與他國不能分其利則斷無此理也 均西八月十二日

英國大藏總裁拔路布澳亞氏言於下院曰多倚魘斯新報傳北京報曰中國政府允許俄國所請延長牛莊鐵道此信英政府現已熟籌之

據紐約化拉路獨報媾和條約案本日美國政府必當盖印行正式休戰之令電達軍中

本日英國停議會 均西八月十三日上午

西班牙講和全權委員駐美法國大使卡磨撲痕氏十二日午後至華盛頓府盖印講和條約即時登諸電報發令於各司令官止戰 西八月十三日下午

託拉痕斯母亞路共和國捕列託利亞高等法院使印度人來往于託拉痕斯母國各市街者遷居不允居其市街出外部省定其地而徙居之 西八月十日

前日日帝派遣德大寺侍從長于大隈総理大臣邸盖日帝以外務大臣未得其人頗勞聖慮因使總理定之現此缺尙闕專任

論說

宰割中國議中

嗟乎初法人之略南安也非利其富也欲乘中國廢敗之機收掠中國南部諸省地而爲法領根据以圖中國後日謀也是法國之殖民官吏及諸報之所衆辭同聲也及一千八百八十二年至八十五年（光緒壬午八年乙酉十一年也）中法之戰法之陸軍太尉利惡衣愛魯氏（當初啓戰釁之時攻擊安南河內城戰死）言于衆曰滇粵諸省縱横數萬里險要不備防壘不固敵人偵探出沒無禁加茲戍守頹惰軍實虛空民氣衰渙奸究潛伏內餒如此今我法軍宜首倂東京少定基礎即乘時進取席捲西陲（即廣西也）一擊可破也斯時法人之氣燄勃勃然已呑兩廣矣豈意諒山之戰南部軍人抵抗甚力擧昔法人之奢望爲之一挫南部近地法人非獨不能割取反令法人折兵三万餘耗金二千萬（國法金貨幣十万万法也）遂至軍情惶遽召募踵起從事于彊埸而疲于奔命者尙數万人使當是時中國政府不遽殉法人之請或未至於此極也逮至議講之餘法人經歷載之頹困被數戰之敗衂僅區區得與廣西西邊接壤而已亦知當時兩粵防堵殊嚴南部軍威尙勇悍足爲也降及甲午中日釁黨而滿洲及湘淮之兵竟望風奔降一蹶不振以視南部諸軍其勇悍善鬪不

可同年而語。並日而論矣。中國南部之形勢如此。後日若非俄德二強申威于北方協助法國。或中央各省。悖黨沸興。餓民內搆。則法國吾恐其不能徑從陸路仰攻明矣。故法人之窺覗南方（即指兩粤滇黔也）蓄懷已久。午夜磨刀。中宵起舞。待時而已矣。然法人卬卬然之所待以挾持乎中國者。一曰所乘之運會。一曰所授之辭据也。何謂所乘之運會也。倚俄德之強聯臂于北方以爲援也。何謂所授之辭据也。籍鬪教之案。殞首于暴徒。以爲辭也。二之中。必有抵一隊奮袂劍及。驀然脅迫中國海港。陷而奪之。（往年中法之戰爭攻擊福州臺灣也）以遂其吞併滇粤之宿謀者。是法人之所夙夜希禱。不忘于燕食者也。況法人輕躁很摯。迅舉擅動者乎。以羊皮之質。而當虎口之傍。而不爲其齧噬者幾希。然則與安南接壤之地。日已西矣。爲主人者。尚偃息在床而不起也。不岌岌乎危哉。此法人之深謀。爲中國南部患者此也。總而議之。中國政府主持樞要者。類多保守中人。蔽于民志。墨于敵情。故其于內政外交。遷拙延滯。百端困難。抵漏塞苴。不得体要。燎野之禍。將不遠矣。然其素時所以不服于其民。使盻盻然怨咨載途者。唯在聚斂苛酷一端也。今中國內地。舉凡一切釐稅。襍沓繁多。卡廠之設。布滿于衢途。搜索之嚴。恣虐于蠹吏。而承辦分理者。倘至于不奪不饜。往往因而滋釁者。已罄竹難數矣。然而民商之所納于上。與官吏之所取

于下其數不爲不多乃輸入于國庫者僅三分之一已耳餘則諸官吏家室性命之所託也裕私啇公其病貧猶故也故中國稅額愈增徵剝愈濫蓄怨亦愈深其民有不堪命者矣故華商往往倚借外人以代庇也豈非可驚可異之事乎吾聞十年前駐鎭江之英領事亞茲息吳哈摩氏有言曰鎭江近地之農家經濟者流近歲以來所獲少裕雖所徵稍苛蚩蚩之氓尙得溫飽也若夫浙省之農家則性質溫和安貧就命殊克盡力于田畝得慶魚夢以資其天年雖彼粗衣啇食遠不敵歐美農者然其勤敏之美風有足多者焉此不獨浙省爲然也顧若輩齊民無新法之相傳無汽機之疾作所恃而棄于饑寒者勤儉而已矣非有蓄藏之富籌措之裕以資大業而備不足也故一旦有重征之擧是不啻捐其妻子性命于有司汲汲焉幾不能以自存者矣欲其不于田號泣者得耶其順良者雖有怨懟之意尙未敢自棄于化外以重貽我君父慼也若其不平之徒一朝受此困阨無所生計其有不輟耕隴畔撫犂太息棄蓑笠而遁萑苻者乎然此不憚捐其本性挺而走險者豈獨無秉彝良心哉勢也驅之者有司也嗟乎中國內地釐金之害可勝道哉且其害中毒于細民寒煥之所資者而雲南貴州尤劇也側聞雲南東北諸州縣偏戶之氓終年憫勞裎体塗足而力有不能購褐衣以卒歲者昔有探路家嘗巡

歷此地。歸語人云。漢地若輩袒倮裎裼之出。以雲地僻處西隅。道途不通。而布棉之輸入滇地者。非昂金不能致之。滇民苦窮。故常有迫于歲寒。委草莽而塡溝壑者。有司未之或知也。夫地球之最有名產棉地。如長江西南之濱。緬甸東南之區。均產良品。且地與滇黔相去不遠。使內地廢苛煩之釐稅。輸運棉布于本部。地既不遠。價亦自廉。垂昔無襦。今五袴之歌。可爲滇民詠矣。乃政府計不及慮此。而所履之途。無不有稅署也。所航之濱。無不有捕船也。犯約額外之征搜括延勒之苦。致使輸進之布棉。無異于厲禁重征之貨。則棉貨烏得不稀。棉價烏得不贏也。而細民之不堪命。固其宜哉。顧滇黔生民之所資賴者。礦業也。自昔年滇黔回匪苗匪之乱。荒烟遍野。炊火爲燐。而礦山掘採之事業。久爲停廢。舉昔滇之富人賴是而享金銅之利。貧者賴是而得工業之資者。今盡爲奪去。地方民庶。不復如前之榮繁嬉樂矣。二者交失。民情豈有不搔者乎。豈獨滇黔之民然哉。光緒乙酉十一年。老吳氏嘗旅行滇黔諸地。言彼在黔中。有與富家相値者。多希望政府排棄往禁。再張礦業。爲致富急圖。懇邀老吳氏巡探諸礦。老吳氏謂滇黔佳礦。舉履皆是。苟再恢拓舊[illegible]。善爲經理。不二十年間。金玉如沙鑠。不可勝用也矣。于無衣無褐之憂。何有哉。抑中國內地礦山之豐饒。寶藏之奧積。顧地球各國所共垂涎者也。政府彊

吏亦曾屢請開採矣然至今日始經採崛者及擬款等辦者尙寥寥不振也况此僅緣昔日已開採者從事而已矣至其荒域異區素未發採中原近地素未弛禁而誤于風水眩于鬼神惑于禨祥一任其富源塞挭而徒招誨盜之尤者不更僕籌也亦可謂迂拙之甚者矣吾維今中國政府計當破除宿弊採究新術定一當之法一一改良而奬掖之則民庶漸于繁榮國庫增其帑幣可翹趾待也抑中國享天地自然之富泉蘊山川不窮之秘藏甲五州而陵万國者不獨鑛產然也吾聞之光緒乙未十有一年（西曆一千八百九十五年）駐滬英之領事希也司美吳氏言夫中國者爲宇內富國之巨擘也加之其土壤之肥沃彊土之廓大氣候之溫和其人之堅忍節儉能耐勤勞万事可爲也此人之所聞知也今雖富源未拓貨幣短缺不慊于用其委棄于地者遍也地球万國其誰能敵之哉夫地球之中舉凡溫寒二帶之所產中國無不括而備之故中國人民購買之力能與其生產之力均也生產之力彌增則歐米製造諸品輸進于中國亦隨之彌增者勢也然而其生產之增拓與商務之振興豈得不藉內地運輸呼應之靈乎使政府少具心魂者奮其不振之氣剷其苛征之政以整頓渠路使便其舟車農商諸務不待十年而與歐美富邦繼軌哉抑中國政府財政窘迫久矣故其與外國所訂之通商條約鮮能實踐不

侵者。亦已久矣。何以徵之。昔之英國所約輸出入于中國者。關額正稅而已。輸出入于內地者。子口半稅而已。外此則有自由往來之特權也。此實中英締結條約之所載也。此與同治戊辰七年。（一千八百六十八年）駐北京之英公使亞威老哭子庫氏所言。實與今日情形同一例觀也。及後二年。亞氏奉英政府之諭。宣言於滬上商業議會。言繼自今中國諸通商埸。華商代英商通運貨品于內地者。津吏宜守成約。無得滯留焉。乃未幾亞氏頓忘其前言。一任廢棄如故也。夫英之於中國也。竭神力。耗貨帑。或假條約。或假協商。或假交戰。或假聳勸。或假貸借。夙夜苦辛經營。始獲通商之特權。而長通商之厚利也。今爲中國政府所達沮。舉昔日不憚憚兢兢所得者。悉歸無用。吁。伊誰之咎也。伊誰之咎也。咎在當時英之政府。（指英之自由黨也）唯諾持重。其于中國政策。怠其兀岸強硬不撓之威。殉其狃安縱渙不逼之義故也。法與俄德之施于中國如此。英其能不變志乎。

宗教

萬國地理學問答 譯普通小學校叢書

日本　橋本海關譯

第一編　總論

第一章　緒言

問　地理學定義如何

答　地理學定義。古來學者多異說。然予從其最廣博者言之。蓋地理學者。地球上諸般事項。乃合人種言語風俗政治而講究之。亦一科學也。

問　地理學區分如何

答　地理學區分。古來學者亦多異說。或分爲星學地理。天文地理。數理地理。或又加植物地理。動物地理。然須先分爲天文地理。地文地理。人文地理。天文地理。及星學地理。與數理地理。地理者。以地球爲太陽統系中一遊星。即由太陽與諸遊星相關係處生諸現象。而講究之也。地文地理。所謂天然地學者。研究地球上天然地形。區域。山川。海陸。氣候。風雨寒暑有生

物及無生物等自然狀態也。

人文地理。即所設政治地理。與邦制地理者講究以地球爲人類住處。其住處地面諸區域。諸國民狀態。人種。言語。生業。風俗。開明。宗教。政治等也。

問 地理學大要如何

答 研究地理學有三大要。即論理。現象。歷史是也。

論理者。就天然形狀。區域山川湖海等在地球上者。論究其原理也。

現象者。就諸現象。如日月星辰運行及地震海嘯等。著於地球上者。察知而講明之也。

歷史者。就地球上區別山川湖海原野島嶼等。探究其變遷沿革也。

第二章 天文地理

問 星辰區分如何

答 分天体中星辰爲四種。卽恒星。遊星。衛星。彗星是也。

恒星者。自發光輝。太陽亦一恒星也。其位置距吾等所居之處最遠。然太陽在恒星例外。其相距又最近。

遊星即行星及熒惑星。其位置極近。不自發光輝。唯反射太陽所受光線。以太陽爲其中心。由其引力。（引力者謂太陽中有引物之力也）循圓軌道運行周圍。其主要有八。順次列擧近於太陽者。即水星也。金星也。地球也。火星（小遊星也）木星土星天王星。海王星也

衛星者。或伴隨遊星。可謂第二天体。而回轉其主星周圍。地球備一衛星。是謂月又太陰。火星有二。木星有四。土星有八。衛星形扁而平。中含光帶。天王星有四。海王星有一。彗星時或顯于地平線上。隱於地平線下。或接近太陽。又或退移於相距甚遠處。其体以頭核尾三而成。頭與尾時或闕。而核則常在其大間。有似太陽者。尾時或長。時或短。時或分爲二歧三歧。其餘有流星隕石及星宿（星座也）銀河（一名銀漢）等。

問 就太陽諸星直徑運行如何

答 太陽系統謂回轉運行太陽周圍諸遊星與衛星等也。諸遊星回轉太陽周圍而不止。在其引力攝之也。故天体互有相引之力。

水星直徑一千六十二里。距太陽一千四百五十万一千二百九十八里。其運行時間爲八十日。

金星直徑三千七十二里。距太陽二千七百九万五千三百四十里。其運行時間。爲二百二十四日二分之一。是二星稱內遊星

地球直徑三千二百三十八里。距太陽三千七百四十六万九百五十二里。其運行時間。爲三百三十五日四分之一。

火星直徑。一千七百六十一里。距太陽五千七百七万九千二百二十二里。其運行時間爲一年並三百二十二日

小遊星直徑。最大者一百二十二里。至二百八十六里。

木星直徑。三万四千四百四十八里。距太陽一億九千四百九十万一千九百九十三里。其運行時間。爲十一年三百十五日。

土星直徑。二万八千六百八十里。距太陽三億五千七百三十三万二千八百十二里。其運行時間爲二十九年一百六十七日。

天王星直徑。一万二千三百八十一里。距太陽七億一千八百十八万二千六里。其運行時間爲八十四年六日。自火星至天王星。是爲外遊星。

政治　　日本　大橋鐵太郎譯

論寗波善後策 譯西八月五日大阪朝日新報

甯波人一時大憤激懸賞金五万兩求一首級欲以鏖殺法國人後事漸平及聶方伯仲芳來滬談論數回秘而不泄除法國領事培嫂路氏及通譯官稅關長法國人外無一人知其要者此中利害人不能窺雖道路所傳浮說百出槪属臆測未足深信唯西字新報似微漏其言然極口罵中國人如不共戴天之仇回護法人極深則其報亦不足信盖四明公所及其近傍地本甯波人世業法租界會欲以時價購之可知其不誣也然前數天西字新報論其地權曰此地非属寗波人甯波人並無劵可爲確證四明公所之爭非起於今日千八百六十四年以來已數開爭端凡往復文書兩家必藏之其所有權早經確定至今日乃復爭甚無謂也彼白晝奪他人土地恬然不耻者將何不可忍西字新報又寄語法國總領事曰清政府雖以償金謝過勿放棄四明公所之事遺其禍根該報此言蓋由於中國政府擴開法租界以收法人心使四明公所依然如故求寗波波人歡心之說也白人何故抗寗波人如此或云寗波人蜂起時各種白人不問英美法國皆以瓦礫擲之因此同盟罷業頗爲所窘故憎中國人益深是以白人

中雖憤法人强梁。然欲援甯法人者。每畏奇禍及身。不敢出聶布政。蔡道臺在于甯法兩間。頗費調停。甯波人在上海者。三分有二。强迫地方官。勢亦可怖。當甯人蜂起時。蔡道臺馬車爲暴民所摧折。此非可咎甯波人之暴。乃蔡道臺所自招。何則使甯波人不服者。蔡道臺也。以道臺居間處事。益使甯波人激怒也。況蔡道臺通西歐事情。與彼族親。有歐化觀察眼乎。蔡道臺痛心此事。吐血一斗。橫臥于床而不出。聶布政亦嘗任上海道臺職。故熟知甯波人在上海者勢力。甯波人亦能諒之。故施政得宜。可無暴民再起之憂。然亦不可不收法人心。聶布政焦慮可知。至法人鎭撫暴民。不須警察力。而須兵力。動以砲銃從事。亦不可謂正當防衛也。若使此事爲正當防衛。天下皆將視人命爲草芥。無理之甚也。此事雖非重大。然亦不可輕視。談論不得其宜。則中國土地所有權。即爲將來常例。亦國威消長之機也。

中央亞細亞並英俄關繫 譯西七月二十七日日本報

英政府以爲俄國經略中央亞細亞。必窺印度。俄政府以爲英國經略印度。必窺中央亞細亞。兩國形勢。交集於印度與中央亞細亞間。風波相激。殆無寧日矣。

今中央亞細亞畔路呆辣痕反亂。有人報曰。英政府夙派英人在印度者。入于布賢路額痕斯

耶州密覘此方動靜諜者扮作商人雖開商店從事商業實皆諜者也或通情本國或煽動土人每以擾亂其地方爲主彼等善與土人親互相往來出入于回教堂干預教務頻養勢力於商界教會間以收名望先説以宗教意曰土人所信宗教與俄人所信宗教大異頗左袒土人所信者復導之以利使民皆心叛俄國英政府設計如此而俄國官吏恬不爲怪放恣怠慢以悋歲月地方政務日益荒廢現俄國官吏居于咩路呆辣痕市者多役使土人爲其下屬出入隊伍警蹕街道以示官威而且暴歛苛征祗知肥已更無注意於地方行政者賣官收賄賞罰無當駕馭失宜處置不公平裁決不正直民怨日積人心日離賊渠威尸耶痕馬化咩茲託氏等叛擁衆一千人斷切電信襲俄國軍營殺俄兵二十二人傷十六人叛徒名其軍曰聖教軍飛檄四方益復嘯聚其徒土豪某謀密輸盜糧殺俄國官吏在境內者竟爲其所拿捕被絞此頃之叛皆由於地方官行政荒惰而英人又復煽動土民也至今人心恟恟尚不能安堵

日帝下問農事 譯西七月二十九日東京日報

日帝召侍從親問農事侍從即就農商省稽查還復命曰今歲農事無異帝有喜色曰自今日後可奏其狀侍從因更欲從農商務省稽查以詳細上聞蓋因前年天氣不佳召蝗患細民歉

收頗困常聞而憫之故有此下問云

暹羅皇子遊學 譯西七月二十七日日本報

暹羅國勢萎微雖久不振然亦東方一獨立國也頻年爲法所迫事將不測國勢愈急國人素長於外交因欲依英以抗法然英國在東方政策優柔不斷以故美哥痕河畔領土日爲法人所占竟不能制國王仰天歎息遂欲一遊歐洲以觀列國形勢然後歸改國政第二皇子方留學英京即使之轉入俄國以留學於俄京據俄國新報設皇子年僅十五穎悟聰敏能解英語又通俄語捕哈辣國賢米路汗世子久已遊學俄國未足爲異然使暹羅皇子學俄京亦出於萬不得已也識者憫暹羅國王之苦衷

渤海灣近況 譯西八月三日國民報

有人就英船鳥威痕嫂亞號馬痕託尸利澳痕號及日船舞鶴丸各船長問渤海灣近況其大要如左

旅順口　英國鳥威痕嫂亞船西七月上旬滿載大砲數門小銃數千並彈丸硝藥發澳笛茲蹟抵中國旅順口移砲銃彈藥上陸數日間轉送已畢歸途將至門司港累積石炭遂復來因

說俄國旅順口軍備曰俄國爾後不期年必可優於甲午以前光景又言俄國海陸軍駐于旅大者總數實有二万五千人至其海軍艦在旅順港內者二艘在港外者三艘順次定番互巡近海如監視大連灣連絡狀已置砲臺船渠軍器修理所貯炭庫糧廠軍司令部等大加擴張可以現狀卜其將來

威海衛　英國火輪馬痕託尸利澳痕號實爲英國占領威海衛海軍運貨船亦來門司搭載石炭曰現時拔滑布路船息痕鴅由利澳痕船（船名省）等四艘碇繫于威海衛內置司令部于劉公島自英軍來土人忌之多移向芝罘近傍只有小數富家尙居于劉公島竹島等處地方閴寂非復日軍駐屯時比因黃白二種雜處兩情不合故也

芝罘　在占領膠州灣前後各國艦隊四集德國艦隊尤注目英艦所爲碇繫不動及比律賓島事起哈威痕利熙親王以下及德國司令官引其艦隊而去聲言曰觀美西戰況現芝罘不復見一德國艦只有中國二小砲艦而已

中國駐日本公使滿任返國　譯西八月三日時事報

中國公使裕庚任滿將還後任未定因開帆日亦未決向例中國公使隨員每有公使更迭亦

盡更迭。只有新公使欲留役者。或依然任事。自記室張紹祖以下大槪就國本月十日任已滿。此後隨員。必有還國者。

中國變政新法 譯西八月五日大阪朝日報

近日總理衙門。覆奏皇帝諮問有實學獎勵新法案。今列于左。

第一 自出新法製造船械鎗礮等機器。能駕各國舊時所用之上。或出新法興大工程爲國計民生所利賴。應如何破格優獎請頒特賞。其有集貲設立公司者。許以五十年專利。

第二 能造新器切於人生日用。其法爲西人舊時所無者。給工部郎中實職。許三十年專利。

第三 摸造西人製造器具。其法尙未流傳者。給工部主事職銜。許十年專利。

第四 著述中外政治時務新書。發明經義有功聖教者。給翰林院編撿實職。或派各省學堂爲總教授。

第五 著公法律例農商兵法算學格致新書者。給庶吉士主事中書實職。其書准專售二十年。

第六 興學堂。養學生至百人以上者。給世職。或給卿銜。

第七　與藏書樓博物院捐二十万兩以外者給世職。

其他附以土地開闢兵器廠設立事等奬勵案。

中國軍制改革　譯西八月二日倫敦報

中國政府欲改陸海軍制與英政府議。據近所報。英國首相婁路斯培利氏。六月十八日至上院答辨曰。清政府將革軍制。與駐京英公使議。如海軍改制。其議入人已深。盖從來清政府欲革陸海軍制。仰力於英國。非不喜之也。只不喜委全權於我國所派遣武官也。清政府若不喜委全權於我英國武官。恐不能成功。清國今日治病不探其本。竊恐清國運命目下雖無大變。將來必有不堪設想者也。

臺灣總督府開饗老會　譯西八月二日國民報

臺灣總督府欲收民心。因於西七月十七日。集島內耆老於總督府。上午十點。設宴優待。該地昔隷中國時。有街庄勞耆老例。日本總督慰老。以今日爲始。此日天氣晴麗。耆老在五七里外者。欲列盛典。或轎而至。或車而至。或子孫扶掖而至。上午八點鐘。已聚于總督門前。市中人民。欲觀盛典。相踵蜎集。府門兩側。觀者如堵。禁人民入內。雖高等官。不帶饗老職者。不許入。而列

席正門插大國旗交叉各二竿守衛巡查官立門側戒其雜沓入正門沿右至長廊下即爲饗老堂以總督長官公室舞樂堂前允之椅子盈列覆以紅白布舞樂堂壁塗以金碧燦然鮮新堂廡四周張紅色幕幷金絲繡繪敎忠敎孝等文字懸五彩燈堂右側有樂隊整列左側有醫師兩三人列坐耆老等既抵門前下轎步入門內幼者扶之各有喜色年齡皆八十歲以上精神矍鑠坐滿於堂席無所餘既而十點鐘有聲舞樂堂開演劇土人小女子演之衣裳皆新或曰小女子爲演劇戲自是始樂隊奏樂爆竹轟然兒玉總督禮服升堂升自右階耆老起而揖之總督自讀文而祝之曰凡人生至幸至福莫如長壽然不可强求其所以保之者必有素行焉以是事君而忠奉親而孝加以德行堅貞乃有此至幸至福之報余敬此德行欣此幸福聊舉薄儀以表敬意讀畢當日委員李秉鈞立于總督右側再以譯文讀之耆老每聆一句有流涕者譯讀已畢兒玉總督積扇于三寶盤出自左傍告秉鈞曰宜以扇贈耆老秉鈞如言三寶盤者日本禮器也有陳浩然代耆老升堂述答禮辭老婦人黃環凉者亦述謝辭禮畢各就席而飲贈以扇子菓物總督長官寫眞並籠錢等又以紫檀鳩杖贈百歲以上老人鳩杖者杖頭刻鳩形老人所用也耆老皆有壽色扇面以金泥畫高砂老嫗圖以銀泥寫壽字高砂老嫗者

日本上古故事有慶賀者必歌高砂老嫗曲以祝之其得鳩杖者孟甲土治後街洪旺母周氏雀女也其餘景尾有百歲以上老人本可來會而不來因使人遺贈之既而舞樂堂演劇畢耆老皆起而去有子負其母者此日耆老來會者凡三百十四人合其扶助者老者統計即七百餘人由是臺灣人心稍變化也

英人論比律賓島 譯西八月二日國民報

列而斯多曰日本人連注目比律賓群島其運命已爲美國艦隊所侵削群島若歸美國如滿州朝鮮歸俄羅斯日本國民必憤怒夫日本欲開地於西爲俄國所遏抑因又欲闢南方以美西之故又遏抑其南日本國民失望孰甚日本既得臺灣近逼呂宋島比律賓距呂宋島僅二百餘里美國若倂有之爲日本患匪細也此英國輿論云

中外雜俎 譯西八月七日東邦報

矢野駐清公使昨日下午三點三十分還自新橋停車場入東京外務次官清國公使館員及知交數十人往新橋迎之

臺灣總督府曾置稽查委員斟酌文官服制頃已定日常服用布洛兹苦貼付肩章及袖章勅

任官肩袖兩章各用金色其幅一寸奏任官用金色幅五分判任官用銀色幅五分肩章採用英國海軍士官式袖章則採用德國陸軍士官式常服則背廣而用純黑純紺純白唯帽子各隨其意。

總理衙門已與英國公使商議定威海衛租借條約經總署王大臣具奏奉旨依議畫押英國向中國租借威海衛年限以俄國租借旅大期爲期俄國何時將旅大交還中國英國亦即將威海衛交還英國租借威海恃爲水師停泊並不妨中國自主權中國水師船將來如遇各國爭戰等事無論局內局外均得駛入于威海衛與英國兵船一律停泊其大概如此

西七月二十日俄國皇族幾利路親王發東京至長崎三十日遊覽諸處八月五日夕將舟發向威海衛或云六日破曉去長崎

黑海及多腦瀛船會社歲受俄政府鉅大保護金欲伸張俄國政權勢力於伯爾加里塞爾維羅馬尼至本歲澳箇茲隤及列內間開海路此航路由幾利亞入于多腦河通過母倚路哥母澳及威斯咩路諸港至于列內

日本西京帝國大學教授吉田彥六郎奉日政府命派遣中國以稽查中國生漆八月四日下

午至神戶。五日未明。乘法國郵船亞內斯託尸木痕斯號。向中國。

俄人在朝鮮京城者。與俄公使館員及本國諸有志等。謀醵金設置一大圖書館于京城。工事已竣。命名曰京城俄羅斯圖書館。

日政府將以明歲派遣全權大使于英美俄法德各一等國。或曰大使概新派遣。使從來公使昇任大使。蓋創舉也。

賾額斯多氏改革西國新內閣。列下。

陸軍大臣　中將誇路列亞　大藏大臣　洛培茲普倚苦息路烏賢路

內務大臣　卡普笛撲痕　司法大臣　餓洛威若路獨

以上前內閣大臣。仍爲新內閣大臣。

外務大臣　亞路木獨毋亞威　海軍大臣　中將捕託列路

植民大臣　額磨嫂　工部大臣　洛咩洛鼻洛痕

以上新爲內閣大臣。

伯剌西爾國關稅。在數年前。其政府新創時。已訂定之。五月二十三日。日本珍田辨理公使送

致其繙譯書於外務省、紙數百餘頁、近日將記載通商彙報而出。

米嗖利州選出代議士皮亞斯氏、提出海軍擴興案于代議院、據此議案、其大要在欲新造一万一千五百噸一等巡洋艦五艘、（此價除武裝、各四百万弗以內）百五十噸水雷艇十艘、（此價除武裝、二十万弗以內）四百噸水雷艇破壞艦十五艘、（此價除武裝五十万弗以內）二千噸鋼鐵砲艦十五艘、（此價除武裝六十五万弗以內）其材料悉用國內產云。

去月一日侯爵路耐尼氏成立內閣、配利氏任外務大臣、事既報之、其新內閣成立、其人數列。

內閣總理大臣侯爵兼內務大臣　路耐尼　　陸軍大臣　瀆馬路若諾斯

外務大臣　卡配利　　司法大臣　捕那茲基

工部大臣　亞布亞痕笛利毋賢拉　　大藏大臣　路若茲鳩

財務大臣　亞捕辣痕卡　　文部大臣　苦列木那

海軍大臣　海軍大將卡內毋亞洛　　遞信大臣　布洛剌

農務大臣　息列奈

東京開發社、嘗刊行教育時論、教育壇時論等諸書、社中有論、欲視察中國教育法、因以副社

長兼時論編輯之任名辻武雄者爲中國教育視察員本月下旬發東京先赴天津北京次遍歷芝罘上海漢口武昌南京蘇州杭州等更南抵福州地方

據俄國報俄政府將購寛火輪三千噸（一噸二百七十二貫三百八十四匁、即百斤也）一千五百噸二艘以爲東清鐵道運貨之用

合衆國政府支出軍費至西五月末日旣達三十一万二千弗代議院豫算委員長豫定此役消耗金額一歲約六十万弗云見於英國新聞

西五月二十日據母亞路派茲電報智利內閣定諸大臣列如左

內務卿　馬路鳰內治　外務卿　拉託路列

大藏卿　若那路茲　海陸軍卿　捕辣痕誇

工部卿　澳路列岳利油誇

西五月二十四日羅馬電報曰意國海軍大臣捕利痕氏是日病殁陸軍大臣曠痕馬路若氏臨時兼攝海軍大臣事見法國官報

卡磨拉將軍率西班牙豫備艦隊至埃及國撲託息茲獨港統計甲鐵艦二艘巡洋艦二艘水

雷艇三艇三艘運貨輪五艘。埃政府沮其搭載石炭于此港。某將軍因暫停待西政府之命也。
美西戰始於西四月二十日。至六月統計美國費金已三億千二百万弗本年中必耗六億万弗。
美國政府欲經國會議士協賛行比律賓群島之政。未經協賛以前。仍以軍政統治之擬戰事既罷。即使行政官二人陸軍將校一人主持此事又以軍人徵收關稅當時莫敢有異論
本月十一日鎭南浦領事館報鎭南浦各國租界第三回土地公賣日斯於外務省云公賣日期定於光武二年七月三十日上午十點鐘。
近來德國相踵集軍艦于小呂宋灣現碇繫者即卡倚若路艦。司令長官旗艦卞倚若利痕艦。澳餓斯陀艦威列內艦。誇路木辣痕艦普利痕息斯毋威路歇路磨艦。

俄政府停止船舶輸入稅 譯西八月七日東京日日報

俄政府嘗欲奬勵其國造船事業因一千八百八十七年以來有外國製造船舶入于俄國諸港者。比照船價稅其十分之二或十分之二五。由是船主雖俄羅斯人其船舶係外國製造者。不編入已國船籍。外國船旗以營其業焉。然內國造船事業亦不見其盛。且諸多不利因俄國

實業者欲廢其稅法是以如斯至今日俄政府遂停此法蓋俄國政府前年發布一種法律以自後一千九百年實施之禁外國人營俄國沿海航業若尙稅輸入船舶必致船舶不足輸送貨物亦滯故俄政府停止之因又設造船用器械無稅可以輸入之法以奬勵保護國內造船事業期其發達抑俄國前支九千万留巨資一留六毛六先以充製艦費今又欲加增商船斷行如此方策可知其絕東勢力日加歐亞兩洲交通亦日繁蓋大陸國欲變爲海國之原由也至占領旅大不凍港尤爲近因如斯所記以明後年掌握俄國所領沿岸航海權於已國自波羅的海至黑海諸港航路一切不委之於外國船英德瀛船公司爲其所虧折不少也俄國誠能漸次擴張航運業占海上權力如傅虎以翼也

德國比律賓關繫 譯西八月七日神戶又新報

德國熱望比律賓非無故也群島中馬來人種戴土人稱央丹者爲酋長西班牙政府以統治之事與酋長諮答此例也然距今十五年前千八百八十三年央丹慊於西班牙政府怏怏不樂是歲丹央死寡婦遺德國政府書陳其夫遺言曰馬來人種難安於西政府所爲願舉國托德政府受其保護次年德帝即派兵艦一艘于比律賓撲路內澳間治路群島保護馬來人且乞割予

其島嶼於西國政府議未畢，適以卡洛拉倚痕島事，德西各有所交涉，因比律賓事久中止。及美西爭戰起，即再於成其志，德政府縷陳舊來事情，交涉於美國政府云。

論日本新立政黨派　譯西七月二十三日大阪朝日報

六月二十二日，日本新政黨開結黨式於新富座，門外揷各種旌旗，內臺張紅白帶，其正面爲會長席，演舌壇置其前，上一隅爲創立委員席，東西置舊代議士席，東樓上爲貴族院議員席，其餘爲党員席。此日會者約二千人，至下午二點，奏樂聲動，楠本正隆登壇發議，以問衆意，衆推片岡健吉爲會長。次創立委員平岡浩太郎登壇開會，意曰：今日糾合本黨，非偶然也。從前民間黨雖知合同一致之利，或觸事情，未達其志，徒使藩閥（指薩長諸大臣，乃伊藤、井上、松方等也）久當鈞軸，日引月長，實爲遺憾。夫議會與內閣相忤，數遭解散，殊爲不幸。且各派傾軋不和，尤國家可憂之事。我等幹旋其間，今幸合約已成，顧當內外多事之秋，豈可執區區者以紛爭乎？且小黨分立，適令藩閥占漁人之利（論鷸蚌相爭也），國家前途，將恐不測。當一洗從前積習，使結合之勢益牢。自茲以往，願灑熱血而擁護我本黨焉。於是又開議，定宣言書及綱領規則。楠本正隆因復發議，指選總務委員，即以大東義徹、尾崎行雄、林有造、松田正久四人充之。大東代四人謝意，又以箕

浦勝人、栗原亮一、竹內正志、降旗元太郎、伊藤大八爲幹事、大隈、板垣兩舊大臣使人來告曰、當共戮力矣、衆皆拍手喝采、次讀祝詞祝電、次一同起立、呼天皇陛下萬歲者三、式已畢、奏樂復起、至下午三點而散、各皆赴中村樓開懇親會酒宴。

歐洲列國會議 譯西八月二日萬朝報

歐洲列國將開會議于德京伯林府、以議處置非律賓島事、其大意在防某國野心而已、前日以來、歐洲列國相結、將抗拒美國、不使占有非律賓、至今日美國意僅止於置一貯炭、不取非律賓島、故列國大意不在制美國、而在制德國也、若使此島依然爲西班牙領地、叛亂無已時、禍恐不測、若使爲他國所羈縛、東洋之害匪細、然則莫如置之于西國主權下、俾列國協同監護、計必出此、日本大隈外務大臣常以强硬對外國、及列國會議開、必派全權委員以臨之。

法蘭西製懷中煮雞汁 譯八月十日東方報

懷中煮雞汁、謂便於袖也、即旅行携備之煮雞汁也、此懷中煮雞汁、法國人爭購之、仕軍中用以爲携帶品、其味於滋養之功、本不及生肉、然便於携帶、故人多求之、此雞汁有如水液者、有似練藥者、水液最便於携帶、得盛一小瓶者、可造數量汁、然冬期往西比里亞、瓶中凍結、故購

求汁如練藥者以供用盛以樹膠管即以火酒與湯和而煑之美味可口冬期西比里亞客中以是爲第一

旅行具已備即欲北行先分其路爲四區

第一　自配鐵路斯捕路餓經木斯哥鳩賢拉皮痕斯苦墺磨斯苦苦拉斯諾耶路斯苦至西比里亞苦路烏鳩驛計共五千五百五十二俄里

第二　自苦路烏鳩驛涉拔威卡路湖氷上橫過耶餓洛內痕山脉循黑龍江氷道抵哈拔洛布斯苦驛用橇車而行計共四千二百四十二俄里

第三　自哈拔洛布斯苦驛抵浦鹽七百六十三俄里坐火輪車而行

第四　自浦鹽經元山釜山長崎還東京

中日議創銀行　譯西八月四日大阪朝日新報

日本前任首相伊藤航抵中國與中國官協商謀開一大亞細亞銀行以疏通日本金幣松田大藏大臣謂此事極難金子曾根二氏嘗屢圖之今尚未就緒雖以伊藤侯威望然前途恐未得如意也

法律

國家權利 譯最近世國際公法論

日本 角谷太三郎譯

第一帝王公使等出居外國亦不要服外國之主權而能行治外法權此固基于國際公法之通理而減殺主權者也若人民居外邦則當服外國之主權地球列國皆無不然矣

若第二領事裁判權背國際公法之通理而減殺主權則其國屈辱是所以志士憤慨也有人曰領事裁判權兩國立約相等則毫不害一國主權聽其所說歐州某國人在東洋某國訂納不受東洋某國裁判而受已國領事裁判則東洋某國之國民在歐州某國亦與訂約不受歐州某國裁判而受已國領事裁判即地位相等不害相互主權是皮相之觀亦不免自暴自棄矣何者東洋某國對歐州列國常結領事裁判權之約歐州某國對歐州列國常無領事裁判之約是以東洋某國未脫野蠻之域之故置諸公法通理之外也論者之說非皮相之觀自暴自棄而何乎

第三（罪人交附）犯甲國法律者去逃於乙國今自公法通理觀之乙國主權普及其版圖故甲國求交附其犯人乙國無應之之義務何者其犯人既入乙國版圖則有受乙國主權保

護之權利。甲國不得復關涉其犯人。然訂結特別條約。不依公法通理而約請求交附犯人之事則宜遵守其條約也。近世列國多訂結此種條約。是於保持世界交通之安寧秩序爲當然處置但政事上之犯人。不須交附之。何者其犯人或雖有害一國公益。而非害國際間公益者。尙察其精神情形多爲憂國慨世之士若應請求而交附此犯人徒投國家有爲之士於陷阱之中也仁者不忍爲之日本嘗保護朝鮮政事犯者不應朝鮮帝國之請求交附耻作不仁者之爲行也。

第四（國民屬身權） 凡外國人入他國版圖。不可不從其居留國之法律。然至其屬身權。不要從居留國之法律。譬甲國人在乙國。不要依乙國法律服兵役。清國人在他國。其國有禁辮髮之法律。不要從其法律。是皆爲屬身權之故也。

以上所揭之四項。或基于特別之理由。或基特別條約而不適用于主權普及版圖之原則也。

德國四大法曹 譯西五月二十日法學新報

世稱捕路痕斯氏。烏倚痕獨尸耶威獨氏。威賢李痕餓氏。餓那倚斯託氏。爲德國四大法曹。世人修法學者皆尸祝此四氏。日本律學士石山彌平論行政法官廢止曰。（法官即裁判所官） 日本維新

之後國運大振輿急於經營建國根基無暇深攷其利害得失不擇是非徒摸倣外國制度故多持棄我短取彼長之術則不無遺憾焉國運伸暢人文發達按之理論鑑往時經驗責社會諸制度改革愈將剔弊輿新及聞或唱第二維新論忽有欲廢司法省者盖非無故也此余之所以草行政裁判所廢止論也余先論行政裁判宗旨爲適用法律深意論通常裁判所以外特置行政裁判所無根據之伏線併將行政裁判所設置精神以說明廢止之理云

第一　行政裁判宗旨

人民依行政官廳違法處分被毀損其權利者求伸其冤於行政裁判所謂之行政訴訟判斷行政訴訟當否謂之行政裁判解行政裁判四字學說法制紛紛無可據者然只拘泥解其四字如講義錄非本論意也余簡易說明之不亦得其行政裁判概念也今試爲之解以分析行政裁判四字即行政裁判者司聽人民訟獄若行政官廳處分違法人民破毀損權利者實出于訟也

往古專制時代姑置弗問近世法治國持質使國家行政準據法規且不出法規範圍且詳言之以法規而保護人之自主自由也國家亦當爲國家保生存不得不期行政發達然而既以

法規認之保護之因爲不可犯其人格故必行政得宜不出法規範圍行之故必遵據法規也夫然法規者人倚之全其權利與自由行政官據之活動其範圍以達國家素志以一方視之則人民自由城壁也又以一方觀之則行政官權限保障也二者共遵守法規始得人人自由安全然後行政圓滿活動相輔而行也故苟行政官處分踰越法規外則常與人桿格忤乖毀損一人權利一人固倚賴法規之主張以保護其權利有請求伸達法處分寃枉權故曰行政裁判司廳人民依行政官違法處分被毀損其權利者訟也

第二　行政裁判判决權人民權利保護請求

行政裁判者判决人民請求保護其權利也夫裁判者何曰解釋法規適用不誤事實是也法規者糺事處斷之程度定其方法是也行政裁判以保護人民權力爲主意凡人民權利挫折於行政官廳（指警察署）違法處分有含寃者即聽其來訟以救濟之也其救濟也即令行政官廳變更其處分或注銷其違法處分一隨法規所指示以斷定之人民始得回復其權利此乃行政裁判所主義也夫行政裁判所所掌既如此只不過適用法規而已此亦只可謂解解法規意以適用不誤事實而已適用法規者司法裁判官能任之不必要行政裁判所也

日本　橋本海關譯

食塩專賣法　譯西八月二日萬朝報

臺灣總督府既定食塩專賣法將布之日本製塩業者聞而大駭直馳抵農商務省請曰願使以該省命謂臺灣總督府曰食塩專賣法布行之事農商務省欲聞其詳宜具告其故省吏聞之即以其意問總督府總督府答書曰雖布食塩專賣法無所虧折於內地塩業或聞之曰此言似實夫臺灣塩田現大荒廢非改革擴圖勢不能壓內地塩業只有可怖者一曰中國食塩是也中國塩一石（即二十七貫目）一月九十二錢八厘二月一圓四錢三厘三月八十九錢四厘四月九十二錢八厘原價如此至輸入其地持保平均一圓三十錢市故其輸入額漸多唯以其光澤不純白結晶頗大不可供日間常用若中國人精製之日本塩業必敗何則精製費用三十錢則以一石三圓四十錢成本輸入德國食塩勢欲壓日本食塩中國人若能精製則與德國純良食塩無異故目下急務在改革日本食塩而已故急置製塩所于澎湖島近傍將輸入中國塩精製以改革之則足以壓倒中國塩亦可以得防遏德國塩輸入

神戶紐約間貨物增減　譯西八月五日神戶又新報

神戸紐約間航路。從來係拔拔拉威痕瀛船會社專占。每三月必二次往還。美國輸入貨物頗少。僅在來航途。就香港及上海。積載砂糖與中國棉花。而至輸出貨物。則搭載米穀一千噸內外。及雜貨。至近日大異。美國輸入貨物大爲加增。每次來港搭載滿船。比從前殆加四倍。輸出貨物。則反少。大抵以茶爲重品。或曰。輸入貨物加增。蓋出近來日本多購鐵路瀛罐車及軌條鐵管于美國。此外輸入者。以亞美利加綿花。並小麥粉類爲最多。又紐約有拉意痕瀛船會社。始經蘇士海峽。至日本中國。即以神戸居留地百七番嗝耶笛痕馬席嫂痕商會爲代理店。使倚痕獨拉捕壎倚痕笛拉母倚利皮贖亞痕達路戸耶倚痕獨拉列麥苦列布賢路獨倚痕獨拉等七貨輪往還此航路。每月二艘。定期發紐約。其第一初航船倚痕獨拉捕壎號。已入神戸。明早將還紐約云。

臺灣銀圓通用　譯西八月二日萬朝報

日本内地兌換。以昨日爲限。凡圓銀自今日後爲臺灣通貨。其公定價額。即九十錢。與倫敦銀貨比較。價格雖低。將來必可適當。然低度出于意外。未及公定價格更正期以上。猶降而爲二十五片以下。即金貨與圓銀間。有十五六錢之差。財政商業。必多混亂。

神戸茶況　譯西八月五日神戸報

西八月二日前後統計賣出六万一千九百斤。買入四万七千四百二十斤。昨日上午外國商又欲減價買之。議不合。至下午市情少動。新茶出入統計如左。

四月十八日新茶始入至八月二日其入數。　九百〇六万七千二百三十斤。

五月六日新茶始出至八月二日其出數。　七百四十三万五千八百斤。

値金　百九十五万八千三百二十二圓五十錢。

八月四日市中屯茶數。　三十六万四千五百九十八斤。

日本燐寸輸出減少　譯西八月五日神戸報

客月中燐寸(火柴也)發自神戸港輸出海外統計如左。

二万五千三百八十三箱。一万七千三十四箱。內開兵庫縣六千六百三十八箱。大坂一千七百十一箱。其餘乃各聯會者。

比較前月輸出額兵庫縣減三千八百二十八箱。大坂減三千四百八箱。其餘聯會各等減百十四箱。蓋出商業不振。製造或多歇業故也。

日本諸物價漸平　譯西八月五日又新報

據日本銀行稽查前月中東京市諸物價平均又復低下前月一七四今爲一六八。

明治三十一年七月内國重要物市價比照

種目	三十一年七月	三十一年六月	三十年七月
石炭	二二一	二三七	一九五
鐵	一六三	一六五	一九四
材木	二五五	二五七	二六二
石油	一〇七	一〇八	一〇九
醬油	一三三	一四〇	一三八
砂糖	一四二	一三八	一二九
鹽	一六七	一九一	二一七
小麥	一七一	一九〇	一六一
油搾糟	一九三	二〇六	—
木蠟	一一九	一二一	一二三
鷄蛋	一九四	一八七	二二二
生漆	一一六	一一五	一一五
油	二一二	二二二	二〇一
平均	一六八	一七四	一五六
銅	二〇三	二〇九	二〇四
金巾	一九五	一九七	二〇五
炭	一七六	一八五	一七五
酒	一三九	一一四	一一九
鰹	二二一	二五七	二六四
大麥	三三七	二八三	一五三
裸麥	二八四	三〇五	—
白木綿	一二八	一一九	一一一
肥料	一六四	一七七	一四四
紡績洋絲	一一二	一一六	一三〇
席	二〇四	二〇二	一九九
食鳥	一五三	一八〇	一一四
小麥粉	一八三	一九六	二六四

美國製造機關車愈盛 譯西八月三日每日新報

日本　橋本海關譯

美國製造機關車逐日愈盛。除英及濠州殖民地外。有專占地球市勢。客歲七月至本年三月。其間九月。輸出機關車総計銀二百七十九万三千弗（一弗二圓三毛九先）餘。較前者增加九分餘。據美國鐵道報。本年一月以來輸出外國者二百七十輛。即日本七十九輛。埃及二十四輛。布威痕拉痕獨十七輛。俄國三十六輛。其餘輸出南美西班牙中國尼出哂拉痕獨國。又輸出朝鮮南亞弗利加智利哂耶馬威卡餓滑鐵馬辣贖痕獨米痕岳印度英國所領岳威亞那尼卡拉餓滑母贖內治賢拉諸國。表列一千八百八十六年以來機關車輸出統計如左。

時期	輛數	價格	時期	輛數	價格
八十六年	五八	三三八、三九二	九十二年	一九七	一、七一七、七一五
八十七年	五八	三七三、二四五	九十三年	一九五	一、七九三、七〇九
八十八年	五六	四〇七、〇一四	九十四年	一四二	一、〇二八、三三〇
八十九年	一四四	一、二二七、一四九	九十五年	二五二	二、三九七、五一九
九十年	一六一	一、二八〇、〇六〇	九十六年	二六一	二、五一二、二七〇
九十一年	二七五	二、四二四、三六三	九十七年	三三八	三、二二五、八三一

環球最大工費軍艦 譯西七月十日東京日報

目今英政府建造戰艦。其工費四百万磅。（均四千万圓）古今地球諸國。未見其比也。其艦用裝甲鐵。要四十五万磅。裝置武器。亦同其額。方今尋常甲鐵艦製造費。每一噸英國用三百弗。（凡六百圓）合衆國三百九十弗。法蘭西並德國各四百三十五弗。以至四百五十弗云。

日本試製速射砲 譯西七月三十日大阪朝日報

砲兵會議審查官有坂大佐。歸自泉州春木大砲試驗場。滯留大阪道修町花房氏宅。氏曰。我嘗創意造七知珊速射野砲。昨夏在下志津原。與西歐諸國各種大砲。共試擊。撿其優劣。已發一千丸。其成績亦顯著。尚更欲造至大速射砲有威力者。以意改革其製法。現已在大坂砲兵工廠製造。必可得宜。次又欲造七珊知速射山砲。亦其第一號砲。前在大阪砲兵工廠有所試製。今已竣工。因又輓赴泉州春木試擊之。成績得宜。更製造第二第三號砲。凡十數日滯留。將待竣工而試擊。其第一號砲。不日可送東京。東京陸軍省。以本年九月欲行試擊。又據氏所言。其大砲轉旋如志。各師團野砲隊皆用之云。政府鋭意恢擴軍備。今即有此發明。軍中皆慶之。

煙火製造法 譯西七月二十日太陽報

煙火者火工中一術也。造可燃性混合物及諸種可縮性物体。包之於一紙球。高放空中。破裂飛翔。或發可燃性物体。依其燃燒。空中演出千態萬狀。以娛人目。往昔其技屬手巧。今則由於化學作用而起。所謂屬火工本領者也。試專就化學作用。陳其大略。

煙火由來甚久。其發明不知在何時。然始製者即中國人也。後數世紀傳入歐洲。然巧擅其技者。仍屬日本及中國人。迥非西歐人所及。而歐洲始製。在於十三世紀時。即火藥始傳播西歐諸國之時也。當時布洛列痕鳲痕人。率先從事此業。嗣來意大利法蘭西英吉利德國等。無不以次傳播。

煙火成分　煙火種類甚多。其發火亦異。雖各異。其成分至重要成分。亦只異其量目而已。要皆同種也。然亦可分爲二種。即燃燒材料及燃燒持續劑是也。燃燒材料如硫黃木炭。息路辣茲苦。松脂。皮茲鳲。澱粉。砂糖。諸熙苦利痕酸。壚鐵。安質讀尼。砒素等硫化物。餘則鉛。銅。馬苦內尸由磨等金屬。大抵含有此等一種或數種者也。燃燒持續劑者。即用壚酸加里。硝石等稱通常酸化劑者而成之也。凡此二種。妙合而凝。燃燒始美。然發輝諸種現象。根基即煙火師猶不饜其心。蓋煙火之主要。非放所既燃燒酸化物於空中。即在放其成分一部。將發火者于空中。

而後能起敏活燃燒必據持續劑力使之完全也故煙火之術雖屬化學作業其巧妙則基於工人意匠非筆墨所能形容今唯陳其火藥調合大法以供製造者之用

煙火成分調合法　夫煙火者乃危險物也用之最宜留心製造尤不可無化學智識其原料甚多撰擇操縱宜豫爲防患之計至其調合法在往古則原料不純比之近時未免稍雜特在色灰物則爲不純物消其色是以錯雜爲用現今不用不純物以廉價可得純物其用甚簡今述其調合法分爲導灰及星二種

導火調合法　導火原料即硝石硫黃木炭及麥粉各研爲細末待其燥而用之也其調合法必據導火緩速異其數硫黃則量速力緩硝石麥粉多則其速力甚急故隨其意以其量試舉其一二實例如左

	硫黃	木炭	硝石	麥粉
最緩	四	一	五	四
緩	三	一	四	五
尋常	二	三	九	四
急	一	二	四	二
最急	一	二	四	三

如清國生靈之衆如清國人才之多如清國誠能學普俄二國之先君勵精力行十年之久而國不富强者斷無此理也而其不能行之者無他數百年之積習牢不可拔耳語曰居移氣居舊都者其心心舊遷新都者其心心新一朝可以一新上下人心者非遷都而何此其宜遷七也就上下人心之一新更切要者在滿漢一体相互輯睦盖清朝祖宗奉天子民視滿漢如一家賞罰威愛一秉大公此其所以克合天心永保寳祚也獨奈國都在於燕京人皆知其非宅中建極之地而未聞遷都之議燕京城內八旗禁衛人皆知其非折衝禦侮之用而未聞汰兵之議以是不能無疑滿漢之間仍分畛垠也夫國之將興也億兆翕然合如一人一心一德周之所以興也離心離德商之所以亡也嗟夫清國內外多艱之秋豈有可憂於此者哉今如棄燕京而別擇宅中建極之地廢八旗而別求折衝禦侮之用庶幾滿漢之畛垠全除而將來一統之基益鞏固矣此其宜遷八也清國與歐洲各國訂盟通商於今不出數十年之久然由此一事而國之大勢有日新月盛不已者此不必待識微見遠之君子然後知之也今舉一端言之清國之於西北各省其腹心也東南各省其手足也然東南各省以其爲通商之區歐洲文明之化先自此入焉光氣大開百貨充溢其小人用力殖利其君子留心時務以是清國富强

之實萃乎東南，而西北各省仍安千古之陋，而未霑文明之化，是猶胃病之人手足活動，腹心衰弱，久而不治，必成大患，然則治之其道何如？亦但在遷都於腹心之地而已。此其宜遷九也。凡帝王之興廢，國祚之脩促，或出天命，或由人事。中國三代以後，享國之久過二百年者，僅有漢唐宋明，其餘長者百年，短者數年或數十年。大抵大亂之後，必有大治，漢承戰國暴秦之後，故得四百年；唐承南北分裂之後，故得二百九十年；宋承五代亂離之後，故得三百年；明承胡元之後，故得三百年。然漢中絕而復興，宋南渡之後僅保江南，今國朝緜緜延延，享國之久二百五十年，在西漢北宋之上，非有創業開國遠超前代，祖宗德澤深入民心者，而能如是乎？然以百天之曆數推之，清朝抑亦久矣。自今以往，欲延國祚於千萬年之久，惟中興維新之治足以當之，而其鑒在彼東周乎？夫東周之中興，必自東遷始，則今日清國之維新亦在遷都，不待言矣。此其宜遷十也。余也嘗讀古今載籍，考其興廢之故，環球大小之國，燦如星羅，不知其幾，或有遷都而興者，或有遷都而亡者，或有遷都而盛者，或有遷都而衰者，蓋由其國遷都，則氣運人心亦從之轉移也。如曰遷都不足以振興其國，則日本國自西京移東京，俄國之自莫斯科移彼得堡，其謂之何哉？清國人士動援東晉南宋之故事，爲衰弱益不振之鑒，其不通古今不

故不能進文化職此可察熱帶地方情形也獨中帶地方與前寒熱二帶之地迥異無寒威炎熱之苦有專役心身之便故得日增智識加之以一方而論中帶地方之人不能如熱帶地方之裸体又不能居住小屋堪蔽風雨之家其衣服室廬必自勞而後始獲得非出天降非自地生者也又如食物非如熱帶自然生產者也亦必勞而後始得之夫如是欲得衣食住三者皆不得不自勞也只知自勞則不自覺其智識日進矣中帶地方人所以進於文化不亦宜乎

前篇所論乃述人人良心漸次發達出混沌而進開化之意即如身体智力情感亦漸發達減醜加美者也觀小兒初生鼻低而孔向上唇大而厚髮際不齊兩眼遠相隔後稍長鼻高孔下唇小而薄髮始齊兩眼相距稍近是以欲就原人体格感情智力觀念等察之以說社會現象至於古人時代巳邈靡得而詳而小兒雖稍似古人仍屬有異故姑以野蠻人爲標本以代古人又或倂取半開化人及開明國下等無智者代古人以說之

第一　未開化人体格與開明人所以異者有二如腮與齒非常大是也今査其理由凡人體局部（指脚而言）使用益多則益發達使用少則從而衰弱如郵便脚夫步行極速能耐往遠如華族閨秀步行最遲兼覺疲勞又如學者巧讀書樂師巧弄樂器每于無意間自然流露然未慣讀

書者及不熟練音樂者雖用全力於書籍樂器猶多遲拙未開化人腮齒俱大亦宜以此理知之彼等未知造銳利器而用之故以齒嚙碎堅硬及柔軟難消之食物又以手難切折皆用齒以切折之故其齒力大爲之發達也又齒碎物出大力必要腮强大故其腮亦大也

第二　未開化人類腸胃頗大腹部甚澎脹試解小兒衣裸体而觀察之其腹部澎大可駭小兒以補心身消耗之故常需食物又以成長身体之故亦常多食物故食物分量自與大人殊異且飲食無時不知節制故腹部之大出于意表未開化人類亦稍同其旨常不能備食物故適得食物食而飽之即無食物不得已而忍飢餓又其所食之物多皆菓實蔬菜及虫類少所滋養只以多食少滋養之物故腸胃大而腹部膨脹非常也

第三　未開化人類身体多皆短小今揭載其若干例以供參考

南亞細亞洲皮路人種　男　五尺二寸　女　四尺四寸

哂形餓人種　男　五尺弱　女　四尺八寸

列捕鳩耶斯人種　五尺

中部亞非利加洲茲卡人種　男　高者四尺十寸　低者四尺六寸　女　四尺

族尊稱。

不問何州。非得合衆國國會允許。不可稅輸入物及輸出物。唯收撿查施行費。不在此例。而各州輸入物並輸出物稅。即可納之於合衆國大藏省。凡欲作此等法宜。受合衆國國會撿閲與指揮。

不問何州。非得合衆國國會允許。不可稅船舶。一名噸稅平時不許備陸軍及軍艦。不可與他州及外國訂盟約。又非俄受敵襲擊。勢出萬難者。不得妄與人開戰。

第二條

第一節　行政權屬北美合衆國大統領。大統領職以四歲爲期。選舉副統領亦如選舉大統領法。其法列左。

各州據其立法部所定法宜。選舉其州所出于國會之元老院議官及代議士。選舉者乃係各州所指命者。然元老院議官代議士及合衆國政府官吏。不得爲選舉者。

選舉者各集會于各州宜。以匿名投票。舉二人。而後其選舉者記所投票之二人姓名。且又同記投票數。以盖印後。送於元老院議長。元老院議長乃集元老院議官代議士。在其目前出各

州所送投票函開封而計算其投票數選舉者投票過半且得最多數投票選者即任大統領若有得過半數投票選者二人以上而其投票數相等代議院宜以匿名投票選其一人爲大統領若無得過半數投票選者則宜就各州所送目錄中選得其多數投票選者五人更用匿名投票選一人爲大統領然當選舉大統領之時要據州爲投票一州舉一人爲代表者代表者代其地人民以表其意之義也故一州代表者唯有一投票而已凡欲爲此投票宜以諸州所出之議員三分二以上爲定數而非得諸州過半數投票不得中選舉已選舉大統領之後得選舉者投票最多數者任副統領然若有投票同其數者二人以上元老院議官宜以匿名投票選副統領

合衆國國會可得定選舉者選舉時期及送致其投票時日唯要合衆國中同其日且非合衆國之人不得任大統領之職又年齡不達三十五歲又非十四年間居住于合衆國內者不得爲大統領

若有大統領辭職及故者不能盡大統領權力及義務則大統領職歸於副大統領若大統領與副大統領同時辭職及死或不得其資望者宜代理定其人代而使理其職苟得其人以代

理之即其人執其職宜至更選舉大統領副大統領之日方行交替

大統領在職之時所受報酬金其金額不可增減而大統領不得受合衆國政府及各州政府別俸大統領在其就職之前即要誓約如左

余誓欲盡誠實於合衆國大統領職務謹爲誓約（或又爲允諾）務竭才能維持防禦合衆國憲法

第二節　合衆國大統領宜爲合衆國海陸軍及各州民兵總督大統領得使行政各部局長官以書具告其部局職務大統領除議員彈劾外有遲延免罰等權

合衆大統領有據元老院助言與允諾締盟條約之權必要臨席元老院議官三分二同意大統領據元老院助言與允諾有任公使及諸大臣領事高等法庭判官以下諸官吏官職權國會因其意見可得制委托法庭及各省長官下等官吏任命於大統領法律大統領元老院休暇中得受元老院委托

第三節　大統領時時宜通告合衆國事情於國會且又有所計畫宜告其方策以供國會議院參攷若關延會事二院有異議可更期時日而使延會大統領亦可與外國全權大使及諸使節接見大統領必宜注意法律眞實行之又有分授職務於合衆國官吏之權

第四節　合衆國大統領副統領及諸文官以反逆賄賂或重罪爲國會議院所彈劾得實者即失其職。

第三條

第一節　合衆國司法權宜存高等裁判所及國會議院所制定尋常裁判所與高等普通兩裁判所判官終身保其職在職中受其報酬金勿有所減。

第二節　司法權宜從合衆國憲法及合衆國法律而行之又可綜理條約法律及衡平法等訴訟又可兼任海軍及公使領事訴訟事又可處置合衆國政府原告被告之爭又可處決二州以上之爭與異州人民之爭又可經理土地要求及同州人民爭論之事不任與一州及他州人民他國人民風波相激之事高等裁判所其職宜始審全權大使及公使領事訴訟並一州原被訴訟如前所揭示載以外訴訟唯以審判其事實及法律共控訴爲限只遵奉國會議院所定之法令而審判其訴訟事實即在此例外

除彈劾外審判重罪必用陪審官裁決其罪其審判之必就其有罪州而行之或又就國會議院所定之地而審判之。

第一　各控訴院長次長及檢事局員

第二　第一審裁判所所長豫審判事及檢事局員

第三　警視總監府縣知事副知事及府縣書記官長殖民地總督內務部長及書記官長

第四　技監及行政區技師與行政區道路員長

第五　翰林員部長及監督官

第六　初等學校監督官

第七　大教主教徒副教徒總長

第八　陸海軍將校

第九　師團主計官及副主計官

第十　支給資財官長及特別收入官

第十一　直稅（直交稅于政府也）及間稅（謂先交稅于吏然後轉達政府）長官登記長官土地及郵政長官

第十二　保管森林及監督官

第二十二條　諸縣所選出貴族院議員算自選舉已定時期十日內宜報告其由於貴族院

議長。此期間內若不能選舉其人。宜以抽籤且公開方法而定之。

第二十三條　貴族院議員死亡若退任。減貴族院議員數半數以上。三月間宜歸空缺。唯先於每三歲改選之日。十二月內來補此空缺。即在例外。

第二十四條　國會欲選任貴族院議員。即宜以公會連名投票及投票者過半數而定之。

第二十五條　據千八百七十五年二月二十四日法律第七條所任命貴族院議員。若闕貴族院。宜用前條法定之。

第二十六條　貴族院議員同衆議院議院議員受俸。

第二十七條　貴族院議員選舉。一適用左所列明法律

第一　關不適任及無能力法律

第二　關犯罪逮捕及刑例法律

第三　關選舉不牴觸本法規定法律

本報布告　啓者本報經已刊至七期凡中外遠近各埠頭城鎮莫不按期妥寄各處代勞諸先生想必查收特恐或有踰期未及接收或有滯延躭誤遺失諸項。乞郵信通知本館查究妥爲付送及銷售多寡希並過知爲禱

又日本據東洋要衝。五洲時務電報飛馳。今本館自後特爲增譯數葉並升置卷端俾留心經世者爭覩爲快。閱報諸君子想不以敍次紛紊爲嫌也

本館向設日本神戸內海岸。今已妥遷日本神戸下山手通二丁目三十一番地。中外各處通商埠頭均可函寄本館。或浼分局亦可代寄。中外各處願爲本館派報者。名作分局。酬謝報費二成之數。若代售本局所譯印各種東西圖書。酬以書價一成五分。兌滙諸費。一切在內。餘無另索。或徑致本館購買書報亦可。惟書價郵費請先給足。

一收到各地閱報購書之費。均有發回本館所印收單爲據。

一閱全年報價四圓。零售每本一角半。閏月照加。實價不折。議價金遠近一律。惟郵價別訂之。本報遠近郵價開列于後。上海。天津。芝罘。蘇州。杭州。每本報加郵價一仙。　北京。牛莊。廣東省城。廣州府城外河南。香港。澳門。寧波。漢口。廈門。汕頭。横濱。長崎。大阪。每本報加郵價二仙。　鎭江。安徽。蕪湖。安慶。常熟。常州。溫州。台州。紹興。山西。西江。九江。湖北。武昌。湖南。長沙。福建。福州。廣西。梧州。佛山。官山。順德。大良。陳村。新會。新寧。三水。城西南。海口。北海。海防。每本報加郵價三仙。　安南。西貢。提岸。仰江。會安。南定。新州。河內。台灣。台北。淡水。海參灣。朝鮮。每本加郵價四仙。　星架坡。石叻。庇能。泗里末。北般鳥。務路。棉砂。老越。賓武牙。司馬登。略厘。巨港。吧咚。加剌巴。三寶壟。加剌吉打。吉隆。泗水。孟加錫。孟米。爈花羅。井里汶。雪梨。谷。當孭里。畔舍。路宿務。怡朗。奔角。山打根。舊金山。正埠。鳥約。檀香山。小呂宋。每本報加郵價五仙。　外洋一仙値中國銅

錢十文。祈各分局　先生。按地名遠近。除收報價外。每本照加郵價可也。

一首二三冊告白原議廣東省城。河南香港澳門寧波漢口厦門汕頭。每本報收郵費一仙。今郵局重定新章。每本報改收

二仙。蘇州原議每本報收郵費三仙。今改收一仙。本報自第四冊以後。郵費照此爲据。特此佈聞。

本書局繙譯書目列後

清日戰爭實記　近世物理學新編　中法海戰記　中國商業全書　日本寬政勤王三奇士傳

英國社會古今義　萬國近世外交史　萬國新史提要　俄國產業新書　歐洲列國新史

日本龍馬俠士傳　五大洲八類種族攷　地球文明開化史　日耳曼新史　普通小學咨問叢書十六種

萬國維新政治學　萬國議院章程　萬國選舉公理　日本維新三傑傳　日本歲計政要

萬國交涉新公法　英國工業新書　海戰萬國公法　亞歷山大王戰紀　歐美富國新策

俄國近時大事記　萬國憲法　平權自由新義　法國新歷史　歐美强國新政治學博議

美國紐育京城風土記

右書陸續刋印。分發各派報處寄售。謹啓。

己刻局書價列

日本四十七俠士傳二卷　價四角（東亞書局刻本）　日本龍馬俠士傳二卷　價四角

開闢美洲閣龍英航海家獨列幾合傳一卷　價二角

右書欲閱者請到滬大馬路大同書局北京報總局香港文裕堂聚珍樓粵省雙門底拾芥園局購取可也

中國代派報處列 各國分局下期續刊

○北京 琉璃廠廠甸總報局 天津 開口風神廟間壁西學官書局 針市街恒豐盛 醫 恒 益 森興行 裕和興

○山東 燕台潮洲會館黃幼遂明府 福 記 聚盛行 裕慶和 榮豐行 臨 泰

元發庄 牛庄 東盛和 全泰盛信館 潮興行 元隆庄○江蘇 上海大馬路泥城橋大同會局

知新報分館 二擺渡同和里廣永亨 廣盛泰 全泰盛 普安公司分局 金利源馬頭啓昌 棋盤街安和祥

同吉泰 源盛昇 振源行 蘇州 閶門中市廣芝林 護龍街馬醫科巷口墨林堂 鎮江 德 記

閘口撫店巷吳調芬先生 廣盛隆○安徽 無錫代售申報處吳桂林先生 蕪湖電報局 三 益 源記行

廣恒豐 常熟 醉尉街內閣張第 江寧 南京孝順里陳安國先生 常州 龍城書院內李澤之先生 安慶 電報局

○浙江 省城豐禾巷前杭嘉湖道朱公館 寧波諸衙街餘代辦局嚴惠芳先生 同福和 啓興行 溫州 瑞記洋行

台州 黃巖縣何豐泰 紹興 水澄橋墨潤堂○江西 洗馬池街李儀堂藥店 源泰裕 九江 永生○湖北 武昌省府街口鴻寶齋

漢口 億茂祥 廣興源 普源長 榮茂行 全昌正 永安和○湖南長沙 省城時務學堂

○山西 由上海時務報館代寄偉伯思先生 ○福建 福州南台閩海關科房代售各報處楊賓春先生

福建福州 豐鈺行分局馮睛浦先生 太平洋行 渣打辦房容建邦先生 新福成 天保洋行 美記行

廈門 和鳳宮邊新允昌 鴻 記 捷 記 瑞記洋行 [illegible]記行 建源行 福聯昌

汕頭同泰行 中和行 榮發行 光泰行 源盛行 元隆行○香港 上環昭信

東 裕 普安公司總理燕毓各先生 萬安公司總理燕毓各先生 濟安公司總理燕毓各先生 南北行街口永同福

廣南隆 誠 安 信 亨 公 和 廣萬和 俊昌榮 均興隆

厚 豐 恒 記 萬祥源 源 發 聚 棧 建 發 同利祥記 中環廣恒泰

廣豐隆 廣永生 樹 記 松秀東街福記 盛豐順街聚珍樓 文武廟街文裕堂○廣西 仁 興

梧州九坊廣昌盛○澳門 大井頭知新報館 酒樓街華裕盛○廣東 省城雙門底時務書局 知新書局 城隍廟前廣泰和

大佛寺前怡普堂 拱日門廣裕祥 與隆南約泰盛 頭鎮坊口瑞成 下九甫昌和 桨欄街仁裕堂 打銅街生源和

安瀾街榮裕 大新街廣錦生 萬泰來 第八甫義經 瑞海西協安客棧 杉木欄普和 西關隆興源

祥發源 杉木欄祥記 全昌正 河南白鶴州恆裕茶行 佛山 恒德街白玉堂 公正市美章

富文里昌棧 汾流街興隆 官山 茂 昌 順德 大良六合 涌村 倚墟合記 源 來 新會 九 如

江門 舊墟街安盛 沙仔尾廣裕豐 向墟兄弟聯泰號 新寧 秋海棠來街恒泰 三水 城隍廟前任愈先生 西南 增 益

海口 源發利 信記行 興 記 和美行 北海 永昌隆 永 盛 裕 豐

聯 益 祥隆行 海防 致忠和 廣新源 茂發行 廣裕隆

東亞報　第八冊

孔子生二千四百四十九年

光緒二十四年七月廿一日

東亞報

第八册

ウハアウト

THE" EAST ASIA".

ISSUED THREE LIMES IN A MONTH.

東亞報目錄第八 本館在日本神戸下山手通二丁目三十一番

論說　宰割中國議下

宗教　萬國新地理學答問 續七冊 凡大中小學校普通教育叢書同錄

政治　美檀合併彙聞　中國鐵道議　中外雜誌　論中國鐵道顚末　華人在韓國平安

道情形　英下議院論中國鐵道　英俄爭執中國政權　法報論盧漢鐵道　膠洲

俄德時事記　德國悔占膠洲灣　英要求開湖南租界　保定府毀法國教會堂

增發香港紙幣　中華求援於列國　美國海軍併檀香山　日本設半日學校制度

英國占太平洋群島　俄國新增海軍　北美新英蘭洲之一樂鄉　俄人謀毒帝后

事洩英下議院論開置中國商務局

法律　比律賓島新立共和憲法 續六冊　中國借地通商條約管見 下期續印

商務　日本在海參威商業　中國酒輸入日本加增　中國駐橫濱商人聯約　中國火柴

行情 表附　論中國茶况　煙草收獲數

藝學　製造煙火法 續七冊　採用電瀛製棉法　法國新製五十万分一地球　腦威開萬

國漁業博覽會

圖像　德國今皇肖像

經世文選　清國遷都私議 續六冊　上諭恭錄

新書譯錄　社會學新義　美國憲法　法國議院選擧法　歐美異聞記 右均下期續印

路透專電　五洲彙電　本館報告

路透專電

美國大統領馬茲幾痕列氏欲保有呂宋島以爲利呂宋島在比律賓群島中爲最大小呂宋即其島中首府然今尚未決西八月二十四日 西印度諸島不平英政府所爲因欲與美國相合將稟請於英政府現下衆心允洽普列皮戸茲託人民亦各同意云 俄國今歲荒穀物收獲甚少至冬期國內一部必有饑饉之憂均西八月二十五日 英國外務次官咘播咘賢奴卡孰痕氏罷衆議院議員職任印度大守即公選其補闕員自由黨內威洛亞列拉痕獨氏以二百七十二票之多壓倒保守黨出自曉烏撲託選舉區或謂其理由所歸即分離出尼澳尼斯託黨贊成現政府對清策故也 英人鳩耶路斯配列斯布澳獨氏爲中國視察員已發搖苦戸耶威向中國均西八月二十六日以下均錄各雜報文 俄英自相調和其愚可笑祇以軍艦脅迫受七万金之惠即斂其翼歐洲各國古今未見其比八月二十四日 廣東區金鐸出人材登庸詔有上諭召之曰可携帶其所製電氣機器上京師西八月二十四日 頃日中國政府貸海南面所屬一港廣州灣于法國法水師提督獨拉布澳痕鐵路氏欲收廣州城砦先使水兵一隊登陸忽有清兵發銃拒之事出意外法兵應之亦射二口銃殪清兵十二人傷二十餘人進入城砦傍墻壁避丸有頃清兵潰散水師

提督即報狀于東京。乞出援兵。有命曰。此事宜以外交論也。（八月二十四日）

清將董福祥部兵在保定府。燒法國教會堂事。已報之。法政府聞而大怒曰。彼兵也。在中國將軍麾下。規律必嚴。然尙有此事。較之愚民尤甚。或曰。歐洲諸國。豺狼無厭。久爲中國患。然法國昨冬以來已倦。因不復窘辱中國。只要求中國政府修築教會堂。中國政府乃姑以保定府道臺衙門。充法國教會堂。出金四百八十兩。贈其宣教師。

以供醫費。事遂平。居未久。甯波人十二名。在上海以事爲法兵所銃殺。此事已見前報。前數日。法公使遣総理衙門書。請將四明會館退出法國租界。更添言曰。宜期以二十四時回答。今未有所聞。然任十數人死而不顧。非理也。顧死者非法國人。乃中國人。彼総理衙門。其將奈之何哉。唯有呑淚而默止耳。

德國人笛兹託利痕餓氏。曾在中國。當中日戰爭時。名著一方。現已還本國。西七月二十一日。再來

北方。請総理衙門曰。願採堀直隷省內地鑛山。至如開平炭坑。或云氏爲尸痕唎開託氏計畫。云尸氏亦德國人。嘗謂曰。中國政府若要借金。我即當以二十五磅貸之。（一磅九圓八十七錢五毫）中國政府當允其採堀。自是沙市石炭有所虧折。盖沙市石炭品質並運搬便否。不能匹此故也。（八月十三日）

五洲彙電

中國張某任駐韓辦理公使辭職。即以安徽按察使徐某爲駐韓全權公使。西八月十五日 小呂宋總督亞烏餓斯鴟痕氏。乘德國艦。還抵香港。家族從焉。不敢談小呂宋事。惟曰。我急還本國。而已。西八月十六日上午 德國軍艦卡威席利痕亞烏餓斯號。載比律賓總督亞烏餓斯鴟痕氏至香港。十三日。小呂宋如爲美軍所攻略者。西八月十六日下午 俄國忙於保存所獲極東之利。更無他志。且

公言曰。欲不侵英國商利。西班牙諸新報論其喪失植民地。文意索然。均西八月十七日 日本宮內省定東宮御所營造局官制。領袖一人以勅任官任之。事務官二人。屬吏六人。技監一人。技師三人。技手十六人。 前伊藤總理。本日上午乘玄海輪達馬關。入大吉樓。下午再發向仁川 本日日帝下詔曰。據貴族院納多額稅者互選規則第二十四條。命長崎縣使行其縣貴族

院納多額稅者選議員補缺。均西八月十七日 本日亭午板垣大臣。訪田中宮內大臣于私邸。其前日訪大隈首相。蓋東京憲政黨勸山田司法次官罷職。因議之也。是日警視總監及京橋警察署長皆從板垣大臣。 本日墺皇誕辰。大隈田中兩大臣等至墺國公使館祝之。 日本新內閣成立以來。憲政黨出就官者與其黨員。昨夜張懇親宴于龜清樓。此夜會者除大隈板垣二

大臣外五十餘人雜談移時而散時鈴木萬次郎首議後來各大臣宜輪番開茶話會衆從之

鐵道國有論一時挫折無所聞近今陸軍都內復論之勢壓遞信省高等官多賛成之鐵道國有者謂不爲人民有也擬置稽査鐵道委員于省中云（均西八月十八日）

日政府改正海軍學校海軍機關學校條例中一二條

大藏省廢明治二十八年該省訓令第二十三號條目此條目云發見地數誤錯當訂正之時有增減租額比對自今旣納地租與訂正地租可追徵其差額而還付之即廢此條目也

文部省欲改革學校制度即以柏田次官爲委員長寺田福原兩參事官野尻視學官東京大學上田万年戸水寛人兩教授柳澤第一高等學校長爲委員九月末旬開高等敎育會議即於未開之先改革之云　日本農商務省欲盛日中韓通商業選用精於技術商業者至中韓兩國使稽査各種事業現狀若有同志許共赴淸韓因以書告其意於各種聯會商　兩三日以前遞信省參事官會議決募鐵道會社債券於外國之事曰無所妨也因致其意於內閣

大隈總理大臣偕其夫人及大石吉田兩秘書官今日上午七點上新橋火輪車赴大磯　韓國警備艦筑波昨日發釜山測量海底淺深　撲痕唎由拉斯及尼卡辣斯額二國再訂盟赤十字社而踐其條約（均西八月二十日）

英俄兩國交涉中國兩國勢非

常切迫。西八月十七日 駐英俄國大使席墺路响獨斯多路氏前日還俄京即赴倫敦。 俄國新報諸母墺鳥列米亞及諸母墺列斯鳴。以覲厚筆鋒。論英國特如諸母澳斯鳴報。以英俄兩國宜互相讓之意。論中國交涉事。日宜移其事於倫敦或聖彼得堡府。以論之。不可在中國論之因有所勸于其政府故也。 美國軍隊占有古巴嶋瞶痕亞岳者。太無紀律。因大窘辱華盛頓政府。即更派遣數聯隊于瞶痕鳴亞岳。均西八月二十日 俄國聞中國布設山海關牛莊鐵道用英國資本金。即請中國政府曰不可以此鐵道爲抵當。且使外國人爲其監督。中國政府允之。條件如此。決不肯令英國出資也。西八月十七日 待命辦理公使内田康哉帶理事官職。以本月二十四日發橫濱向檀香山。蓋美檀合併委員不日會于化諸路路府。故欲面商日本利益及駐留民之事云。 十七日英國軍艦碇繫于橫濱者舳艫相銜向中國威海衛。已進抵本牧燈明臺前。忽有本國電報止之。轉使抵比律賓島。均西八月二十一日 朝鮮政府使度支部顧問官英人捕拉澳痕氏監督鐵道事務。西八月十八日下午 前伊藤總理本日上午十點乘玄海輪至釜山。下午三點向仁川。 日本常備艦隊昨下午四點發大湊入青森。均西八月二十二日 檀香山政府納損害賠償金於日政府。前已報之。即以小村外務次官重岡通商局長志賀倉知兩參事官阿部書記官爲委

員稽查損害賠償金處置。 前伊藤總理今朝入仁川。二十五日將入京城。朝鮮政府使宮內協辦等至仁川迎之。 英國軍艦毋倚苦託利耶。息痕鳴由利澳。痕那尸賾斯。哈倚鳴痕。諸艦在長崎。昨晚與水雷驅逐隊哈痕笛倚拔錨而去。或云向威海衛進發。西八月二十三日 日本皇太子本月三十一日第二十次誕辰。因此宮內省及東宮御所各張慶宴云。 大藏省告示。置橫濱稅務管理局于神奈川縣廳內。神戶稅務管理局于神戶稅關內。 大隈總理大臣本日上午九點入朝至正午猶不退朝。明早即赴大磯。 製鐵所以創業費一千五十六万圓開之。明歲擲其一部分作業。近日內閣將議其原料鑛山購入及築港補助等費。其原料鑛山費額三百六十万圓。卽自明年續存至數年。築港補助費五十万圓分數年間而算之。運轉資本金四百五十万圓。是亦續存支出合計總資金一千四百七十万圓。加運轉資金四百五十万圓。即達一千九百万圓。其獲利每歲可達百六十万圓。事業公債可以支。 八月十二日松島艦至小呂宋。艦長野村司令官以電信報日本外務省曰十三日美國艦隊砲擊小呂宋礮臺。西兵悉降。十四日解小呂宋灣封鎖。均西八月十九日 昨夜東京憲政黨開歡迎星公使會于芝公園紅葉館。板垣松田林三大臣楠本江原兩憲政黨總務委員鈴木箕浦兩次官。其餘憲政黨員百餘人

皆來會江原素六起而陳言開會之趣次星公使起謝歡迎好意更分駐美時所聞見事實爲五項一一縷說之至一點之久大要說美國自大統領改選至銀黨金黨競爭事曰改選之日必當各用智力競爭云又日本與美國新舊兩條約中並無關稅規定律故不能互相訂結其條約又以無規定故美政府加增稅率日本亦加增稅率雖似不妨然以有最惠國條欵規定不能行其手段不便滋甚因此百方講究始得一法即據日美新條約中不定條約有効期限曰通知之後經過一歲不問時日早晚可得廢棄即利用其明文一時目美國爲無條約國更訂結兩國便利條約此一事諸君宜熟慮焉又曰美檀合併之事今日固非可言然美西爭戰其開端如是亦非速畢其事乃及於檀香山之事也且美檀合併除移民處置以外無所虧折也已得美政府書曰凡日本移民在檀香山者宜與諸外國人使同其權利又曰本年十月一日開美西講和會議于法京巴里只止於美西兩國委員乃可若會列國委員或徵各邦意見即日本必當乘此時爲得其權利之計

日本遞信省告示發第百二十號曰自本年九月一日始辦郵便事務于廈門局

北美合衆國政府除西印度地方電信局制限只向古巴及撲路託利哥而發者其私用電信設置如初然已嚴禁用暗號曰本遞信省即以第百二十一號

規則示之。朝鮮尹容善任參政。趙秉稷任外部大臣。兪箕煥任軍務協辦。日本大藏省稽查諸種財源。即決議。增徵市街宅地各租。其增徵金額大約有四百万圓云。昨日下午三點。板垣大臣訪桂陸軍大臣。或謂此議以鐵道爲國有之事也。前威海衛占領軍司令部措置已畢。即閉其部局。野村常備艦隊司令官。曾在澎湖島十八日報海軍大臣曰。七日美國艦隊司令長官使人來告曰。本日

下午一點砲聲小呂宋市街。乞此四十八時間移而遠避。勿觸彈丸。因九日浪速艦避入于卡母威鐵港。保護船從之。領事及居留人民八人乘浪速艦。西班牙婦女老幼十五人乘保護船。並皆避兵。十二日松島艦至於卡母倚鐵港。是日西班牙總督。不肯從美國艦隊司令長官勸降。因此上午九點三十分美國艦隊進至于小呂宋洋。與美國陸軍兵共攻小呂宋砲壘。上午十一點竟陷之。此時美國旗艦。

以信號旗勸西兵降。西班牙軍艦揷降服旗。至十二點遂降美軍。即不攻小呂宋市。上午六点撤去西班牙國旗揷于市中司令部者。更揷美國國旗。美國艦隊鳴砲祝之。惟降服條件未決。然叛賊形勢現已無異。凡艦員居留民並保護西班牙國人皆無事。各國軍艦至第九號報告後。入于卡倚若木痕託利港。十四日解海門封鎖。十五日浪速艦發小呂宋。浪速艦昨日發澎湖島向佐世保（均西八月二十四日）

德國今皇像

宰割中國議下

雖然英于中國所必爭者則商務也故其釐稅之征加其貨品之盈絀與其借償之衡權其山河之濬通無憚斤斤三復議之者斯英經畧中國政策哉然英之政治家屢詆其國政府嘗謂中英之約我英既獲之權利今反有自我得之自我失之之憾遂使英貨輸入于中國者竟爲釐征所窘受弊爲不細矣抵制之術何哉吾恐政府失是術也是皆政府狃安縱渙一切之慾也而光緒二十年改換緬甸通商之約實爲我英可乘之美會也而釐稅一款足以修訂嚴定矣（中國緬甸通商條約中有窒碍之義于中國光緒二十年甲午正月二十四日即西曆一千八百九十四年三月一日更訂之至光緒二十三年丁酉正月即一千八百九十七年二月完結）況當顧利司海利衣卿執政掌有特權之勢力足以有濟乎抵制之術此也惜乎執政者胥懦惰遲重不振如是此非英商之大不幸事耶此英之政治家所議如是也夫使中國政府排除其增釐之絀計疏通其輸運之孔途則物品愈豐物價愈廉需用愈暢歲入亦愈饒矣信能行此道者雖弱必强雖貧必富環問地球諸國商務之昌能儕肩于中國者哉吾日悱悱希望于中國者謂是也然彼頑冥錮守之不肖臣吏不察其因不原其變不悟其禍之所在貿焉反

以爲是困外人秘計以償其昔日迫脅之憾而嬰嬰惟釐稅短絀費帑不敷是憂則是刳腸而懷珠已渴而伏鴆之類也嗚呼宛其死矣抑中國今日內政不修民生未裕所恃以資接濟而澹漏巵者顧在商務也釐稅不革商務絀矣商務既絀民生困矣不又觀駐滬英之戲也司迷吳領事痛論中國增釐之說乎（戲也氏說見前第六冊今復言之）其謂政府困逼外債之時爲是絀計禍豈獨中于商務已哉異日乱離之憂有隱伏于此者是救斃推刄之道也無策甚矣夫戲也氏之言信若是然剝髓之計方工噬臍之災未切故內外政府只貪于近利狃于苟安且爲是如水益深如火益熱以充其東方（指東三省之地）戰後經營之費舉所謂海防臺砲牙捐絲捐茶捐鹽捐烟膏捐等妙立名目不可殫陳前令未收新令踵起始則曰未可如何繼則曰萬不得已餂之以薄取譎之以暫免從者則曰踴躍奉公違者則曰挾制官長靡計價之賤昂貨之豊絀水運陸運已征未征者一一而釐之是無異擘繭而竭其緖摩糠而窮其脂也嗟乎牛荸雖厚能恣庖丁解剝耶賈子所謂寢于積薪之上火未及然因謂之安者也曾子曰上失其道民散久矣則民之疾視其長上也如贅頸之疣如芒骨之刺戚戚救懼死之不贍何心于身外哉是以中東一役竟見創于寥寥三島之日本割金割地以償之而歐洲列强均攫取厚利以去今者膠旅之

警。又見告矣。舉昔日之積威。塲焉頓地。南部士民。其輕視今之政府。固哉。是皆釐稅爲害之如斯也。所出無憚斤斤三復議之者。爲是故噫。中國今日之現情若此。英能嘿視而不動哉。顧英于在中國近三年來之政策。（光緒十四十五至十六三年也）前駐北京德公使夫癩鱸託氏。嘗窃窃議之。謂其主義動搖。茫無把握。似有節節旅退之勢。實爲俄法諸強之進取。壓抵之也。夫德于今中國。咄咄進取。夫癩氏之言如是。是知德國之所深期。英之旅退。而自申其威力于中國者也。觀于德國器羅鱸卡尸子。托言洩露其政府經畧。將來中國之陰謀。謂使德在東方所獲之權利能愼重以持守之。勿妄希非分。想以觸俄法二強忌。則德與二強交結合縱之誼。可固于膠漆。而中國大欲可徐圖矣。今卓卓振然爭雄于東方者。俄德法諸強之外。惟日本耳。夫英國夙于東方素稱雄飛之鷙鳥者也。今其雌伏若然。是豈世變遷流耶。無他。英領土遍五州。撫馭憂勞。幾有鞭長不及馬腹之勢。加茲商務繁賾。一有决裂。忙于自救之不暇。故英未敢顯遽與諸強爭先着于東方者。恐淩妒于諸強。而亟亟以自保也。德報之所議如是。是足窺英之政事家經營中國之嚆矢矣。夫英之紿中國政府曰。英之來也。爲整頓商務而來也。餘何有圖尺寸于中國者哉。髦英之以巧待中國。而默操其富源。四万万之民。不啻爲其掌上舞矣。夫中國其富源之裕

饒民性之勤勉皆遠勝于亞非利加十有二倍且其氣候溫和最宜爲歐洲殖民之地也非州多沙漠森林炎熱瘴癘獷猂蠻俗遠不敵中國信乎人以黑暗大陸比非州金輪大陸比中國爲不謬也今栖息于中國而有此四億兆之民苟治之有道洵地球上希有之愛鄉哉且中國民性多具愛國熱心其于倫常之誼惟尤謹卽以孝親之道而爲愛國之基中國歷史言訪忠臣者必于孝子之門謂是也况此中國民已隷英國及香港巫來由島諸領土民籍者凡數十万人率能勤儉溫和勉勵職業擴張東方英之商務者此等其與有力焉且在東洋英籍之華民群能勤儲貲財成就偉業者比比也昔美國人有以東洋美國人之徽號相賀贈者徵諸邇年而南洋星嘉坡諸島及香港寄英籍之華民洵不負此徽號矣（謂美國人始出英籍後成合衆國民主之盛治富軼万國今華民之隷英籍者亦皆致富發業故以是徽号相贈也）今華民之寓英領土及中國商港者實繁有徒其生計所需輸用洋貨者當不尠也今與歐洲貿易雖尚未大光而後日中國商務之昌可預知也若蠲棄釐稅及一切妨礙束縛之弊政擴拓鑛山鐵道河源農地之富源以振其商務而四四万民之中國崛焉爲地球第一之絕大商塲必矣且政府歲入之數必二倍于印度借是財力施行新政不綽綽有餘裕哉是則英之所醉自流連不忘者也今欲保持中國使不顚墜者非大革新無策

也。孟子所謂子力行之亦以新子之國者。其言可悟哉。顧中國各直省總督巡撫諸强吏。及內廷居要津者非無二三錚錚愛國如家。餘則逐利否耳。瞠視帝室若無關痌癢。不豫憂戚者。因是滿州諸宗室貴族等猜忌滋彰。幾有滿漢鴻溝之勢。其妒狹者益甚也。且北京政府改新之策。當汰削督撫之重權。以總攬其財政軍政于中央政府。然疆臣劇吏必如有起而相抵抗者。而宗室貴族諸王公率多庸蔽。無抵制之能力。今非籍列强勢力之壓迫以挾助之。難以濟矣。嗟乎。徒使靜言庸違。象恭滔天之臣吏。壅塞于上。江河滔滔。民心思變。勢必至事端紛出。万難蝸搆。招四國之尤。買諸强之怒。鐵艦兵隊紛紛輻湊于肘腋間也。晉宋之運。今其續哉。夫昔甲午之爭。英之烏愛衣托氏豫爲言曰。今帝室爲日軍所困。遽爲熱河之續。以遷被南京。民心必搖。而歐洲列强遂各顧私利。益逞其虛張嚇喝之謀。肆其迫挾要求之志。牽制以隴斷之殆媾和之後。蹶而不振。一如烏愛衣託氏所言。悲乎。然而英于中國政策始終勿變者。則在商務而土地非所利也。何也。有代我守斯土。蒞斯民。而我少無所損。實然滿載而去。潰其餘潤以沾溉其不逮。則彼恩吾惠而懷吾德。不暇將相率棄他而趨我者。是則英之外府而已矣。是則英之外府而已矣。雖然。今俄德法諸强國申其連横之勢。張其脅迫之威。割掠中國土地及一切通

商利權則妨英之甚者也英豈能固守不變虛鶩讓名以違經營其商務之主義耶悲哉今中國德矣俄德法將紾于前强以收其勢英將縛于後柔以奪其利餘則剔毛剝骩啜啗遺潤者踵集于傍不能去版籍雖大民戶雖庶其北不趨爲波蘭南不折爲印度也幾希（稿畢）

日本　橋本海關譯

萬國新地理學答問 譯普通小學校叢書續七冊

海王星直徑。一万三千四百七十九里。距太陽十一億四千四百二十七万九千五百八十三里。其運行時候爲一百六十四年二百十六日。

問　太陽直徑體積。

答　太陽直徑凡三十五万里。其体積大於地球之体積。約一百二十五万倍

問　太陽與地球相距如何。

答　地球軌道。略如楕圓形。故距太陽最遠則三千八百万里。最近則三千七百万里。其中數相距三千七百五十万里。

問　太陽運行。送光熱于地球如何。

答　以精巧千里鏡窺太陽面。觀其斑點。常自東向西而經過。此非其斑點經過。實全由太陽自轉。故計其經過時候。即知太陽二十五日三分之一。而回轉其軸。

太陽送付光熱於諸遊星。乃最大無二根源也。地球受太陽所發光熱量數凡二十二億

分之一云。

問　月球形大如何。

答　所一周地球之衛星名曰太陰。其直徑八百八十五里餘。周圍大約二千七百八十一里。其容積比較地球之大。凡五十分一。然以肉眼觀之。却極大。因位置在近故也。

問　月球與地球相距如何。

答　月球軌道亦畧如橢圓。太陰與地球相距最遠時。則一十万三千五百里。最近時則九万二千五百里。其中數相距凡九万八千里。最遠與最近相差大約一万一千里。

問　月球之運行如何。

答　月球有三種運行。卽地上自轉及運行地球周圍。與地球共運行太陽周圍者是也。月球在地上自轉與運行地球周圍日數須二十七日七點四十三分十二秒。而月球一晝夜一回不旋轉其地上。故一回運行地球周圍。卽一回運轉其地而遍也。地球終日動而不靜。以運行其軌道。而月球亦隨之以運行。

問　月球有盈缺。其理如何。

下期續印

答　月形變化。人能知之。以天文學而論。則謂之月盈缺。

月之在太陽與地球間時。背其地球之處。爲太陽所照。與地球相對處。則暗。此時世人謂之新月。

進自新月位置。達于九十度点。即可得見月之全面四分一。是謂上弦。出于正午。至夜十二点而沒。

上弦之月。又進至九十度点。可得見所受太陽光輝全面。是謂滿月。日沒之時。同昇于東天。

滿月更進至九十度点。即距軌道四分三。現出其所受光輝月面一半。謂之下弦。出于中夜。至日中而沒。

問　地球直徑如何

答　地球周圍。大約一万二百九里。面積大約三千三百十万餘方里。直徑三千二百四十四里。容積大約一百七十八億九千万方里。

問　地球運行詳細如何

答　地球運行有二種。一曰自轉。一曰公轉。自轉即日日運行。成晝夜原因。公轉即歲歲運行。成四季原因。

自轉者。地球自西向東。二十四時間一次回旋。其軸當回旋之時。半面向太陽。此際謂晝。半面不受太陽光。此際謂夜。回轉三百六十五度四分一。即全其軌道一周。即爲一年。

公轉者。地球自轉。以一年即三百六十五度四分之一。回轉楕圓形軌道。即回旋太陽外邊。而地軸傾于平面垂直線二十三度半。此傾也。起四季與晝夜長短。

地球常不變其方向。故一年中一時傾北半球。太陽方二十三度半。太陽在北緯二十三度半。日光直射北半球。即六月二十一日也。此時北半球日最長。夜最短。南半球則反之。日最短。夜最長。溫度亦北半球則爲夏。南半球則爲冬。

至九月二十三日。太陽直射于赤道之上。南北兩半球。一樣受其光線。此時即秋分也

地球更進。南半球漸面太陽。至十二月二十一日。大陽直射于赤道南二十三度半處。此時即冬至。而南半球日最長。即爲夏日。北半球夜最長。即爲冬日。

日本 大橋鐵太郎譯

美檀合併彙聞 譯西八月十八日大阪朝日報

併合先報 前月十三日。火輪哥布鳩茲苦。自桑港入于檀香山化諸路。其事務長已至于波止場。歡迎者成群。即大聲告曰。美國上院決併合案。美檀併合既成。檀政府因鳴砲祝之。聲震海水。諸器械館亦鳴氣笛祝之。政府出樂隊。巡馬鳩耶痕街市。人尾其後。比至布墺託街。衆殆五百人。各購美國星條旗。擔之而行。唱曰合併萬歲。及至政廳。其衆已達千餘人。

舊檀香山女王。 女王曾居於美國。名利利烏墺卡拉尼。不日將自晚香坡。乘滑利磨船。而還檀香山。美國大統領。以獨路氏任檀香山縣知事。檀香山土人等連署。請以舊女王任知事。

大赦 擅香山政廳。將以美國官齎美國國旗來。樹立于縣廳門前。行大赦令。凡千八百九十五年革命時。獲罪者悉宥之。總共二百餘人。中有日本人橫山某者。還自檀香山。以竊盜罪囚于日本獄。現病殆危。此日被特赦云。

更旗祭 基耶茲斯路苦商會。有亞賾託痕氏者。年已老。待布熈笛路。布熈亞艦。載國旗而至日。爲祭典總長。行更旗祭。聞縣旗式。則向檀香山旗。發禮砲二十次。揷美國旗。放祝砲二十美

檀合併唱首者國醫馬鐵路氏揷其旗云禮砲發畢大統領獨路氏與公使斯烏澳路氏一齊

演說於國民演說已畢卽巡查隊檀香山鎭臺兵美國水兵遠征步兵南北爭戰古武者騎兵

消火機關車隊列巡市街至夜乃發射烟火云

縣制編成委員　欲定檀香山縣制度置委員五名中有二名以檀香山人爲之蓋基於美國

下院之議也七月九日大統領馬茲痕幾列氏卽以左所列之人爲委員

合衆國元老院議員　尸賢路皮賢磨卡洛磨

合衆國元老院議員　哂搖痕鐵倚木額痕

合衆國衆議院議員　洛拔託亞路熙茲託

檀香山共和國大統領　曠痕布澳獨皮獨路

檀香山大審院判事　烏澳路多賢布布列亞

卡洛磨氏木額痕氏及熙茲託氏皆會于美京華盛頓府有所協議卽欲以二十六日乘英國

輪呆利茲苦發桑港向檀香山有人私議云今日盛舉何故乘外國輪而行爰於八月十日欲

改乘美國輪進發

日本領事舘諭告　日領事諭告勞役移住民在檀香山各地者曰美檀兩國併合已成不日將有合併式爾後諸般法令美政府將有所革其未革以前仍宜守檀香山舊法聞此時同盟罷工或又有欲以威力廢勞役契約法律者宜俟美國大審院決定勿輕躁誤事也

平井外交補官　美檀合併之報至於日本政府即日廢檀香山日本公使舘置総領事舘以平井深藏補領事之任以統理舘務

檀香山賠償金　稽査日本移民及瀛船主等經兵庫縣廳手所要償金額在神州丸者三百十三人要償金九万四千七百三十二圓五十八錢在畿内丸者三十人（山口縣人）要求償金七千九十九圓二十錢皆前年至檀香山被其拒絕登陸者也

中國鐵道議　譯西八月十六日東京日日報

目下列國議中國鐵道最切西七月一日多倚磨斯報曰法國外務省示法員白尸痕哂開託擔任蘆漢鐵道事云蘆漢鐵道長亘九百里起自中國北京經過直隸河南湖北三省該地貨物最饒人口最多至楊子江岸漢口乃大商業市後更欲聯絡大原鐵道俄清銀行擔任之此線路有利益固不容疑法國已得供給此鐵道用材之權即今日鐵道之利於中國外交上亦

多所獲。駐清公使皮尸搖痕氏。以今回之功陞任一等全權公使。六月二十七日。中國鐵道總理盛宣懷。與比利時國尸痕哂開託盖印蘆漢鐵道修正契約書。法國前借廣州灣于中國。土民不服。捕土人某導法國軍艦入廣州灣者殺之。土人又不賣飲食物於法國守備兵云。

自山海關至牛莊此線。就英國香港上海銀行約借資本。駐清代理公使拔烏洛茲布氏言於中國政府曰。貴邦倘事出不獲已。不允借資於上海銀行

俄國技師。現測量牛莊近傍。意在作一小支線于東北。運搬鐵道用材。以便於大連灣吉林線路布設。然俄國設此鐵路。出于一時之計耳。將來未可知也。中國官吏及英國商人欲享滿州貿易之利。論由山海關至牛莊及奉天府。當延長其鐵路。然中國以異言沮俄國借鐵道公債於香港上海銀行。或云中國非籍外援。不能行其志也。

總理衙門允許布設鐵道。以通北京西岩坑。凡十五里。并允交鐵道費二十五万兩云

中外雜誌　譯西八月十三日東邦報

北京駐劄各國公使。同迫總理衙門。請擴張上海居留地。各亦自計畫其事。以便巳國人民。南京總督拒之不聽。各國公使益迫。或曰總理衙門當允其請。頃據上海道臺報。尚未定其區域。

然中國政府已允之云。

六月廿八日。爲中國今上万壽之辰。中國駐日本神戶鄒領事大會本埠紳董。燕于府署。相與樂醉昇平。拭觀新政。是夕天色晴麗。淡雲滓空。中國龍旗比戶翻插。東瀛蓮炬。球火聯珠。爆竹喧闐。游人絡繹。海外望治之心。即此可窺一班矣。

朝鮮有流言曰。德國向朝鮮政府請得京城元山間鐵道敷設權。此言似實。十三日京城信至。報之。

距今七年前。美國祝賀開闢閣龍四百年期。設紀念博覽會于尸卡岳。本年西歐各國祝滑斯哥笛疤馬氏四百年期。氏葡萄牙人。始迂回喜望峰。開印度航路者也。與閣龍相去僅六年。當時冒險覔地。可知其概。

西七月二十九日北京報曰。俄國代理公使疤母洛布氏。對總理衙門。擧動不雅。中國人痛駁詰之。一日公使恐嚇總理衙門大臣曰。不聽俄國要求。我即告退。又通告總理衙門曰。俄帝希望。不問事大小。宜遵從之。公使以附庸待中國。如此中國人等宜何如深慨乎。

昨日本矢野公使贈中國沙市事件報告書于外務省。外務省稽查之。直送致內閣。發表其要

領云。

天津與鎮江欲將鐵路連絡英人擬擔任其工事現方悉心計畫或云英德聯合以謀此事未詳實否。

朝鮮政府自有廢立之變以來黜陟甚繁昨據京城電報曰李寅裕氏任法務協辦參政金英壽罷職李鎬俊代之警務使尹勇烈免閔泳綺代之鑛山監督事務李容翊免尋又免其兼官典圜局鐵道監督職。

美國軍艦木痕鐵路列捕路多斯二艘加以東洋各艦隊與威痕尸亞那尸鳩澳布疤拉木路額痕尸鳩毋亞列尸亞澳哈倚澳諸火輪發美國七月三十一日傍午達小呂宋是日美國陸軍與西軍戰于小呂宋近傍三時之久美兵死者十一人傷者四十人西軍死者三百人傷者一千人叛徒亦有死傷云

論中國鐵道顚末　譯西八月十三日國民新報

蘆漢鐵道竝法國　頃有人作說曰蘆漢鐵道實俄法爲比利時尸痕哂呆國後援法國陽關繫之俄國陰關繫之據多威䨓斯報曰比利時公使向中國政府請曰蘆漢鐵道條約中須加

若中國政府與尸痕喃呆不協即使法國公使和解一條中國政府置而不聞

滿州鐵道竝牛莊　俄國欲以牛莊爲大連灣鐵道線外使牛莊山海關鐵道妨其成立有人說此事者據多威魔斯報曰俄國如以牛莊置線路外者俄國技師頻測量牛莊附近其意欲移送鐵道材于陸上除牛莊外不得轉送好地故一時設支線于此地使運搬其材器事畢即毀去之叉別有報曰中國官吏與英國商人欲速延長中國鐵道于牛莊奉天以利滿州貿易爲俄國所沮大苦之云

北京炭鑛鐵道竝俄國　中國總理衙門決議欲布鐵道以通北京市西石炭礦長約十五里因允許支金二百五十万兩俄國代理公使疤毋洛茲布氏聞之直請北京政府曰不宜用英國技師幾痕達氏等可用俄國技師措辭倔强可謂面皮厚似鐵者也事見多威魔斯報

華人在韓國平安道情形　譯西八月十二日日本報

中國居朝鮮平安道沿海地方者狀態不雅前月五日鎭南浦日本國領事館事務代理外務書記生大森安之助報曰當鎭南浦開港以前中國人來自大同江者私販甚盛及開港爲稅關所沒收前後約有十餘艘其在上流平壤近傍者港口爲關吏所梗塞皆乘闇夜遁去或窃

售與韓人其船數亦不少開港之後至本年尚圖將貨物輸送至下流馬馳津由陸路輸送平壤其間事覺破沒收者亦多大約往來于大同江口各島嶼間平均不下十艘云其從回江口而北上私販船近又漸多現據本館巡邏巡查報中國船碇繫于海倉（安州郡）大寧江東萊江近傍以營商業原來平安道沿岸商船每出入之良港僅有海倉大寧江東萊江及清川鴨綠諸江口而中國船往來此諸港者多載食鹽鹹魚大豆等而至或在船中售之或送市上售之及還不購一物悉收日本銀貨而還率以爲常蓋收日本銀貨者在平安地方一圓折二錢或四錢內外價持至山東盛京省一圓增二十錢或三十錢價所謂一舉兩得故悉携帶銀貨而返每歲中國船來在四五月中至冬季結氷前乃還國屆期若貨物尚有所餘不能悉售即轉輸於陸留一人使守之開帆而去現在東萊江近傍其守者往往販壚凡此等私販官民不以爲怪緣土人喜得廉價官吏亦時或臨市收其稅金若干以爲利現數十日前安州兵營付兵隊若干至該船徵收稅金而去

陸上貿易多止於平安道沿岸除東方背路雲山砂金地外皆無之而自安東縣鳳凰城地方來此者以辟香商爲多來自平壤鎮南者亦多辟香商宣川地方中國開商店者七人販中國

陶器染色粉黃燐製火柴及油盖愈北即愈多中國雜貨日本貨不過十之二三而此地方人民惡中國人民最甚見其孤行必惡言罵詈投以瓦礫相習爲常云

英下議院論中國鐵道　譯西八月十二日日本報

威賢路捕路熈氏問外務次官曰今日列國爭欲得中國鐵道敷設權勢頗激烈我政府向所放出中國公債同一財政之助力今將計畫中國鐵道敷設有何良法乎

外務次官卡路孰路氏答曰中國鐵道敷設之事我政府主意在使駐京公使將英國所放下資本恊助其計畫縱令足下勸我政府政府亦可出國庫以外再議國債然從來政府與國會政略各殊其旨亦無能爲也

哂洛氏曰得以嘗所注入於埃及七百五十万磅用之於中國鐵道其所益豈細故哉

哂滑路痕託氏問大藏總長曰政府以明日可報告外務省所決之議乎盖中國鐵道自前日討議以來形勢不甚妥請更有所說明且嫂路斯培利大臣前日答商業會議所總代曰英政府對中國採用新政畧素提出其意于國會議院已經討議請示其詳大藏總長不答

英俄爭執中國政權　譯西八月十二日大坂朝日報

英政府前日說中國政府勸改革海陸軍制。用聘英國將校爲訓練官。俄政府聞之。使其駐清公使說中國政府明言其不利。俄國新報有漏俄政府意者。曰英政府欲改革中國海陸軍制實欲掌握中國兵權而已。吾輩聞此言私心默計英國已管中國稅關。今欲統轄中國海陸軍。是中國已折入英國也。英國視中國。卽如印度埃及也。蓋英以改革中國海陸軍爲名。欲掌握兵權。其志實欲割取中國耳。先是歐洲列國未嘗唱論割取中國。乃倫敦政治家已津津道之。今英國勸中國政府改革海陸軍制。欲割中國之心。路人皆見。中國政府已會其意而不速答者。蓋謂拒絕之。則慮其要求他事。故依違不決也。我俄國與中國隣。久結友誼。近來愈固。我國外交家觀禍將起於中國。豈得不救其危哉。夫地球中以印度埃及爲最古國。二國既化爲英國殖民地。則其權已入英人掌中。中國雖不足有爲。然將來與歐洲諸國益多貿易。縱橫布設鐵道。振興工業。殖產經營。措置以保持其自立。決非難也。今若墮英國轂中。假以大權。亡可翹足而待。殷鑒不遠。卽在印度埃及及土耳其也。今中英兩政府以此改革海陸軍事往來相商。其所計畫。吾輩雖不可知。然英國果得行其志。則我俄國與歐洲諸國。欲保持中國自立者。宜極力抗之。使中國勿爲豺狼所吞噬焉。至如日本亦義俠成風。諒不肯盡其責於歐洲諸國也。

法報論蘆漢鐵道 譯西八月十四日時事報

法字新報論蘆漢鐵道公債事曰俄法毫無關繫北清日日新聞別記之曰卡孰痕氏及洛獨馬苦獨氏旣確信俄國無所干涉于蘆漢鐵道乃世人愁揣測謂其不足信是無禮於二人也夫使氏等言不可信何故謀使下院議士信已言乎

膠州俄德時事記 譯西八月十三日時事報

旅順通信曰俄國已占有旅順公私共起工事其國中義勇艦隊欲置倉庫于旅順及大連灣由俄清銀行設分局于旅順目下俄兵在旅順者四千四百三十人在大連者千二百三十人俄國形勢如此德國人在膠州者艷羨俄國擧動將置石炭庫于膠州灣伯林諸豪紛議不息或謂膠州不便石炭供給適有報至德國曰美國駐清公使哥痕額氏將得中國海岸樞要港置貯炭所于其地德國大臣笛氏以下諸高官聞之曰此報非可盡信議論益熾蓋英國借威海衛法國又將借遼東皆在德占膠州之後故使德國有所悔也

德國悔占膠州灣 譯西八月十三日時事報

前日有從德國皇族化痕利親王遊膠州灣者旣還東京語人曰德人大悔昨年失計若時機

可乘。當不以此不便之地自足。雖口不言其事。然已露微意。蓋膠州灣之地。海中多暗礁。風波不絕。以此瘠區。望貿易繁盛。不可得也。矧北方有芝罘牛莊秦王島天津等。力爭上游。可知前途無望。是以大悔云。

英要求開湖南租界 譯西八月十三日時事報

沙市亂平。日政府與中國政府議甫就緒。忽英政府使領事要求中國政府曰。宜開湖南地方長沙常德湘潭三處。爲外國貿易地。不復求賠償。湘撫即與地方官議。未有所答。然外人皆云。雖未知中國政府意諒必允也。

保定府毀法國教會堂 譯西八月十三日時事報

保定府清兵曾破毀法國教會堂。頃日有人至自保定府言。先是本月六日夕。有中國官吏二人。率其地清兵來于會堂。會堂方起工事。請入而觀其內。門者不肯。官吏大怒。以手毆之。宣教師一見。速捕官吏送致縣廳。有頃兵士多自屯營來。聞官吏被捕。悉破壞會堂。傷宣教師一人。中國傳道師一人。迄今未聞法國要求。然前年殺德國宣教師之事。德國有所要求。近者沙市之事。亦有日英兩國要求。成例具在。不知中國政府何以處之。廣西暴徒日加。已闖入廣東省。

將來貽害外國人。亦未可知。中國前途不堪設想矣。

增發香港紙幣　譯西八月十三日東邦報

香港上海銀行。欲救香港金銀急。將發行制限外之紙幣。英政府納其議。即以其議案付議政廳。政廳立許之。該案詳細。雖無由知。要以一千八百八十二年。勅令修正香港上海銀行。即據此為議案也。蓋從來勅令香港上海銀行紙幣發行額。不得超過納交資本額。（即一千萬弗）且對紙幣發行數。不得預入三分一之現金。今即允許紙幣發行超過其資本額。意蓋在將此超過發行紙幣額收入同額銀貨也。而今日修正案實施之後。限以一歲。允許制限外發行。至該期已滿。依經濟狀況。更考察可繼續與可廢止之法。再為核定云。

中華求援於列國　譯西八月十三日日本報

近聞中國報。北京政府不忍默視俄羅斯暴慢跳梁。決議哀訴於各條約國。求其輔翊。蓋因頃者俄國使拔捕洛茲苦氏。以虛喝手段要求北京政府云。

美國海軍併檀香山　譯西六月合衆國哈疤報

合衆國有馬哈痕者。任海軍大佐。著海上權力史論。最知名。又著新聞報。論合衆國海軍並論

檀香山地位。曰英國乃環球最大海軍國也。假令以英國爲敵。雖美國併有檀香山。然與英國戰。英必奪之。至如法國亦然。日本至五年後。亦必能也。然則美國海軍微弱。如今日倫英法在歐洲。未減殺其海軍力。必送派兵艦于美國。其勢定優於美國也。然若美國海軍增勢。至比英國海軍力之半。即英國乃割其海軍半力。必不敢遙來戰美國。而以其海軍之半。備太西洋。以其半浮于太平洋。英國以其海軍三分一。或四分一。遙來襲美國。必爲難矣。即使英國派軍艦而獲勝。則美艦雖破。而彼艦隊損傷亦必不少。英國不以檀香山爲重。然則冒險來戰。萬無之事也。至美國。却以檀香山爲重。亦猶法國併有馬鳩尼苦及畝滑笛。假令一旦喪之。將來必再圖爲我有。英國欲併檀香山。徒取怨於美國而已。可決其大利益也。英國事情如此。若法國地尤遠隔。海軍比英國微弱。其不能爲可知已。日本與檀香山相距較美國僅多一半。近者日本有謂美國若棄檀香山不顧。勢將取之。曩者日本抗議美國併檀香山事。爲美國者不可忘一大敵國在太平洋也。日本凝視美國動作。尚將起而相爭。自今以後。美國宜以日本海軍爲標準。振起其勢。至如併合檀香山與否。姑不必論也。假使美國太平洋艦隊。不能出日本之上。僅堪自守而已。豈足長駕遠馭哉。

日本設半日學校制度 譯西八月十五日大阪報

明治五年以來。日本小學教育。非常振興。然今通計全國就學兒童數。凡就學兒童每百人。不過六十三四人。以二百五十七万餘男女。皆有就學之義。然或以貧困疾病及有他故。多未就學。夫其所以多不就學者。雖責在父兄。抑亦由全國小學校設備未完所致。然宇內文明潮流。滔滔。自鼓舞國民教育。西歐列國爭講普及之方。日本亦不能晏然而息。小學教員不足者約一万人。建築校舍亦易爲力。執政者當此際。宜革學制。以就學兒童授業時間分爲下午下午。便宜設法。俾歸簡易。使無不就學者。乃爲善也。且半日學校制。徵於德法諸國實驗。極有可觀。若日本用此等法。則校舍可養二倍生徒。且教員俸準勤勞時間。以增加之。所謂一舉兩全者也。或曰。生徒腦髓至下午稍錯雜。不便於就學。此言固然。雖然改革小學教科細目。便宜定時間。原不足憂。近有某教育家亦謂。德國補習學校在各地者。概以夜間授業。然不聞有害於腦力也。

英國占太平洋群島 譯西八月六日東邦報

頃日英國軍艦木苦號。碇繫于嫂洛木痕島。俄有本國命。拔碇而去。風聞此艦忽去。蓋欲併有

太平洋中無所屬群島有人因窃搜問尸獨尼府海軍部內不得確報至七月一日此言果驗聞英政府知太平洋中群島碁布無所專屬觀近世地球形勢欲以適當法占有之故使木苦艦駛向該處即取蹟痕多苦路內及笛由茲布兩群島樹英國章旗行占有式事聞英國王蹟痕多路內群島散在母亞尼哥洛呆路多歇母亞路多捕那洛獨化鳥母渙路開七大島東北笛由茲布群島圍繞笛由茲布本島凡十一小嶼蹟痕多內群島中蹟痕多內島爲最大長凡十五六里笛由茲布群島中笛由茲布島周僅六里云

俄國新增海軍 譯西八月十五日大阪報

據諸母墺斯鳩報海軍大臣唱議冬期中使黑海艦隊大半移碇繫于尼哥拉威布卽代息拔斯託撲路也又據諸母墺賢烏列米耶報俄政府現搆造諸艦未成已發令命名卽名其苦利鳩託痕造船所所造水雷艇二艘曰苦列鳩賢茲託及哥路尸由痕名威孰拉海軍造船所所造水雷破壞艦三艘曰耶斯託列捕尼洛苦及培路苦託又在威孰拉海軍造船所造一水雷破壞艦可屬太平洋艦隊者命其名曰哥痕獨路云

北美新英蘭洲之一樂鄉 七月五日國家學會報

頃有希衣啞烏府癩懷亞者寄書亞立那報說於蝦司托吳市附近一小市府魯子庫利吳立府愛太魔規制極好議論亦頗可觀故譯其概焉

府魯子庫利吳人口不過一萬七千本屬一小市然學問技藝衛生之設備乃合衆國中所罕見其教育會會員幾至六百人圖書館藏書五萬卷汚水及水道制度極完備又有公開圖書館有躰操練習場有公開水泳浴場若開音樂會則聽者約有二千五百人又市民中上流社會各盡力公共事業而吾人所尤心服者在貧民子女教育所也若貧民婦女中或有不得不盡離其家而執業者則納僅五仙而托其子女故幼兒不得戲於慈母之側至其在親切之保姆下亦耽于無邪氣之遊戲不知不識容易過日云

俾府魯子庫利吳推爲樂鄕者無他所謂立府愛立吳太魔制是也此制凡屬有投票權者皆得於市中事業遂自已意之權欲决可否先於一二週前配付市民以其稽查報告書令市民盡力研究而後决其可否實立府愛立吳太魔制共和主義之精粹也或云此法不能施之於村落外余不之信盖府魯子庫利吳昔時不過人口數百然現時幾有人口二万豈非實際不見政治上之難乎又或云若欲除去美國自治行政上之害不如減市民之權利是大謬也顧

致害之因。非由民主主義發達之速。而在民主主義發達之遲。國賴于民一語。實自治行政者所當遵守也。

俄人謀毒帝后事洩 譯西八月十九日國民新報

俄國侍從長伯爵治亞諾布氏。與其妻欲害俄帝及俄后。事覺。蓋因俄后近染些少砒石毒。是以知之。即窮治亞諾布氏。妻得悉其日混微砒石于珈琲茶。以薦之。故中毒也。

英下議院論開置中國商務局 譯西八月十七日國民報

蹟路賢茲鳩毋倚痕息痕託氏。問外務次官曰。今我北京公使館商務日益緊要。凡中國各口岸英國臣民。營商業專利權者。不可不加保護。此際宜別置一商務局。以捕列那痕氏爲首。其他亦擇親近英國領事地方政廳。且精通中國言語風俗者。使司其事。俾得報知貿易各行情。又通告政治之事。即周旋駐清英國公使及中國政府。彼此相助。其益必大。我政府如何。不計及此乎。大臣卡路孰痕氏對曰。前已置美國公使館隸屬視察商務員于中國。以上海總領事哂耶米賢嫂痕氏任之。緣氏能通中國事情。今宜暫待其成功。開置商務局。未爲晚也。

法律

日本 角谷太三郎譯

比律賓島新立共和憲法 譯西六月二十日東邦報續第六冊

附則

第三十一條　政府在比律賓群島人民中選擢其最有技倆者若干人爲革命委員置之于海外此委員分爲外交海軍陸軍三等外交委員則宜以比律賓交戰權與自立信認之事交涉於外國政府海軍委員宜訓練比律賓島海軍以應革命所必要擔任遠征隊備陸軍委員則宜講究軍略及比律賓陸軍諸科兵訓練最良方式

第三十二條　政府可發布諸般告示

第三十三條　廢棄從前諸令與現行令相牴觸者

千八百九十八年六月二十三日發自卡母威鐵府　賢米利澳亞鼻那路獨　署名

中國借地通商條約管見 譯西八月四日法學新報

近來中國聞歐洲諸國請貸版圖內諸港灣其當請與否當許與否雖非學者所關然這般條約在國際法上向無此例可據故有各種國際法上之議蓋中國之借地於外國查各通商條

約所載其効力即以今日爲起點致使予輩學者不能默然故聊陳管見以供採擇予輩不以外交眼觀之故凡一切同盟威力之强弱及其艦隊如何皆不暇究唯在細探法理而已縱其中有與外交利害相背者然所重不在此也

借地細約今未得見然據所傳要領則中國貸膠灣于德國貸旅大於俄國并立長期之約且其期限內如併將借地一切司配權委之於借地國者又別有營造建設等協定目要不過爲其附從約欵而已由此條約生出國際法上之議如左

一　貸地於國際法上地位如何

一　貸地主權在何處

一　授司配權於借地國在通商條約如何

貸地條約止於立定此約形式於法律上地位議之尙不甚難然附以司配權前後當有所變不得以尋常私法自審而分辨之且貸與并非割讓即永期相借亦非將司配權附之外人而以貸與割讓合併自審而分辨之也此理易明於國際法上更無向例故詳辨之雖屬僻見而政略所關甚大乃世論或以該約爲實質上合併意義者此等自審之極必至并其主權而轉

授他人。於根本上大謬也。

夫主權之移轉。因割讓合併而成之理。固然也。而究未可以委附司配權。即謂之移轉也。蓋主權者終始全權。一經移轉。即不可復。至移轉者若留有自保之權。自非主權移轉也。此亦猶私法上期限內所有權耳。中德協定條約要領。謂附托地域內一切主治權於德國政府云云。至不可解。夫既謂委托。則實權依然在中國也。明矣。權在中國。宜云德國政府受中國政府委托而已。蓋所謂主治權者。非主權。乃施政權也。

主治權在國際法上。或由該國協定。或由國際團體公允。若國際法上向無成例。即宜由協定公允適當處之。以爲後日遺範。如此則主權與主治權。及委托施政權。區別自明。乃知委托司配權并非主權移轉。不待論也。

夫條約者國家主權合意也。不宜變更其主義。虧折其效力。蓋與民法上各定律無異。故凡條約中若有增改。其大意不外乎協商。然非事出於兩締約國間萬不得已者。必無變更消滅其効力。至於司配權。尤難輕與也。然則貸地之主權。依然非可移轉者。以上所述。自是的論。則凡主治權之委托。當無所虧折於條約內。理固然也。論者或曰。條約之義務。視其解釋法文。如

何以決之者也。至通商條約不過政府規定施政標準而已。故此約非施政權所能限。其地雖屬我版圖內。然非可用其本國條約。即與讓司配權不能應用通商條約于此地者相同。斯論雖非無見。然一方維持主權。一方隨意得脫其主權條約上義務。非理也。條約者國家主權合意。兩國共擔任履行義務。使有履行權利。主權不消滅。此義務亦不消滅也。主權存續與義務履行道理不存。到底不得兩立。國際法上明矣。論者又謂不過以條約爲國內施政標準。此不解條約効力而誤會也。更謂這般貸地條約國際法上無慣例。故向該國欲使消滅通商條約効力。更要其他諸外國公允。諸國以國際上無慣例之故。不能公認此論。益非也。蓋國際法上無先例。故有拒絕權。非擧已經信認義務及條約効力者而有拒絕之權也。此蓋由國際上原則。無信認之義務故耳。

德國官報記膠州灣事。其要旨云清國關稅則及最惠約欵不可求之於膠州灣。又有傳德帝意見者。曰中國與諸外國之條約不用於該灣。德帝可隨意規定通商及關稅各事云云。又有外國新報傳俄政府寄英政府書曰旅順港大連灣我保持清國主權。不侵害清政府與諸外國所締結條約也云云。以是觀之。德國已視條約爲弁髦。俄尚不若是之甚也。

商務　　　　　　　　　　　　　　日本　橋本海關譯

日本在海參威商業　譯西八月十三日每日新報

日本茶業聯會俄國海參威分局常務員可德乾三於本月十日報日本總局因詳言其故云日本紅茶俄人不喜用其實非製造不得宜由於品質不良貯藏不固也在西比利亞以茶爭利者除中國外尚有印度錫蘭使日本精選各茶並改革貯藏法令此邦人信而用之雖有强敵爭利然運輸之便我定可操勝算且夫俄人習慣皆嗜舊茶因舊茶味極純也印度錫蘭茶味本强烈不足動需用者之心加以運輸不便彼等雖用力爭勝究非日本茶敵也其敵日本茶者惟中國紅茶耳中國商胸中只知有利不顧精否何如日本紅茶與中國紅茶均其品質價目尤廉將來中國商必爭爲日商奴僕凡日商代理者最要注意於製造焉通計三十年分局開置前後經手製茶總額如左

一　一万八千六百三十斤　　紅茶及磚茶

內

七千三十斤　　紅茶総額

一万千六百斤　　　　　　磚茶総額

紅茶販賣價格。一俄斤分七十哥四十哥。三十五哥。三十哥。三種。○十哥二圓二十九錢三九三八俄一斤四貫三百九十匁

磚茶價目一個十三留以上十七留五十哥。一留六十六錢

價目有高低。出其品質與貯藏法。各市異。爲知其詳細。當俟他日。

中國酒輸入日本加增　譯西八月十二日大阪報

近年日本酒稅益重。外國多輸入精酒。中國酒亦漸次輸入。以三十年前輸入數較之。近年已增二倍。較之大前年。更增四倍。今春前內閣有加稅議。中國商及內國商等。遽發購買約書。其輸入數實加增。至近日尤多輸入。中國酒之品劣價廉者。宛如日本濁酒。以供下等細民之用云。

中國駐橫濱商人聯約　譯西八月九日時事報

中國商人居橫濱租界者。以橫濱七番館太古公司火輪。載棉花及煙草。而至每多減數。因就七番館。請償其損害。公司歐人不顧。且加以駡詈惡言。中國商人大恚。七月下旬會于中華會館。誓曰。自今之後。勿積載一切貨物于該公司火輪。若有違此盟者。收罰金三百圓云。

中國火柴行情 譯西七月十日工業報

右中國歐洲製火柴之輸入近來大減少反之日本製火柴之輸入轉增加試擧前三年之間日本製及歐洲製火柴輸入額如左

	日本	海關兩	歐洲	海關兩
一千八百九十四年	六七、二〇〇	二八、四四四	二三三、六二四	一五二、三八八
一千八百九十五年	一三二、三四一	三八、一七五	二五九、九二五	一五三、八五六
一千八百九十六年	六一四、一〇〇	一三五、五一一	一六三、一二五	一三四、八九四

盖近時歐洲諸物價昂貴是俾日本品之販路益擴張一大原因也若爾後日本製火柴其品質愈加改良則驅逐歐洲品於市場外亦非難事矣

論中國茶況 西七月五日東洋經濟報

義寧州産茶甚盛前年該地茶商着色茶以欺外人受非常之毀謗故本年各同業者互設規約誓要輸出上等茶堅禁從來奸手段犯者課罰金云在九江買賣價格依然五十餘兩也至於紅茶年年不得特殊之利益本年茶況亦甚沈靜茶商閉店者多現時不過二十餘家價格亦非常低廉每斤不過僅值百文云

浙江省杭洲之地。春季降雨多。茶葉多腐爛。加之冒雨摘採。人工愈貴。故香味甚淡。溫州之地亦被降雨之害。一般茶况甚屬寂寥。從來該地製茶不用機器。故外人厭其紅茶之不潔。輸出日益少。迄今該地二三製茶業者。試用製茶機大著成效。故爾來決用機器。以省人工云。

漢口市場新茶陸續到來。如湖南茶。已輸五百四十八種。共計二十四萬四千三百五捆。內即四百七十三種十九萬三百十六捆。已賣之。又如寧新明南茶。發售額亦已有五百六十九種十万六千三百捆。較之昨年輸入額減約二万捆。然發售增七萬捆。存貨甚少。各茶商翹首以俟輸入云。

上海新茶買賣未有進步。然已稍帶活氣。徵之往年想亦不同。

煙葉收獲數 譯西八月三日大阪每日報

據日本全國各府縣本年府煙草耕植稽查報。總計大約二十六万九千九百六十六反。較昨三十年管理局稽查二十六万四千六百五十八反步。則本年增加五千三百八步。又本年收獲數。一千五十万六千六百八貫。較客歲九百六十二万九千八百八十六貫。卽多八十七万六千七百二十二貫。（六尺曰步三十步曰畝十畝曰反十反曰町 貫千匁、一匁十分）

藝學　　日本　橋本海關譯

製造烟火法　譯西七月二十日太陽報續第七册

此唯示其標準而已。實則配合之妙。各煙火師各有秘法。故皆以秘法而調合之。先從案上擴開以。再篩混合之。復篩而定其密度。然後包而用之。

星調合法　其色多成火。故宜選其原料。即以餬液而練樹膠哂賢拉茲苦。擴開版面。上施井形並行線。待其將燥。而後隨線破之。截爲小片。曝日燥之。皆用此法而製之。如其燃燒持續。可多用硝石。或又作紙製短圓筒加調合劑與導火線。以壓搾之。其燃燒持續劑。多用壚酸加里。

彗星調合

硝石　五　硫黃　五　木炭　三　麥粉　八

赤色星調合

鹽酸加里　二　礦黃　二　木炭　一　馬苦內尸耶　二

硝酸斯託洛尸耶　八

綠色星調合

硫黃　一。　尸賢拉茲苦　三。　馬苦內尸耶　二　鹽化拔利耶磨　八。

青色星調合

鹽酸加里　五。　硫黃　二。　尸賢拉茲苦　三。　甘汞　二。

馬苦內尸耶　二。　墟化鋼　二。

黃色星調合

鹽酸加里　五。　尸賢拉茲苦　一。　硝酸斯託洛痕尸耶　一。　蓚酸曹達　二。

白色星調合

硫黃　四。　馬苦內尸耶　二。　硝石　十二。　硫化亞痕鴆木尼　一。

採用電氣製棉法　譯六月五日太陽報

太府利油烏希衣司迷司氏。昨年十二月在美國機械學會席上說製綿機上電氣之應用。朗讀試驗之成蹟。其要云。試將一臺機器以瀛力運轉之。復以索力傳達勢力。其他一臺則用電氣傳達勢力。用瀛機者。即八百馬力器利衣司氏複式瀛機。係一千八百九十五年所作。備直徑二十四呎之索繩車輪一輛。穿索繩通過之隙。又機器備一万一千七百七十六箇之錘。

及七百二十臺之織機錘每日盡運轉織機一日運轉六百八十臺至用電機器自附近中央發電所導電力運轉一百五十馬力之電動器四臺此工場以運轉一万二千四百四十八箇之錘及五百臺之織機中三百五十六臺計畫昨年一月裝置之其中第一機器所要馬力五百三十五馬力中二百二十八馬力滑車用之運轉機器一臺要平均百六十八馬力一馬力運轉之錘六十也若第二機器亦爲同樣算定然不用索繩傳達勢力之法每四臺殆節七十馬力而此試驗必須備一室一電勁器則能省無數車軸而尚得節非常之馬力焉

法國新製五十万分一地球 譯西八月十四日時事報

千九百年法國巴里開大博覽會將出大地球儀事已喧傳之聞頃者以其費太大力不能辦然其設策者乃敎官賢利息路苦利由今尙不變其志專在倫敦勸誘各人盖此地球儀實占五十万分之一畧小則不能顯出山嶽高低河海深淺也其直徑畧算八十四尺紐約與倫敦相離凡三十尺倫敦與巴里相距可縮爲三尺云

腦威開萬國漁業博覽會 譯西八月十日日本報

千八百九十八年五月十六日下午一點諾威國行萬國漁業博覽開會式博覽會諸員及外

國事務官等皆蒞焉此日下午二點皇太子澳斯卞餓斯他母亞獨洛布親舉其典諸員事務官等左右臚列太子既行入室奏樂聲起會長米開路息痕氏演說曰今日舉此盛典辱皇太子臨御臣謹謝之又諸外國使其使臣參列本會尤本會之榮也余深喜之事務　員諸君以下各重其職諸事竣工不誤期固余所深喜也言畢會長請太子舉開會典太子即賜令詞曰諸君茲開万國水產博覽會並開諾威國勸業博覽會予最喜之又諾威國以最近十年間大振興經濟及工業此予所深喜也而今回諸外國人參同本會各派委員以陳列有益物品此又予所深謝也所至各委員劬勞更予所深察也抑此培路開痕市古來腦威國中最知名之地今愈繁盛以有此博覽會之故更助其工業使之愈有進步以至馳名於海外此亦予所以深信而不疑也予茲謝諸君開設本會之勞依予父國王之名以開本會于此矣次奏開場樂曲事務委員長列霓路氏報告本會開設以前經歷並事務上之事連呼萬歲與樂曲音聲相和始罷其典焉太子巡覽會場委員為東道主人至下午三點後退而出場四點賜食於博覽會事務委員並外國委員至七點鐘皆散九點鐘市民開夜會招待諸員太子亦蒞次日十七日實腦威瑞典聯合策成與丁抹國分別之祝日也

審時勢亦甚矣余以是不自揣即將遷都利害條分縷析以備清國君相之採擇亦善鄰微衷耳或問燕京既不可都矣然則新都之地金陵乎武昌乎抑長安乎曰是則余所未深究也然金陵去海洋不遠且偏東南亦與燕京五十步百步之差耳武昌在長江之岸而有運輸之便然土薄地狹帝王之都不宜如是然則山河四塞沃野千里可以居中馭外雄長天下者其惟長安乎如有議其運輸不便者則是未知有鐵路者耳今日一變地方之局面者非鐵路乎一變一國之局面者非鐵路乎一變世界之局面者亦非鐵路乎果用此器矣雖險必夷雖遠必近又何不便之有 畢

上諭恭錄

五月二十二日奉　上諭前經降旨開辦京師大學堂入堂肄業者由中學小學以次而升必有成效可覩惟各省中學小學尙未一律開辦總計各直省省會及府廳州縣無不各有書院著各該督撫督飭地方官各將所屬書院坐落處所經費數目限兩個月詳查具奏即將各省府廳州縣現有之大小書院一律改爲兼習中學西學之學校至於學校階級自應以省會之大書院爲高等學郡城之書院爲中等學州縣之書院爲小學皆領給京師大學堂章程令其

仿照辦理其地方自行捐辦之義學社學等亦令一律中西兼習以廣造就至各書院需用經費如上海電報局招商局及廣東闈姓捐頗有溢欵此外陋規濫費當亦不少著該督撫儘數提作各學堂經費各省紳民如能捐建學堂或廣爲勸募准各督撫按照籌捐數目酌量奏請給奬其有獨力措捐鉅欵者朕必予以破格之賞所有中學小學應讀之書仍遵前諭由官設書局繙譯中外西書頒發遵行至於民間祠廟其有不在祀典者即著由地方官曉諭民間一律改爲學堂以節糜費而隆教育似此實力振興庶幾風氣徧開人無不學學無不實用副朝廷愛養成材至意將此通諭知之欽此　廿六日奉　上諭近來各省商務未見暢興皆由官商不能聯絡遇有舖店倒閉追比涉訟胥吏需索以致商賈觀望難期起色當此整頓商務之際此種情弊亟宜認眞釐剔著各直省將軍督撫嚴飭各該地方官務須體察商情盡心保護凡有倒閉虧空之案應即訊明查追斷還並嚴禁胥吏勒索等弊以儆奸蠹而安善良欽此同日奉　五月初五日欽奉　上諭將鄉會試及歲科試向用四書文者一律改試策論其分塲命題一切詳細章程著禮部妥議具奏等因欽此十一日又奉　上諭將經濟歲舉歸併正科生童歲科試著各省學政奉到此次諭旨即行一律改試策論毋庸候至下屆再改欽此等因

中部亞非利加洲亞茲卡人種　男　高者四尺十寸　低者四尺六寸　女　四尺

南亞美利加洲餓拉尼斯人種　五尺以下

亞辣滑苦人種　五尺四寸以下

鼻耶印度人種　五尺五寸以下

凡此等人種僅擧其四五。餘可類推而知。何故未開化之人。短小如此。彼等爲寒暑所侵。且飲食不時。由此二者。身体不能成長發達云。或曰凡人在開明國。寒中不能溫身体者。若食物不足。身体短小。烏啞列痕化斯鴟痕餓斯氏曰我身体短小不長大。少年之時。食物不足故也。

第四　未開化之人。兩脚生長不得其宜。未開化人中有腕長脚短者。有脚太瘦而短者。有短而曲者。此與開明人殊異之證也。

第五　未開化之人。鈍於感覺。少苦樂之思。如阿非利加黑人。雖在炎天中。裸体如爕。不見苦痛之色。由岳斯島麥列多島海中一島土人。裸体而冒雨雪。如不以爲寒者。又治路人種。以手探熱湯。以脚排薪火。而神色自如。此由於鈍感覺之證也。

第六　未開化之人。此開明之人。身体更强壯。世人謂强壯身体中有强壯智力。此只以口稱

之實則不然也世人又謂才子多病此近實也若軍人則在例外以通常人論之勞力者筋骨壯強勝於勞心者且以衛生論之下婢備美人資格優於深房處女故在開明國上智之人比下愚之人身体不強壯即如未開明國人身体比開明國人身体尤強壯住居多毒氣之地食不潔之物身体不損傷如野蠻國女子分娩自如甚少難產其前後不異平日也

第七　未開化國人不能急出大力且不能長出大力蓋筋肉之力多少在神經鋭鈍如何即未開化國之人飲食粗惡不時故神經發育不得其宜腦髓小而感觸事物之情不深故筋力弱不能急出大力又不能耐久出大力也

第八　未開化國人身体發達尤速諺曰大器晚成動物中之貴者亦發達度遲也（如稱神童者在例外）故禽獸昆虫魚兒出胎既孵化則自求食人類之兒非過一定期限不能步行均是高等人類也然男子發達比女子尤遲是知男子腦大於女子其發達不容易故也未開化國人之腦小故與開明國人比其心身發達尤速可察而知也

下期續印

第三節　反逆者謂與合衆國挑戰者也。又謂與合衆國作讐敵。保助之。或又慰勞其仇敵者也。然無二人以上爲之憑證。不可以反逆罪之。又非自在公庭告其實。亦不可以反逆罪之也。

國會議院。有定反逆罪權。然以反逆罪被刑者。止於其人。不罰其親戚。不沒入其親戚財產。

第四條

第一節　各州宜信他州法令記錄及裁判等。而國會議院以法律證明且解釋各州法令記錄裁判等。

第二節　各州人民。有遷他州。爲其州民之權。其在州時。有反逆重罪及犯罪者。避其裁判遁逃他州。宜從其州行政部請。押送於有審判其罪權利之州。或又在某州犯其州法律。怖罪遁于他州。雖他州與某州異其法律。不得庇護之。必從某州請。速押送其罪人。

第三節　新州出國會議院議決。可得加聯邦中。然在一州管內。不得新作新州。不得二州以上聯結。及聯合其一部。爲一州。唯係立法部及國會議院所允許者。不在此例。

國會議院得設合衆國附屬領地（未州者）財產規則及制度。

第四節　合衆國有使聯邦中各州保持共和政体之責。倘有敵襲擊。出于不意。宜保護之。雖

不得立法部請。然立法部不遑集會。有行政部請者。宜從其請。以保護戡平內亂。

第五條

國會議院。欲修正此憲法。宜求此二院三分二之贊成。又各州有立法部三分二之請。即得開臨時會修正之。此二者已修正其憲法。即以爲可行而允許之。宜從國會議所主張。然而修正係第一條。第九節第一項及第四項者。不得於千八百八年以前爲之。祇得在其後修正之。

第六條

在採用此憲法以前所約債及條約。出此憲法。對合衆國有効。猶如聯邦之時。合衆國法律從此憲法意以制定之。合衆國以其法律及權力所結條約。將來亦可結條約。即國土最上法也。而各州裁判官吏。雖有與各州憲法及法律異。必宜遵奉之。元老院議官及代議士。各州立法部議員。並合衆國及各州行政官。司法官。義可必保持此憲法。當任合衆國官職。爲公衆所信任者。不要問其所信宗教。

第七條

臨時會中。九州信認此憲法。即採用之。則足矣。

附則

第二十八條　凡國會開議法律。就貴族院議員第一選舉。宜選定村市會議日期。及貴族院議員選舉日。此際以遵守第一條規定日期爲要。先於村市會集議。國會行任命貴族院議員之式。

第二十九條　貴族院議員退職日與選舉之日。非經過六月期間。不得就職。已於第二十一條定之。不適用於本法發布前。又發布後。二十日以內。退職之知事及副知事員。

衆議院議員選舉法　千八百七十五年十一月三十日公布

備攷　千八百八十五年六月十六日修正本法

第一條　衆議院議員。據公簿所登錄之選舉人。得在名簿中被任命。即千八百七十四年七月七日法律。第一次所調製之名簿

第二　登錄六年以來。住于市村者。追加名簿

追加名簿登錄。從政治上選舉名簿法律規則。且由千八百七十四年七月七日法律第一條第二條及第三條規定以行之

凡關前揭二種名簿調製及撿閲破棄上告直送附於大審院民事部千八百七十五年三月三十一日所規定選舉名簿其適用者以千八百七十六年三月三十一日爲限

第二條　陸海軍各人及相當官與在軍隊在任所者或在其職務執行中不得關繫投票當其選舉時在任意之所者及不在現役與免役者就所當被登錄之名簿在其市村得爲投票待命及豫備將校若相當之官亦同

第三條　選舉期中衆議院議員候補者署名檄文並政事上意見書一人若數人署名選舉揭示又或廣告寄托於共和政府撿事局則不要豫得許可即可揭示及廣告投票格紙分配不要經撿事局供托手凡中央官府及市村吏員皆得配布投票格紙衆議院議員候補者政事上意見書並檄文

千八百七十五年八月二日所定之第十九條規則適用之於衆議院議員選舉

歐美異聞記卷上

從兄弟姊妹婚姻之弊

學士麥路化啞路曰據英國教育院之稽查愚鈍兒中凡屬從兄弟姊妹之子十居其四比之遠族婚姻所產小兒其生不繁者實三倍又據一千八百八十一年博士哈之託稽查世間聾啞及五官不具者中有百分七屬從兄弟姊妹而成婚姻所生之子而且石胎又占百分之九比於他家夫婦無子者實二倍又英國貴族中以從兄弟姊妹結婚姻此風盛行每百二分中占一分無嗣或五官不具云

古人遺物之價值

油泥託痕之齒　英國有名理學家𧷤矮威若之苦泥油託痕所遺齒骨當千八百十六年一枚值銀七百三十磅英國貴族某購之嵌其指環常誇示于人云

氣耶列司一世之祈禱書　佛王氣耶列司第一世所用之祈禱書當千八百二十五年在倫敦府人以五百圓之價購之

那撲列啞痕之帽子　佛帝那撲列啞痕第一世當威路啞士普魯爭戰之際所戴之帽至千八

百三十五年在巴里府有（四百圓）之價値其後乃售五百佛入於某貴族之手

誇洛磨拔司之手翰　頃有人在誇洛痕府見苦利司託夫矮誇洛痕拔司以羅甸語所認之書翰即以一千六百圓價買之右書翰係千四百九十三年所作字僅四頁是每頁價四百金矣

氣耶列司第十二世之袍衣　在派路他滑（俄國）戰場氣耶列司第十二所着之袍衣雖永爲從臣所有當千八百二十五年以十万九十八圓鬻之今已歸他人手

矮米威痕條約之洋筆（配痕）　俄佛戰局終後於巴里府締結和約其書約洋筆捧呈于女皇威油席泥威女皇命近臣嚴密封貯以昭世守云

南美土人風俗之異

頃日海軍士官賢磨苦列捕啞奉官命探究南美北部之際經啞利諾誇河沿岸地方屢驚其土人風習之奇就中最奇者厥有二事一則邑內凡有死人卽曝之于樹上以爲盡禮二則土人嗜食土塊以爲龍肝鳳髓亦不能及試驗其所食土則混以酸化鐵及諸種有機物云

下期續印

本報布告　啓者本報經已刊至八期凡中外遠近各埠頭城鎮莫不按期妥寄各處代勞諸先生想必查收特恐或有踰期未及接收或有滯延躭誤遺失諸項乞寄信通知 本館查究妥爲付送及銷售多寡希並遞知爲禱本館向設日本神戶內海岸今已妥遷日本神戶下山手通二丁目三十一番地中外各處通商埠頭均可函寄本館或浼分局亦可代寄中外各處願爲本館派報者名作分局酬謝報費二成之數若代售本局所譯印各種東西圖書酬以書價一成五分兌滙諸費一切在內餘無另索或徑致本館購買書報亦可惟書價郵費請先給足

一收到各地閱報購書之費均有發同本館所印收單爲據

一閱全年三十三冊報價四圓零售每本一角半閏月照加實價不折議價金遠近一律惟郵價別訂之本報遠近郵價開列于後上海天津芝罘蘇州杭州每本報加郵價一仙　北京牛莊廣東省城廣州府城外河南香港澳門寧波漢口厦門汕頭橫濱長崎大阪每本報加郵價二仙　鎮江安徽蕪湖安慶常熟常州溫州台州紹興山西西江九江湖北武昌湖南長沙福建福州廣西梧州佛山官山順德大艮陳村新會新寧三水城西南海口北海海防每本報加郵價三仙　安南西貢提岸仰江會安南定新州河內台灣台北淡水海參灣朝鮮每本加郵價四仙　星架坡石叻庇能泗里末北般鳥務路棉砂老越實武牙司馬登略厘巨港吧咚加剌巴三寶壟加剌吉打吉隆泗水孟加錫孟米孄花羅井里汶雪梨谷當孭里畔舍路宿務怡朗奔角山打根舊金山正埠鳥約檀香山小呂宋每本報加郵價五仙　外洋一仙値中國銅錢十文祈各分局　先生按地名遠近除收報價外每本照加郵價可也

一首二三冊告白原議廣東省城河南香港澳門寧波漢口厦門汕頭每本報收郵費一仙今郵局重定新章每本報改收

二仙。蘇州原議每本報收郵費三仙今改收一仙。本報自第四册以後郵費照此為据。特此佈聞。

本書局繙譯書目列後　俄國内政外交史　英國古今歷史　亞美利加繁盛記　英美文人傳

清日戰爭實記　近世物理學新編　中法海戰記　中國商業全書　日本寬政勤王三奇士傳

英國社會古今義　萬國近世外交史　萬國新史提要　俄國產業新書　歐洲列國新史

國債新論　五大洲人類種族攷　地球文明開化史　日耳曼新史　普通小學答問叢書十六種

萬國維新政治學　萬國議院章程　萬國選舉公理　日本維新三傑傳　日本歲計政要

萬國交涉新公法　英國工業新書　海戰萬國公法　亞歷山大王戰紀　歐美富國新策

俄國近時大事記　萬國憲法　平權自由新義　法國新歷史　歐美强國新政治學博議

女學校胎教新法　長命術　催眠術　進化新論　俄國東方新政策

己刻成圖書價列後　俄國東洋軍政新策二卷　價六角（東亞書局刻本）

日本四十七俠士傳二卷　價四角　日本龍馬俠士傳二卷　價四角

開闢美洲閣龍英航海家獨列幾合傳一卷　價二角　美國紐約京城風土記一卷　價二角半

日本水產動物圖七幅　價十圓　日清韓軍用精圖　價一圓　動物圖　價六圓八角

日清韓大地圖　價三圓五角　清國名勝圖　價一圓　軍用日清韓明細圖　價一圓

万國名勝圖　價三圓　亞細亞洲全地圖　價五角　日韓清新撰輿地全圖　價一圓

滿洲全圖　價三圓　支那全圖　價五圓　明細支那全圖　價五角

支那北京市街圖　價五角　直隸灣總圖　價八角　支那疆域沿革地圖　價四圓

北河總圖　價二圓　上海地圖　價五角　北支那三省地圖　價三圓

遼東大連灣圖　價一圓　清國渤海地方圖　價一圓　增訂支那新地圖　價一圓

新撰支那全圖　價五角　支那朝鮮新地圖　價八角　右圖書均實價不折郵費在內

右圖書欲購者請到滬大馬路大同書局北京報總局香港文裕堂聚珍樓粤省雙門底拾芥園購取或致函本館可也

外洋代派報處列 中國分局下期續

○安南 西貢南隆行 建芳棧 泉美號 萬源行 萬順安 生和祥
同安行 陶玉○堤岸 南隆 振源 宅郡萬源○仰江 經華行
李同棧 瑞利棧 邱益昌公司 瑞發行 李同盛○會安 永同安
伍合公司○南定 萬源○新州 乾成利○河內 信記○臺灣 台北 豐興○淡水 鴻記棧
瑞記行 洽吉行 同福公司 隆記庄○海參崴 同利 廣泰成
祥輝○石叻 大馬街永生 廣恆○星架坡 益昌 普安公司分局 泗隆行
德源行 合隆行 裕盛棧○庇能 朱寶闆 瑞通 吉遠
三利公司 興利行 和盛行 德昌行○泗里末 裕德行 茂源
○北般島 廣記○務路 棉協安 益利○砂老越 振安○寶武牙 朱富闆○司馬登 裕和
○略厘 美源○巨港 同昌○吧𠯿 朱富闆○加剌巴 同和 聯興行 福和
○三寶壟 有祥 瑞昌 同生 光盛行○加剌吉打 和泰○吉隆 新福山公司
致和行 恆棧○泗水 廣彰 同記 廣裕祥 朱富闆
○孟加錫 德記 泗和棧○孟米 仁信公司 廣生隆○花縣 厚德昌○芥里汶 建成棧
○雪梨 公平行 均利行○谷當 協安行○孤里畔 怡昌行 美珍棧○舍路 廣德行
○宿務 太記 金順昌○怡朗 捷豐行 萬裕行○奔角 發利行 合利行 源發盛
○山打根 廣潮興○朝鮮 仁川 怡泰○舊金山正埠 廣東會館區次坡比部 生發號 聚昌榮
永德 怡棧 兆昌 廣益行 兆貞祥○島約 黃怡昌
怡集隆○檀香山 永和泰 合利號○小呂宋 榮瑞 炳記 捷隆行
順昌隆 榮瑞公司 均祥泰 瑞裕行 五美行○橫濱 大同學校
廣生和 周傑臣先生 正金銀行鄭聰初先生 東同泰 華生號 廣榮安
○大阪 北部公所○長崎 永同孚 神戶 楊海籌先生

東亞報　第九冊

孔子生二千四百四十九年
光緒二十四年八月一日

東亞報

第九册

ウハアウト

THE" EAST ASIA".

ISSUED THREE LIMES IN A MONTH.

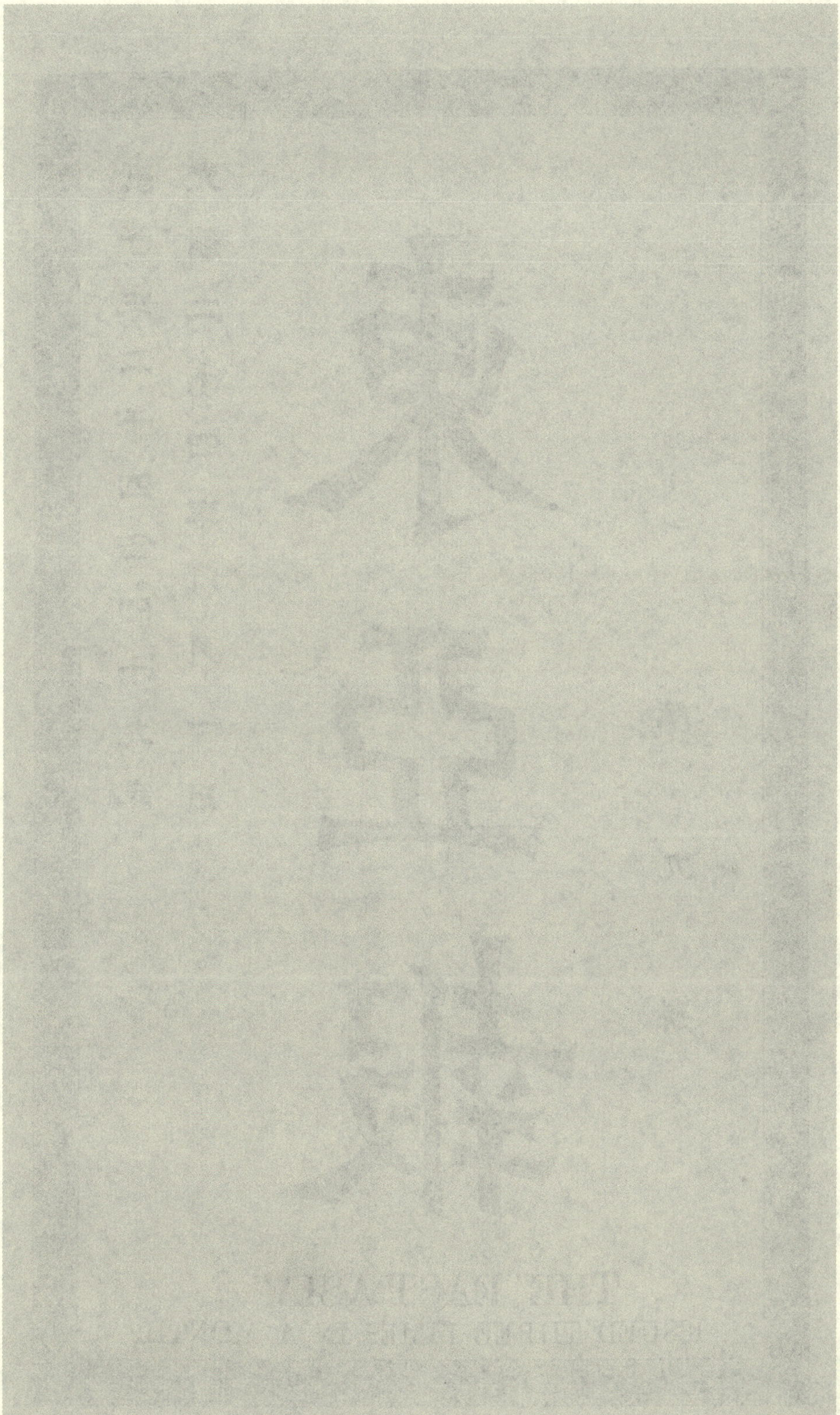

東亞報目錄第九

本館在日本神戸下山手通二丁目三十一番

路透專電

駐俄京聖彼得堡府英國大使鳰耶路斯斯鳰滑託斯哥茲託氏與俄政府議以友誼定對中國勢力　前者謠傳法國捕路威苦斯艦沈沒于印度洋今日始知其誣　喜望峰殖民地選舉厥後爲洛內黨所勝此事結局未敢驟斷　烏賢路斯炭坑聯盟罷工者今與坑主議遂復業焉（均西八月二十九日）　俄帝發平和勅詔曰現今諸國皆有將爲武裝所歷之狀是豈各國政府理所當爲哉宜止其加增武裝務期列國會議互相誘導立永久平和方法實今日急務也（西八月三十日）　西歐諸強嘉納俄帝意擬開列國會議立平和策惟法總統怒曰與國當未發詔勅之前何不先來告我與國者蓋指俄國也因極論列國會議有害數其弊益怒云　前七日印度孟買省內羅黑疫病而死者二千三百人孟買市民亦死百五十六人（均西八月三十一日）英國倫敦駐德公使哈治布賢路獨氏與英國大藏大臣拔路布澳路氏會移時不出流言蜂起疤路馬路額席茲託報論之曰此從殖民大臣鳰耶痕拔列倚痕氏建言在英德間協商攻守同盟又有一說曰其協商中欲英國昔所購收亞非利加笛拉岳灣德國抗議至今日乃聽命也又曰此即議廢埃及會審法院也又曰既罷其抗議廢其法院英國報之不沮德國計畫小亞細亞殖民事也

此事亦在今日協商中云。

蘇丹遠征軍司令官幾茲鳩賢那氏前二日與卡利布啞軍戰奮鬭五點時遂破之卡軍潰散尋略澳磨達路馬痕水陸並進追擊卡軍英軍死傷合餓列痕布賢路第二十拉痕隤隊卡路笛哥茲託烏路烏威茲苦隊共百人士官以下與埃及人死傷二十人敵軍死傷不詳第二十五拉痕隤隊死者亦二十一人傷者二十人此役騎兵戰最力故餓列痕布賢路隊與埃及兵多戰死云。

法國陸軍卿卡拉威那茲苦氏因論不再審獨列倚布事罷職（均西九月六日）

聞蘇丹遠征軍大捷後報曰英軍既破澳磨達馬痕即遙向英國三呼英國女皇万歲敎徒兵不以部下多死爲意屢次回戰死亡者數千人前後合共一万五千人餘兵皆卡利布亞部下遂悉降於英軍云。

德帝行烏澳多路大戰野營紀念會于哈諾毋路帝自演說當時與英軍戰狀及其軍隊軍傺並兵器各事聞者顧念往事或慨然泣下云。（均西九月六日）

西班牙國會議員再開秘密會議讓與殖民地之事。

法國內路利痕達痕氏承卡滑威那茲苦氏後任外務卿。

蘇丹遠征軍復卡路茲磨城樹英埃兩國章旗于其宮城中（均西七月九日）

俄艦餓列米耶斯鳰本日入于仁川。日本和歌山縣置染織學校。以四月二十五日開。（均西八月二十四日）西八月廿一日。日本皇太子誕辰。太子方避暑出宮中。因以簡畧典式祝之。日政府以勅令第九十七號。改正明治二十二年勅令第百二十一號中係府縣稅及地方稅者。凡府縣警察費聯帶支給金。府縣傳染病豫防費。檢查蠶種費國庫補助金。並北海道沖繩縣區市村郡傳染病豫防費國庫補助金。統據豫算所定得支給之。日本外務省本日開檀香山國拒絕移民上陸賠償金處置稽查會。有所定議。廼出通商局精細整理。更開一會議。然後結局云。（均西八月二十六日）本月二十五日香港報曰。西班牙義民謂美國占領軍司令部曰。貴國軍非棄兵器。不許入小呂宋城。美兵不悅。大疑叛徒。市中情形現亦平穩無異。然美軍猶以義民意不可測。戒備非常。日本前總理大臣伊藤。已至朝鮮京城。入于日本公使館。日本官民出迎者甚多。宮內府遣宗正院卿李載崑供轎迎之。（西八月二十五日）伊藤前總理。昨夕面見朝鮮帝。帝有將再面之言。本日訪宮內府大臣及各國公使。更至外部衙門。面各大臣。今夜欲臨日本官民歡迎會。本日向晨板垣大石二大臣及武富內閣書記官長等。會于大隈總理大臣邸。朝鮮政府。

答日本公使曰。協定京釜鐵道條約細目蓋印。（均西八月二十六日）俄艦餓列米耶斯鳩。發仁川向旅順口。（西八月二十七日）伊藤前總理明日下午四點再謁見朝鮮帝。帝開倘德宮饗之云（西八月二十八日）西印度諸島歎英國鞭長莫及。現下呧耶麥威卡地方。欲與美國合將向英國請之。因開普通投票會。選其請命委員云。俄國本年麥不實。至冬期內地必告饑饉。（西八月二十五日）聞喜望峰殖民地選舉。息戸路洛治氏爲那麥卡拉痕獨地民所推。以票數最多中公選焉。亞非利加公債之論已決。多倚磨斯報駁詰喜望峰殖民地總理兼財務卿岳路獨痕斯捕利茲餓氏曰。氏以英國權勝爲口實。蓋欲濫弄干戈者也。（均西八月三十日）日本公使加藤增雄。將轉任他邦官。朝鮮帝聞之。電致日帝。請其留任。本日下午宮內府饗伊藤前總理。及宴。開宮內府大臣謂伊曰。日本宮延有宸電。曰可留任。加藤公使報已達矣。（西八月二十八日）

廣西叛徒再起。勢甚猖獗。反徒一隊。已迫廣東西北五十里地。黑旗軍嚴守廣東北門。反徒皆倡攘夷論。禁廣東新報。並傳反徒軍勝。中國皇帝下詔。務期一月以內全數殲賊。或謂當亂再起。清帝怒甚。勅革廣西巡撫職云。（均西八月三十一日）本日上午十一點。日帝詔遣大勳位載仁親王往墺國。祝墺帝卽位五十年慶典。親王以十四日發東京。先抵法國。待至墺帝祝典前日。方列墺國。於十二月二日祝畢卽抵

俄國。騎兵大尉河村秀一。式部官兼閑院宮家令松井修德從焉。親王至墺國。有步兵大尉立花小一郎。伯爵柳澤保亦從之云。　日帝使載仁親王遺珍物及大勳位菊花章頸飾于墺帝。　日政府以勅令第二百五號。施行明治二十三年法律第七十二號銀行條例二十三年法律第七十三號貯蓄銀行條例。明治二十九年法律第八十五號。銀行合併法于臺灣。　德公使拉威笛痕氏。本日上午十一點。至外務省。見小村次官談事。日本高雄艦。昨發疱岳。多向上海。　日政府欲以明年一月一日施行新稅關法。已豫定其事。然非與墺國交涉事定。後不得發表其令。墺國公文書。非本月底不達。然公文書極簡。已因電報知之。故書雖未達。然四五日後。即可公示其全文。以出勅令現已送致內閣云。（均西九月二日）　日本加藤公使與朝鮮政府交涉。索補各損害賠償費。未有所得。然如京釜鐵道布設各欵。協商殆決。亦僅以一二項草草了事而已。（西九月三日）　昨夜日本政務稽查委員會議。以決行政改革案。因致之於法制局。經正式閣議。欲奏乞裁許。而後行。故公布尚須時日。聞其改革主要在淘汰人員。釐正文官任用。幷廢北海道局。臺灣事務局等也。　有人訪松田大藏大臣。問本年豫算查定現狀。大臣曰。諺云無袖者不得揮袖。（即謂袖中無一錢也）歲入豫算不立。無復奈何耳。然我以此理度之。大概有三千万圓不足。但非

交涉已畢未定也。苟不另設法以開財源，將來決不可恃。當付閣議決之。現已畢交涉者四五省，其餘待至四五日即決矣。各省中經費最鉅者爲陸海軍二省。財政現狀若無的款，則不得隨意主張其事也。（西九月四日）德國與中國訂結膠州灣開港條約，其要領則開膠州港，使諸國船舶隨意載貨出入，且任中國建置海關于膠州，不徵中國商貨輸入稅。（西九月三日）日本信濃川水溢。日本帝國艦隊碇繫于青森港，本日登陸開會（運動身體也），或謂明天當拔錨而去。（西九月四日）香川縣知事員昨夕往東京。山口勸業銀行會員來馬關募聚債券。杉田北海道廳長官往札幌，巡視上川地方。大阪公司三十四銀行暨日本各銀行合而爲一，即推前文部次官小山健三爲副總理。（西九月五日）長崎縣米價驟低，每二斤半值銀一角九仙二釐。（西九月三日）馬關米穀價益賤，西曆自二百十日以後天候適宜故也。本日越中富山市東京力士荒岩、海山（力士名）等爲角觝之戲。兵庫縣統計現在內國米三万六千四百四十包，外國米三十一万四千二百六十五包，襍穀六万千四百五十一包。（西九月九日）俄國人見俄帝宣言書，頗疑其怨怒未霽。會亞痕利事起，人心大亂，事將不測。全國論政治者日益劇。（西九月三日）棉花會員不以神戶、大阪爲限，雖外國人亦列其中，因統括孟買棉花。自後苟有外國商要請，即

又加入亞美利加棉花及中國棉花云。會員擔保金一千圓。此同盟會成。可脫紡績聯會束縛。以明商業工業之別。爲利甚溥。故外國人多賛成之云。（西九月九日）中國禮部尙書左右侍郎六人皆免官。因守舊說而背革新之諭故也。（西九月五日） 大東司法大臣改正判檢事給俸令案已成。送致法制局。聞其要領。改第二條通定員爲限定員。增檢事總長俸給爲四千圓至五千圓。增控訴院撿事長俸給爲三千五百圓至四千圓。其餘撿事俸亦有所增。各控訴院部長撿事並東京大阪各地方裁判所長撿事亦從司法大臣所見得爲勅任官。一以拔擢進級爲制度。從前東京大阪京都三府及神戶。新潟。橫濱。箱館。長崎。五港並陸軍師團所在地方裁判所長撿事。正位特在諸地方判事長撿事正上。此次廢之。地位高下一由司法大臣選定云。 憲政黨總務委員及會話委員。昨午後二點。集于大隈總理大臣官邸。板垣大臣亦會。爲互議行政改革案。至文官任用令。議論頗激。曰優開門戶。非奬勵學術之道也。因嚴建考試。策唯衆議院議員。不必考試。其他局課廢合。人員淘汰。大隈板垣二大臣交相賓明。至晡時期再會而後散。太田農務局長。有賀工務局長。葦原水產局長。受內諭。上書辭職。渡邊鑛山局長亦將上書罷職。盖緣廢工務水產二局。與農務商務二局合。登用波多野傳三郎。加藤政之助。大津淳三郎

三人故也。農商務省第六號明治二十八年農商務省令第四號狩獵法施行細則第十六條下追加一條以下逐條居次此第十七條法乃自五月一日至九月三十日禁捕獲鷸鶉。日本內務省告示第八十六號定各部府縣臨時開設檢疫所如左所列京都府兵庫縣岡山縣廣島縣山口縣。遞信省告示第二百二十四號石卷鹿兒島小樽三船舶司檢查分局以本月十日開辦。桂陸軍大臣昨日上午十一點抵大隈總理大臣官邸面談移時。憲政黨會話委員增至二十三人皆以評議員目之殆將增爲三十人云。日本銀行前七日銀券發行數一億八千三百五千六百十四圓其內制限外千百八十九万七千四百七十六圓正貨準備八千八百四十三万六千二百十一圓。俄國兵艦餓拉威息痕前日碇長崎發向旅順。德國威列內艦亦自膠州入長崎。熊本野戰砲兵第六聯隊到大江原演習實彈擊射法凡二十一日云。高知縣中學校首席岩測醫氏爲島根縣中學校長。本月二十日福島縣開第四回茶業大會云。本日上午九點鐘廣島縣地震。日本郵船會社常陸火輪得一歲有効航海允許憑證即基於航海獎勵法也。均西九月六日

論說

論英俄交奪中國權利

憂亞子翹首西望概然曰悲哉中國自去歲德軍據膠而來風雲奮飈氛煙陡變而東方形勢遂汲汲乎不可終夕夫臺灣之割海島耳非大陸江洪之讓（雲南省土司邊界地割于法國）土司耳非行省今巳及腹心矣雖然豈獨土地崩裂然哉夫國之所以存亡者權也民之所以衣食者利也今中國權利悉操縱于英俄掌上矣中國其何以國哉中國孤峙內外失援自遼東之還英退而守中國政府遂傾心于俄矣自旅大之攘英出而爭政府又屬意于英矣英俄交翔于前政府奉命于後眞有事秦事楚進退無主之勢恃人以苟存勢必至胥國權利不盡奪于英俄而不饜嗟乎今英于中國政策豈迂守昔年和平優游宗旨耶吾嘗聞西報言英政府近于中國政策務以强斷從事矣此可證也又歐人警報言列國咸怖英俄爭奪中國之權利勢曰彌急又復屢有所聞矣于是各國商人之逐什一于中國者竊慮英俄兩國交爭其業盡奪且英俄之尤關係重要者則爭鐵路鑛山之利管理輸運之權也聞英某大員赴下議院倡言于衆曰近數月以來吾英所奪美利于中國較諸國厚也彼俄德法雖强豈能出吾上哉由此視之英之保

持其威權增拓其勢力于中國中國之人素倚英爲可恃者能不寒心哉顧英者俄之敵也每攬一權攘一利英必與俄相傾俄必與英交軋英入一尋俄深一仞進而愈迫迫而愈窮中國危機一髮之間耳噫乎中國不折而入于俄則折而出于英此天下之所共睹也顧在英俄交奪中國權利始也今則彌劇矣今試舉英之所奪權利于中國者一則訂併有楊子江之約也據正月英國政府飭駐中國公使與政府締約一須于四月後開通內河航路以便各國商船往來焉二楊子江數千里沿岸地不能割讓于異國焉三各海關稅務司員則爲英人是任焉四于二年之間開湖南之岳州爲商港焉凡數者皆乘德據膠州攫山東築造鐵路重權之時要而得之者也當英未訂茲約而前嘗以借外債一千六百万磅之事與俄齟齬又要請中國政府開通大連灣而爲俄所沮抑相抗殊烈及有是約大拂俄人之意勢益迫切矣不解吾中國政府其何堪此也二則割略山東之威海衛劉公島也英則借款于中國以償日本而撤去駐威海之日兵以四月三日訂約借威海衛以二十五年爲期後云俄若還旅大英則退還威海噫俄得旅大今已易名号据爲終有矣何日爲中國有哉于是英軍艦隊遂入威海高樹國旗矣沿海岸十英里悉隷英屬于是建兵房焉築砲臺焉經之營之曷日于旋歸之此乘俄人據旅順大連灣及攫滿州築造鐵路重權之

時要而得之者也因是又與俄相傾軋益迫切矣觀于英俄相抗渤海之間而可証也不解吾中國政府其何堪此也三則借讓廣東之九龍海灣也（屬廣州府新安縣地）夫九龍與香港隔衣帶水耳自中英二次之約已割其近港之地英人屢欲吞併素矣今則藉口嚴備香港邊防爲辭遂畧東至卑路斯西至鳴捕灣併拉痕多澳島統二百方里如借膠旅之例以九十九年爲期矣且得延長緬甸至雲南鐵路之特權也此乘法人割借廣州灣（廣東高州府屬）攫延長東京至廣西鐵路重權之時要而得之者也不解吾中國政府其何堪此也四則英及意太利兩國得開採山西鑛產之約也當前三月亞痕餓洛威多里亞痕商會與山西巡撫訂結條約得于山西省蔚縣平定州路安府澤州府開掘石炭鐵石腦油金銀諸鑛特權而擁司大權者則其商會總理員洛痕侯爵也然中俄銀行嘗以六百八十万金擔荷布設直隷柳林堡至山西大原布鐵路之費又獲大原汾州兩府開採炭鑛之權言此鐵路所經達平定府所屬產鑛區地于三十年中不許他人築路以奪其利也而英俄于此之利害得失尤爲關係者腹心之患亟矣不解吾中國之政府其何堪此也五則得築造上海至南京之鐵路也前三月衣耶爹痕麥痕席嫂痕商會壟斷斯路之權並聞英人復輸四百万資金供給布設寧波紹興鐵路地利悉爲剝奪矣不

解中國政府其何堪此也六則承借資欵築山海關至牛庄之鐵路也前英國山海關牛庄鐵路委員方與中國鐵路總辦規定條約事爲俄所聞憤然威嚇中國政府謂中國果借金敷布斯地鐵路則伊犂將有事英則竭力抗之及後旅順大連威海事畢未數月英俄復相軋如故以俄人抗議甚力也然英亦挺然相拒不假辭色此則西六月十六日英京倫敦報之說可据也又前月二日洛威鐵路報言前月一日英首相嫂路斯培里氏與伯爵基摩拔列言曰楊子江事今中國垂意我英代輿富源方斯時忽聞中國爲俄人所脅使絕英人于是英政府電飭駐北京使臣以抗壓之毋使俄迫中國政府致侵害我權利指牛莊鐵路也夫侵害者蓋俄人是謂也由是視之英眞果有愛于中國哉亦曰利而已矣夫俄人迫中國政府抗議斯事不畏决裂者非以山海關牛庄鐵路一歸英人即斷沮俄人經畧中國鐵路之勢哉嗚呼前戶拒虎後戶拒狼直周末鄭韓耳不解吾中國政府其何堪此也至若俄之所奪權利于中國者聞之比利時國尸痕而開拖鐵路商與中國鐵路總辦盛氏訂結蘆漢鐵路之約陽雖爲尸痕而開拖所承辦陰則爲俄人所指使也而英外務官卞氏嘗宣言于議院言蘆漢鐵路築造之費需股金二十二万五千其數七万八千爲中俄銀行所占領者此可證也又其條約中有使俄駐北京公

使管理鐵路之權則知蘆漢鐵路實墮俄人之手夫何疑哉嗚呼俄人籍中國之地役中國之民即以所蠹于中國之財還注之中國垂拱捧受利權而去俄之陰謀而能售于中國也不解吾中國政府其何堪此也且俄既據有旅順大連灣矣亦既握東清鐵路管築之權矣今又隴斷東清鐵路至旅大聯絡之權矣今又管理山海關北京間鐵路之權矣聞此事中俄銀行嘗與中國政府議定允許云且籍比利時尸痕而開拖氏操縱北京漢口鐵路即橫斷吉林盛京直隸河南以通楊子江其數省相聯幹路悉爲俄人所把持其鐵路所至之地無異俄人外府耳昔俄于中部亞細亞即已操此技也今俄復延長太原鐵路于西安陝西省城更橫斷陝西甘肅聯接中部亞細亞以敷設其大鐵路而俄其長蛇吞噬之雄心中外有識者鮮不洞其陰謀矣俄之有是東西二大鐵路重權楊子江而北不待十年而爲俄殖民地哉此則俄今日經營中國之政策也英之貸金于中國而把持山海關牛莊鐵路者實遏沮俄人之政策也吾不解中國政府其何堪此也嗟乎二雄相角四海沸騰俄則妬英要求以沮害其圖謀北方之政英則忌俄迫壓以防侵經畫南方之權英俄兩國交戰于北京政府政府莫可如何門戶已撤他人入室二人競鬭室中主人有被其殃爽其災者矣蓋俄据旅大英略威海相逼愈甚而北方利害尤爲英俄所必爭者

勢也今中國海權既喪地利頓削不數月間而所亡若是後此其奚以當之其奚以當之不解吾中國政府其何堪此也吁一人憂勞于上諸臣泄沓于下休休有容奉手相視始則鄙洋人如虜隸長其驕泰頑傲之心今則尊仇敵于帝天不盡戰慄悚惶之志退則尊大藐錮持祿苟居如故而不汲汲爲毖後圖也悲夫

美國烏約京城風土記敘

夷攷環球近百餘紀文治蒸蒸萬物熙熙蹐唐軼虞炳古鑠今咸推亞美利加爲極軌美自華盛頓建立共和政策而國民殷彊踰越大地揆厥所元職有由哉日本維新以降人才踵出游歷歐美者肩摩趾錯雜遝鱗萃故異域之政俗土風五洲之人情物產靡不燃犀鏡燭臚表札記罄其積蘊昭布邦人烏約風土之記殆曩月日本人士航美者發奮之所爲作也竊嘗循誦斯編凡車輿廬室之賾工械電機之巧輪艦橋梁之利商販金幣之瑣靡洪靡纖靡鉅靡垓如數家珍如辨黑白洵足以窺美京繁盛之一斑歟余既獲睹茲書弗敢秘惜爰付梓人公之海內其諸擊楫之彥譚瀛之客或有樂夫此也

宗教

萬國新地理學答問 譯普通小學校叢書續七冊

日本 橋本海關譯

問 地球形狀如何

答 廣濶陸地渺茫海洋合爲一体人畜居之其形圓如橙子故名曰地球

問 地球圓体證據如何

答 人或立于廣野海濱遠眺四方見天空如與地面相接連之卽成圓輪是謂地平線又眼界地平線見者位置高則廣低則狹此地球形一證也

又有一船解纜出港去至遠則船体沒而無所見只見檣梢行愈遠船体愈不見檣梢去愈遠僅見寸而後至不可見船舶向港來者反之檣梢先見漸次而船体現出是地球形二證也

凡船輪發自地球上某處而西又向東方馳而不息竟再歸其發程原處此地球形三證也

太陽之送光與熱於地球一時並不送地球全面其一時所並送之處常不過其半此地

球不平面四證也。

若在輪船。望北極星。而進向北。見其星益高。反向南而行。其星漸次近地平線。竟至隱沒。此地球形五證也。

月蝕之時。觀地影映于月面。其影團團顯圓形。此地球形六證也。

大湖或大河水中。齊立三標木。相距雖同。以千里鏡。出一方望之。見中央標木稍高。此地球形七證也。

問　地軸與兩極如何

答　凡物体可回轉者。必不可無軸心。猶獨樂之圓球（玩具之名）有心軸也。地球亦然。故南北相貫處。必施線以定之。此地球以此地軸爲中心。猶獨樂之器。回轉自西向東。以回旋。而稱此軸北端。曰北極。稱其南端。曰南極。

問　緯度詳細如何

答　等分地球表面于南北。名其所劃中央大圈曰赤道。名平行其赤道所劃之東西線曰緯線。緯度幅員。雖無廣狹。其長各異。以中央赤道爲最長線。愈至南北則愈短。

下期續印

名緯線與緯線間曰緯度。緯度以赤道爲零度。次第算至南北。曰北緯何度。又南緯何度。各至九十度爲止。故南北一周地球。緯度三百六十度也。以一度爲六十分。以一分爲六十秒。

自赤道至南北各二十三度半處。劃平行一線於赤道。其在北者。曰夏至線。其在南者。曰冬至線。太陽昇於北。不出夏至線之外。下於南。亦不出冬至線之外。故一一謂之回歸線。

自南北兩極各至二十三度半處。東西劃圈。是謂極圈。

緯度者。遠于赤道地方。近於極地方。其地方曰高緯度地。遠於極地方。近于赤道地方。稱其漸次相近之地方。曰低緯度地。

問 經度詳細如何

答 貫徹赤道。串通兩極。地球外面南北劃線。謂之經線。名經線與經線間。曰經度。總三百六十度。

經度一度距離。在赤道上最長。隨偏于南北。南距離漸狹。終至極爲零。

地球以二十四時間。轉經度三百六十度。故一時間。轉十五度。凡甲地與乙地有三十度差。

因有二時間差之故也。

經線一名子午線。子午線正中受太陽。即正午而爲日中十二點鐘。其在東經。既過正午。在西經未至正午。故與子午線相反之地。即正午而爲夜中十二點鐘。所以有子午線之名也。

緯度以赤道爲零。算至南北。經度并無基點。一定標準。日本即以英國具利尼茲鳴天文臺爲基點。以通過其上之經線。爲子午基點。即所謂零度也。以此算其經度。經度算自基線至東曰東經何度。計至西。乃曰西經幾度。

以地球分劃南北兩半球。即以赤道爲其區劃點。分東西兩半球。即自英國具利尼茲鳴至西經十七度四十分法京巴里。自法京巴里至西經二十度三十分處。即至亞非利加西海中。布洛賢啞島。其間以所通過之線爲區劃點。

問　三氣候如何

答　有一熱帶。二溫帶。二寒帶之別。

政治

俄媚美國 譯西八月二十六日東京日日報

日本　大橋鐵太郎譯

英國頻得美國歡心與之相結爲已援將向中國行其政策俄國知之乃亦呼美國爲舊友邦欲使美國以親英者親俄今已汲汲圖之諾烏澳賢烏列米耶新報載紐育七月一日信曰德國欲以虛聲恐喝處置比律賓此不能令美國驚也美國素知歐洲諸國不得俄國同意必不能干涉美西爭戰之事況德國乎美人又信俄國不易應德國意也試徵之往日事蹟德帝與俄帝意反事必不起於絕東且美國人之言曰德國占膠州灣出於應俄國馬關條約審查要請之報耳苟與俄國搆釁其失膠州灣可立待也俄國艦隊在太平洋者其勢力遠勝于德國艦隊德與墺意結盟然墺意兩國不置艦隊于中國海至如日本則決非與德國者德國政府若不得俄國贊同非可置喙於處置比律賓也雖然俄國不欲以此事袒德國蓋由與合衆國有舊恐悖從來對美政畧之故也賢卡鐵利那二世作平和盟其意亦欲使英國信合衆國自立所存而已拿破崙一世嘗攻俄國蓋因拿王欲使俄王沮美船入港俄帝不從故攻之又當美國內亂時拿破崙三世與拔咩路斯託痕氏極力欲分裂合衆國又爲俄帝歷山二世所沮

不能得利於美國又以非常廉價售亞利耶斯卡于美國然則英大臣鳩賢痕拔列痕氏英美同盟論若遇美俄通商論起定必消滅絕迹矣

諾烏澳烏列米耶新報記者尸餓馬氏往視美西戰狀時華盛頓撲斯託新報記者亦來一日訪尸餓馬氏叩其意尸餓馬曰美西事起俄國所關繫美國可一言蔽之曰親密中立俄國本不欲助西國又以美國非弱愈不敢援西國俄國以美國對古巴義舉自與勾牙利義舉相比蓋二十年前俄國曾以義擧援勾牙利也故俄人以美國救古巴島民而義之表其同情也然美國新報論英美同盟欲力抗俄國絕東政策故使俄國人激其輿論俄國現占有太平洋沿岸其志似不肯退一步美人若雷同英美聯盟論恐禍不旋踵幸美人不喜此事夫英美二國實爲地球大工業國在絕東自爭其利理所當然也其欲壟斷中國商利而互相爭亦理也俄國處置朝鮮滿州及中國亦祗爲無教之民保護而已其占有旅順口也防德國占有膠州灣以後之禍于未然也俄國絕東政策在美國則有所利美人之欲同情於俄國亦理也目下俄國陸海軍倚賴美國求其重要器具俄國軍人食糧桑港供給之俄國經營滿州足廣美國貿易工業販路不俟論也然則美國向背在英俄勢力所關非細宜觀於比律賓處置以卜其前

途也

英國下院議中國事 譯西八月十九日日本報

中英條約　鼻捕嫂痕澳列斯氏問曰我英政府聞中國政府請欲改正中英條約果然則中國所請在何月某日又一千八百五十八年六月二十六日締結天津條約其中據第二百四條第五十二條第五十四條英國臣民不敢與諸外國臣民異其事務且英國軍艦有權可隨意出入中國諸港只謂英政府及其臣民不得亨受中國政府將來可賜予他外國政府臣民一切特權免除利益今日亦即欲改正此等條欵乎若不然則中國請改正中英條約是何條約乎我英政府其果許之乎哥路執痕氏曰中國政府所請即欲改正天津條約第二十七條海關稅也我英政府既於四月間以正式法遣北京駐剳公使書命之曰新定海關稅宜據天津條約最惠國條欵勿損我英國權利也

牛莊鐵道　哂息布滑路託痕氏問外務次官曰聞向日俄政府因北部鐵道牛莊支線敷設事欲借資於香港上海銀行之議有所不服曰此鐵道總管宜仍歸中國人事果屬實則我英政府宜以資金用之中國鐵道修築費也俄國有所要請於中國我英政府獨不可與俄同其

主義乎。是合天津條約所定均權之意也。哥路嫂痕氏曰。今尙未得容徐圖之哥烏尸痕船賠償之議云。

賢磨奴鳲出滑路氏。謂外務次官卞路孰痕氏曰。中國政府已允賠償英輪哥烏尸痕沈沒死者。然彼荏苒時日。尙未交款。政府宜速催之。哥路孰痕氏曰。前日發公文於駐淸公使。已促中國政府。速行回答再議處分云。

楊子江沿岸　哂播息布滑路託痕氏問外務次官曰。凡楊子江沿岸地之事。以本年二月十四日由苦洛獨馬苦獨那路獨氏報告嫂路斯配利氏。其公文簡約未盡精徵。不知別有正文條約存於中英間者乎。又該公文書中有示總理衙門答英政府要請。另以文記之否。敢煩回示。卞路孰痕氏曰。衙門已寄致一公書。該定約明有成文。至其條項。悉公記之。馬苦獨那路獨氏電報中有保證言語曰。以楊子江沿岸一帶地。租於他國。兼爲抵當。倘或割予他國。固在此例外。足下不信。請出該公書示之。烏威利耶磨哈哥託氏曰。我出外務次官答辯。乃知我駐淸公使提供正式公書於總理衙門。得正式成文回答。事既如此。即請次官宜出其二大緊要公書。以示於本院。卞路孰痕氏曰。足下以此公書。爲大部書乎。其實不然也。置之本院。固屬不難

只僅二三行小文書究不宜輕置于高案上也

北京漢口鐵道　哂搖息布滑路託痕氏曰頃者比利時代理官會議得北京漢口鐵道修築權其中有法人加入者貴官當陳述該讓與約欵乎又該條約果不背中國政府所提供於英政府之證言乎敢問卡路孰痕氏曰我未聞比利時代理官會議員中有法國人且該讓與之事未公佈於國內是以未得其詳哂搖息布滑路託痕氏又問曰原來此事爲英商之鉅利也宜發電信于北京使報道事情電返則速報其故於本院卞路孰痕氏曰原來苦洛獨馬苦獨那路獨氏事無大小只具其所聞而報之此英政府所命也故特發電北京問該事亦可無庸也

剛果自出國通商條約　譯西八月十九日時事報

剛果（或譯作公果）自出國使臣余式爾氏奉自出國帝命至中國訂結締交條約至近日兩國將盖印今得總理衙門奏書與各條約細章其書曰奏奏剛果國特派遣使臣欲訂立專條恭摺仰祈聖鑒事該國使臣余式爾本年四月三十日來京奉有本國國君文憑商辦約章臣等於五月四日十六日兩日照規則接待該使臣面遞國書一件條約節略一紙臣等查剛果國雖比

利時兼轄之邦。然亦自立之一國。在阿非利加洲之南。與中國各國通商以來。到處皆有華民往焉。今該國既遣使而來。欲與吾訂約。正可籍此開華民謀生之路。其訂約一條。似應准許。惟不須必依歐美各國條約繁冗。因訂定簡明專欵二條。以示羈縻。而昭友睦。茲將所定條約恭呈御覽。如蒙俞允。即可簡派專員與之換約云云。

中剛訂交專欵

中國與大剛果自主國。結和好通商約。兩國使臣奉合式權。議訂專欵。速期其施行。

一　中國與各國所立約條內家財及審案之權。與待遇各國同樣者。可向剛果自主國施行。

二　中國人民隨意遷往僑居于剛果自主國境內。可得購買一切動產不動產之物。可得自由營業。并業主可更易任意。至行船及其他商工藝各事。其對華民者。又可與待數優國民人同一。各大臣先親筆畫押。蓋用關防。以昭信守。

法要挾中國鐵道　譯西八月二十六日大阪朝日報

前月二十日倫敦報記上海電報曰。駐京法公使。不平於喃耶笛痕馬席沙痕商會所計畫九龍廣東間鐵道布設。即抗言於中國總理衙門曰。按九龍廣東間線路。其通過廣東省者在法

國勢力範圍內也。

俄公使謝罪 譯西八月二十六日大阪報

前日駐京俄公使疤母洛布氏向総理衙門曰若不聽俄國要請即去北京事已報之又據所聞謂俄公使已向総理衙門謝其脅嚇罪然公使仍論要排除傭德英海軍教師不息事見美國新報倫敦來電。

古巴総督欲自殺不得 譯西八月二十六日大阪朝日報

古巴総督捕拉痕哥將軍得息路母賢拉提督艦隊已滅之報憤懣不知所爲將自殺爲從者所止不果臥床上三日以定其精神古巴人來于美國幾烏賢斯託者語此事云。

細里亞鐵道 譯西八月二十六日大阪朝日報

俄國有卡普尼斯託氏者伯爵也頃日請將細里亞託里撲利滊至彼斯灣哥烏賢託允許鐵道布開于土帝若能布設此鐵道則從倫敦至孟買可省五日事見美國新報

英美同盟會 譯西八月二十六日大阪朝日報

亞痕餓洛賾苦沙痕曾謀立英美同盟會欲行其實前月二十七日推薦平民政治家席磨斯

捕拉威斯氏爲自由黨代議士者爲會長普英美人加其會員因欲置支會于各地議遂決云

論日政府國庫補助教育費　譯西八月二十六日大阪朝日報

某當局者語人曰凡小學校教育費以分爲人事費及物事費爲可日本今日急務尤在人事費凡教員俸旅費年功加俸宜國庫爲之擔任至物事費即校舍器具各等宜村市爲之擔任現聞法國舉人事費以付國庫德國亦以其半費由國庫支給故今後政府國庫宜補助教員俸十分之一或十分之五惟現時各高等尋常小學教員俸歲約八百万圓尋常小學校教員俸亦不下六百万圓然如此鉅額恐不能遽達其志將來補助多少亦顧財政情况如何而已

中國近事　譯西八月二十六日東京日日報

上諭督辦各省學堂人員　前月二十九日中國政府發上諭以各省在籍著望之人爲其地學堂督辦曰侍郞李端芬奏請派紳士督辦各省學堂現京師大學堂已專派大臣尅日興辦各省中學堂小學堂亦當一律設立以培養人才爲本惟事屬創始首貴得人命各該省督撫就在籍紳士擇品學兼優能符衆望者分派管理各學堂一切事宜隨時禀承督撫辨理該督撫愼選有人即設欵派充以專責任冀收實効

建築譯書局　據北京通信京師大學堂附屬譯書局前擇門內台基廠附近地巳興工建築

福州讓地說　譯西八月二十五日大阪朝日報

讓地與貸地未知其相差如何旅順膠州皆貸也然其實即讓也中國與日政府約不敢割讓福建省然中國各報記曰中國政府以福州南臺島貸於法國又在該島中開英民租界地英軍艦利痕內茲託現對福州稅關碇繫有一人測量其近傍此出於英公使馬苦獨那路獨氏命云又有一說曰南臺起日民租界地前九日日本代理領事舟抵福州故流言益多事見某報又據中國某報謂英與日本交涉議福州南臺租界地事又報曰日本欲開租界于福州城外南臺怡和洋行後倉尾浮州其他四圍約一二里曩日總署以公文致之福州地方官恐地方有碍逡巡未決某日日本領事手島氏航海而至即爲此事也

中國新軍艦　譯西八月二十五日大阪朝日報

中國新造巡洋艦成前六月十五日發斯鐵茲鳴痕造船所八月八日達香港該艦架砲十一門備千九百八十三噸量蓋二等巡洋艦德人乘之未交中國政府以前猶揷德國旗章云其姊妹艦前巳至中國此艦約計二十一日之後必至中國云

俄員開恢復亞拉斯卞同盟會 譯西八月二十五日時事新報

北美亞拉斯卞。地素爲俄國所領。前美國以金七万百弗（一弗二圓三毫九先）購之。頃日在該地內得金坑。產黃金最鉅。俄國人民聞之大悔。有撲路者公爵也。先衆唱議開置亞拉斯卞恢復同盟會云。

俄國經營旅順口 譯西八月二十五日時事新報

俄國送兵旅順。絡繹不絕。前屢記之。客月十三日。俄國義勇艦隊。火輪開路沙痕號。搭載東西比利亞精兵二大隊。發澳鐵茲賾。士官兵卒。凡千五百人。另載滿州鐵道材二千五百噸。並砲臺材軍器材在船中。據義勇艦隊船長語。旅順尋常防禦。具亦要費三四千万盧布。若欲其十分堅固以致外國精兵不可拔。則天然地勢甚難如意也。

俄國窺伺中國稅關 譯西八月二十五日時事新報

俄國欲得中國稅關權。人皆知之。初俄國當干涉還遼之時。早有此志。其國中爲洛拔諾布氏及卡茲戶尼氏等。皆主張之。當時議未决而止。後及李傅相巡遊歐洲。洛拔諾布氏銳意論之。因與李約曰。現任。英人赫德若死。或罷職。又或時至。即使俄人代之。然頃日中國訂英國約曰。

敝邦稅關長。永用英國人。俄國亞細亞事務局聞之。不肯罷手。即以李傅相所盖印之約。迫中國政府。某新聞報載之甚詳。

牛莊關外鐵路豫備築造　譯西七月五日東洋經濟報

牛莊與關外中後所各鐵路。現下聘嗹馬人踏查之。起工想在清曆六月中。務期迅速而畢。西五月一日入港之瀛船西安號。已輸送工役四千餘人。爾後陸續輸送各種建築材料。此工事既畢。即時着手先築造山海關間工事。企與天津連絡。一面豫算布設自牛莊至北京線路也。且此鐵路聘英吉利。嗹馬兩國人爲經理云。

俄人經營牛莊　譯西七月十四日每日新報

據香港鐵列餓拉布記載。頃俄人劇忙於測量中國人居牛莊者。爲俄人所强迫。不得已盡售地於俄人。俄人經營此等地。計畫鐵道布設假設線路。現下已築埠頭。約在六月內竣工云。

七海軍國艦隊比較　譯西八月十四日國民報

英國海軍省比較稽査七海軍國軍艦及水雷艇等。西六月十九日。法國路他痕報之曰。英國海軍省將宇內七海軍合比較。即英吉利。法蘭西。俄羅斯。德國。意太利。北美合衆國及日本艦

隊等稽查實力以刋印此書併記七海軍國軍艦艘數及其進水日排水量武裝而以類分其諸艦爲甲鐵艦甲鐵巡洋艦水雷報知艦水雷艇驅逐艇及水雷艇與既建造軍艦將建造軍艦各別其表而記之盖其稽查表盡記七國艦名簿所公載其中若干有乏戰鬪全力者雖然戰鬪力閱時多而頓減者各國艦皆有之故本表不記其速力及最新武裝優處緣不敢以此無効者相較也各國海軍有老艦現尙服役者英國艦隊名簿有載甲鐵艦係千八百六十五年者又有載甲鐵巡洋艦係千八百六十年者以此二者與法國艦隊名簿比較則法國頗勝何則其最老舊甲鐵艦與甲鐵巡洋艦嘗行進水式於千八百七十三年千八百七十九年故也

據現在軍艦名簿除水雷艇英國以二百八十四艘排水總量百二十五万六千六百四十噸占七海軍中第一位其占第二位者爲法國與英較總數大差蓋法國有百十艘其排水量四十九万九千五百七十一噸次爲俄國六十六艘排水量二十六万八千七百二十四噸德國六十二艘排水量二十二万六千九百九噸意國五十一艘排水量二十三万三千四百九十六噸意國艦隊排水總量即幾三分之二屬甲鐵艦北美合衆國五十二艘排水量二十万三

千五百十八噸。日本二十六艘。排水量八万七千八百三十八噸。凡此七海軍中所列舉日本艦隊將來必加多。現在建造中者其軍艦與排水量。亦優於現在軍艦也遠矣。諸海軍國。現今皆銳意圖之。人所共知也。一閱目下建造中軍艦名簿。即可審其趨勢矣。即英國現在建造中已竣工。或在試運轉中者。合八十三艘。排水量二十万九千三百二十噸。比較現在艦隊總噸數。大約當四分之一。法國可建造三十八艘。其排水量廿二万九千九百十六噸。比較現在軍艦噸數。幾均其半。俄國比例更下。建造中軍艦十一艘。排水量十万五千八百三十噸。德國愈下。在建造中者十一艘。排水量七万三千七百七十一噸。比較其現在艦隊噸數。不過三分之一。意國等位相下最遠。其在建造中者僅八艘。排水量三万八千三百二十九噸。即現役艦隊六分一而已。聞意國以現在建造中軍艦若干售於諸國。北美合衆國。以美西爭戰故。非無建造。然此書于本年三月三十一日著之。故美國新造軍艦在此書已成之後。當其前則北美合衆國方在建造中者。有軍艦十艘。此排水量六万三千十噸。即比較現役軍艦噸數。大約當三分之一。然此數以爭戰之故將大增加。又日本建造中軍艦二十四艘。排水總量十二万四千五百三十七噸。此艘數二分。現役軍艦排水量。即三比例也。此等趨勢有事起

於近日者。又有屬數年以前者。即千八百九十三年一月一日。至九十七年十二月三十一日。其間英國增艦數八十艘。排水量二十七万八千四百五噸。法國增二十三艘。十万四千五百九噸。俄國十四艘。六万千五十二噸。德國六艘。一万八千噸。意國七艘。二万千八百二十噸。北美合衆國八艘。六万四千三百九十九噸。日本三艘。二万七千四百五十噸。法國在戰鬬位雖占第二。然其艦隊所有水雷艇數。實居第一。彼有遠洋水雷艇三十三艘。及沿岸水雷艇百七十八艘。其餘現建造遠洋水雷艇六艘。沿岸水雷艇三十三艘。其他諸國。則俄國水雷艇百七十四艘。意國百四十二艘。德國水雷艇在現役者百十三艘。在建造中者九艘。英國九十八艘。日本水雷艇在現役者四十四艘。在建造中者十五艘。北美合衆國水雷艇在現役者八艘。在建造中者十艘。就以上七海軍國各自建造總數而觀之。則七國皆不忘建造甲鐵艦。其最注意建造甲鐵巡洋艦者。英國現有建造甲鐵巡洋艦四艘。其餘四艘。將支本會計年度金以造之。法國十艘。俄國及德國各一艘。意國二艘。日本六艘。皆現在建造中。又加高速力水雷艇驅逐艇。趨勢相同。爭構造之。英國已造五十艘。尋又欲造四十六艘。已命工人起工。法國算八艘。俄國方在計畫中者。二十八艘。德國及意國現各造一艘。北美合衆國在建造中者四艘。在計

策中者十六艘。日本八艘。現方建造非甲鐵巡洋艦。各海軍國皆廢之。如英國不復造沿岸水雷艇。而小艦則除法蘭西日本及北美合衆國外。各國無異云。

首里府正教員講習會 譯西八月一日琉球新報

琉球首里正教員創立講習會以來。年盛一年。去歲開正教員講習會于那覇智識大闡。本年亦就中頭地名高等小學校內舉開會式云。聞學科爲教育學國語學二科。聘沖繩縣中學校教諭高田宇太郎。爲講師。講習凡二十五六日而畢。雖當盛暑。而正教員銳意講習。大與雇教員及準教員異趣。其志實可嘉也。

國頭郡教員講習會 譯西八月一日琉球新報

國頭郡雇教員及準教員。向例每歲暑天開講習會。凡二十五六日。沖繩縣師範學校教諭新田義尊。門倉某。爲其講師。其學科亦教育學國語學兩科云。

琉球首里府開少年孝子會 譯西八月一日琉球新報

西七月三十一日。開少年孝子會于首里安國寺。來會者凡六十餘人。會主迎而揖之。岡本岱嶺。高山宇太郎。熊谷釟八等。有所陳述。是日首里因有他事故。來者畧稀云。

臺灣北部土匪肅淸在邇 譯西八月十八日東京日日報

前十六日下午臺北報至東京曰本日北部土匪首領鄭文龍、徐祿等至于總督府謁兒玉總督、誓洗心革面并感泣宥免前惡、盛德兒玉總督懇辭慰諭之、於是山內地方土匪殆熄滅、所餘者、簡大獅、阿盧野等、猶跳梁外山地方、據諜者云彼黨亦聞風而靡、不日必將投誠矣、

論德艦防遏比律賓義民 譯西八月十七日時事報

德國巡洋艦倚列內抵餓拉痕笛島、香港新報傳其事曰、德艦在餓島妨遏比律賓義民搆戰、澳斯託亞尸亞鳰茲尸賢洛威獨辯之曰、此誣言也、又據北淸日日新聞報、德國威列內艦見義民樹已國旗于比律賓島、只遣使問曰、何故如此、未詳其理也、然則德國止問其理耳、非妨遏義民搆戰也、又適與美國艦二艘遇、各不以事相答問云、

英國擴張海軍 譯西八月十七日時事報

此事眞否未可知、或謂俄國中止其海軍擴張計畫、昨適有報云、英政府以金八百万磅一磅九圓八十七錢一厘五毛立海軍擴張計畫、盖欲與俄國爭衡也、俄國備戰艦六艘、英國亦備戰艦、目下已建二艘、即更加四艘、俄國造巡洋艦四艘、英國亦造四艘、另加水雷破壞艦十二艘、英國新艦製

造費總千五百万磅。此等新艦。亦用於蘇士運河通航云。

美西論古巴比律賓島 譯西八月十八日時事報

列國皆注目比律賓處分。美政府如不欲領有此島者。然美民多言其可取。美國某新報說中國形勢。以至各國形勢。切勸占有比律賓島。美政府意未決。至如古巴島則已決意使其自立。西斑牙政府則不欲委之於義民。使自立爲國。欲美國自領之。會美兵在躓痕鴅亞岳者。與義民相閱。西政府遂言其意於美政府。大意謂使義民主古巴島。非西國利也。美國東洋艦隊司令官咘由鳥賢氏。遺大統領書曰。比律賓民視古巴島民。其自治能力遠甚。盍欲使美政府棄之也。

中國許英人公開兩廣河 譯西七月五日東洋經濟報

中國政府從中英訂約條款。通牒于中國。自六月一日以後。公開西江全部支流。及廣東尖嘴于梧州。與其他河川云。

暹法兩國肇釁 譯西八月六日大阪朝日報

據倫敦報。頃日西歐流言。謂暹羅政府憤法國公使館員木痕米茲託內氏所爲。曰千八百九

十三年。結法暹條約。其中有言曰老撾人留在暹羅國者。欲往湄公河左岸。得暹羅政府允許。可受其保護。然滑多那地方。以湄公河水漲溢。老撾商隊每歲從法人嚮導。以退暹羅所領地。爲例。今歲木痕米茲託內氏爲之指揮。途遇暹羅公使洛皮痕斯氏。二人皆未嫻辭令。木痕米茲託內氏遇暹羅公使。頗極無禮。暹羅外務大臣笛母亞澳痕斯。請法國政府召還木痕米茲託內。且罰之。目下暹法兩政府風波愈激。又有流言曰暹羅人云。老撾人不携帶暹羅政府通行憑證書。而發自暹羅所領地。至湄公河左岸者。當銃殺之。現已有殺老撾商一二人者。是即起風波之原因云。

羅甸共和諸國聯合 譯西八月十一日時事報

諸羅甸人種國。于中部亞美利加及南亞美利加者。因美西戰爭。大加警戒。遂言必要相聯合曰。美國既得古巴島。將來更吞噬歐西諸國。亦未可知。故專建防禦策。曰姑待戰畢。觀美國處置古巴島化託利哥島如何。而後可動。然則羅甸聯合。美國固夙憂之。頃者美國新報論曰。英美同盟之不可少。亦無非注意於此。惜諸共和國互有利害。即欲設立中央亞美利加合衆國。而未能成。以今視之。其聯合之勢尚弱也。

法律　　日本　角谷大三郎譯

中國借地通商條約管見 譯西八月法學新報續八冊

該條約類例曾見于捕斯尼耶瞶威普路斯等書當時經列國協定其他英國與公果自由國條約可以此例觀未甞於國際法上之慣例有所更其制度也乃列國各欲博肥已之利以國際法上無慣例爲口實逞其偏僻之見解釋政畧欲武斷之若誤一步則遺此非理之法慣例於後日匡正之者乃學人之任也豈可默然而止乎

比利時國現行選擧法 譯西七月一日法學協會雜報

比利時王國選擧法理由書 千八百七十二年二月十九日內務大臣笛路若路氏提議

比利時國選擧制度規定條項載在二十五種法律中其最古者係千八百三十一年三月三日布示其最新者實千八百七十一年六月十二日更定也

此等法律中數多者分爲三等然大意各殊至其少數法律則從編纂採用形式與前所發布者相更代或廢止云或修補之雖然此等改正無時可以間斷固不能一定不易假令爲事勢所逼及爲政策所制遂致此法不免可厭則既欠調和又碍規則錯誤牴觸無所不至是以執

行此等法令若在其適用職務者凡行政及司法官吏不得摸稜兩可無如比國公衆於一切當行之事雖權利所在每不免於逡巡於是比利時王國立法者亦自知選舉諸法令必事統於一乃可公布國內因國內碩學輩出務據法文就現行諸法令各依其類以整列區分之著爲比國法典蓋欲救此弊以救目前之急也然此等彌縫之計譬猶治療未竟養患更深於是修正諸法文或減或增以編製通國一律爲急務要之學者私著雖極精密周到然使行政官與司法官不顧奉爲憲典此必有不得已者也現內閣一員至客歲十一月已草選舉法案此案賴選舉諸法令與士君子助力幾經校讐商權方得就緒然後以速寫法爲其底本頒布國內諸人更切實討查乃始完全此案其所利益不少也要之刻下急務非僅求討論比國選舉制度而已何則時局變動與黨心傾向掣肘牽累即此選舉法主義尙不得首尾相照應未免使人不慊也是以比國政府不問其選舉制度綱領主義糾紛錯出何如惟掇拾現行選舉諸法令垂爲訓典亦時勢使然也顧所望於議會各人熟慮而行之本此選舉諸法專就其合格者確示範圍務俾一律整齊斯爲有當通計此法典編纂大意茍得達其所志我輩即奉勅命取其所提議草案以附審議足以知我輩之志矣由是觀之此選舉法典編纂大意非惹起主

義綱領議。即留異日必要改訂之餘地。不俟論也。今者唯在整頓普通選舉法令。俾各人一目瞭然而已。至如形態各殊。及實質或誤。仍當訂正也。又如法制統一。及其施爲之序。庶幾得久存矣。唯窮查極究。自葉至根。亦不敢信爲鐵案也。今使議會對照現行諸法令。若有一部廢棄。及各條項當否。亦可以知此草案。長短如何。

凡編纂法案。有三主義。其一唯隨次逐序。依其大要。於選舉三段中。分爲各段。臚列現行諸法律各項。縱有時各段向無規定條項者。亦止反覆詳究之也。此法畢竟可歸併於三法典中。卽第一立法院選舉。第二州中選舉。第三村市選舉是也。然立法中究與各段同一。至他部或稍異者。多據其外形而定。於是編纂法典。重要所即統歸於一。以臻簡明。不得更生法外之法。其二凡加除點竄諸條項。可修正者。多用調停之術。以混收之。故歧而益歧。遂至苦於無窮爭議矣。

當編纂此法典之時。此政府採折衷主義。爲選舉三段。各依順序。臚列現行諸法律條文。俾便援引。得以修正綜合。其例外小數所宜照應者。夫用意周到如此。然法曹審査。尙不能無誤。會幸賴議會各員。公正聰明。補充此處闕點。至千八百七十二年。則三種選舉。尅期接踵併行。由

議院選擧後各州會及村市會即再行選擧。然則此法典公布。亦可謂適合機宜矣。政府於此

議會開期之末。將此法案垂爲定律。其希望盖甚切也。

選擧法　此法律已經發布後更加修正後日再譯

比利時國主列捕路第二世裁決准許法院議定選擧各典。祈自今以後。國家隆昌。

第一編　選擧人

第一條　凡立法院議員選擧人要具備資格列左。

第一　產比國或歸化爲比國人者。

第二　年齡滿二十一歲。

第三　納國税及營業税四十二法一法三十圜九毫二厘于政府國庫者。

第二條　凡州會選擧人要具備資格列左。

第一　產于比國或歸化爲比國人者。

第二　年齡滿二十一歲。

第三　納國税及營業税各二十法于政府國庫者。

商務　　　　日本　橋本海關譯

日本硫黃滿俺商況 譯西九月九日神戶又新報

日本硫黃以豊後薩摩爲最良產不甚多不能輸出外國北海北陸最多品質又良故近日輸出之數亦增舟載出自神戶港每四五十万斤購者亦不乏人然待火輪出港期故往往後時客歲一圓六七毫今歲騰至二圓二三多輸出芝罘牛莊美國濠州滿俺則神戶多輸出伊豫丹波產近已堀盡大阪商品陳列所試分析其質不甚良如神戶八十二番舘所損不細因失信外國人故商況甚衰後就大阪造幣廠再分析其質稍復元氣然現況究非横濱比也

美國外邦貿易 譯西八月二十五日大阪朝日報

據美國統計局報前六月末了結外國貿易上半期計千八百九十八年度美國外國貿易極呈好況前古無比輸出總額並製造物輸出額亦從來無比其數之尤多者則輸出額二倍於輸入額又謂製造物輸出超過其輸入美國史中以今日爲始云即今年度輸出總額對昨年度約增加一億八千万弗今擧其重要輸出國又輸出額如左

英國　五四、〇〇〇、〇〇〇弗　德國　一五、〇〇〇、〇〇〇弗

法國	一〇、〇〇〇、〇〇〇	英所領北美	八五、〇〇〇、〇〇〇
荷蘭	六五、〇〇〇、〇〇〇	比利時	四七、〇〇〇、〇〇〇
日本	二一、〇〇〇、〇〇〇	亞美利加	一七、〇〇〇、〇〇〇
中國	一〇、〇〇〇、〇〇〇		

昨年度輸出超過額二億八千六百二十六万三千百四十四弗。本年度則六億千五百二十五万九千二十五弗。純金輸入達一億四百九十八万五千二百七十九弗。此巨額亦前所無云。

各國棉業豐饒 譯西八月二十四日每日新報

本年棉業不問中國印度亞美利加凡屬地球產棉國皆豐饒非常。倘自後天氣得宜則較昨歲增收必不少。至於亞美利加國其近歲豐饒尤爲無比。據美國政府所報以意算之今歲收入必當達一千二百万包。比之昨年收入凡加增七十万包。前年價格二十五圓已低至十八圓五毫。若美政府所豫報無大差。恐不能保持今日價格。必當低至十六七圓云。

華商與日人議造海藻箱 譯西八月二十四日神戶又新報

日本海藻輸出中國皆用箱盛之惟製箱欠精輸送時舟車往來往往破損致水浸入海藻每多腐敗上海中國商請橫濱中國商輸出店使堅造其箱中國商先通其旨于東京府海藻商會請改造之該商會答曰一時改造耗費太多須漸次改造之中國商不恤斷然排斥更向橫濱海產物商會責之曰若不納中國商言則於陰曆八月一日以後斷不購收於是海產物商會以前十八日下午四點聚衆議此事云

美國本年種棉地 譯西八月二十日大阪朝日新報

據烏約若洛尼苦路報本年度美國種棉地如左表以較前年略少云

諾路斯卡洛辣威那州	九〇八、二六四
瞔烏斯卡洛辣威那州	二、〇九七、九九一
哂搖路哂亞州	三、六一五、〇〇二
布洛利達州	二八五、一〇一
亞辣拔馬州	三、〇一八、六八六
米斯尸茲拔州	二、九四六、二八九

路威哂亞那州　五、四〇一、四九一
笛苦蹟斯州　五、四〇一、四三九
亞路卡痕蹟斯州　一、五五〇、八一二
鐵痕內尸州　六四六、五八〇
其他　二一、九五六、八四〇
前年度　二三一、〇五六、七九二

比前年。其數雖減。然生熟得宜。收穫亦早於前年。期包箱必當自至。鐵苦蹟斯州地方今日諒更多出額也。

本年各國產出生絲豫算數　譯西八月十八日國民新報

據里昂生絲新報。意大利稍加於前年。法蘭西本年不足。西班牙亦稍加於前年。統東歐比較前年。加增頗大。日本劣於前年。中國凡加增一万包。廣東育蠶近日益盛。今歲產額亦必加增。以此觀之。則法國與日本。倘未得宜。其餘皆勝於前年。近者日本育蠶。春期已減。然猶有夏蠶秋蠶。在通算三期。減額未必大也。

藝學

地球彊國工業情形

譯西八月二十七日大阪報

日本 橋本海關譯

頃者各國政府統計地球富彊諸國工業製作如左

每歲工業製作物價額法蘭西百十二億二千五百万法（一法三十九錢二厘一毛）德國百四十六億七千五百万法英吉利二百五億法俄羅斯九十億七千五万法墺地利八十一億二千五百万法意太利三十億法比利時二十五億五千万法瑞典八億法又北美合衆國三百五十億法西班牙二十一億二千五百萬法至合衆國有此鉅額產出數蓋由原料足而機械之用亦多也以職工一人所製作價目合衆國有九千四百四十法英國則三千九百五十法德國二千八百五十法法蘭西及比利時各二千一百六十五法俄羅斯千九百五法意大利千三百二十五法云

又職工一人每一歲所受俸銀勻計合衆國千七百四十八法英吉利千二十法法蘭西八百七十五法比利時八百二十五法德國七百七十五決瑞西及墺地利匈牙利各七百五十法西班牙及俄羅斯六百法然各職工生活費不盡與俸銀相當至勞力者生活費則以合衆國

及英吉利爲貴也。

工業製造原動力主要在機械完備使凡所用於工場之機關力能助工作大活動者也。合衆國有千八百馬力機關。英吉利有千二百万。德國九百万。法蘭西五百万。墺地利匈牙利二百五十万。俄羅斯二百万。即比利時國亦即百万馬力機關云。

凡此統計。厪擧其大要。然可知千八百九十七年中。各國工業製作機關力之程度矣。

論綠藻類有雌雄交搆生育 譯西七月二十日植物學雜報

西人名目有哥列澳開鐵者謂綠藻類也。普利痕餓斯哈威磨氏研究其原由曰。凡此藻位于紅藻與他藻中間。蓋菌藻群與苔蘚群結合者也。從來植物學者論皆如此。或又謂其與紅藻相近。蓋以其生卵器有頸部。外形頗類紅藻前果器故也。然在紅藻與此頸部相類託利哥鼻痕不開。雄附着雌之先端而後授精。據某所研究。授精之際。此頸部先端開裂。而後精虫闖入其內以行授精。故與託利哥鼻痕（類頸部者）與此頸部全別。則此兩物雖外形酷似。當別在生態學說明之。勿以爲關係布熈洛呆尼者也。

又據普氏所研究。至授精之時。頸部先端開。所存其內原形質。（細胞質）至此時消滅不見。故或以

是原形質。比其所見動物卵方位球。一曰極球爲與苔蘚溝細胞相當。因以綠藻類哥列墺開鐵爲位于藻與苔蘚中間者。決不然也。其故由于此所消滅之原形質。并非有核明矣。蓋此際生卵器內核。不分裂。只不過消滅原形質一部。卽若賢獨岳尼烏磨捕尸賢利亞。故此原形質。非與方位球及溝細胞可比也。某又論卵芽胞形成疱列痕基麥狀。又陳述生卵器第一分裂壁軸。爲正直角等事。又論綠藻類與苔蘚不可結合之證矣。凡此等藻類。卽尋常植物。非與植物界諸大群重要聯合者也。

列國水雷艇之沿革 譯西七月十日工業報

美國水交社記事。錄水雷艇沿革曰。傳云一千七百七十六年。一水雷艇進水於紐約港。是否未詳。然此艇世無傳者。則其未竣工而中止也明矣。翌年於新龍托吳地方。沈一弗列戛形艦。方創設未幾而卽沈沒。則水雷失的。亦無其効。一千八百七年。羅哈亞托府魯托吳氏發一水雷而試驗之。然尙未應用于實地。焉俾世人知此戰具之可驚可恐者。實由我南北戰爭也。爾後我海軍不敢研究。一千八百六十五年。以後十八年間。人民徒貪惰眠。倦于戰爭。亦不敢製新戰爭具。斯時我海軍僅有一千八百六十二年至六十三年。所建造舊式滑膛砲。覃砲塔木

尼托魯形艦十三隻。及木製非防護巡洋艦三十七隻云。

我國若近世海軍之創造實一千八百八十三年也。至欲建造戰鬪艦。及巡洋艦。則須費多數之歲月。故先着手此等製造軍艦。其一年以內製成者。悉期之於後日。所以我國於水雷艇數讓一步于歐洲諸國也。

水雷艇者。俾水雷効力增加一器具也。至攻擊水雷之濫觴。卽裝置於大艦圓材者是也。然此法不能乘敵之不意。葢大艦進行於圓材水雷奏効之相距間。敵人無不注意。敵若知之。則水雷之奏功必少。欲排此廣水雷之奏功。必須代大艦以小船。乃適于用。愼無搭載大艦。蒸瀛昔者卡子太亞外氣油子戱吳庫氏。於南北戰爭之際。使南軍軍艦亞魯海埋亞魯號。沈沒於羅烏諸子庫瀰。實用此艇。近今十年前。依然用之。非設此艇。適于水雷攻擊。因以無可代之良艇。姑暫用之而已。

上諭恭錄

總理各國事務衙門臣奕劻等跪奏爲遵　旨議覆恭摺仰祈　聖鑒事本月十七日奉　上諭自古致治之道必以開物成務爲先近來各國通商工藝繁興風氣日闢中國地大物博聰明才力不乏傑出之英祇以囿於舊習未能自出新奇現在振興庶物富强至計首在鼓勵人才各省士民著有新書及創行新法製成新器果係堪資實用者允宜懸賞以爲之勸或量其材能授以實職或錫之章服表以殊榮所製之器頒給執照酌定年限准其專利售賣其有能獨力創建學堂開闢地利興造槍砲各廠有裨於經國遠猷殖民大計者並著照軍功之例給予特賞以昭激勵其如何詳定章程之處著總理各國事務衙門即行妥議具奏欽此臣等竊考泰西各國當二百年前一切新學新法皆未開闢自英有刑部尚書培根者始定一例凡有能製新器著新書之人國家給以優獎保其專利自此各國效之其奬之優者乃至賞給五等之爵專利百數十年此例既行舉歐洲美洲之人皆爭自濯磨講求新法故每國每年新出之器多至二千餘項新著之書多至三萬餘種智慧以相摩而開才能以相競而出論者謂泰西富强之原全在於是又前此一切善政皆專賴國家興辦善舉民間鮮倡義舉者自明末時俄

有富人名忒亞者捐二十万盧布開辦學堂俄皇奬以大藏卿之職各國效之懸格以勸於是富而好禮之徒爭相捐輸有捐集數百万磅爲學堂書樓之費者美國大學堂凡七所而民間捐辦者四此所謂重賞之下必有勇夫西國學術人才蒸蒸日上已然之成效也中土之人聰明才力不讓歐美而人才日乏國勢日蹙者殆由提倡激勸之未得其道也臣等恭繹　諭旨按照軍功授以實職示以殊榮仰見　聖明天錫洞見本原　明詔一宣將天下之士靡然從風不數年而新器新學並出才不可勝用矣臣等謹仰體　聖謨擬定詳細章程十二欵或予世職或予實官或加虛銜或請許其專售或請頒之匾額無非所以奉宣　德意鼓舞群才所議或疑過優然製新器著新書之人其切實致用視尋常科甲所試帖括端楷虛實難易相去萬倍何獨於此而薄之捐集欵項興辦學堂之人爲　國家分勞其所報効視捐納郎中道府爲數尤巨何獨於此而吝之臣等竊維鼓勵人才必高示其的始足以動觀聽必廣開其途始足以厲風氣或疑此例既開恐多冒濫然書器既由臣衙門詳核捐欵復由地方官行查則與有司考試無異眞才則獲殊榮贋鼎則蒙厚罰魚目之混正自易防此皆無庸鰓鰓過慮謹將遵擬各欵另繕清單恭呈　御覽

第四　未開化國人嫌忌他人制馭爲最甚。米路代議政体論曰。蠻野人之趨於開化。第一在自知可服從也。此言似有理。凡爲人雖以自主自治爲貴。然一人之力不能克社會公衆。故折己意以順從他人意。又不得不從社會全体意。不然則不能在社會也。然未開化國人嫌忌從他人。不欲曲意相就。故不能成大團結也。

浡尼（東印度諸島之一）土人不互相生養。雖子亦不甘從父母制馭。以故稍成長至離父母自立。即出家去。永忘父母云。又馬痕託拉人種（咩列半島土人）如知有己不知有人。常以妄意行其所欲。不顧他人。偶二人相鬩則永絕其交云。

第五　未開化國人兼情愛與殘忍　未開化人固人類也。故非不慈育己子。非不愛育己妻。雖然弱肉强食蠻習不脫。故溺愛者旋又凌辱之。爲熈由岳斯島人雖愛己子。或售爲奴隸。亦不介意焉。布威哂島人雖愛已妻。愛弛則殺而啖之。多斯馬尼耶人種。產婦死則生埋其子。必與其母屍共葬之。濠洲有土蠻。小兒病則棄諸野。又取小兒脂爲釣魚餌。以致戕生矣。熈由岳斯島人。雖平素親交之老女。食盡乃殺之。以啖其肉焉。又某地蠻夷。有奇客至即殺己所愛妻妾。以供其肉云。

亞剌伯亞話曰某國王每迎后妃雖歡愛之數日旋即殺之更迎后妃又殺之更迎第三第四第五后第六妃此書雖小說亦足寫當時風俗也英王歇痕利八世每饜惡皇后即戕殺之又別立皇后日本封建時諸侯或虐殺寵妾手斬寵臣此亦蠻風遺物也至今日下等無智輩產女子或餌爲人妾或買作娼妓爲圖晚景安樂之計亦此類也

就開明國名家中言之通達世事家者對其可愛之人或殘忍或冷淡也法帝拿破崙一世威名赫赫于一世故人或視如神然美國碩學賢麥沙痕氏論之曰拿破崙性果敢能堅忍雖盜奪讒誣暗謀溺殺毒害等惡事苟有益於已毅然行之毫不顧慮鮮寬仁大度惟忌刻憎惡私慾至深不以背約爲意即骨牌之戲屢次欺人又吐虛言好詭拆書信好敗德警吏不問男女阻遏侍其左右者消息探聞隱慝以矜伐其明察干涉婦人衣服裁縫術又微服往市聞道路說崙容貌粗野薄待婦人悅於心時則戲捻婦人耳撮其頰以爲常事又雖男子捻其耳牽其髭若試跨馬則與人爭馳凡此類事皆崙習慣至晚年不改矣要之崙似無賴子無君人之度也人或名曰惡軍神非誣言也

紀元千七百八十七年九月十七日。即亞美利加合衆國自立十二年。諸州議士涖于臨時會。以共同議决之。

我等記姓名于茲。以爲其證人。

會長及母亞路㖿尼耶州代理人㖿搖路滑戸痕託痕。及代議士三十九人連署。

第一節　國會不可以宗敎意定法律。不可定制限其自由之法律。不可定禁言論及出版自由妨害平和集合人民權利。若妨害則禀告弊害匡正政府權利之法律。

第二節　民兵整頓。有要保國家安寧。故不可侵人民携帶武器者權利。

第三節　太平無事時。不可妄留兵士使宿。雖爭戰時。不由法律所定方法。不得使兵士寄宿焉。

第四節　不得破人民權利。縱搜索家中書類等。凌辱人民。非憑誓約及證明可信。不得發搜索人民家中之令。且搜索令書。不可不明示其可搜索之處及其物矣。

第五節　海陸軍若從軍中民兵有罪狀可疑。即非經陪審官。不得處以重罪。又雖軍兵有罪。不可危其生命。且束縛其手足。又刑事官不得爲其證人。又無法律適當式法。不可妄奪生命

財產又無正當賠償不得以私產供公用矣

第六節　被告人既就刑事審判有由其罪發覺之州若其地方公平審判速受公開審判之權只其地方豫可以法律定其方式被告者要可聞罪過原因所在報告要證據人與已意心相反者陪審欲使證據者幫助已即可得以强迫手段抗官吏且得受代言者補助焉

第七節　據普通法訴訟超過訴訟金額二十弗即有陪審裁判權由陪審審判之即其事不得再就合衆國他法廷更受審判

第八節　不可要保釋金過度不可收贖罪金過度不可刑罰過殘酷

第九節　凡憲法中所枚擧權利人民皆有之使其權利勿歸無効

第十節　不以憲法委托於合衆國之權利並不禁於各州之權利即存于人民

第十一節　合衆國司法權對各州人民或合衆國州民以衡平其訴訟解釋其曲直爲職且又有外國人民若合衆國臣民訴合衆國一州事亦宜以衡平其訴訟解釋其曲直爲職

第十二節　選擧者集會于各州可以匿名投票法選擧大統領及副大統領正副大統領中一人不可與選擧者同其州不得以其一人擧同州之人也選擧者只匿名投票中寫所選擧

第四條　凡行投票期間只限一日投票在各市村主要之地而行之然從地方事情與選舉員數須請知事員命令得分爲數部第二次投票據千八百四十九年三月十五日法律第六十五條所規定繼第一投票已畢報告後即於第二來復日行之中國七日來復與西國禮拜日同

第五條　投票方法據千八百五十二年二月二日勅令規定而行之投票則爲秘密各部記入名簿會長及書記員所署名者市村廳書記室保管八日應選舉者請開示之

第六條　各選舉人年達二十五歲皆得被選舉不別要財産上資格條件

第七條　海陸軍現役軍人不論其等級及職務不得被選舉衆議院議員

本條規定適用之於待命及非任海陸軍職者然不適用之於參謀本部第二課將校交戰軍令長官編入第一課現不服從者及退老得俸者又在其鄉里待之支給者退老者各俸即在此時確定之

本條第一項規定不適用在役豫備軍及後備軍

第八條　凡受政府國庫俸給吏員不得兼衆議院議員其吏員而得被選舉議員卽宜由議員證書檢查後八日間通報其不可諾之意若不通報其職務宜受他人更代

凡以上規定。不適用在左職務者。

國務大臣　國務副秘書官　大使　公使　息奴縣知事員　警視總監　大審院長

會計檢查院長　巴里府控訴院長　大審院檢事總長　會計檢查院檢事總長　巴

里府控訴院檢事總長　牧師監　牧師卽基督教監督　法京巴里並諸都新教牧師二

人以上所存。教會區畫新教會牧師長　中央教會區畫猶太會長　巴里府教會區畫

猶太教會長

第九條　左所揭者。不受第八條適用。

第一　以諸教競爭或闕位塡補之故。推選講座教授員

第二　帶一時職務者

凡六月以上在職務者。固非一時之比。因受第八條適用。

第十條　凡旣得其恩給權利之官吏。留保其權利。而議員委任期滿之後。再得復現官職。

凡文官當諸議員委任之時。已二十年間在官者。議員委任期滿時。年已達五十歲。卽得受

特別恩給金權利。

三野蠻人奇禮

亞細亞群島中有夫威利之拔痕島人。一見知交即把其手足摺付于自已面上。至辣普辣痕獨人。更互摺而合於鼻端。其住印度泥威路呆利熈路近傍一種族。爲表尊敬以拇指押鼻頭云。

人舌長八英里

英國開痕捕利之氣大學解剖博士麥卡利司他氏。據託威痕皮舘所演述之講義。取每一人舌。結合其兩端。可達八英里。又集其筋而爲繩。可引至四十貫六百四十二匁五分六厘一云。

著述家之報酬

歐米古今有各著述家之報酬價格。就我所見殊爲可驚。英國歷史家利痕額矮獨千七百七十一年生千八百五十一年死賣其所著英國史價銀二万一千五百圓。佛國詩家辣麥氣痕千七百九十二年生賣其所著派列司他威痕旅行記。價銀一万六千圓。英國詩家拔威洛痕千七百八十八年生千八百二十四年死得其著作之利益十一万五千圓。英國歷史家麥誇列賢千八百四年生千八百五十九年死著英國史。尚未及四分一而已。售銀十一万五千圓。英國小說家利之託痕千八百〇五年生鬻其小說。得銀四十万圓。英國小

說家笛威之開痕思。千八百十二年生 泥誇辣司泥苦路皮各版每年得銀五万圓。賢獨烏威痕獨路獨之潤筆資得三万五千圓。英國著述家司誇之託。千七百七十一年生千八百三十二年死 閉戶著書不出二年。已得銀十三万圓。英國著述家岳路獨司米司。千七百二十八年生千七百七十四年死 以捕威卞矮啞捕烏賢苦夫威路獨所題之詩稿。賣銀三百圓。英國文學者其搖痕孰痕千七百〇九年生千七百八十四年死 以辣之息辣司所稱之書。賣銀二千五百圓。又賣詩人傳。銀千五百圓。英國政治家餓辣之獨司託痕乃。自由黨領袖也。千八百〇八年生 頃日爲十九世紀雜誌。僅寄二十首於某主人。即贈謝禮銀一千二百五十圓于該氏云。

人間之身長

誕生之初。人身平均之長。男兒十八英寸。女兒則十八英寸八分一。至後數年間。其長成之速度。及五歲則漸減。屆十六歲。每年增加二英寸一左右。翌年一英寸半。又後二年。唯則僅一英寸。人間高矮不齊。概算大約以五英尺四英寸爲的。而早朝約高於夜分半英寸云。

本報布告　本館近蒙日本大阪朝日新聞土陽新聞兩大報館諸先生厚誼惠函書遺贈報章𡘊勤數言用申謝悃

又本館報經已刊至九期凡中外各埠皆按期妥寄各處代勞諸先生想必查收特恐或有延誤遺失乞寄信本館查派究妥爲付送及銷售多寡希並週知爲禱中外各處通商埠頭均可函寄本館或浼分局亦可代寄中外各處願爲本館報者酬謝報費二成之數若代售本局所譯印各種東西圖書酬以書價一成五分免派諸費一切在內餘無另索或徑致本館購買書報亦可惟書價郵費請先給足

一閱全年三十三冊報價四圓寄售每本一角半閏月照加實價不折議價金遠近一律惟郵價別訂之本報遠近郵價開列于後上海天津芝罘蘇州杭州每本報加郵價一仙　北京牛莊廣東省城廣州府城外河南香港澳門寧波漢口廈門汕頭橫濱長崎大阪每本報加郵價二仙　鎮江安徽蕪湖安慶常熟常州溫州台州紹興山西西江九江湖北武昌湖南長沙福建福州廣西梧州佛山官山順德大良陳村新會新寧三水城西南海口北海海防每本報加郵價三仙　安南西貢提岸仰江會安南定新州河內台灣台北淡水海參灣朝鮮每本加郵價四仙　星架坡石叻庇能泗里末北般鳥務路棉砂老越質武牙司馬登畧厘巨港吧咚加剌巴三寶壟加剌吉打吉隆泗水孟加錫孟米爐花羅井里汶雪梨谷當孭里畔舍路宿務怡朗奔角山打根舊金山正埠鳥約檀香山小呂宋每本報加郵價五仙　外洋一仙值中國銅錢十文祈各分局　先生按地名遠近除收報價外每本照加郵價可也

一首二三冊告白原議廣東省城河南香港澳門寧波漢口廈門汕頭每本報收郵費一仙今郵局重定新章每本報改收二仙蘇州原議每本報收郵費三仙今改收一仙本報自第四冊以後郵費照此爲据特此佈聞

本書局繙譯書目列後　俄國內政外交史　英國古今歷史　亞美利加繁盛記　英美文人傳

清日戰爭實記　近世物理學新編　中法海戰記　中國商業全書　日本寬政勤王三奇士傳

英國社會古今義　萬國近世外交史　萬國新史提要　俄國產業新書　歐洲列國新史

國債新論　五大洲人類種族攷　地球文明開化史　日耳曼新史　普通小學咨問叢書十六種

萬國維新政治學　萬國議院章程　萬國選舉公理　日本維新三傑傳　日本歲計政要

萬國交涉新公法　英國工業新書　海戰萬國公法　亞歷山大王戰紀　歐美富國新史

俄國近時大事記　萬國憲法　平權自由新義　法國新歷史　歐美强國新政治學博議

女學校胎教新法　長命術　催眠術　日本外史前記　進化新論　俄國東方外交新策

己刻成圖書價列後　俄國東洋軍政新策二卷　價六角（東亞書局刻本）　日本名儒學案四卷　價六角

日本四十七俠士傳二卷　價四角　日本龍馬俠士傳二卷　價四角

開闢美洲閣龍英航海家獨列幾合傳一卷　價二角　美國紐約京城風土記一卷　價二角半

李盱江先生經國三策三卷　價四角　日本七十三義俠傳三卷　價六角

日本水產動物圖七幅　價十圓　日清韓軍用精圖　價一圓　動物圖　價六圓八角

日清韓大地圖　價三圓五角　清國名勝圖　價一圓　軍用日清韓明細圖　價一圓

万國名勝圖　價三圓　亞細亞洲全地圖　價五角　日韓清新撰輿地全圖　價一圓

滿洲全圖　價三圓　支那全圖　價五圓　明細支那全圖　價五角

支那北京市街圖　價五角　直隸灣總圖　價八角　支那疆域沿革地圖　價四圓

北河總圖　價二圓　上海地圖　價五角　北支那三省地圖　價三圓

遼東大連灣圖　價一圓　清國渤海地方圖　價一圓　增訂支那新地圖　價一圓

新撰支那全圖　價五角　支那朝鮮新地圖　價八角　右圖均實價不折郵費在內

右圖書欲購者請到滬大馬路大同書局北京報總局香港文裕堂聚珍樓粵省雙門底拾芥園購取或致函本館可也

中國代派報處列 各國分局下期續刊

○北京 琉璃廠路南經義局 天津 閘口風神廟間壁西學官書局 針市街恒豐盛 羅恒畬 森興行 裕和興
○山東 燕台潮州會館黃幼達明府 福記 聚盛行 裕慶和 萬豐行 福泰
元發庄 牛庄 東盛和 全泰盛信館 潮興行 元隆庄 ○江蘇 上海大馬路泥城橋大同書局
知新報分館 二灣渡同和里廣永亨 廣盛泰 全泰盛 晉安公司分局 金利源馬頭啓昌 棋盤街安和祥
同吉泰 源盛昇 振源行 蘇州 閶門中市廣芝林 護龍街馬醫科巷口墨林堂 鎮江 德記
閘口協店巷吳調甫先生 廣盛隆 ○安徽 蕪湖代售申報處吳桂林先生 蕪湖電報局 三登 源記行
廣恒豐 常熟 醉尉街內關張第 江寧 南京李恒里陳安國先生 常州 龍城書院內李澤之先生 安慶 電報局
○浙江 省城豐禾巷前杭嘉湖道宋公館 寧波 諸衙街除代派局嚴惠芳先生 同福和 啓興行 溫州 瑞記洋行
台州 黃巖縣桐豐泰 紹興 水澄橋墨潤堂 ○江西 洗馬池街李慎堂藥店 源泰裕 九江 永生 ○湖北 武昌省府街口鴻寶齋
漢口 德茂祥 廣興源 晉源長 榮茂行 全昌正 永安和 ○湖南 長沙 省城時務學堂
○山西 由上海時務報館代寄渾伯思先生 ○福建 福州南台閩海關稅房代售各報處楊賓春先生
福建福州 滙豐銀行分局馮晴甫先生 太平洋行 渣打辦房容建邦先生 新福成 天保洋行 美記行
廈門 和鳳宮邊新允昌 鴻記 捷記 瑞記洋行 懋記行 建源行 福聯昌
汕頭 同泰行 中和行 榮發行 光泰行 源盛行 元隆行 ○香港 上環昭信
東裕 晉安公司總理燕梳各先生 萬安公司總理燕梳各先生 濟安公司總理燕梳各先生 南北行街口永同福
廣南隆 誠安 信亭 公和 廣萬和 公源 俊昌榮 協興隆
厚豐 恒記 萬祥源 源發 聚棧 建發 同利福記 中環廣恒泰
廣粵隆 廣永生 樹記 松秀東街福記 威靈頓街聚珍樓 文武廟直街文裕堂 ○廣西 仁興
梧州九坊廣昌盛 ○澳門 大井頭知新報館 洄瀾街華裕盛 ○廣東 省城雙門底時務書局 知新書局 城隍廟前廣泰和
大佛寺前恆善堂 攤日內廣裕祥 興隆南約泰盛 顯鎮坊口瑞成 下九甫昌和 漿欄街仁濟堂 打銅街生源和
安瀾街榮泰 大新街廣德生 萬泰來 第八甫義經 綸海門鴻安客棧 杉木欄晉和 迴瀾橋換興源
祥發源 杉木欄祥記 全昌正 河南白鶴州恆裕茶行 佛山 [illegible]街白元堂 公正市天彰
富文里昌棧 汾流街興隆 官山 茂昌 順德 大良六合 陳村 許墟宥記 [illegible]泰 新會 九如
江門 [illegible]街安泰 沙仔尾廣裕豐 會城兄弟聯魁第館 新寧 秋海棠來街恆泰 三水 城福房賴伯熊先生 西南 啓登
海口 謙益利 信記行 興記 和美行 北海 永昌隆 永隆 裕豐
益發 祥隆行 海防 致忠和 廣新源 茂發行 廣裕隆

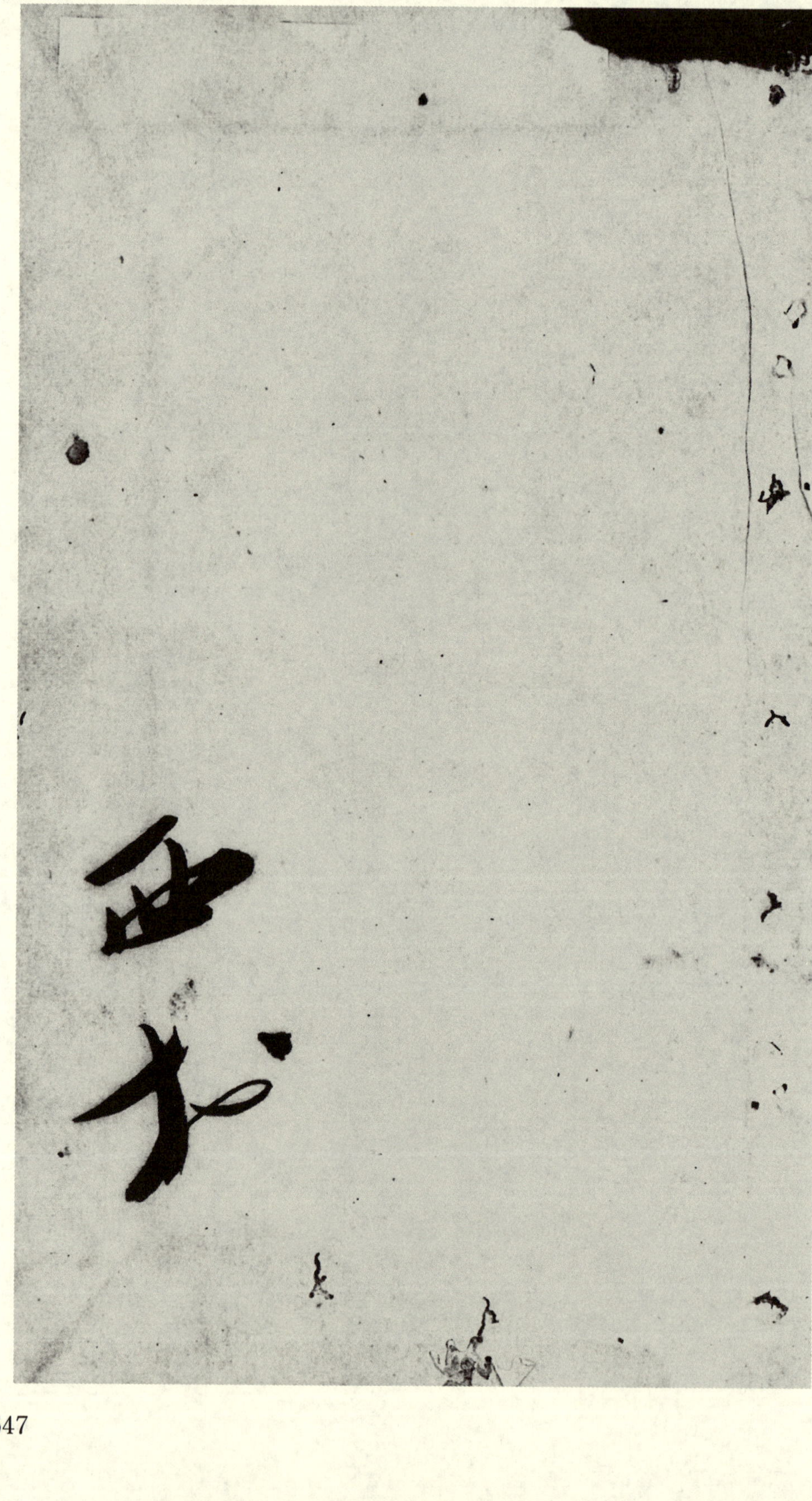

東亞報　第十册

本報布告　本館在日本神戶下山手通二丁目三十一番中外各通商埠頭均可函寄本館或逕分局亦可代寄

又本館報經已刊至十期凡中外各埠者按期妥寄各處代勞　諸先生想必查收特恐或有延誤遺失乞寄信本館查究妥爲付送及銷售多寡希並週知爲禱中外各處願爲本館派報者酬謝報費二成之數若代售本局所譯印各種東西圖書酬以書價一成五分登滙諸費一切在內餘無另索或徑致本館購買書報亦可惟書價郵費請先給足

一閱全年三十三册報價四圓零售每本一角半閏月照加實價不折議價金遠近一律惟郵價別訂之本報遠近郵價開列于後　上海天津芝罘蘇州杭州每本報加郵價一仙　北京牛莊廣東廣州府城外河南香港澳門寧波漢口厦門汕頭橫濱長崎大阪每本報加郵價二仙　鎮江安徽蕪湖安慶常熟常州溫州台州紹興山西江西九江湖北武昌湖南長沙福建福州廣西梧州佛山官山順德大良陳村新會新寧三水城西南海口北海海防每本報加郵價三仙　安南西貢提岸仰江會安南定新州河內台灣台北淡水海參崴朝鮮每本加郵價四仙　星架坡石叻庇能酒里末北般鳥務路棉砂老越實武牙司馬登略厘巨港吧喀加刺巴三寶壠加刺吉打吉隆泗水孟加錫孟米爆花羅井里汶雪梨谷當損里畔舍路宿咯怡朗奔角山打根舊金山正埠島約檀香山小呂宋每本報加郵價五仙　外洋一仙值中國銅錢十文祈各分局　先生按地名遠近除收報價外每本照加郵價可也

一首二三册告白原議廣東省城河南香港澳門寧波漢口厦門汕頭每本報收郵費一仙今郵局重定新章每本報改收二仙蘇州原議每本報收郵費三仙今改收一仙本報自第四册以後郵費照此爲据特此佈聞

孔子生二千四百四十九年

光緒二十四年八月十一日

東亞報

第十冊

トウアハウ

THE" EAST ASIA".

ISSUED THREE LIMES IN A MONTH.

東亞報目錄第十

本館在日本神戸下山手通二丁目三十一番

路透專電

本月六日英國管理苦利託島卡痕喃亞稅署。從列國海軍司令官議也。回教徒逆命。英兵發砲擊之。死傷教徒若干人。教徒盆恚。縱火焚基督教徒住處。英領事以下兵卒及基督教徒多死傷。英國砲艦哈達獨因砲擊市街燒之。英艦數艘已急發向卡痕喃亞焉。

清國李鴻章免總署大臣職。（均西九月八日）

苦利託島卡痕喃亞回教兇徒據其住屋。銃擊英國水陸兩兵。死二十人。傷五十人。又聞英國副領事亦焚死于屋內。其餘基督教徒死亡亦多。現英國獨息茲託尸耶聯隊兵二中隊發木路多至苦利託島。英國軍艦使分其兵以登陸云。

據英埃及遠征軍司令長官淺茲鳫內路氏電報。澳磨治路麥痕之役。斯達痕教徒兵死者一万八千人。傷者一万六千人。就俘者三千人。（均西九月九日）

據卡痕笛威亞通信報。基督教徒在卡痕笛倚市。破回教兇徒慘殺者八百人。拔尸拔執苦族。剽掠各街市。又有土耳其兵襲擊英人云。捕路達聯隊中兵二百五十人。偕衛生隊往苦利託者。已發馬路多至卡痕笛倚市。海軍艦總八艘。以爲聲援焉。（西九月十日）

意國無政府黨員拉鳫尼者。於前來復日以匕首弑墺國皇后于席內拔市。拉鳫尼旋破獲。（西九月十一日）

墺后凶聞再至。曰。墺國皇后出席內拔市旅館。將搭火船。已至棧橋。適途

有兇賊以三角鑪刺后弑之。初侍從不知后已被傷。目兇賊爲欲盜錶者。后未幾遂薨。維也納都中人心大恚。蓋出于無政府黨陰謀也。西九月十二日

蘇士丹遠征軍抵卡痕笛威市。回教暴徒潛市中。及英軍來。俄起擊之。殺英兵二十人。傷五十人。英國副領事在宅亦被焚斃。基督教徒死者甚多。英軍屯麥路他營者。分其二中隊赴之。軍艦亦分遣水兵赴援。

蘇丹遠征軍司令官幾茲鴎賢那將軍報英政府。日教徒兵戰死一万八百人。傷者一万六千人。被虜三千人。均西九月九日

美國笛由烏賢提督。獻議美政府。派戰艦倚澳母亞及澳列岳痕兩艘。與運貨船共向比律賓島

西班牙代議院責罵陸軍諸將官及息路母賢拉提督所爲。勢極恟恟。後竟從其講和議定書。

韓帝及太子中毒。警務廳吏因査膳宰。有小官一人似懷異圖者。捕而詢之。曰。承宮內府主事洪鐘式旨。加毒珈琲茶而薦之。曰事成。遺金一千圓。於是警吏疑金鴻陸。陸前日謫于全羅道黑島。現尙囚黑島。捕吏急赴之。其妻遂被捕。帝與太子幸無恙。有嚴尙夫人者。形迹亦可疑云。西九月十五日

中國李鴻章前日免總理衙門大臣職。聞因李氏署中事無鉅細。必告俄公使。又拒英國議故也。

法國拔鴎達苦拉磨大佐。與賢斯鐵路化鴎少佐謀叛。事覺免官。陸軍大臣茲路利痕笛路氏。查之連坐獨列布斯事。因具狀以告內閣。再審問之云。西九月十四日

五洲彙電

朝鮮前議政金炳始以病卒　俄國軍艦亞執母亞今早至自旅順碇繫長崎港法國旗艦拔威耶發向橫濱　墺國三等巡洋艦布路痕獨斯捕路熙前日以來碇繫門司今早發向長崎　朝鮮客朴泳孝將以本月二十日至馬關　本日上午十一點西鄉海軍大臣桂陸軍大臣竝入朝　特命全權公使星亨免在美國駐紮現待命於朝廷賜俸三分之一小村壽太郎任美國駐紮公使列高等官一等鳩山和夫任外務次官列高等官二等（均西九月十三日）　頃遽報至澳磨達馬痕曰白人軍占有亞尸搖達地白人即法國人英將軍幾茲鴟賢那氏赴亞尸搖達英諸新報駁詰之皆引千八百九十五年餓列倚氏蒞衆議院所宣言曰此法國破友誼也法國新報乃反謳歌法兵所為云　土國水師提督在苦利託稟請土國曰放逐拔尸拔執苦族一万五千人召還土軍在苦利託者（均西九月十三日）　西九月十二日日本北海道大水石狩川氾濫街市廬舍多被漂流死者未詳或謂約有一千人以上待救者一萬人以上（西九月十二日）　前夜八點三十分火船肱川丸至于多度津港送迎客貨將再開帆俄火發貨艙延燒船底移及石油煤炭爆裂成響焚毀船客一人傷四人船體殆燬盡半沈淪于海中　愛知縣大水死者九

人。傷者二人。廬舍漂流亡九十八家。崩潰一千八百卌六家。水浸者一万六千六百六家。　靜岡縣大水。濱松人家崩潰十五。居其約値銀十五万圓。天龍川溢。水高一丈五尺。橋梁悉被流去。堤決數處。海嘯二次。濱名湖浪高二十七八尺。氣賀掛川二市。皆有死傷。相良地方浪激陸上。凡百丈許。燒津海嘯四次。廬舍崩潰四十餘所。其餘皆被海水浸席。大井川決。破損島田驛民舍。安倍川亦水高一丈餘。狩野川一丈三尺。俱浸及沼津驛民舍席。　山梨縣暴風雨。釜無川沿岸爲害極大。蘆川笛吹川次之。然害亦甚。據鄉老云。六十年來未有此災。韮崎戸數五百九十一。瓦全者僅三十三戸。尸屍流亡不知所之者。四十一人。大泉村死亡五十三人。武川村死亡六人。田塍被水。報荒者數里。鹽川上流有增富村。死傷亦多。又聞西山梨郡相川村。山崩壓死五人。巨摩郡花輪村亦死三人。鰍澤無死傷。統計被害金額約三十万圓。以蘆川近傍爲最甚。死傷三十餘人。市川街病院。有赤痢患者二十八人。概被流去。笹子嶺崩壞。不能往來南北。留都亦被害不淺。唯笛吹川沿岸被害尚稀。（均西九月十一日）

北美福尼亞州澳苦拉痕獨市近傍。多種甛菜爲食。顧用日本力役者三百人。及甜菜收穫期至。皆逃去。雇主大病之。未詳其故。

墺后遭害。不審墺帝尙行即位五十年祝典否。故日本載仁親王姑罷行。（均西九月十二日）

臺北金包

里土匪九百餘人歸順。於是北部魁賊部下皆降。（西九月九日）本月九日朝。伊藤前總理達芝罘。道臺及各國領事來訪。下午至天津。本月十一日。韓宮有圖逆者。加毒于茶。以薦韓帝。帝幸不中毒。捕逆下獄。本日上午十點。大隈總理大臣及陸海諸大臣。參聚內閣。議諸省豫算額及外交事。至下午四時始罷。樞密議院以避暑期已滿。本日始開院。上午九點。黑田議長以下。各官皆集。先詣闕奉候。已退開議。或謂議万國平和會議事云。（均西九月十三日）京釜鐵道布置條約。前七日日本加藤公使與朝鮮國外部大臣互相盖印事。已成矣。伊藤前總理本日上午八點。乘火船肥後丸。向芝罘。法國軍艦拔倚耶路發自小呂宋。入于長崎。墺國軍艦沙路痕賢路苦。昨夜發吳淞。入于宮島。（均西八月八日）日帝聞諸府縣風水各災。召待從長及內務大臣。親問其狀。本日上午十點。大隈總理大臣。訪星公使于其邸。既出。又到內務省。訪板垣大臣。時上午十一點也。蓋訪星公使。答其歸朝時來訪也。或又曰。談駐美公使後任事也。近報有言曰。此次法京巴里開美西講和議。西班牙人在美國基耶濰多者聞之。皆曰。現所議定若不利於西班牙國。必煽之作亂。日政府以勅令二百八號。公布稅則實施令曰。明治卅年所定第十四號關稅則。定期明治卅二年一月一日施行。（均西九月九日）日政府公布與墺地利洪噶利

國所結通商航海條約並追加條約。日外務省以告示第十五號。諭其國民曰。明治卅年十二月五日。帝國政府與墺地利洪噶利國政府所結通商航海條約。尚未批準交換。此次兩國政府約以明年七月十七日施行。又該條約追加各欵。以明年一月一日施行。外務省復以告示第十六號。諭其國民曰。日英追加條約附屬稅目。日德通商航海條約議定書附屬稅目。日法通商航海條約議定書附屬稅目。定期明治三十二年一月一日施行。日帝族載仁親王。欲以本月十四日上午七點十五分。發東京新橋驛。九點時發橫濱。向墺國。親王乘法國火輪拉澳斯先向馬耳塞。云東京有流言。謂日政府以外務次官小村氏爲駐美公使。起鳩山和夫任外務次官。日軍艦海門。今早發鹿兒島。向佐世保。滿珠艦昨夜碇槳舞鶴港。（西九月十日）墺皇后薨。日帝尙未行宮中喪。本日上午十一點。大隈外務大臣入朝。奏聞墺國皇后凶事。本日上午十一點三十分。田中宮內大臣奉聖旨。抵墺國公使館。奉詞吊皇后之喪。又與公使議載仁親王列墺帝祝典之事云。大阪步兵第八聯隊第一大隊。至兵庫縣川邊郡安場村地方。欲以五日操演戰法。昨日上午已發兵營。大津步兵第九聯隊第一大隊。昨日亦至月輪村近旁。演習攻守各戰法。其夜宿栗太郡月輪村。本日進至葉山篠山兩村近傍。與偵察

前哨攻擊隊演行攻守戰法大津步兵聯隊第二大隊昨至猴川演習大隊戰陣展開法宿于野洲郡守山本日至鏡村近傍上午大尉官下午中少尉官各指揮練兵此夜宿蒲生郡馬淵昨上午至平田下午至櫻州中少尉官各指揮練兵此夜宿日野十五日上午至豐田春日下午至下田岩根大中少尉官互指揮習戰此夜宿石部十六日至大江近傍大尉官復指揮演戰云又聞大阪第四第十師團下各旅團長部下步兵第四期聯隊教練並工兵大隊部下大隊第三期架橋演習輜重兵又諸隊長部下大隊又皆爲野外演戰聞其習戰日二十六日步兵第八聯隊廿七日步兵第三十七聯隊二十八日步兵第九聯隊三十日步兵第十聯隊二十一日步兵第四十聯隊二十四日二十五日步兵第二十聯隊廿九日步兵第三十九聯隊二十一日二十二日工兵第四大隊二十二日二十三日二十四日輜重兵第四大隊二十九日三十日輜重兵第十大隊循序演之云　清水赤十字社幹事欲就練軍有所稽查昨日午後至自東京均西九月十二日　朝鮮京釜鐵道條約以十五年爲期其後從韓政府意以付之期以三年竣工略與京仁鐵道條約相同　日本獨立大隊曾守臺灣今早乘福岡火船經門司還熊本此大隊乃就步兵第十三聯隊中編練者也又騎兵第六聯隊第三中隊將校以下三十

二人今早赴臺灣 宮津評水產會開期延至本月十六日以其十五日行褒賞授與式云（均西九月九日）日政府賛成萬國平和會議曰此重地球人道也然則他日答俄國亦可以此意也 美國講和委員將以十七日會于華盛頓與美國大統領定事事已定即直發向巴里西國未置委員或謂美國無倂比律賓島之志只撲託利哥占有之云 據東京日日報陸軍省沮大藏省查定額海軍省亦沮之大藏省因更開豫算協議會焉 日本銀行制限外兌換券至昨日縮爲百一十万圓後數日中必絕無或曰此恐銀愈低故不敢爲也諒不出七日必有其事矣 昨十四日伊藤前總理發天津向北京（均西九月十五日） 日帝下問明年度豫算総額如何故明日開閣議大隈總理與桂陸軍大臣西鄉海軍大臣共入朝詳奏之云 富美宮泰宮兩殿下本日還自函根入東京 聞此回行政改革案局課廢合大要如左曰廢局改課者即內閣官報局內務省社寺局庶務局北海道局臺灣事務局文部省圖書局農商務省商務局工務局遞信省郵務局電務局大藏省監督局新設局者即內閣統計局農商務省商工局遞信省郵電局也又改次官參與官爲政務官改局長以下爲事務官以示區別云 本日上午八點三十分大隈總理大臣出早稻田邸還官邸未幾大石大臣來訪（均西九月十九日）

英國今女皇像

俄割東方弗利日本說 續第四冊

嗟夫支那日本並處亞洲骨肉肝膽息息相關者也白人謂亞洲海陸帝國惟支那與日本耳今陸國式微海邦彊勁甲午以還雄冠亞洲矣然區區三島僅足固圉絕鮮屬土遍布他洲也夫英之屬土七十五倍于本邦隸籍人民凡有八倍也德之屬土逾于本邦五倍隸籍人民凡十之一也法之屬土六倍于己國隸籍之民凡十之八也俄之屬土較之本邦逾有四倍隸籍人民凡十有四也而我東亞匪獨無屬土于他洲反爲異族所眈蝕焉嗚呼良可恫也曷言息息相關也昔吾與俄界約稍誤割地頗夥彼遂施于日本以爲可欺及調遣甲艦要挾通商索其結約率彼海軍橫行東洋幾奪對馬矣英自割我香江嗣于三韓欲得巨文漸吞對馬適日本水師日强故未能發難也當此之時我中國不自振勵藩屬遂盡翦矣自京華而外大江南北遍開口岸廣行通商矣二十行省列强要求不許他讓矣鑛山鐵道輪艦郵政稅務國債鉅細利權掌自他族矣春秋之書梁亡者痛國權之旁落也支那其繼軌歟日本與我親猶魯衛也勢蓋齊楚也俄處寒帶性嗜黷武蹂躪大局非俄而誰倘俄一旦吞噬六百州山河撫有四

百兆黔首。練數千万之陸軍。加數百艘之鉄艦。横行地球。誰能禦之。何有于日本哉。何有于日本哉。況東瀛据海立國。宜商支那。亦它日東方之一大商國也。俄國日彊。豈亞洲之福哉。隣之厚。君之薄也。今欲興利揚害。莫如中日締盟。一以護黄種。一以拒俄人。一以昌宗教。一以保商業。同心戮力。抵禦外艱。務使碧眼胡兒。鋭鼻雜種。不復牧馬于烏拉之山。横槊于興安之嶺。斯戎禍庶少息也已。

日本龍馬俠士傳敘

昊蒼无氣。則爲覆。爲蹶。爲隕。爲墜。地球无氣。則爲崩。爲裂。爲坼。爲缺。肢體无氣。則爲瘷。爲瘻。爲殭。爲癱。爲薨。爲卒。爲殞。爲喪。惟國亦然。有氣則興。无氣則傾。有氣則昌。无氣則亡。遠鑒瀛島。近攷震旦。放諸東海。放諸西海。放諸南海。放諸北海。靡或異也。日本當慶應之季。雄藩擅權。皇綱失紐。歐米眈逐。彊圉崩柝。海内有鼎沸之嗟。民生有魚爛之慘。龍馬生于慶應間。猙獰其容。骯髒其行。少秉湛性。長負駿才。迹其學韜鈐于日根。習航海于勝伯。贈資斧于琢磨。樹羽翼于高杉。志氣洶踰。軼儕倫哉。當時局之孔岌也。龍馬以一介之夫。吒隸之賤。學劣舒向。富遜陶猗。躡足行伍。倔起壠畝。襄翊王室。首唱攘夷。振臂狂呼。環瀛響應。浪士雲从。群豪霧會。冒犯黨錮之

嫌褫奪彊侯之魄其卒也胸陷讎劍血膏齊斧殺身成仁何其壯也嗣茲以後西鄉大久保諸傑嘉納其議卒以結民黨傾幕府張公室而用致中興微夫人之浩氣奮發爲天下先曷克覯明治維新萬國同等之盛哉嗟夫我中洲國勢夘石其始事與日本同士夫瑟縮其繼軌與日本異剢煬竈之臣充斥朝陛孱懦之夫闐溢衢野氣餒若此烏得不作波蘭之續而爲龍馬所羞邪識時志士枕藉斯編當亦有忸怩而飾振奮而興者歟

李旴江先生經邦三策叙

議弗根抵群籍猶夫雕蟲小技也言匪溥濟衆生曷殊鳴蛙吽囂也修辭洵尙體要哉李旴江先生當北宋時經濟詞章名噪朝野范希文嘗慫其杜謝科舉遁逃林藪進狀薦之曰草澤李覯善講論六經博辨明達釋然見聖人之旨箸書立言有孟軻楊雄之風義實不愧于天下之士朱晦广亦謂李泰白文字不輕帖氣象大段好實得之經中故皆自大處起議論似老蘇父子自史中得之故皆小處起嗚呼范朱二子推重若此其爲人之立身本末可稔悉涯畧矣先生撰袁州學記一首謝疊山嘗編入文範惜零簡墜帙世尠傳鈔至今經世者宿欲一瞥而弗可得迄今中國式微四夷交侵已丁宋室南渡之運矣余獲睹先生富國彊兵安民三策嘉彼

秩秩大猷，識議湛踔，允足與王介甫上仁宗書竝傳，尤爲近世士夫續國命之湯，不龜手之藥

也。斯豈溝猶瞀儒，雕蟲鳴蛙所能恍惚歟，其諸救時魁傑，亦有樂于是歟。

萬國新地理學答問 譯普通小學校叢書續九冊

日本 橋本海關譯

問 湖沼如何

答 陸上靜水。即湖沼也。湖者謂天然水盈于大而低之處。沼者謂水瀦于軟而多孔之處。湖在環山間者。深在平野間者。淺乃其常也。

湖沼水淡而無鹹氣。然如裏海亞拉路海及死海。受納河水。不能放出。唯爲太陽所熱蒸發水分。故其水鹹。因呼此等湖曰鹹湖。

湖沼水之成。其因有五。一砂丘生海岸。遏止水道。而爲湖沼也。二噴火山口水瀦。而爲湖沼也。三火山破裂。土砂堆積谿谷。遏抑溪流。而爲湖沼也。四往古海床昂起。水瀦其凹處而爲湖沼也。五土地陷落而成湖沼也。湖則清澄其所濁之水。又容納溪澗所暴漲之水。緩流而出之。並能止洪水氾濫。此湖之功也。沼不泄濁水。有害於養生之事。然能乾之。亦可化爲沃壤焉。

問 陸地搆造如何

答　搆造陸地者。石也。砂礫也。泥土也。地學家總稱之曰岩石。又別岩石爲火成岩。水成岩。火成岩者。物質依地球內部火力作用。自相鎔解。復自相凝結。在地殼肇造之時而成。又自地殼缺裂及火山迸散而成也。

水成岩者。物質浮於水中。或又自相鎔解。漸次沈澱固結而成也。多屬于地球上層。累層重積。故又謂之成層岩。地層中最新者。沖積層也。沖積層地質肥沃。乃人類所棲息也。

問　地質謂何

答　凡生物之處。其土豐饒。而且搆造良善者。名曰沃壤。否則曰瘠壤。名其肥瘠等處曰地質。

問　火山如何

答　火山者。形如圓錐。由熱氣激烈作用。噴出水蒸氣。或煤氣。浮石及灰。與各岩石鎔解物者。謂之噴火口。又曰火口。

火山有三種。活火山。休火山。熄火山是也。活火山謂山之活動者也。休火山謂其活動無常者也。熄火山謂有噴出痕跡。而活動事實不傳者也。

火山噴火破裂。蓋由地下水深入地殼中。達于激烈熱度。受熱直作水蒸氣。逞其張力。遂

使岩石溶解傳諸地殼罅隙以散出也

問 地震如何

答 大地變態最可怖者莫如地震有震於上下者是謂上下動又曰縱動有震于左右是謂水平動又曰橫動其餘或者欹斜動者或有回轉動者其原不一然近時西歐人論地震者皆曰因地層陷落也因累層地滑弛也因火山爆裂激動也

地震若起于海底激動海水生大波濤此謂海嘯浪高數十尺激岸流其近傍戶因爲海底地累層地震所陷落故海水掀翻如是也

問 氣候變化如何

答 氣候之差其原蓋有數種大抵關於地軸傾欹緯度高低海岸遠邇山脉陰陽風勢方向海潮流動樹林有無山野開否等也

由地軸傾欹生出四時變化前已答之

緯度高地氣候多寒緯度低地氣候多熱此由日光直射與斜射也

土地高則寒低則暖此等溫度氣以太陽所暖之熱氣與熱氣散在地面者相比則地面

熱爲多。

海水比陸地。吸收熱氣。及放射熱氣皆遲。故夏日海岸清爽。冬日亦比內地稍爲溫暖。至距海遠處。卽不然。寒暑率如其常候。

其地山脉趨於南方。與趨於北方者。氣候寒溫大差。又雖同在緯度地。而寒風常襲之處。則寒氣强。暖風常到處。則溫氣和也。且陸地風乾燥。海風却帶濕潤焉。

凡地方爲溫暖黑潮所洗處。氣卽溫暖。若寒潮流於該地。氣候必加寒。

至於樹林有無。山野拓否。降雨多寡。亦能變化氣候也。

問　風勢如何

答　空氣溫度。從地與時異。不能相同。卽賴此空氣運動不絕。以常變其位置。其空氣運動者。卽風也。據風來處不一。故寒溫懸殊。

風力隨其强弱。有微風。颶風。旋風之別。

白晝陸地收太陽熱。故其空氣得熱。上騰于空際。水上冷氣欲盈其空處。吹向陸地。謂之海上微風。夜中放散水熱。以陸上空氣比之。則暑寒。吹向水面。是謂陸上微風。

空氣流動在北半球即上層風向東北方下層風向西南方在南半球則上層風向東南方下層風向西北方而下層風經寒地而來者至熱帶地方勢力尤著最便航海故稱之曰貿易風

問　雨雪如何

答　環球之水其全量運動如環無端水面常生微氣蒸騰混和于空氣中觸凉冷山氣及寒風即凝結爲霧爲雲爲露爲霜爲雨爲雪爲霰爲雹而降于地上雨多處爲熱帶地方海邊並山林從入大陸內地愈深處即雨漸少也雨量從至南北兩極雖減少然降雨日數却增寒帶地方則雪比雨爲尤多

問　地球上天產物大概

答　地球上天產物種類分布最關溫度其於居民生業利害相因尤爲不少分天產物爲生物無生物又分其生物爲植物界動物界分無生物爲礦物界礦物於無限局帶中亦如動物植物散布各帶地其種類多寡美惡不同今約別爲四類凡金銀寶石及金剛石等屬最貴礦物大理石花崗岩砂岩等屬建築用鑛物銅鉛鐵錫

等屬工業用鑛物各種煤炭煤油等屬燃燒鑛物

分全球數種植物帶其在帶中植物獨殊自能成長者即植物帶如鳳梨帶椰子帶常綠帶葡萄帶小麥帶松柏帶苔蘚帶地衣帶等是也

暖地植物其種類多而且大中含液汁亦多至於南北兩極地則種類少而又矮細焉

動物隨兩極地近赤道者增加其大小强弱與色澤形狀種類等獨海產動物生北部者比赤道地方所產較大至於被服所用之毛皮亦皆屬北部焉

凡土地平坦宜於穀蔬菜果等處者類皆以農爲業人情亦極質朴其居鑛山地方從事採掘者人情必多殘忍至於居製造工業繁盛之地者地雖寒瘠人情精緻且敏捷也細查各地方天產即可以知其居民職業並其性情矣

日本　大橋鐵太郎譯

亞美利加拒移民入國 譯西八月十三日時事報

日本清水二等領事在晚香坡。六月十日報外務省。以日本民轉入合衆國被拒之事。會有移住之民經母倚苦託利耶港。航于合衆國者。具書其要送外務省。名曰移民須知要件。本年五月二十七日。日本郵船會社火輪旅順丸抵英國所領加拿大母威苦託利耶港。使日本移住之民登陸。凡二百十四人。直發向北美合衆國尸耶託路港內。計移住民中欲轉入合衆國者。有四五十人。即各至母倚苦託利亞移民事務所。禀求入國信劵事務官拒之。曰宜先至合衆國中欲居之地。受其檢查。因皆欲赴桑港。就滊船會社。求乘船憑據書。會社員論其不敢應所求入國書。衆皆憂之。三十日。事聞于晚香坡日本領事舘。領事即以電信詰問移民事務官不給入國書之故。事務所乃答曰。凡欲外國之民移住于合衆國晚香坡母倚苦託利耶等。即以加拿大太平洋鐵道會社火輪送抵其地。撿查欲轉入于合衆國之民。此例也。加拿大太平洋鐵道會社與合衆國立此約。本不論何等滊船會社火輪。凡載移民而來者。皆查撿之。遂致有弊。我國因此定議。除加拿大太平洋鐵道會社火輪外。不撿查其所載送之移民。至如

母倚若託利亞。晩香坡非查撿移民之處也。前日有華盛頓府移民總監訓令。宜至合衆國內商港。使受查撿也。領事得報。有所用心。遂得入國書。轉住于合衆國。

嫂路斯培利氏論極東政略

譯西八月十三日日本報

西六月二十九日。英國首相嫂路斯培利氏。至由那倚鐵茲獨俱樂集會館。館在聖喃賢磨斯捕路氏談極東政畧曰。予信捕斯卡烏賢痕君說者也。君曰。本會數年來所宿望。中國貿易諸件。既能成功。雖然世人觀英政府所爲於中國。曰英政府終當統御中國。蓋徵於英國統御印度而言也。又曰。英政府改革中國軍制。即統御之漸。蓋徵於英國改革埃及軍制而言也。然實則事有不同。我之征服印度也。制全勝于捕拉茲斯威之戰。而後得爲培痕額路帝王也。我之統率埃及軍隊也。亦博勝於鐵列開皮路。擧埃及政府權力措之于我掌中故也。至如中國則不然。中國而有此事。予所大悲也。夫英國與中國交兵。萬無此事。予以誠意告諸君。煩諸君熟圖。夫前此征服印度與埃及。雖奄有之。然欲施之於中國。勢不可得也。英國所望於中國極多矣。英國已有某條約權利。雖或事由此起。然英國決期不破此約。惟今有一難事在目前。即鐵道是也。本來我英國規定各條約。雖謂與各國保有同一權利。至鐵道敷設權利。決不得爲同

一何則如二國同時築造同一鐵道事實不便也各國享受同等權利志在於同其談判交涉也然則諸君勿謂二國可得同時敷設一鐵道至此鐵道我英與他國均獲巨利吾輩固信而不疑也現英政府所折衝料理者非培痕額路又非埃及惟在中國耳諸君宜銘於心英政府竭力以喚醒中國政府欲使中國蒸蒸日上防遏將來外寇俾其國人安寢食此我英政府對中國主義也若有人問英對中國方策何如我當答曰保全中國防其滅亡且誘導之使就改革更併力助之以補其短從此益可振興商業而已

歐洲列强海軍比較表 譯西八月十四日大阪朝日報

據本年新刊捕拉茲息威氏著海軍年艦英法俄意德海軍力如左

	一等戰鬪艦		二等戰鬪艦		三等戰鬪艦	
	艘	噸	艘	噸	艘	噸
英國	三八	四九九、六〇〇	七	六、九六〇	一八	一四六、八二〇
法國	二〇	二三七、五一二	九	七、〇三〇	七	五〇、八七二
俄國	一二	一二一、五四二	五	五、四三五	五	三〇、九三七
意國	一〇	一一九、九一五	二	一、八九七	三	一二、三九九
德國	七	七二、二九五	四	九、一三二	六	四二、一五七

	海防艦		一等巡洋艦		二等巡洋艦	
英國	一四艘	六五、三八〇噸	三四艘	三〇五、九五〇噸	五三艘	二三一、六八〇噸
法國	一六	五六、二九八	二二	一六三、四四三	一五	五九二、一一四
俄國	一四	四〇、八二八	九	八二、四三一	三	一二、六四五
意國	—	—	四	二六、二五六	五	一八、三三六
德國	一九	三九、六四七	二	一七、四三八	八	四〇、五一九

	三等巡洋艦		水電砲艦	
英國	四四艘	九七、五〇〇噸	三四艘	二八、五八〇噸
法國	一二	二六、一八九	二一	一六、三九四
俄國	一	三、五〇八	九	四、五〇一
意國	一〇	二五、二〇五	一七	四、一〇〇
德國	一〇	一六、六四入	四	四、三三二

	合計	
英國	二四二艘	一、四四二、〇〇〇噸
法國	一二二	六七〇、二二五
俄國	五八	三四三、八二七
意國	五一	二三八、一九八
德國	六〇	二六三、一四八

英國海軍力合法俄意德四國其噸數僅少七万百九十八噸可知其強衷中加入目下方行建造者也

韓京近信 譯西八月十四日大阪朝日報

審問中止 法部大臣趙秉稷不能審斷閔泳駿朴定陽等之獄四上書辭職不蒞事者數日韓帝遂免其官以申箕善任法部大臣申曾爲學部大臣著儒學經緯罵詈西歐人緣此罷官今雖復起然果可斷此獄乎

獨立協會得意 協會既奪趙秉式鄭洛溶閔種默等膽前數日又會于掌樂院定議遣議政府議政署理徐正淳宮內府大臣李載純度支大臣閔泳綺農商工部大臣李道宰書昨委員五人與徐正淳等四大臣會說曰李容翊在宮中勢力無比渠處置國內礦山紅蔘（即人參也）多不法又濫鑄造補助貨以貽誤財政厥罪尤多今欲擯之何如四大臣畏其勢力遂表同意即誓曰本四大臣奏韓帝以罷退李容翊帝若不嘉納四大臣皆罷職委員即鄭恒謨卞河璡趙漢禹韓錫振崔廷德也此外更有南宮櫶羅壽淵崔錫敏等五六人亦蒞聽其議以監察之夫中樞院猶日本之上院今獨立協會員多任其議官聞者奇之

韓廷修歡迎禮　德國皇弟顯理親王將來朝鮮宮內府欲凊掃貞洞海關充親王旅館又集官妓數十人于掌樂院美裝張歌舞議已定卽遣警務官一人總巡二人巡撿五十人侍衛隊百餘人于仁川歡迎親王大約以十八日入京城或曰親王有北航之事恐不來朝鮮

京釜鐵道議　日本加藤公使前數日與署理外部大臣兪箕炳會大抵議京釜鐵道之事然當日尙未得其要領

金議政不拜官　金炳始任議政亦固辭不拜

高官連上書辭職　叅政金永壽署理議政徐正淳以下諸大臣皆連疏辭職韓帝忙下優旨留之由於獨立協會員所爲也

日本圓銀現狀　韓政府限客月三十一日爲始廢用日本一圓銀貨繼又發令曰韓國未鑄造新貨幣以前尙使融通日本銀貨因此人尙望日本圓銀依然流通刻下形勢大拂所望流通殆亡據邦人言韓廷允其流通非長此不變只出於一時權宜耳故其通用不足信且第一銀行分局交換貨幣凡韓人圓銀以一而收五錢之利至今日已立通貨之差如此他日若韓國鑄造貨幣當禁其流通日人皆曰藏此所已廢之圓銀他日必損失不少何苦强其流通此

圓銀哉。

英德協商結局 譯西八月二十四日時事新報

葡萄牙國有外債六千万磅以上。頃者英政府以金貨換楮幣。盡代償之。因請葡萄牙政府索報。蓋欲併有鐵拉岳亞灣。阿非利加東岸葡國所領地。又若後日用兵。即以馬笛拉及亞執路群島中一島。爲戰時貯炭所。德國聞之。不敢有異言。盖因前年德國獲地于中國。英國不敢有異言。故亦默然以報前年之恩也。

中國財政前途 譯西八月十五日海外實業彙報

中國政事經濟各國注目視之。其存亡盛衰關於日本非細。然則稽查中國財政。誠要務也。因由上海及英國領事報。見其大要如左。

歲入部 海關兩

地稅	二五、〇八八、〇〇〇
穀物稅	六、五六二、〇〇〇
鹽稅	一三、六五九、〇〇〇
釐金稅	一二、九五二、〇〇〇

海關稅	二一、九八九、○○○
內地稅	一、○○○、○○○
阿片稅	二、二二九、○○○
其餘諸稅	五、五○○、○○○
合計	八八、九七九、○○○

歲出部

中央政府皇室及滿州守備兵員	一九、四七八、○○○兩
海軍費	一○、○○○、○○○
陸軍費	八、○○○、○○○
邊境守備費	六、六四八、○○○
雲南及某州政費	一、六五五、○○○
國債費	二、五○○、○○○
鐵道建設費	五○○、○○○
稅關燈臺及砲臺費	二、四七八、○○○
各州政行費並軍隊保持費	三六、二二○、○○○
土木費	一、五○○、○○○
合計	八八、九七九、○○○

據此表則每歲入出尙可平均且當清日爭戰以前其國債僅存五十万万磅尙未清還及兵敗又增公債如左

	募集年月	金額	利率	種類	償却年限	抵當
第六	一八九四年十二月	一、六三五、〇〇〇磅	七〇厘	銀貨債	二〇年	海關稅
第七	一八九五年二月	三、〇〇〇、〇〇〇	六〇	金貨債	二〇年	海關稅
第八	一八九五年七月	二、〇〇〇、〇〇〇	六〇	金貨債	一五年	海關稅
第九	一八九五年七月	一五、八二〇、〇〇〇	五〇	金貨債	三六年	海關稅地稅
第十	一八九六年三月	一六、〇〇〇、〇〇〇	五〇	金貨債	三六年	鹽稅

第六欵至第八欵乃與日本交戰時借充軍費者第九則就俄法借之第十則就英德借之第九與第十又以講和事成賠償軍費金并遼東還附再增償金故借之也凡諸公債欲其次年以後漸次償還故除爾後年分控賦額即合算現在未償還額及其餘外國債內國債等也中國國債如左

第一至第五外國債未償還額	五、〇〇〇、〇〇〇兩
第六至第十外國債未償還額	三六、三六九、七四九

內國債一八九五年募集	五、〇〇〇、〇〇〇
目下方募集內國債一億兩	一二、九一六、六六六
目下方募集外國債	一六、〇〇〇、〇〇〇
合　計	七〇、七八六、四一五

第六至第十公債在本年分償還額及利息合計已達三百万磅其餘償還額利息等尤不少財政現況如此中國政府之窘可知也

日英商議福州事　譯西八月二十四日時事報

前十四日朝美兵取小呂宋報至時中國上海某報以香港電信號外報曰英國與日本方在福州某處商議讓與之事風說滿市至其讓與二字不知果屬何事電文至簡尚不能詳

法國新內閣　譯西八月十一日時事報

法國內閣屢嘗艱苦及捕拉茲苦嫂痕氏出乃漸成立至其政策現據內閣議長至法國議會所論則外交上然似乎不取異政謂新內閣亦深以俄法同盟爲然只國防策欲速行之聞將訓練植民地軍隊且奬勵植民又曰新內閣一切容民黨所希望改革財政廢不動產稅代以遞加所得稅給退職恩俸金於職工以發達殖產興業至如農業會議亦當不日設法開之新

內閣更求信任投票凡得二百三十票以至三百十六票者議會乃準其信任云

中國遣總領事于小呂宋 譯西八月十九日時事新報

中國與比律賓群島互市由來久矣該處中國商民不計其數然彼政府向未派遣領事于此地客歲就中國人還自群島者聞之西國官待中國民極酷因共署名乞朝廷派遣領事官於該處不得心常戚戚及美西事起小呂宋受亂最深中國商民因多爲英國所保護凡老幼男婦往往欲回以往來不便乃止又華民自謂受他國保護心不安中國政府乘此機即欲派遣領事官已經奏准因派陳某當之至華民願歸國者遣商船二艘聽用或云某國公使告總署拒華民受英國保護故出此策云事未可知然華民之旅西國者喜可知也

檀香山國前女王要請 譯西八月二十四日大阪朝日報

據外字新報所載舊金山來報檀香山前女王李利烏澳卡拉尼有一友頃作說曰王還自美國當以檄報其意於人民即公然沮付檀香山於美國抑前年當顛覆王政之時土地面積約百萬賢苦路（一賢苦路日本四段十八步即六尺曰步十步曰段十段曰町）爲檀香山共和政府所沒收即欲請其還附如故此土地歲有十万弗（一弗二圓三錢九毛）以上租項仍可要求前檀香山共和政府將所徵收租項三四

十万弗交還。現今美國著名律士數人。爲女王代理其事云。

西伯利亞捕鯨業 譯西八月二十四日大阪朝日報

俄國官報報西伯利亞捕鯨業事曰。俄國太平洋沿岸捕鯨業。自千八百九十五年創立以來。至本年一月。獲鯨已二百二十尾。轉送于額威達馬茲苦灣鯨油製造所。該製造所乃俄國伯爵開倚席路利痕餓氏業也。自創業以來。製出鯨油已達二万捕獨。一捕獨四貫三百九十目强且近來用罐盛滿鯨肉。以出四方。此製造所所役者。多中國。朝鮮。及日本人。其數共七十人許。用船九艘。四艘爲開倚席路利痕餓氏所有。其餘五艘乃顧用者。該製造所歲增築之。百般設備漸次整頓。現下捕鯨事業益固。事見于西伯利亞新報云。

英俄爭議中國鐵道 譯西八月二十四日國民報

據最近北京電報。英俄關繫在中國甚切。英國欲貸資于中國。使山海關鐵道延接牛莊。俄國抗之。前已登報。十七日又有報云。俄國請中國政府曰。英政府若出資。布設山海關牛莊間鐵道。勿以其線路爲抵當。且使外國人勿爲其監督。中國政府諾之。有人作說曰。英政府心必不服。按俄國本無阻滯英國借資供給之理。故以線路抵當及外國人監督二事爲言。其言似非

杜絕英人供給而其實則杜絕之也此英俄兩國所以關繫迫切也二十日又報云頃者俄國半官報洛威鐵路不大論駁英政府漸折其筆鋒徼漏求協商於英國之意蓋俄國知與英爭非利故欲調停其事宜待後報至焉

俄國新獲貯炭所　譯西八月二十四日時事新報

俄國向得拉化多置貯炭所俄新報洛威鐵路已傳之此地在紅海南口阿非利加海岸地正與配利磨英國貯炭所相對頗占形勝致有礙于配利磨及亞丁要害蓋此乃扼英國經紅海至中國通路開俄國由黑海向中國通路兵畧也英國防備配利磨甚薄一朝英俄用兵俄國輒發自拉化多必進陷之以奪英國所蓄石炭蓋甚易也然則俄國此舉乃不使英國勢力專集於東洋也香港新報論之

松江湘潭貧民蠢起　譯西八月二十日大阪朝日報

前數日該處暴民刧掠松江府近傍泗涇及七寶地方闖入民家破毀教堂所在騷然地方官派遣兵勇極力鎮撫然聚散無常尚未至殲滅華婁二縣令訂明章程保護屬內各教堂及外國宣教師松江府城日沒後即鎖城門非官事深夜不開申嚴警戒益增派兵勇以鎮撫之賊

首蔡榮金。住上海城內。爲中國官吏所探知。慮激怒暴徒。不敢捕。至近日。乃將蔡拿去云。西字新報謂。泗涇及七寶一帶地。暴徒蜂起。曰。此四明公所相閱之時。甯波人在上海者。招集援兵于鄉里。使潛伏市外各地方。至是而起者也。是殆臆說耳。實因細民乏食。故不得已而弄兵潢池耳。

中曆五月十三日以來。湖南地方大旱。米價暴騰。鎮江蘇州等米商。復多至湘潭縣購入米穀。價愈貴。貧民大困。前月二十八日。有貧民數百人。各相率至米店。使減輕米價。且不出售他方。悉毀什物。破壞家屋。掠奪米穀而去。勢極猖獗。地方官拿暴民三人。將加懲戒。暴民大怒。蜂擁迫公署。乃使吏慰謝再四。方得無事。現下人心恟恟。仍不可測也。

中國鐵路鑛務總局

歐洲諸强國。互爭中國採鑛及鐵路敷設權。德國得山東省鑛山採掘權。英國則山西省。俄國則東三省。法國則兩粵及雲貴地方。各得其採掘權。專占地中寶庫。俄國更得延長西伯利亞鐵道于大連灣之權。德國則得山東省鐵道敷設權。復欲併得天津至鎮江敷設權。英國約交貫於上海南京及蘇杭間鐵道工事。如餓虎爭肉。中國重要鐵道線路敷設工事。與鑛山採掘

工事盡歸於比利時人今日置鐵路鑛務總局雖非供比國人頤使然果能愜上意與否固未可知唯使各省鐵路鑛務二大事立定一政策乃今日急務其設置鐵路鑛務總局可謂適合機宜也據中國上諭云鐵路鑛務時政最要關鍵現在津榆津蘆鐵路早已竣工自山海關至大凌河一帶亦籌欵接辨其津漢津蘆兩路均歸公商使建造幹路規摸大段已具鑛務以開平漠河兩處爲最得法成功已著現在已漸推廣惟鐵路礦事務繁重誠恐各省辦法未能畫一或致章程歧出動多窒碍亟宜設一總滙地以一切權委京師鑛務鐵路總務局時派總理各國軍務大臣王文韶及張蔭桓專理其事凡開鑛築路一切公司之事宜統歸綜轄以專責成也

西伯利亞鐵路近況 譯西六月二十六日東京經濟報

西伯利亞鐵路以西一千九百零四年一月一日豫定英國某報云西伯利布設鐵路之工事近來大有進步已而布鋼軌五千哩費金三万万五千万留越年半後鐵路可達于黑龍江畔由此搭輪船而至卡哈魯烏卡復從該處再搭火車則由倫敦到海參威十七日半可達該路若成後運以速之力則九晝夜二點鍾間可至倫敦海參威旅宿云

中國內地航海章程 譯西九月五日東洋經濟新報

中國政府開內地河川改革航海章程。以八月十五日行之。

中國直隸浚渫河海

中國直隸省河海。至近歲。土砂堆積。不便船舶往來。總督榮祿欲籌金百六十万兩以浚渫之。乃舉道臺數人。爲總辦。不日將鳩工。至其工事。悉委外國人云。

英俄東洋艦隊均勢 譯西八月二十四日日本報

今春俄借旅大。英國亦訂借威海衛條約。五月英以香港爲東洋艦隊根據地。焉厥後專注目俄國艦隊動靜。以爲對抗之計。俄國遣海軍少將斯多苦氏。訓練旅順艦隊。氏已乘膭拉託布艦發澳笛茲膭。或聞之曰。雖未知英亦訓練艦隊否。然必當集合軍艦于威海衛。以譔備兵器彈藥倉庫砲臺。俾與俄國共保均勢也。

德艦巡航膠州 譯西八月十日大坂朝日報

前日德國軍艦呆布倚澳痕號碇繫長崎。昨啓行。抵佐世保。本日向平戶。尋寄繫嚴原。經博多門司。三田尻抵宇品。引而再至下關。赴于海參威。數日碇繫。又經由釜山。入竹敷。直還膠州云。

地球各國兵士身長比較 譯西八月十日工業報

地球各國兵士身長比較如左但尺度據法尺沙噩旣美衣托魯（一沙噩旣美衣托耆即日尺度三厘三毛）

哈大器尼亞人	一七三、〇	愛蘭人	一六九、五	瑞士人	一六八、六
北美印度人	一七二、五	嗹馬人	一六九、三	法蘭西人	一六八、三
北美合衆國人	一七一、八	荷蘭人	一六九、二	意大利人	一六七、三
諾威人	一七一、三	匈牙利人	一六九、一	南美人	一六七、三
蘇格蘭人	一七〇、三	英吉利人	一六九、一	西班牙人	一六六、二
加拿大人	一七〇、二	德國人	一六九、〇	葡萄人	一六六、二
瑞典人	一六九、五	俄羅斯人	一六八、八	日本人	一六四、二

小呂宋罷戰事 譯西八月二十四日時事報

本月十三日美兵旣陷小呂宋其後乃蓋印假權條約蓋此戰出于美政府發休戰令未達以前也此假權條約蓋印報十三日達駐香港美國領事滑威路獨馬痕氏處領事即使火輪澳斯拉利亞痕號齎該港封鎖撤開令至小呂宋可知此戰實在休戰令未至以前云

風傳俄國擴張海軍中止 譯西八月十九日時事報

據美國斯多痕達獨新報。載莫斯科通信言。俄國將費金九千三百万留（一留六毫六仙）擴張海軍。計畫已成。因招邀美國。由尼澳痕鐵工長未至。俄政府遽行中止。或謂俄國政府。英俄同盟黨者多。俄德同盟黨極少。故至此也。

論英美同盟 譯西八月十一日每日新報

英美同盟。論近益喧傳于列國。有紐約茲利皮出痕報。備舉美西軋轢以來。英美近事。曰。兩國互相助。以振興其利益。恢張其政策。蓋英國助美國有四事。一。西歐列國。當協心戮力。干涉古巴之事。其實欲顚覆美國木痕洛主義之日。英國即與列國不合。務沮其事。蓋此隱謀。實首唱于澳太利。法國賛成之。以誘俄德。而英與之反。冀得雪前年希士之宿辱。兼可增其威勢於歐洲。美國二東洋艦隊司令長官將軍笛由倚氏。將攻小呂宋。臨發香港。嚴守中立條規。然尙有所大便於美國。使我艦隊一擊。占有厤尼拉灣。三。西印度英所領諸港。勵守中立規條。使西班牙艦隊。不得軍用器供給。四。當卡馬拉西班牙艦隊。入于蘇彝士運河之時。使埃及政府。絕其石炭供給。蓋運河者。不問何國艦隊。皆可開放。任其所爲。然至兩國開戰之時。則万國公法。不得供給石炭于交戰國。英政府則實踐公法。而暗助美國也。

法律

比利時國現行選舉法 譯西七月一日法學協會雜報續第九冊

日本 角谷大三郎譯

第六條 不問何人在登錄選舉公薄之歲。凡有財產資格及其前歲有納稅票者。皆可載入本人公簿。無則否。

人稅並營業稅。非被徵滿一歲以上者。不得入算租稅及礦地租。自所有權利移轉之第三日起算。

第七條 凡各財產及租稅交納。可以權利方法證明之。

第八條 官或遺忘宜賦稅金。若當會計時。法未盡意。有倡異議者。不問其異議如何。事在公簿登載前年。須先納其租稅。可受前年收票。事若以公簿登載年異。即要請將財產稽查。

第九條 稅者死亡。而其稅金已納政府。即加入其嗣子而算之。

凡有財產可納此等租稅者。宜合租稅額與其財產而算之。

第十條 妻之稅金加算於其夫。別居則不在此例。未成童者財產。加算於其父。然在代議士選舉之時。又不得加算其子稅額於其父。

第十一條　凡選舉州會議員並村市會議員若寡婦可納稅者有男子則男子納之無男子即使其所指定女婿以納之即有州村市會選舉人資格此寡婦即男子女婿母又須禀告於村市廳此禀告可隨時注銷

第十二條　各村市會選舉賃借人所開拓農業地計其租三分之一交與業主不奪其所有諸權利

第十三條　前年所登載州會選舉人公簿倘其數未滿七十則州會委員宜命稽製進加名簿凡備入選資望者其數已達四十人則此等稅額納其五分四于國庫倘人數未滿四十已納其稅五分三于國庫者登載其追加名簿此簿與公簿章程一律

第十四條　欲選舉村市議員倘村市納國法所定稅額者不及二十五人即以其地最多額納稅民登簿補之

第十五條　諸稅收入於官拔擢納稅者以交收條於其人納酬金十珊每珊一先九厘

第十六條　不得爲選舉人者又不得用選舉人權利者如左

凡有罪犯刑。及被褫奪者。

凡犯破產刑。及犯禁治產並允割財產以償舊債。後竟不償者。

第二編　選舉人名簿

第十七條　凡選舉人名簿。當每歲撿閱之時。除削去及記入外。即恒久不變。至撿閱則依後開所定規約行之。

第一章　選舉人名簿撿閱

第十八條　算自每歲八月一日。至十四日。村市聯會。宜就村市民籍隸該處者。據立法院所定律例。撿閱州會及村市會議員選舉名簿。

第十九條　六月十五日以前。宜由收諸稅官證書。及國稅撿查官所錄副本。交附於村市長聯會。然交附不得受酬金。

第二十條　副本宜詳載本年前歲所占額並已所納於政府之稅額。至其未納額數。又可依勅令免稅額數以載之。

第二十一條　選舉人名簿。擬於八月十四日。爲撿閱已畢。十五日揭示之。至三十日。始去之。

若衆有異議。即至三十一日。除去之各選舉人。可對村市聯會明言其意。

第二十二條　選舉人名簿。宜對照諸選舉人姓名。詳記其產於何地。誕於何日。歸化於何時。若稟請得比利時國民資格屆期。即選舉其合法納稅地及其稅名。

第二十三條　選舉人名簿。以九月三日定之。藏于村市廳。

第二十四條　選舉人觀削除名簿中姓名。及其添入者。設有異論。村市長聯會宜窮其故。

第二十五條　當選舉人名簿已定之時。所記入及削除姓名。宜自九月四日揭示之。至十二日乃去之。

第二十六條　村市長聯會將名簿擬定及確定者。遍爲撿閱。倘有塗抹其前年名簿及八月十四日撿閱已畢。擬定名簿各選舉人姓名者。即具其顚末。算自名簿揭示日起。期以四十八時內。以書通報於該選舉人。

商務

日本　橋本海關譯

美國小麥　譯西八月二十日神戶又新報

美國小麥豊凶、關諸國商務、及關日本輸出絲絹、及諸商品販路、不少、據彼農商務省最近稽查、南北多哥多兩州春麥一千六百八十万畝、合之於冬麥播種二千六百二十万畝、即通計四千三百万畝、比前年多三百五十五畝、其餘各州擴張畝數、比較如左、

米內嫂達州	百分之八	亞威澳滑州	百分之二十
內捕拉斯卡州	百分之十	北達哥多州	百分之十一
南達哥多州	百分之八	澳列岳痕州	百分之五
華盛頓州	百分之十		

右據其產地報、皆云得宜、則小麥豐收、盖不必疑也、

神戶俄清銀行分局開設期　譯西八月二十四日每日報

俄清銀行前日已置分局于橫濱、更欲開置神戶分局、據橫濱分局董袁子莊所語、橫濱已開分局、爲日尚淺、經理甚忙、且目今所貸者、其金額未鉅、大概尚保管于上海香港銀行、及正金

第一第一百暨三井等諸銀行欲運轉此等金額以及整頓諸事尚須三四月乃能就緒即暫還中國有所協議然後再來橫濱以謀添置神戶分局事以是攷之非明年二三月不能開置戶分局也

日本製茶貿易　譯丙八月二十四日國民報

本年製茶貿易將畢所餘者僅十分之二耳惟本年物價貴故生產之費亦增勢不得不漲其價適因美國重稅茶品故貿易得宜實出意外今舉輸入出賣至前二日數比較如左

	本年度	昨年度
輸入數	一八、二六八、五〇〇斤	一八、二五九、〇〇〇斤
賣出數	一六、九四九、一〇〇	一七、七二一、五〇〇
現存數	一、三一九、四〇〇	五三一、四〇〇

即其賣出數比昨年減少八十万斤然市價比昨年則非常之增高前年平均價格二十圓九毫八仙昨年則二十六圓七毫六仙計昨年下等粗者値十五六圓上等者三十五圓至本年即最低價物仍爲二十四五圓往來昇降三十四五圓間不能確定平均價以今日觀之大約平均價値亦達三十圓以上是比較昨年市價概貴七八圓也

英國上半期外國貿易 譯西八月二十五日大阪朝日報

英國上半期外國貿易。以前六月杪畢。計本年上半期英國外國貿易額如左。

輸出	一一二、五〇八、〇〇〇磅	輸入	二三五、九九六、〇〇〇磅
再輸出	三一、九七四、〇〇〇	除剩純輸入	二〇四、〇二一、〇〇〇
輸入超過	九一、五一四、〇〇〇		

倫敦斯多鴟斯託報之曰。輸入超過如此。前例所無。決非可喜。蓋對美國。英國輸出額少。輸入額多。故相懸如此。該超過額實由於穀類騰貴。致使外國得以償還巨額資本于英國云。

地球電話統計 譯西八月五日東邦報

現地球諸國。架設電話數。如左。

合衆國	九〇〇、〇〇〇	烏亞鐵痕培路餓	七、〇〇〇
德國	一四〇、〇〇〇	布威痕拉痕獨	六、〇〇〇
英國	七五、〇〇〇	日本	三、五〇〇
瑞典	五〇、〇〇〇	古巴	二、五〇〇
法蘭西	三五、〇〇〇	澳地利	二、〇〇〇

澳利	二〇、〇〇〇
俄羅斯	一八、〇〇〇
腦威	一六、〇〇〇
丁抹	一五、〇〇〇
瑞士	三〇、〇〇〇
拔利拔利亞	一五、〇〇〇
意太利	一四、〇〇〇
荷蘭	一二、〇〇〇
西班牙	一二、〇〇〇
比利時	一一、〇〇〇
計	一、四〇二、一〇〇
英領印度	二、〇〇〇
拉苦息痕培路餓	二、〇〇〇
葡萄	二、〇〇〇
喜望峰	六〇〇
路麥尼亞	四〇〇
鳰由尼斯	三〇〇
捕路逕利亞	二〇〇
交趾及中國	二〇〇
息內逕路	一〇〇
匈牙利	一〇、〇〇〇

日本輸入中國火柴統計 譯西八月五日太陽報

前三年以來日本製並歐洲製火柴輸入中國其額如左。

年次	日本	歐洲
明治二十七年	六七、二〇〇	二三三、六二四
明治二十八年	一三二、三四一	二五九、九二五
明治二十九年	六一四、一〇〇	一六三、一二五

列國水雷艇之沿革 譯西七月十日工業報續九冊

日本 橋本海關譯

所用南地戰爭水雷眞應急製惟製法未精利用之方亦頗拙故多不爆發又水雷兵技術欠熟練即製法得宜亦往往不爆發然以熟練水雷兵用之水雷以至大之破壞力爆發據戲愛衣愛府戲亞亞府氏言則南軍裝置之水雷使北軍艦船沈沒實及三十一隻云此激烈戰具惹起歐洲海軍國注意爭加研究欲以爲充分有力之兵器又在一方則通常輪艇効力亦甚薄弱故改良在所必要焉

抑使用水雷攻擊之艇忌爲敵所發見最要不觸敵眼及避爲敵彈之標的故力欲其小有脫敵艦追擊之要故要速力快捷前者速烏羅尼衣庫羅府托造船公司本此要義爲腦威政府製造一艇是實一千八百七十二年之事而水雷艇之嚆矢也此艇長五十七呎排水量七噸半速力十四海里成績甚良後四年間各國皆躊躇于製造至一千八百七十七年俄國尤銳意創之一年間托製造者約一百隻英國亦與同時製造癩衣托尼吳庫號一隻得充量之實効故更製造十二隻其中每隻有二十二海里之高速力水雷艇成績如斯然英尙不熱心于

製造爾來七年後見俄有百十五隻法有五十隻英不過僅有十九隻然自一千八百八十四年以來方銳意製之現時隻數諒不劣於他國也

近世技術之進步則破壞力與防禦力相同發達裝甲板愈厚愈堅大砲亦見改良彈力穿貫尤增進然至於水雷一項則無論如何防禦均不能敵也

海軍兵器中無有如用水雷對敵者非生則死水雷所向何能防之唯可少屬望者銅製水雷防禦綱也然其用法甚難且有減少速力之虞況水雷尖頭附於綱器亦容易截斷綱乎

若夫無可據之步兵遭砲攻擊竟得安全之途唯在於砲兵未動之前先行擊破防水雷艇之法亦然必要當水雷艇未進入未發射且相距較遠以前擊沈之若一經觸發雖至堅至硬之物躰尙不能堪故法國盛增製水雷艇也英又以爲防禦綱之類無論如何增製決不能用防禦之法唯在窮追敵人水雷艇盡行擊破之耳於是苦心焦慮從事於適用之小船製造稱爲水雷捕獲艇然此艇不能充豫期之望究屬無當盖造船術有不可動原理即船之容積與速力之關係是也英國費六年之久漸知其原理實際此間孜孜汲汲從事捕獲艇製造一有失敗更加一層之勇氣及熱心然艇躰或過大或過小皆不能適于用就中最佳者速力不過二

十節。故不能遂其希望也。

英國不能造適當之水雷驅逐艦。極費多數日期。及多額費用。皆付東流。列國常以爲英必懲於前失。不復圖之。英國自問亦然。後至一千八百九十三年着手設計。全異從前。凡一船製造。可足搭載輕砲臺。及大形水雷艇樣。是水雷破壞艇之嚆矢。而速力航洋性。又皆呈望外之成績。非可與前記捕獲艇同日語。宇內一等海軍國。皆採用焉。且此破壞艇速力。盖有三十海里云。

日本製高砂新艦　譯西八月十七日大阪朝日報

高砂新軍艦。前十四日。達于橫須賀港。係英國亞磨斯託洛痕餓會社所製造。昨三十年五月十八日。行進水之式。其竣工期定以是年七月。因昨年以來英國同盟罷工。故遲至本年五月。工始竣。海軍大佐內田正敏爲廻航委員長。中佐藤井較一爲副長。是月二十五日發英國。經地中海。印度洋。中國海而回。此爲二等巡洋艦。其詳細如左。

艦質　鋼　長　一〇九米七二七（一米三尺二寸九分二厘余）　幅　一四米二二　深　八米六八七　中央吃水　五米一八二　排水量　四二二七噸　馬力　一五七五〇匹　速力

二三海里五　推進器　二具　八英寸速射砲　二門　十二珊速射砲　十門　十二斤　速射砲　十二門　四十七密速射砲　六門　水雷發射管　五　石炭搭載量一○○○噸　防禦甲板平坦部　四四密（一密千分一三厘二九四六七二七九）　防禦甲板傾斜部　一一四密

以日本現在軍艦比高砂則吉野艦略同其所以少異者吉野備六英寸速射四門高砂則有八英寸速射砲二門耳

地球上生齒繁殖　譯西八月十日工業報

近有某統計學者云全地球足保持之生齒不可超過五十九萬萬九千四百萬人然現時地球上生齒統計實十四萬萬六千七百萬九千人而十年間以十分之八比例增殖然則爾後經一百七十四年即達其極度預計二千○七十六年乃地球上生齒繁殖之最終期也

舟山島海底電線　譯西八月十五日電氣報

據北支那日日報云舟山島設海底電綫以爲通信之便計畫從舟山要港定海通達于寗波河口及鎭海云

鄂督張湘撫陳會奏妥議科舉新章摺

奏爲恭繹迭次　諭旨變法求才擬請妥議科舉新章以覘實學而防流弊並請酌改考試詩賦小楷之法以造就通籍以後之人才恭摺仰祈　聖鑒事竊臣前准部咨光緒二十四年正月初六日欽奉　上諭開經濟特科令中外大臣薦舉考試近日恭讀邸鈔四月二十三日欽奉上諭殷殷以變法自強京外設立學堂爲急又讀邸鈔五月初五日欽奉　上諭於下科爲始鄉會歲科各試向用四書文字一律改試策論一切詳細章程該部即妥議具奏等因欽此際此時事艱危人才匱乏屢頒　明詔破除成格力懲謭陋空疏之習思得體用兼備遠達時務之士而任之海內士民見我　皇上慶事之明決如此求才之急切如此孰不欽仰感奮竊維救時必自求人才始求才必自變科舉始四書五經道大義精炳如日月講明五倫範圍萬世聖教之所以爲聖中華之所以爲中實在於此歷代帝王經天緯地之大政寶中馭外之遠畧莫不由之　國家之以四書文五經文取士大中至正無可議者也乃流失相沿官師不善奉行士林習爲庸陋不能佐　國家經時濟變之用於是八股文字遂爲人詬病今　聖上斷然罷去八股不用固已足振動天下之耳目激發天下之才智特是科舉一事天下學術所繫

即爲　國家治本所關。若一切考試節目未能詳酌妥善，則恐未必能遽收實效，而流弊不可不防。嘗考北宋初創爲經義取士之法，體裁只如講義，文筆亦尚近雅。明成化時始定爲八股之式，行之已五百年。文徇俗而愈卑，法積久而愈弊。雖設有二場經文、三場策問，而主司簡率自便，惟重頭場時文，二三場字句無疵即已中式，遂有三場實止一場之弊。今改用策論，誠足以破拘攣陳腐之習矣。然文章之體不正，命題之例不嚴，則　國家重教之旨不顯，取士之格不一，多士之趨向不定。今廢時文者，惡八股之纖巧苛瑣、浮濫不能闡發聖賢之義理也，非廢四書五經也。若不爲定式，恐策論發題或雜采掌故字句，或兼采經史他書，界限過寬，則爲文者必至漫無遵守，徒騁詞華，行之日久，必至不讀四書五經原文，背道忘本。此則聖教興廢、中華安危之本，非細故也。竊以爲今日當詳議者約有數端：一曰正名。爲正其名曰四書義、五經義，以示復古，文格大畧如講義、討論經說。二曰定題。四書義書四書原文，五經義書五經原文，或全章，或數章，或全節，或一句，或數句均可，不得删改增減一字，亦不得用其意而改其詞。三曰正體。以樸實說理、明白曉暢爲貴，不得塗澤浮豔作駢儷體，亦不得鈎章棘句作怪澀體。四曰徵實。准其引徵史事，博考群書，但非違悖經旨之言，皆得引用。凡時文向來無謂禁忌，悉與

第七　太古人情智

未開化人情智皆極淺薄故其曉我身爲何物與萬物在我四旁者爲何物亦極淺薄殆與三歲小兒不異

夫小兒觀容貌映鏡面不知其即已以爲他小兒在我前欲摩彼顏即以手撫鏡面見其不能撫摩必思鏡背有小兒頻探不止未開化人亦似此也彼性若好勇見我容貌映鏡面必以爲敵迫已憤然扼腕思與之鬬此未開化人情智也夫我身前途如何雖開化人亦不易知然以未開化人不知我身爲何物比之大相逕庭也即如日月照晝夜不曉其爲發光体及光線反射所爲只謂神明照臨天上敬畏維謹若遇日月蝕即以爲神明怒恐怖不已小心以避其怒或祭祀祈禱請解其怒聞昔者閣龍開闢亞美利加舟至唎耶馬倚卡島爲狂風所破因姑留該島島內人皆蠻種心懷異圖閣龍等雖覔穀一切不予閣龍苦之忽設一策知月將蝕其夜悉招呼蠻族脅之曰公等不優待我輩神明怒甚因以手指月輪曰公等宜觀之今將在公等前隱匿其象有頃月光不見蠻族乃且驚且怖即請閣龍代已謝罪因約多贈穀類焉閣龍預知月蝕暫復舊觀即與蠻族堅結約而後向天祈曰願宥彼罪俄而月輪露光煌煌如故蠻族

大悅厚謝閻龍贈穀如約云未開化人不明日月蝕如是其智可知也

日月及蒼天目得見之故未開化人不知其相隔最遠以爲可至其處西史有載謀造高塔于拔培路自此高塔昇天以避洪水者又日本古時皆謂月中有兎目可得見之昔中國有一童子性頗聰慧人問之曰長安近乎日近乎童答曰日近矣因問其故童曰擧頭見日不見長安故日近也他日又問童日近乎長安近乎童曰長安近矣與前答迥異怪問其故童曰但見人從長安來不見人從日邊來然則未開化人對日月其智較此童子更遜一籌也

高山深林危峩聳矗使人自生畏怖況神光髣髴現于空殿樓閣中乎故未開化人見山林中有巨人即震慄戰兢詫爲鬼物

至如大海巨川在未開化人目中亦似可怖者往往見我容貌映水面或疑水中有人又臆測爲水神住焉他如聞雷聲即疑何物在空中成響觀地震即疑何物在地下掀動或即斷之曰此雷神鳴天皷也地下有大鯰魚掉尾也前明治二十二年始開鐵路于東海道佐野岩淵兩邑馬見輪車馳至狠狽驚竄不止盖與京師馬慣見車輪往來絡繹如織者異也人之寡識者亦此馬類矣西班牙國始運火輪車無智農民見之以爲怪物絕塵而奔相與大驚咎技師

大統領姓名。又別匿名投票中。寫所選舉副大統領姓名。蓋匿名投票者。匿已名以記其所選之人名於票之義也。已投票選舉大統領及副大統領。即製目錄。以載其投票數。密封盖印。送之於合衆國政府。政府付之於元老院議長。議長即在元老院代議士前開之。可計算其投票。投票數出于選舉者數過半上。即得爲大統領。若不有過半投票。代議士即可就投票中選中三人。以匿名投票法選舉大統領。抑當選舉大統領之時。投票由一州爲之。一州代表者。不得投一票以上。即一人一票也。當選要各州爲過半投票。亦當代議士院選舉代議士之日。大統領若死。或罷職。即由副大統領代理事。至於次年三月四日。即選定大統領。又選舉副大統領如選舉大統領法。投票數亦不出于選舉者數過半之上。不能爲副大統領。若不有過半數。即元老院議員就目錄中得最多數者二人。以定之。抑議員選舉正副兩大統領。非經議官員數三分二以上。其所當選無効也。又非得全數過半投票。不得中選。憲法不便於大統領者。亦不便於合衆國副大統領也。

第十三節　凡犯合衆國罪。刑爲奴隷者。若强迫供役。不可存于合衆國。又屬合衆國管下各地方。

國會議院有設適當立法。執行此條欵權。

第十四節　凡生于合衆國若歸化合衆國。又居合衆國所領地。係合衆國人民者。合衆國人民也。不問何州。不得制限合衆國國民權利之法律執行之。倘不由法律。亦不可奪人民生命自由及財產。又不得謝絕法律平等保護。

代議士除印度人外。（印度人納稅於美政府者卽在例外）應各州人民全數。以定其數。若方選擧合衆國大統領及副大統領國會代議士各州行政官司法官及國會議員之時。各州男子丁年以上而爲合衆國國民者。有其權。若有制限之者。可減少其州代表根基。焉有人民與反逆犯重罪者。不得操選擧權。

曾任國會議員。及合衆國官吏州會議員。及各州行政司法官。爲保持合衆國憲法之誓者。有如與土寇叛逆。若補助國家仇敵。將來不得任議員官職。然國會有得三分二之投票。可解其禁。當土寇反逆相起之時。竭力戡定者。給年俸若賞褒金。其欲給年俸若賞褒金。有起公債。卽其公債乃合衆國公債也。不可不贖之。雖然不問合衆國民及各州地方民。叛合衆國。欲援其反逆土寇。有起公債。此非合衆國公債。不可贖賠之。又雖解放罪囚奴隸。而有所費。不可應其

凡文官而任議員。已達二十年者。當罷任時。若年已五十。即受特恩給金權利。
此恩給金。因千八百五十三年六月九日法律第十二條第三項定之。
凡官吏罷任議員後。復其官職者。受千八百五十三年六月九日法律第三條第二項及第二十八條定規適用。
官階與職務異者。倘任議員。即須去其職務。惟官階尙存。
第十一條　凡議員而任有俸官職。及陞遷者。須罷議員之任。然其官職得與議員職不相悖。亦可再選爲議員。
第十二條　凡議員任國務大臣及國務副秘書官。即不得再選爲議員。
第十二條　後開各欵。自其罷職日起算至六月內。不得選出爲議員。
第一　控訴院院長。部長。及撿事局員。
第二　第一裁判所長。及副長。判事。豫審判事。及撿事局員。
第三　警視總監。縣知事。員及縣書記官長。殖民地總督。內務部長。及書記官長。
第四　郡技監。及道路技監。

第五　翰林院部長．學監．

第六　初等學校學監．

第七　牧師監．牧師及副牧師長．

第八　支出官長．特別收入官長．

第九　直稅及間稅部長．登記．土地及郵政部長．

第十　樹林保管官及監督官．

副知事員．不得由其現任地各郡所選而爲議員．

第十三條　凡官府命爲議員者．倘無其効．乃不爲議員也．

第十四條　衆議院議員．以一名．投票選擧之．各郡卽選出一名議員．凡每郡人口十万以上．由其分數更增議員一名．此際由郡以法區分之．而列於表．此表非由朝廷法律．不得有所變更．

第十五條　定議員任期爲四年．衆議院全部．盡改選之．

全地球電信統計　全地球電信線路延長十万幾魯米突。一幾三百二十九丈二尺零其全長百五十四万幾足卷地球三十八回。月與地球之間可架二線突。又電信線之總數千四百條云

輕氣球　美國桑港即舊金山也拔痕他之息路所製者。外面以最堅織物被之。其球之大足含十五万立方英尺之煤氣。自頂達千籠底。沿球度百十九英尺。鉛直線度六十八英尺。球身周圍二十一英尺。高三十四英尺。其中可載十五人。計共費銀六千弗云。

備考　古今著名之風船旅行者如左。

千七百八十三年	木痕獨岳路夫矮	佛國里溫府	六、〇〇〇英尺	—
千八百〇四年	呆威路頤之苦	同　巴里府	二一、一〇〇	—
同　五十六年	化烏辣痕獨	英國倫敦府	—	二五〇
同　五十九年	滑威司	米國紐約府	—	五七五
同　六十二年	餓列威希耶	英國烏烏拔哈磨普託痕耶	三七、〇〇〇	—

計全地球中達于風船之最高度者。英國烏烏路拔矮哈磨夫託痕耶之餓列威希耶也。千八百六十二年九月五日。在該處達于七英里之高度云。

蒸氣機關　此器爲英國餓辣司岳烏府內烏皮路公司所製。今付俄國軍艦希諾烏捕號。其

馬力一万二千四云。

屋面　在聖彼得堡府者葺間口百五十英尺。奥行六百五十英尺之穹窿大舘。全体悉鋳造。此舘専供軍議或球戯之用云。

劇場　巴里之泥油啞培辣哈烏司劇場。其廣殆三衛（一町二番一畝二十四歩）其立方積四百二十八万七千英尺。

備考　歐米各國戯劇場之數如左。

國	所	國	所
美國	五五〇	英國	一五二
伊國	三四八	澳國	一五二
佛國	三三七	德國	一九一
西國	一六〇	魯國	四四

鋼鐵板　係十數年前美國勃斯頓府諾烏賢製鐵所創造。其長十英尺四英寸。一端之幅二英尺。他端二英尺二英寸。共重一万九千磅。

橋梁　歴史上有名橋梁中最長者。乃哈洛痕河息威痕託賢司普利之託等大橋也。其長二千六百九十英尺。近時架設最高者。美國鐵痕內之希橋也。其高六百五十六英尺其最長者

本書局繙譯書目列後　美國憲法　日耳曼新史　歐美公法司新　佛國議院現行選舉法

俄國內政外交史　英國古今歷史　亞美利加繁盛記　臺灣戰紀　英美文人傳

清日戰爭實記　近世物理學新編　中法海戰記　德法文學史　日本寬政勤王三奇士傳

英國社會古今義　萬國近世外交史　萬國新史提要　雄辨學　歐洲列國新史

國債新論　五大洲人類種族攷　地球文明開化史　催眠術　普通小學答問叢書十六種

萬國維新政治學　萬國議院章程　萬國選舉公理　日本外史前記　日本維新三傑傳

萬國交涉新公法　英國工業新書　海戰萬國公法　俄國產業新書　亞歷山大王戰紀

俄國近時大事記　萬國憲法　平權自由新義　日本歲計政要　歐美强國新政治學博議

女學校胎教新法　長命術　進化新論　中國商業全書　俄國東方外交新策

歐美富國新史　法國新歷史　幻燈妙術　山林新政法　小學校萬國地文學答問

學校管理法答問　小學校萬國歷史答問　意大利獨立戰史　日本維新前後大事記

己刻成圖書價列後

英丁前後海戰紀一卷　價三角（東亞書局刻本）　日本七十三義俠傳三卷　價六角

俄國東洋軍政新策二卷　價六角　日本名儒學案四卷　價六角

日本四十七俠士傳二卷　價四角　日本龍馬俠士傳二卷　價四角

開闢美洲閣龍英航海家獨列幾合傳一卷　價二角　美國紐約京城風土記一卷　價二角半

李盱江先生經國三策三卷　價四角

日本水產動物圖七幅　價十圓　日清韓軍用精圖　價一圓　動物圖　價六圓八角

日清韓大地圖　價三圓五角　清國名勝圖　價一圓　軍用日清韓明細圖　價一圓

万國名勝圖　價三圓　亞細亞洲全地圖　價五角　日韓清新撰輿地全圖　價一圓

滿洲全圖　價三圓　支那全圖　價五圓　明細支那全圖　價五角

支那北京市街圖　價五角　直隷灣總圖　價八角　支那疆域沿革地圖　價四圓
北河總圖　價二圓　上海地圖　價五角　北支那三省地圖　價三圓
遼東大連灣圖　價一圓　清國渤海地方圖　價一圓　增訂支那新地圖　價一圓
新撰支那全圖　價五角　支那朝鮮新地圖　價八角　右圖均實價不折郵費在內

右圖書欲購者請到滬大馬路大同書局北京報總局香港文裕堂聚珍樓粵省雙門底聖敎書樓購取或致函本館可也

本館布告　邇來中國時事日亟不諳公法致召外侮日本大律師角谷先生有志東方時局爲本館專譯法律以餉海內同人又于每冊附印萬國英傑肖像中西地圖新譯要書數種以廣開見而快閱者之目焉

又日本據東洋要衝五洲時務電報飛馳茲特增譯數頁弁諸卷首俾經世志士先覩爲快

本館前附報之歐米公司新法以篇幅頗繁擬另行刊印不復附報特此佈聞

澳門知新報開設以來久已服膺藝林脛走宇內本館代爲寄售每月出報三次每年三十三冊中國全年報費四圓日本價六圓諸君欲購閱者希即函告俾按期照寄幸甚

新架坡天南新報持論明通敢言時事詳紀南洋軼聞洵日報中之錚錚者本館承允代售全年報費七圓外埠加郵費三圓欲購閱者請致書本館照寄無誤

論說識誤

宰割中國議上第一篇第六行殆誤作始十一行詆誤作託十七行小註二十一行我誤作俄第二篇六行尤字下脫獲字十七行小註申誤作甲〇議中第一篇第十六行念俯二字倒當作俯念二十六行逐誤作遂第二篇十行力心二字倒當作心力十六行廷誤作建聞誤作閱第三篇十四行州誤作年此本前印半有誤作年字者今補正之〇又議中第一篇第十行小註國法二字倒當作法國第二篇十四行滇誤作漢〇議下第一篇第六行是二字下脫吾字第二篇二十六行目誤作自第三篇四行如字衍文

本館疊蒙各地　諸君厚誼疊賜鴻篇不勝感佩惟報幅狹隘未能遽登至以爲憾希察諒之

外洋代派報處列 中國分局下期續

○安南 西貢南隆行 建芳棧 泉美號 萬源行 萬順安 生和祥
同安行 陶玉○堤岸 南隆 振源 宅郡萬源○仰江 經華行
李同棧 瑞利棧 邱益昌公司 瑞發行 李同盛○會安 永同安
伍合公司○南定 萬源○新州 乾成利○河內 信記○臺灣 台北豐興○淡水 鴻記棧
瑞記行 洽吉行 同福公司 隆記庄○海參灣 同利 廣泰成
祥輝○石叻 大萬街永生 廣恆○星架坡 益昌 普安公司分局 泗隆行
德源行 合隆行 裕盛棧○庇能 朱寶蘭 瑞通 吉遠
三利公司 興利行 和盛行 德昌行○泗里末 裕德行 茂源
○北般鳥 廣記○務路棉 協安 益利○砂老越 振安○寶武牙 朱富蘭○司馬登 裕和
○略厘美 源○巨港 同昌○吧咚 朱富蘭○加剌巴 同和 聯興行 福和
○三寶壟 有祥 瑞昌 同生 光盛行○加剌吉打 和泰○吉隆 新福山公司
致和行 恆棧○泗水 廣彰 同記 廣裕祥 朱富蘭
○孟加錫 德記 泗和棧○孟米 仁信公司 廣生隆○花羅厚 德昌○弄里汝 建成棧
○雪梨 公平行 均利行○谷當 協安行○孖里畔 怡昌行 美珍棧○舍路 廣德行
○宿務 太記 金順昌○怡朗 捷興行 萬裕行○奔角 豐利行 合利行 源發盛
○山打根 廣潮興○朝鮮 仁川 怡泰○舊金山正埠 廣東會館區次坡比部 生發號 聚昌榮
永德 怡棧 兆昌 廣益行 兆貞祥○烏約 黃怡昌
怡興隆○檀香山 永和泰 合利號○小呂宋 榮瑞 炳記 捷隆行
順昌隆 榮瑞公司 均祥泰 瑞裕行 五美行○橫濱 大同學校
廣生和 周傑臣先生 正金銀行鄭曉初先生 東同泰 華生號 廣榮安
○大坂 北鄉公所○長崎 永同孚 神戶 楊海籌先生

東亞報　第十一册

本報布告　本館在日本神戶下山手通二丁目三十一番中外各通商埠頭均可函寄本館或逕分局亦可代寄

又本館報經已刊至十期凡中外各埠皆按期妥寄各處代勞　諸先生想必查收特恐或有延誤遺失乞寄信本館查究妥爲付送及銷售多寡希並遇知爲禱中外各處願爲本館派報者酬謝報費二成之數若代售本局所譯印各種東西圖書酬以書價一成五分兌滙諸費一切在內除無另索或徑致本館購買書報亦可惟書價郵費請先給足

一閱全年三十三冊報價四圓零售每本一角半閏月照加實價不折議價金遠近一律惟郵價別訂之本報遠近郵價開列于後　上海天津芝罘蘇州杭州每本報加郵價一仙　北京牛莊廣東廣州府城外河南香港澳門寧波漢口厦門汕頭橫濱長崎大阪每本報加郵價二仙　鎮江安徽蕪湖安慶常熟常州溫州台州紹興山西江西九江湖北武昌湖南長沙福建福州廣西梧州佛山官山順德大艮陳村新會新寧三水城西南海口北海海防每本報加郵價三仙

安南西貢提岸仰江會安南定新州河內台灣台北淡水海參灣朝鮮每本加郵價四仙　星架坡石叻庇能泗里末北般島務路棉砂老越實武牙司馬登略厘亘港吧咚加剌巴三寶壟加剌吉打吉隆泗水孟加錫孟米孅花羅井里汶雪梨谷當損里畔合路宿務恰朗奔角山打根舊金山正埠鳥約檀香山小呂宋每本報加郵價五仙　外洋一仙値中國銅錢十文祈各分局　先生按地名遠近除收報價外每本照加郵價可也

一首二三冊告白原議廣東省城河南香港澳門寧波漢口厦門汕頭每本報收郵費一仙今郵局重定新章每本報改收二仙蘇州原議每本報收郵費三仙今改收一仙本報自第四冊以後郵費照此爲據特此佈聞

孔子生二千四百四十九年
光緒二十四年八月廿一日

東亞報

第十一冊

ウハアウト

THE" EAST ASIA".

ISSUED THREE LIMES IN A MONTH.

東亞報目錄第十一　本舘在日本神戸下山手通二丁目三十一番

路透專電

據埃及報。聯合遠征軍總督幾茲鳲賢那氏。承本國訓令。曰事若不可已。即以兵力取布亞尸搔達。留埃及兵以成其地焉。前日印度颺起。倫敦府知事。醵集義捐金。以救難民。　法政府欲再審理獨列布斯島事。司法省因開法官委員會。新陸軍卿及工部卿。皆辭職。　前數日。葬墺國皇后遺骸于墺京維也。納卡捕尸痕寺。儀式盛大。各國皇族等會葬者極多。均西九月十九日

土耳其帝。竟遵英國照會旨。命悉繳卡痕唎耶回回教徒兵器。列國軍艦聞內路將軍所請。相踵去卡痕唎耶港。英國兵力大張。　意大利國母賢斯母耶斯火山破裂。岩石鎔解。流出如河。居其傍者。亦甚可危矣。均西九月二十一日

美國將軍馬威路斯氏。公言曰。宜置戍兵于古巴比律賓。撲託利哥。化諸路路等處。以爲常備兵。計古巴五万人。比律賓二万人。撲託利哥一万四千人。化諸路路四千人云。西九月二十二日

英埃及軍司令官幾茲鳲內路。以功列華族。賜金二万五千磅。

德國及墺地利二政府。辭與苦利託島之議焉。又約不援土耳其皇帝。他諸強國。盡與其議焉。因相與欲使土國軍退去苦利託島云。　英國首相嫂路治培利氏。嘗養痾于法國。已還倫敦府。　陸軍中佐披卡氏。僞作書。遺于巴黎駐劄德國公使館守衛陸軍少佐賢斯鐵路歇唎

氏欲陷賢氏于禍事覺被執巳黎市中騷然（均西九月二十四日） 北京發上諭曰皇帝讓政權于皇太后而退位又上海流言不諱事則虛說也據北京通信報二十三日又發上諭曰皇帝及王大臣叩頭一奉皇大后旨 南亞美利加亞路席痕多倚痕州與鳰利州兩共和國以爭彊界事兩國將用兵已各修武備（均西九月二十四日） 美國馬威路斯將軍定古巴島守備兵爲五万人比律賓諸島二万人撲託利哥一万四千人化諸路路四千人 美國紐約諸新報明示美政府慮德國及西班牙二國爭比律賓島事先於其未爭益遣陸海兩軍兵于小呂宋有大張其勢之意矣 意大利及德國武官以幾茲鳰內路之事向布亞茲搖達虛報也 新西蘭首相兼英國樞密院顧問官牘啢搖啢餓列氏死（均西九月二十二日）英國今女皇允許行故牘啢搖啢餓列氏半國葬禮式于息痕託撲路斁堂（西九月二十四日） 南美亞路席痕多威州與鳰利國以彊界事相爭勢將不測遂訂和約和成即由亞路席痕多威痕國使調停者定其彊界焉 歐洲四大國遣土耳其帝書勸其服從苦利託島處置計畫若不服從列國將有所爲也 幾茲鳰賢那將軍置戍兵于布亞尸搖達及沙拔茲託河畔自還澳磨達路馬痕 英艦隊在中國海四圍環佈俾便呼應以防事變 印度總督卡孰痕氏列貴族賜男爵（均西九月二十六日）

五洲彙電

朝鮮釜山浦絕影島爲諸外國人租界經已測量其地而區劃之其位置與日本釜山租界地方相對連接日本海軍煤炭庫約廣九十九万米（一米三丈二尺九寸二分九厘）餘（西九月八日） 本月十七日北京報曰伊藤前總理此日下午謁見清帝一一答其下問數時始退清總理衙門王大臣等饗之 中國皇帝欲遣最高勳章于日本皇帝通其旨於日政府即遣新公使黃遵憲攜來云 俄帝唱首開萬國平和會議除美國外各國皆允之日政府命駐俄林公使致其賛成意焉俄國乃定開議各法順次以便各國交涉 桂陸軍大臣本日下午一點入朝 本日上午九點樞密副議長及各顧問官參集以開會議 日政府改革行政裁節費金百二十万圓云 大藏省發訓令大旨於關稅則施行前後輸入貨物不論已藏保稅倉庫否凡在關稅則實施日以前稅關已受理其輸入禀告書者仍可適用舊稅率 韓政府傭用歐美巡捕守衛其官闕俄公使遂詰責韓政府問其意焉獨立協會亦請政府解歐美巡查諸職 俄國軍艦餓列吶耶尸鴟與德國威列內艦昨十九日前後隔時發長崎 昨夕美國人在上海者來信曰德國曾干涉小呂宋事與美國忤戰端將開 有暴徒起中國四川地方攻法美兩國教會堂法教堂聞

已燒燬。前日韓帝並太子中毒。日帝以電報問病狀。韓政府報曰。帝與太子無異。因深謝厚意焉。 意國皇族捕利痕斯烏倚苦託利澳威馬尼烏賢路託利氏。以十月間來日本。留兩三日。往舊金山云。氏叙伯爵。即意國帝蜴路威獨。賾捕亞咘由苦。笛亞毋路茲氏弟也。蜴前年來于日本。日政府因開芝離宮。爲其旅館。以皇族禮待之云。 日本皇太子。將以二十七日。發沼津還大礒。矢礒有舊佐賀藩主鍋島氏別邸。太子姑留邸內。十月初旬將還御東京云。 前十七日。墺國葬其皇后。是日日本駐墺公使館。行祈禱遙拜式。終日揷半旗。表吊意焉。（均西九月二十日） 日本陸軍以十一月行大演習。日帝親爲大元帥。是月十三日發東京。宿名古屋。十四日。至大阪城云。 日本秋期陸軍大演習。原可以十一月十七日後三日行之。今改爲十五日後三日。是日以川上參謀總長。爲審判長。以大迫參謀本部次長。並參謀本部各部長及陸軍大學校士官學校教官中佐大佐等爲審判官。使師團將校。並諸外國武官陪觀焉。各師團將校以五人爲限。外國武官以三十八人爲限。 昨日內閣定議。將以十一月七日。開國會。議不出三四日。必有公示。 本日上午十點。西鄉海軍及諸大臣。集于大隈總理大臣邸。議橫田撿事總長之事。 判撿事給俸改正案。內閣已付政務稽查委員案中有增俸事。較前額增二十五万。

圓合司法省豫算計之。爲大藏省所削除。然則司法省新施各案。止存判撿事定員令第二條云。日大藏省。欲提出公債條例修正案于國會。議其公債劵面併記外國貨幣金額。俾便外國人占之。日政府改明治三十年勅令第百四十四號中。補助銅貨文字。因改一錢及五厘錢形式。昨已公布其旨。形式畧之。日本愛宕艦。以前二日碇繫于疤岳多港。據仁川報。朝鮮某大臣。前抵上海。爲韓國。募集歐美巡捕。今還朝鮮。至昨日竟解某職。松島艦昨夕發佐世保入長崎。日本山口師團步兵第四十二聯隊。本日至美禰郡秋吉原三日間行演習實彈射擊法。（均西九月二十一日）伊藤侯本日上午十一點。入謁中國皇帝。將有要事諮詢。又擬謁見皇大后云。（西九月二十日延達）意國皇姪託出令。昨乘大船哥普鳩茲。苦發桑港。（即舊金山）經化諸路路向日本。已通報于意公使館。十月六日。必達橫濱。本日上午十點。田中宮內大臣。至意國公使館。問迎皇姪禮焉。俄國政府。今欲開萬國平和會議。致書各國。求共贊成之。此即前八月二十四日。俄國外務大臣。致書于聖彼得堡。爲締盟各國代表者。更以二十八日官報公表之。蓋此日俄帝與后幸莫斯科京。行先祖亞歷山二世帝。紀念碑創建禮。故有此事。其書言。欲保持萬國平和。宜減國民過大軍備。各國政府皆勉之。可知現時形勢。能符我俄帝陛下至仁至慈聖意。而

俄國政府亦冀此等平和以副各國厚望也自今宜以國際商議方法使萬國人民同實力擔保平和而立軍備制限蓋晚近二十年間國民皆望萬國平和至如文明國民浸潤其心以平和各國之策爲國際政治大本强列國以平和爲名相與結盟欲禦平和將敗之局於是擴張軍備冀不爲他邦所阻然此事未爲平和之上策加以每歲耗費不少財政困乏流禍無窮凡國用不耗於天理而耗於購置械者不知幾千万也抑知此等器械在今日難爲良品至明日有新式者出又不値一錢矣此等兵禍足損人民開化之幸福亦足碍世界發達之富源且恐軍備愈擴張即政府愈齟齬綜視各國軍備日大財政日亂仍復多集戰其無息肩時此可憂也政体悉化武裝人民苦於徵求若形勢長如此是使國民陷於不測也然則宜制限其軍備講究平和方法此誠各國當今急務俄國皇帝深有所感於此即派遣皇室代達于各國政府欲各國會議因奉詔命使我外務大臣照會各國倘此會議得蒙天佑即將來之利也各國宜竭力協心以謀國家安寧人民幸福俄帝后有厚望焉

日本政府以本年豫算不足額凡四千万圓係前內閣豫定事業公債一億六千万圓經濟救濟支出公債購收額三千五百万圓欲出售公債或又新募國債以補之遂決議募集外債有人作說曰使倫敦駐剳加藤公

使埋其事。日本銀行員河上理事長。亦承內旨與加藤公使商議。借期以三十年至五十年爲限云。朝鮮議政府決議將歐美巡捕至自上海者辭去。（均西九月二十二日）皇太后執政權。張蔭桓。免總理衙門大臣。（西九月二十一日）中國政府皇太后再攝政。尋又有一報曰。中國皇太后與皇帝共親裁決國事。因發布其詔令。合衆國政府命西班牙國講和委員如左。曰上院議院長木痕鐵洛利澳斯氏。曰上院議

員。前法國駐剳西國大使烏路路鳰亞氏。將軍息息洛氏。上院議員額路尼卡氏。中國帝室變革電報達于日本外務省。外務大臣直入朝。依宮內大臣奏之。日帝深傷之。急詔宮內大臣發電報問中國皇帝起居。下午二點。宮內大臣與其次官共訪中國公使。問中國皇帝起居。日本侍醫官勸皇太子幸西京。使之養病。即駐蹕二條離宮。凡二十一日云。菊池大阪府知事期陸軍大演習日欲請臨幸

大阪。前十八日至東京。次日與內閣總理內務兩大臣議。得其紹介。就宮內大臣請之。未得允許。當俟演習日決之也。大隈總理桂陸軍西鄉海軍三大臣。本日上午九點。登于內閣議事。至下午一點。猶未退去。本日上午十點三十分。大隈總理西鄉海軍桂陸軍三大臣皆入朝謁日帝。有所奏聞。至下午一點鐘時不散去。或云總理大臣上言關清國政變之事云。中國皇太后自昨日以來。垂簾攝政。

發上諭曰。明日涖于欽政殿行其禮。伊藤前總理謁見中國皇帝畢。早知有此事也。（均西九月二十二日）朝鮮李允用欲參觀日本陸軍大演習。本日發向日本。（西九月二十四日）中國今日政變。變政黨與守舊黨抵觸相鬩甚。關英俄勢力消長也。據上海電報。英國軍艦二十艘集合于秦皇島。朝鮮沈舜澤任議政。日本軍艦。高千穗行第四期演習。破宮津灣口。布置水雷。進至天橋。與陸兵對抗。發砲銃。聲雷轟。

觀者群集。入夜。水雷艇更演習夜襲防禦法。天明而罷。昨日下午憲政黨開大會于仙臺支部。千葉胤昌加黨有所質問。議論大起。極爲紛擾。（均西九月二十五日）英國東洋艦隊。因中國政變前一二日已發燕台。赴大沽地方。二十二北京電至東京。因清變事。俄人專注目日本舉動。（均西九月二十三日）伊藤前總理十月中旬還國。有來書報其知友。（西九月二十五日）日政府據關稅定率法第三條。定輸入物貨各稅目以

明年正月一日行之。中國出使日本大臣。今以李盛鐸代之。昨二十三日已發上海。報至清國公使館。昨日慶親王招饗伊藤前總理。張蔭桓亦與宴席。日本中國臨時代理公使李盛鐸。昨日坐火船來長崎。直向橫濱。俄國軍艦尸烏茲鳴。昨夜發旅順入長崎。（均西九月二十六日）

論說

橫濱闔埠華人倡祀孔子啓

際强敵交迫、盜賊滋熾、人心渙散、國勢危急之秋、輿之言崇先儒之教、尊 孔子之道、莫不曰不急之務、迂遠於事情哉、然推原夫强敵若是、盜賊若是、人心若是、國勢若是之故、豈有他哉、無教使然耳、今環球而國者、大小數十餘、其所以能自立於天下、而不爲人弱者、以有公法在也、而其能守公法而行之者、又以有教化之美、文明之國也、中國之大、民數之多、甲於諸國、而西人以半教相誚、等於野蠻、凡諸國國際之公法、皆彼族借之以行其挾制之術、而我無與也、乃者庚申之役、 神京淪陷、彼兵之入我城者、皆踰城而行、我國人士、習而不察、不知彼寔倣羅馬滅野番之例、不以敵國之禮相待矣、稱 孔子者、一則曰摩西、再則曰政治家、不知彼寔以舊教相待、而不以生民未有之教主相尊矣、時至今日、橫議益衆、彼燄彌張、吾教愈衰、時局尤亟、於是借闢教之名、据膠州之地、燬先聖之像、抉先賢之目、群起競逐、大肆咆哮、罷我彊吏、分我鉄路、奪我險要、攘我礦產、干我郵政、握我兵權、預我訟獄、嗚呼、敵之侮我、何其暴耶、而我之自弱、何其極耶、夫彼旣籍教以自强若此、而我反忘教以自弱若此、又何愚耶、吾嘗見日本

之篤守儒教者猶日懸　聖像於左右以示尊親意我中國號稱儒教之祖其所謂士人者除得第之日始獲一遊聖殿而瞻拜聖像其億兆之學子百千之學堂日所尊奉而膜拜者非文昌則魁星而　孔子無聞焉嗚呼士夫猶如此小民無論矣海外更無論矣以此言教名雖尊之而實則抑之名雖親之而實則疏之烏足以言教哉今夫佛教固息微之時也數年以來日本和尚猶能傳其教於中國其政府照耶教之例以保護之夫日本豈徒尙尊教之名而固與異教相頡頏哉蓋其意欲謀人家國不能不收其人心收其人心不能不藉教以誘之耳此其術比兵戰商戰農戰工戰而尤甚也大地諸國奉此以墟人宗社者何可勝道乎吾國士夫不知此義怯于教案之故迫爲因噎廢食之謀禁言　孔教以媚他族嗚呼何計之左歟此言也實教禍之胎哉西人之傳教也上則有君相以獎勵之下則有師友以皷舞之其有能建立聖堂導人入教者則賞以清爵即或身入異俗陷於非命其政府則從而理論之其報館則從而播揚之其教會則從而旌顯之用能養成風俗人懷自勵遍行五洲而駕乎諸教今中國國體之弱縱踵其法而行之未必其能至是也况夫厚於彼教而薄於已教不爲助之而反以阻之不爲勸之而反爲忌之者乎且夫屈我而伸人讓敵而責巳使於種有所保國有所强身家有

所安則猶可言也然試問無教之人本源已失而責以種國身家之重能乎否乎洪逆之亂吾幾不國然卒定大亂而致中興者皆由胡曾左羅諸公講求孔孟程朱之學來也中國談洋務三十年矣以不尊　孔教徒事西學之流濫等其間所以有甲申甲午之敗也自茲以後大勢益危他日能濟大艱持大局爲種國身家所繫者其必在力倡　孔教之人乎今日中國之禍、莫大於教案、蓋存亡之所在也、然推原其故、由於各國不認我爲教化之國、於是保護者只有西教、而孔子不得與、若人人以孔教爲心、傳其教於五洲、則各國當以公教相待、一律保護、此時自無教禍矣、此保全中國之第一要事、然知斯義者寡矣、夫教猶國也、已能自立、則各國以平等相待、認其自主、無復有相欺之事、吾昔欲與日本志士、立一孔教會、以爲興亞之策、日人曰、中國今日人心不一、國勢之衰、誠患無教、然孔子出于中國、中國不能行、何望日本、吾等祇可作會員耳、不能作會首也、吾因是而罷議焉、考儒教之初魏文漢武即立博士洎漢武之世罷黜百家獨尊　孔子斯時家奉　孔子之教人守　孔子之道士無異行鄉無異俗政治之美人才之盛爲古今冠魏晋之間取跅弛之士尙莊老之談儒術衰息斯文墜地至五胡之亂而民無焦類矣播及隋唐重詞章談佛學以周公集大成黜　孔子爲先師立太公曰武廟貶　孔子爲文廟顔眞卿吳培之徒尤無知妄作大倡謺言定婦女不得祀孔子之禁宋明諸儒雖力尊聖學然言之太高苦而難行尊而弗親譬之偏安割據僅足圖存非復大一統之基業矣我朝開國之始宋學盛行乾嘉而後崇尙訓詁大義昧沒豐蔀天下於

是六經東閣等於焚書士智鄙塞有如聾瞽蓋教之所存者寡矣況値异類相迫外教侵軼者乎夫教既不保則種何有焉種既不保國何有焉國既不保家何有焉家既不保身何有焉教之所繫不綦重哉念及此能無惘耶昔康熙三十四年　聖祖仁皇帝遣大臣吴涵爲民祈福於孔廟大哉　皇猷蓋深知種國身家之甚有賴於教哉惜薄海士庶不知斯義上達　聖意故有今日之禍耳頃憂危益切士習頓變桂之聖學會湘之南學會　京師之保國會皆能遠法先聖之深意掃除千年之惡俗大倡　孔子之教者海外逖聽欣忭奚極既倡學校以育人才設報館以開民智立戒煙會不纏足會以除錮疾今復崇祀　孔子以定一尊端其趨向庶幾推行漸廣風氣漸移收已去之人心弭未來之隱患光　聖教於异域作屏藩於漢室則亦區區之心所竊自幸矣

倡祀孔子章程附

一崇祀　孔子自今年八月廿七日　聖誕始此後永遠垂爲定例

一現當開辦之始未能建立　孔廟擬先在中華會舘設立　聖像以昭肅敬

一逢　聖誕日闔埠各舖戶一律升旗張燈致賀

一逢　聖誕日、闔埠不論男女老少、皆當親到會館行禮、上午則男子恭祝、下午則女子恭祝、以示有區別、

一逢　聖誕日、凡致祭者、皆守禮經燔柴之義、香燭寶帛之類、一切省免、

一今年開辦之初、　聖誕日、闔埠公舉董事四十五人、勷辦此事、每年公舉一次、以十人爲額、此後垂爲定例、

一逢　聖誕日、不論工商、闔埠停工一天、如有要事、不停者聽、

一逢　聖誕日祀　孔子畢、即在會館宴飲、以隆此舉、

一凡祀　孔子者、每人例捐銀七毫五仙、與宴飲之事者、例捐銀貳元、若能捐多者聽、

一自今年崇祀　聖誕後、闔埠華人除用光緒紀年外、當兼用　孔子紀年、以示尊王保教之意、至於西人禮拜之日、即　孔子七日來復之制、亦宜恪守斯義、以示不忘、海外之人、習氣甚深、幾不知有孔子之教、故復行此義、以昭敬愛、而示不忘、

一開辦章程及尊聖歌、將來都輯成書、遍派中外、使人朝夕諷誦、勿背其本、

一各捐欵除　聖誕日支銷外、即貯會館中、作下年經費、

宗教

萬國新地理學答問 譯普通小學校叢書續十冊

日本 橋本海關譯

問 國家富强之源如何。

答 版圖廣人民多此謂大國然猶未得目爲富强使國家富强者不可不備後聞所列諸項。

一 邦土位置得宜。

二 氣候溫和交通便利。

三 地質肥沃宜於耕種。

四 天產物富饒。

五 人民智識開發有能制御外國事物勢力。

六 國民上下一心共圖富强。

七 國民皆以忠愛爲心。

八 紀綱整肅其政畧不背於治道。

凡此諸項中以人民智識開發及忠愛情深爲最重無此二者其國必不能富强。

問　獨立國附庸國保護國其權如何

答　獨立國者一國自立其施政毫不受他國掣肘也附庸國者隸屬他邦其國民不能自主也保護國者國勢危於累卵必賴他國干涉內政乃能苟延旦夕也

問　地球上人類開明程度如何

答　欲分地球上人類智識開否須將道德程度生計程度並社會形狀區爲三大段卽未開半開及開明是也

未開國民住于帳幕或粗拙屋舍又隨牧草爲轉移食家畜飲獸乳其從事漁獵耕種牧畜者雖有工業貿易等須然究乏器械而且雖有文字讀書者稀如韃靼人亞剌比亞人及亞非利加諸種族是也

半開國民比未開化者相去已遠農工商等業大興有無相通學術亦嫺技藝亦進建都市重禮義有智識道德可見惜是古非今動多拘執不能視其會通如中國波斯土耳其是也

開明國民人類中爲最著篤於文學嫺於技藝長於農工商各業而且風俗優美尙德義

教禮讓重自由各有固志一切權利辨之甚明其忠君愛國之心彼此如一兼之國富兵强內外交通東西不隔雖千里之遠視若比隣如日本帝國及西歐諸國亞美利加合衆國是也

問　人類自然需要品如何

答　人生需要品其類雖多不離衣食住三者也然而俗之文質氣之寒暖地之東西亦各有差故凡飲食物隨其所在以爲斷大都在熱地者蔬菜爲主在寒地者肉類爲主在暖地者則兼用蔬菜與肉類也

衣服亦隨天氣冷熱人情習慣及貧富相懸者以爲差如寒地居民多服獸皮與毛布熱地人民即用麻布是也

住居亦如飲食衣服各處不同如在寒地者必要堅牢在熱地者未免粗拙即其證也

問　人類生業種類如何

答　人類生業即農業獵業漁業工業鑛業商業運輸業保險業及醫事軍事法律政治文學宗教等是也然此等生業亦各隨天氣地質位置而定而且雖同是生業又必視文明開

進與否及其營外界事情以營之至其營業方法甲地與乙地不可不大異其趣也

問　地球上交通如何

答　交通便否最關於國家文明發達故自某地向某地人人往來與百貨運輸不可不開其便利苟得交通便利則流通百貨繁生產物易易而已其交通之要有三曰通路曰運送力曰運轉力是也

分通路爲二即陸路水路也陸路即合蹟哈拉砂漠商隊通路平坦砥路修肅街衢並鐵道而言之水路即合河湖運河及海洋而言之也

道路在烟戶稠密工業繁盛開明國其數甚多人民智識位在劣等者道路不修其數亦少至如陸路由人民用力以開之故時有圮壞之憂水路則不然大半可利用天然路無此患矣

運送具隨通路愈開益極其便利如轎輿廢而爲人力車帆船廢而爲火輪船牛車馬車廢爲火輪車飛脚廢爲郵便配達夫爲電信爲電話是也

日本　大橋鐵太郎譯

清俄兩國人相軋於吉林　譯西九月三日國民新報

清俄兩國人相軋于吉林。蓋已久矣。然近來愈甚。聞因俄國欲築西伯利亞鐵道支線。於奉天府及營口地方。已派技師工役多人。測量此地。吉林人大怒。爰集議諸處。日夜謀拒俄人。該省將軍延茂上奏。曰前因中俄修東方鐵路。此後交涉愈繁。擬請於省城設立交涉總局。派員經理其事。自旅大允租以後。據俄總監路哥烏賢威由倚電文。吉林省鐵軌。自伯都添築枝路。經長春。趨奉天。以達營口。而俄員礦師兵役工匠等。來吉林辦事者。紛至沓來。較前不啻倍蓰。舉凡勘路採礦買地伐木各事。無論緩急鉅細。均歸總局查核。非有臨機肆應之才。操縱其間。不惟易生枝節。且恐不足以敦睦誼。況吉林地處極邊。風氣初開。旗民見聞本隘。自議開鐵路。人心疑懼。藉非有心地明白。曉暢事機人員。以維持之。誠恐貽誤云云。

俄急於經營遼東　譯西九月三日時事報

客月十五日牛莊有信。曰俄國配置兵二万五千人于牛莊旅順間。移送新巨砲百門。各砲臺工事甚急。且開旅順船渠。旅大兩處。中俄人相混。共修諸砲臺及馬頭。屋少人多。因幕居于野

外者二百餘人。若經此地街道。無不見有俄兵也。鐵道線路測量。亦十分急切。以現勢觀之。工竣後俄國必大張鴟翼於東太平洋。計俄國軍艦警備旅大間者。已十三艘矣。

膠州灣近狀　譯西九月三日國民新報

某昨還自膠州灣。傳德國紳商談話曰。此灣以昨年爲德所占有。至今猶未改舊觀。如防禦亦甚空虛。只有一德國銀行分局。以木爲之而已。大約因防波堤築造未成。難施工事。至青島尤不適。於軍港。將計畫移之他處云。

粤亂復熾　譯西九月二日國民新報

廣西地方叛徒再起。前已報之。今又據上海電報。謂廣西全省再爲賊藪。勢頗猖獗。叛軍一隊進至距廣東五十里處。聲言曰。不逐外夷。斷不肯退。黑旗兵堅守廣東迤北一帶地。防其竄入。兩廣總督禁諸新報。勿傳叛賊勝官軍。清帝下詔。務期以一月內一律肅清。並褫廣西巡撫職。

蘆漢鐵道定約批准　譯西九月二日國民新報

法白尸痕啢呆託。與中國政府定開築蘆漢道鐵約。未嘗批准。前月十一日。倫敦報載北京通信曰。已批准矣。然此日多倚磨斯報。又載北京通報。曰實未批准。因此國公使迫中國政府乞

速岀批准上諭。英國恐其不利於已。故極力沮之焉。然據上海某報。則謂批准巳於前月付之矣。

中國駐韓公使易人 譯西九月二日時事報

翰林院編修張亨嘉。任駐韓公使。辭不拜。更以安徽按察使徐壽朋代之。徐嘗任參贊官駐美數年。頗通內外時勢。淸日通商訂結條約時。助張蔭桓竭力中國政府。遣徐氏任全權公使。其心盖有所謀也。

論英俄關繫 譯西九月二日時事報

英大臣嫂路治培利氏。嘗公言於英國議會前。已報之。當時聞言者。各以其心自謀。曰英政府必排俄國駁論。以英國資財。開築山海關牛莊間鐵道也。不料未及數日。俄國已脅中國政府。定後開各條項。

一 鐵道不可爲借欵抵當。

一 事無鉅細。不可許諸外國干涉監督。及一切主權。即令有事不測。不可以會計監督。付許外國人。

此即俄國妨碍英國利益者事果屬實。英國擁財者。亦必不肯出資也。英國果欲用何策乎。胡聿芬爲北方鐵道總辦。約借資於香港上海銀行。即以鐵道爲按併付監督權于某財主。已在前數月盖印訂約。今乃反汙如此。英國豈可默然而止哉。英國所得於中國利益。昨年以來。雖覺不少。然皆與俄國痛癢不相關。在西班牙葡萄牙。皆可得之也。英國對清策。從來萎靡不振。前日嫂氏所言。差强人意矣。然吾惜其言之不早。故俄國不以爲意。斷然逼中國使踐前約。於是嫂氏論。不過爲一時虛喝也。然則英國將能毋默然而止乎。昨英國公使馬苦獨那路獨氏。冒暑還自西山。向總理衙門。幾回談論。世人當傾耳聞之也。

天津埠頭稅 譯西九月三日時事報

駐天津日本領事報日政府曰。天津埠頭稅。其輸出入貨物。以償浚渫白河工費也。其畧如左。白河至近歲淤積太多。淺而且狹。火船不能直遡天津租界。漸繫下流塘沽。轉送貨物。不便最甚。故昨年春駐津各國領事。與商業會議所各員議。欲浚渫白河。即使技師測之。又與中國地方官議彼此協力。以既厥事。豫算經費銀二十五万兩。中國地方官占十万兩。其餘十万兩。由駐津各國人任之。各國人因再集議。發浚渫白河公債票于英國租界。英國米尸疤路卞烏痕

戸路即用此以爲按物借資香港上海銀行年息六分約以十年爲期其淸還法凡在本港輸出入物賦埠頭稅出稅關管其事以徵收之稅關長布示公衆定八月一日爲始其稅額如左

一正稅貨物　正稅之一分

一半稅貨物　半稅之二分

後列特稅五品

一鴉片　每擔關稅三仙

一內地消耗紅茶並綠茶　每擔關稅一分二厘五毛

一俄羅斯行用磚茶　每擔關稅三厘

一俄羅斯行用紅茶並綠茶　每擔關稅三厘

一內地消耗磚茶　每擔關稅四厘

一凡此等貨物當再輸出時雖蠲除修河稅然來港之時前所已納修河稅不得返交

一輸入貨物有蠲稅執照及已經納稅者乃照計其所付與免稅執照輸出港原稅額徵收其一分額爲修河稅

英禁閉港 譯西八月二十六日國民新報

中國貿易市場。若爲他國所閉。後難再開。故英國斷然諭令列國勿閉焉。

英國測量福州 譯西八月二十六日國民報

前報法國要求福州近邑。日英兩國。亦有議及此地者。昨又得一報。曰英國軍艦利痕內茲託。測量福州。英國公使因此事。亦大費躊躇焉。

俄國在中國開築鐵道 譯西八月二十七日國民新報

俄國開築滿州鐵道。請總理衙門。募集中國工役一万八千人。並示諭直隸奉天山東三省。無得阻撓云。

膠州灣大改革 譯西八月二十七日神戶又新報

德政府欲改革膠州灣。聞先築第一等港于灣。使得容大船巨舶。又擬開設一都會。然不便以青島爲新都地。且其灣遠淺。不堪築港。因別尋他地云。又曾約於新都未開以前。其地不問何時。苟有可用。德政府可向土人購之。至開都後。乃公許土地所有云。

英俄在波斯相閱 譯西九月一日時事新報

前者英俄相閲於中國事。殆將平。頃間兩國又相閲於波斯。聞英國聯會銀行。欲多貸金于波斯。以其海關爲按。議殆決矣。忽爲俄國所阸。遂作罷論。英國有一議員至議院。問英外務次官卡捕痕氏以此事。氏託辭曰。波斯所求太奢。故不能成約。且曰。波斯不求受英國保護。如清國。故無從于預。亦未至爲俄國壓迫也。

淡水福州間海底電線 譯西八月二十九日時事報

臺灣總督府決議。欲置海底電線于淡水福州間。已得遞信省允。將電線轉換。待火船沖繩載自北海道至。以布之。諒九月杪必成焉。

中國官吏視察農工 譯西八月二十七日大阪朝日報

湖北省漢陽縣官吏劉偉庵。前數日自神戸至大阪。欲觀察大阪農工兩學校實況。因赴各府農學校。至淸水八百松樓午食。已畢。至堺浦大濱。入夜還中之島岡田氏宿焉。更欲觀察工業學校。會暑期休業。不果。昨朝已乘輪車。再還神戸。

墺國軍艦 譯西八月二十八日時事新報

墺國軍艦布洛斯拔苦。昨早發橫濱。入神戸港。碇繫未去。

墺國騷擾 譯西八月二十九日時事報

頃墺匈兩國多難。捕煕米亞事未畢。日墺條約不得批准。又前日洛倚鐵路報變。曰額利戸亞州擾亂。廢各地陪審官制度。排斥猶太人。其地主與政府抗勢極恟恟。政府恐其難制。乃停止憲法民權。悉捕暴徒刑之。不料近日勢愈熾。政府亦知停止憲法民權。故致此亂。墺帝深以爲憂。皇后心不平。聞帝將有避位之志焉。或謂帝若去位。此後墺匈兩與國亂端當日生云。

美國講和委員 譯西八月三十日國民新報

西八月二十四日華盛頓報。載美西講和委員姓名如左。

國務卿 笛倚氏 元老院議員 笛烏倚斯氏（元老院外交委員長） 元老院議員 布拉倚氏（元老院外交委員） 新報記者 化滑倚託洛烏利獨氏（紐育託利皮由痕記者前列泒捕利卡痕黨嘗任法國大使）

判事 化滑倚託氏（卡利布墺路尼耶選出代議院議員）

判事化滑倚託氏。雖有此命。未拜。其他諸委員。以九月中旬向巴里。或曰笛倚氏將罷職。大使化威氏承其後。國務次官木路氏。當任講和委員書記長云。

美國戰費並死傷人員 譯西八月三十日國民新報

合衆國此役戰費給二億九千二百万弗。已支消一億二千三百万弗。據美政府概算臚列如左。

戰死並傷者

戰死　將校士卒二百四十七人　傷者　將校士卒千三百二十三人　出亡者　八十一人

戰費支給數

兵員徵集輸送費並輸送船費	一七、〇〇〇、〇〇〇
席內拉路尸耶布多路軍二十三日間糧食	五〇〇、〇〇〇
古巴人救濟費	一、五〇〇、〇〇〇
海軍追加費	二〇、〇〇〇、〇〇〇
彈藥費	八、〇〇〇、〇〇〇
兵員徵收給養費	一〇、〇〇〇、〇〇〇
天幕被服及野營戰具費	九、〇〇〇、〇〇〇

騾馬費	四、〇〇〇、〇〇〇
軍艦煤炭費	四、〇〇〇、〇〇〇
陸軍將校及士卒支給金	一七、〇〇〇、〇〇〇
海軍將校及士卒支給金	三、〇〇〇、〇〇〇
沿海防備費	八、〇〇〇、〇〇〇
海港水雷沈設費	一、五〇〇、〇〇〇
海底電線並電信機加增費	二、五〇〇、〇〇〇
軍事書記及臨時僱員俸並諸費	一、〇〇〇、〇〇〇
機密增加費並捕虜西班牙人待遇費	五〇〇、〇〇〇
隫痕隝亞砲臺攻擊彈藥費	四、〇〇〇、〇〇〇
戰役準備諸費	六、五〇〇、〇〇〇
合計	一二三、〇〇〇、〇〇〇

俄國改正女服 譯西八月二十七日神戶又新報

俄國文部大臣歇斯捕咘痕岳路咘由澳氏。嚴禁大學。中學。美術。音樂諸學校。一切女學生徒不得用細帶。盖氏巡按諸校多年。知少女以細帶纏腹有害於身。故禁之云。

俄德爭關稅 譯西八月二十六日國民新報

德俄因通商不和。或云。此必以關稅之事起兵。又據倫敦報曰。所謂起兵者。非眞起兵也。祇爭關稅耳。其事則甲國重稅乙國輸入物。乙國亦重稅甲國輸入物。互相爭利之謂也。此必在商議稅則時有是爭者也。

俄國計畫西亞細亞鐵道 譯西八月二十六日國民新報

俄國人卡普尼斯託氏。請土耳其皇。曰自地中海東岸尸里耶託利撲里港。至波斯灣。開築鐵道。若得所請。歐州抵孟買。比之經蘇士運河方至孟買。可減五日程云。

俄國計畫擴張陸軍 譯西八月二十七日國民報

俄國自今帝即位後。陸軍大加擴張。新置二軍團。別增騎兵。砲兵。及東部西伯利亞屯兵。今又畫策增置四軍團。俄國陸軍。現已二倍墺國。倘增置策成。多於德國者凡八軍團云。此事見於墺國兵事新報。

德法競爭比利時貿易　譯西八月二十七日國民新報

德國貿易在比利時爲最盛勢已壓倒法國近歲尤甚一千八百九十七年比國輸出貨物于法者其數二億八千四百萬馬克以上（日貨一圓交一馬克　德貨一馬克六斤二分一）輸出德國者三億一千万馬克以上此歲法國輸入物頓減二億九千九百萬馬克德國輸入物頓增二億萬馬克

俄國風鶴　譯西八月二十七日國民新報

據倫敦報謂俄目下諸新報傳異事曰英國將派軍艦三十餘艘至俄京近傍拔路鴠茲苦海大行演習此恐俄人風聲鶴唳而已

俄國將迫波斯求地　譯西九月三日時事報

英國外務次官卡孰痕氏客月五日至下院答其議員問曰英政府聞某大國欲得一港於波斯灣已圖其事此灣商業英國占三分之一故政府宜留意焉某大國盖謂俄國也俄國前已得開築鐵道于波斯權今更垂涎於其港灣封豕長蛇患莫大焉

墺帝憤怒　譯西九月三日時事報

墺國有德國黨頑抗墺政府命德人在墺國闢地者公然集衆說曰此地以併合於德國爲可

墺帝聞而大怒。下令總理大臣玆痕氏曰。宜以强禦策鎭壓德人。反抗政府者雖有背憲法。亦無妨也。

英國皇太子妃還故鄉 譯西九月三日時事報

英國皇太子妃遽還其鄉丁抹國。或曰此與太子不和故也。或又曰妃應俄皇太后招也。皇太后深冀俄英聯合。觀近日形勢益急。大憂之。因會姊妹于哥片痕哈痕呆痕。母后前欲謀解英俄絕東紛爭事也。

美國軍事公債成功 譯西九月二日國民新報

美國募公債佐軍。至七月十四日。告成數共十三億六千五百萬弗云。

小呂宋宣言書 譯西九月三日國民新報

美國比律賓總督美利玆託氏。於占有小呂宋翌日。即客月十四日公布宣言書。其要如左。

一 未詳。

二 比律賓人民。無被徵求戰役及戰費。又切望平和。竭忠於美國政廳者。其營業財產私權。美政府不敢犯之。

三　現時舉法行事。凡目下民事。於地方前日行政規律刑法。倘不抵觸新政者。即宜依舊用之。

四　未詳。

五　麻尼拉既併。今後凡占有諸港。徵收普通關稅。可開於中立國。戰時禁制品在例外。

六　宗教文藝及學術上築造物。一爲美政府所輔翼。非有軍事急要。不許破壞。

西班牙麻尼拉總督啲澳笛內斯氏。亦發宣言書曰。陸兵水兵及義勇兵。能堪城守久矣。其勇義固我本國政府所嗟賞也。即美軍亦交稱之。見于降服條約書中。諸子依此條約。任美國以捕虜相待。至如兵器。後必還附。予決不背諸子平素訓練。貽羞本國也。

旅順口司令長官　譯西九月三日國民新報

俄國海軍少將斯多苦氏。任旅順口軍港司令長官。陸軍大佐哥洛獨烏斯基氏。任旅大砲兵隊司令長官。

美檀兩國間海底電線

檀香山政府與美國斯苦利磨噴會社約。欲布置海底電線。

俄國干涉波斯公債

俄國在中國沮英國公債今又在波斯干涉英國銀行尸痕噃呆託以波斯關稅爲按

美國商民欲占領比律賓 譯西八月二十四日每日報

自美西議和以來美國人民欲占領比律賓島議論鼎沸前屢報之美國商民協會議次具陳商業關係比律賓島者哀訴大統領馬茲幾痕列請領有之議竟決商業會議所亦有此言目下奔走周旋向各要津游說甚力云事見前月二十九日桑港信

英國海軍老將仙逝 譯西八月二十四日每日新報

英國海軍老將託麥斯利苦馬茲尸氏客月十一日病故年九十七氏千八百二年生年甫十七投身海軍戮力於那母亞利諾培威洛託尸獨痕息痕託噃賢亞痕達苦路黑海及淸國各地前後有功以年已老仍任海軍將校職人呼爲英國海軍父祖云

論西班牙國將來 譯西八月八日大阪朝日報

據前馬德里駐劄美國大使哈痕尼斯鐵倚拉氏刋行北美評論曰西班牙二大王政黨保守黨及自由黨自千八百七十五年現下王朝再興以來決意相結合欲以抗共和黨卡洛斯黨果能如

此。雖西班牙政教不修。已喪其殖民地。洛咩洛氏及烏賢倚拉氏等。又復挑發內亂。然此二大政黨相結托。則西國運命不至沾危。茍詳細覈查西班牙政府現狀。未敢謂西國易姓之期至。然則現王朝何以亡滅。賢明攝政皇后何以斥逐。蓋皇后與王。不有國難之責也。況今日西皇后馬利耶。苦利斯鳩之德。有未易知者乎。此際抑制內亂暴發。轉亡爲存。即皇后之力也。今西國爲暗黑時代。僅有皇后懿德。發一道光明以照之。憂國之士。皆環繞其旁。若王制存而皇后崩。彼獨痕卡洛斯。必登王位。夫卡洛斯本斗筲才。人皆知之。然卡氏久竊大柄。則一世紀間其必君臨西國可知也。惟西人伶俐。又拒斥卡氏黨。當此之時。顚覆王政。建設共和政体。然特恐政体雖善。未尽合國民之情。此亦如法蘭西國。欲將先祖世襲君主制與共和制調和得宜。激而相爭。久經歲月。經幾回革命。乃漸致今日也。然而西國未曾有此經驗。又無其準備。殷鑑不遠。觀一千八百七十三四年失敗可知。且共和党首領卡斯鐵拉氏。亦未通共和政体云云。

比律賓島總督 譯西九月一日時事新報

頃者前比律賓島總督。亞痕餓斯鳩痕氏。乘德國艦。遁小呂宋。前已報之。西八月十七日聞又携帶妻子。乘德國某火船。向香港。

日本開港地施行細則 譯西九月三日時事報

日本遞信大臣林有造以遞信省令第十六號布示開港地各細則并定實施日期如左

開港施行細則

第一條 港務局官吏臨撿船舶觀船舶体無異須交付第一號驗明書于船長

第二條 欲移轉港長所示定泊船處船長宜稟請港務局待其允許

第三條 船舶入港須依第二號書式稟告港務局

第四條 開港地港則第九條有所謂爆發物者即指普拉斯鳩痕餓席拉鳩痕彈藥包爆發管達倚那厤威託煙火導火管席利餓那威託那倚託洛餓利息痕火藥棉火藥無煙火藥及雷管等而言條中謂可容易燃燒物料者乃指普路麥油生煤油煤油那布多那布多利痕拉痕餓痕油洛玆苦油松精油類及其他照華氏針九十五度以上熱度即自發火等物也

第五條 所設備船舶大砲每一門火藥五十發導火管類七十箇每小銃一口火藥百發雷管五十箇並信號用榴彈火箭烟管救命熖之外凡屬爆發之材料除常用物外皆不得載

第六條　除信號用外。凡在港界內發銃砲及煙火等。須預早稟請港務局。待其允許。

第七條　在港界內繫船舶。或又欲加修繕。可豫稟請于港務局。

第八條　開港地港則。第十二條。第六項。凡船舶中倘有獸類傳染病發。宜速稟告其事于港務局。

第九條　凡船舶欲棄去動物死体灰燼塵埃。宜用港務局所備置塵船以棄之。

第十條　船舶主欲用繫船浮標。船長須據該船某號書式。添使用稅稟請港務局。待其允許。

第十一條　船舶主既得繫船浮標。即可依港長所指定繫船浮標用之。若港長有所慮。即可得命使變換其浮標焉。

第十二條　凡船舶欲出港外。須據第四號書式。稟告出港。外國通航船。已經前項式畢。得乞交付船体無異驗據。此時宜納金五圓。以爲薪金。凡以己事煩人。納其謝金。即薪金也。但無驗據。悉依第五號書式。

第十三條　凡火船以一定日期發者。出入稟告一回。可依第六號書式。

法律

比利時國現行選舉法

譯西七月一日法學協會雜報續十册

日本 角谷大三郎譯

第二十七條 前條通知使村市警察官徵其收條。以送附之。若無收條。即可口述以通其信。

第二十八條 選擧人名簿並身分副本。宜合其登簿公民一切權利執照。若執照與名簿確定後。不出二十四時間。即送付其郡委員局。

名薄副本。可付村市書記局保存之。

名簿他副本。可送付州會常置員。

領收名簿。以郡委員所交付收條。爲證。

凡此收條。已達委員局後。不出二十四點時。宜回送其村市長聯會。以記於州會各官所記名之簿。

第二十九條 不論何人。可在村市及郡委員局。檢閱名簿。又可得撿閱前條記載身分及其餘書類副本。

第二章 異議

第三十條　凡以名簿中記載失實或姓名脫漏或原文削除等事恐致損其權利者宜添其確證關繫等書得就州會常置委員而異議之

第三十一條　凡亨有私權及政權者其郡區及村市區名簿中倘有記載不實或削除或脫漏可得異議之各委員亦得以其職權爲之申辨凡有與此人關繫者亦得聞其異言算自聞其異言日十日內即答辨之

第三十二條　對名簿稽製異言期以九月二十五日內可告州會書記局或以信達亦無不可若過期而始異議乃爲自誤

凡此異言特別簿中可附記之又所受異言各官宜交附領收其異言之證書然第二十六條規定通知倘後期不爲則選舉人算自其通知日爲始凡在十日內者仍可得異議其脫漏及塗抹等

第三十三條　凡選舉人請公錄名簿者未經村市長所査則於前條規定日期不可先禀告村市廳村市廳待其期已畢即要揭示凡請求登錄姓名者揭示五日後即撤去之五日以前依然揭示

凡享有私權及公權者。揭示姓名後期。於五日間。得干涉其郡區及村市選擧區人名簿爭議。此干涉則就常置委員行之。然必要報其對家。

第三十四條　常置委員。可得爲豫審之事。常置委員欲開豫審。可得囑其裁判所。各區妥辦各判事。

第三十五條　在判事前已開訊問。凡州會書記要送付判決主文於該判事。經理者即告知於各當事。然後定對訴日期。至豫審稽書正本。即可送付其委員。凡各當事者告示書。可以公文由郵便送付之。各當事者。可得以他人代。已涖豫審院。

第三十六條　凡豫審常置委員一人。其所請求豫審理由。並豫審判決。公開而告之。但投票則仍屬秘密。投票同其數。則不變更前年名簿。常置委員待決議定。即可附裁其顚末。

第三十七條　常置委員判定一切之爭。必要在十一月三十日以內。若至期不能判定。常置委員必示其遲延之故。然後可定各當事者判決期。

第三十八條　常置委員於一切關係書類竝判定書類毫不得變更要示明於各當事者及其代理人

第三十九條　凡異議書達於常置委員及在其行政上訊問時所得一切參考書類報告書類皆經會長以下書記官記號署名然後及控訴之日綴送于控訴院書記局之書類中

第四十條　常置委員判決直移送其郡委員據第二十七條可通知各當事者

第三章　控訴

第四十一條　各當事者得常置委員判決以便控訴於其管轄控訴院凡此等權利當撿閱名簿之時倘選擧人不登錄其郡區村市區名簿者亦有可命其記載之權自行撿閱郡委員爲審理搆成則知事員自起控訴又受控訴

日本 橋本海關譯

俄國農事 譯西八月五日太陽報

俄國彊土極廣大與日本僅隔一衣帶水耳西伯利亞鐵道不出數年將竣工日俄通商自此益繁故日人欲知俄國農事在今日不爲最要前歲恒藤農學士奉官命蒞萬國地質會議查勘俄國農事而還茲照譯之

譯俄舊都莫斯科東至烏拉路山脉其間皆曠野夏季氣候乾燥不可耕耘實則土地肥沃惟生殖不饒耳及近烏拉路山脉雨多植物得宜加以地質甚肥農產極豐經此山脉入于西比利亞現時田疇尙少鐵道近傍漸有墾者然可以田爲之區全土皆然倘加以人力可決農產得宜他日人口繁殖西比利亞一帶必無棄地觀其耕種則西在德國近傍現有二三良田養苗亦甚爲得法至烏拉路地方頗覺鹵莽農產中以小麥爲主其餘皆食用物多蕎麥及馬鈴薯至其種麥則耙草原淺處以播種收獲時至即合雜草而刈之莽鹵如此故勞費亦少土地廣大豐饒可以廉價佃之烏拉路地方倚卡鐵痕培路俄每小麥粉四斗五升價僅四角烏拉路地方又多牧牛以夏季爲最盛至秋季即擇肥者輸送莫斯科近傍以應都市需用自烏拉

路至莫斯科。其間相距約二千五百英里。輸送此等遠路。尚獲利者。蓋以土地廣大。鹵莽農家工銀太廉。物產極少所致也。

凡此等農物。及工業用料。若得鐵道之便。則西比利亞物產。輸入必易。唯現時人口少。荒田多未闢墾。物產不能遽增。然鐵路既開。人口繁殖。物產亦漸多。自然之勢也。現歐洲各國農產者。每苦爲俄國所輸入。至近歲以德國爲最甚。因俄國以廉價輸送原料故也。西比利亞鐵路苟通。住民次第加增。必利用火車。以輸送農物于日本。日本謀生者。不宜晏然而坐也。或曰西比利亞地。雖廣大肥沃。然爲氣候所累。農物恐不繁殖。輸出正自不易。蓋烏拉路地方溫度最高。不過攝氏針十八度。似乎農產爲天所靳。惟有小麥。每歲豐登。然尚不免氣候感化。變爲矮生一種。僅堪製造麵包而已。果然則西比利亞地方。惟宜於小麥。顧其黑壤宜於生殖者居多。經烏拉路山脉。直延亘西比利亞。則俄國農殖益加。可知也。俄國黑壤。極宜農物。其面積約有一億万頃。過于日本耕地約二十倍。此黑壤現皆深林曠野。未化爲耕農地。倘漸次開墾。以至成功。其虧折宇內農事不少也。且此黑壤之區。就俄國內稽查之。倘未稽查西比利亞各地。其位置自俄國中央。畧偏於南。東起烏拉路山脉。西接路烏馬尼耶。延亘撲獨洛斯苦。南抵苦利米

耶。瀕于黑海。接連哥烏卡賾斯山脉。地區廣大如此。氣候亦屬俄國中溫暖部位。故現時耕地雖少。將來愈繁可知也。凡黑土極宜於農物。盖其燐酸及加里石灰等與日本沃壤比。更多含四五倍。其生機暢大。非無理也。

俄國南方氣候溫暖。土壤槪黑。生物極豐。除食用植物外。如亞麻及大麻。皆工藝原料。生殖最盛。亞麻產額約七八千萬斗。至如大麻。尤占全歐所產四分之一。其餘甜菜煙葉等。生殖亦多。此地物產最著名者。爲岩壚食料鹽。如山積。其產額之多。不可以數計。產鹽地距亞執布海岸不甚遠。加以有鐵道之便。又黑海沿岸有息拔斯託撲路。鐵道交通。將來我海運發達。輸入此等食鹽。亦不難也。

踰南方平地。更至哥烏卡斯山傍。山脉南側。有一帶坦地。連接山中。育綿羊最盛。牧者動至數万。農物以大麥爲主。風土得宜。故大麥品質極佳。然農事未精甚多可笑。凡收麥皆不用田器。鹵莽可知。至哥烏卞賾斯州坦地。諸業盛大。氣候亦溫暖。農物種類甚夥。其瀕卞斯披亞痕海之地。降雨極稀。植物不能生育。及赴西方。雨又加多。至黑海沿岸。氣候濕潤。植物易生育。農業極盛大。此地近歲移植茶樹。雖培養尚未得法。然生質頗佳。播種經四五年者。皆有所穫。若培

養不怠。生殖可期。黑海沿岸地。宜於植茶處。幾及日本全國之半。其大部位。猶屬耕地。故計其茶產亦甚易也。苦利美耶地方地質肥沃。氣候溫暖。富於各種農物。以葡萄爲最多。而煙葉次之。其大端既如上文所述。雖俄國部內間多氣候土壤兩不得宜之地。然閱俄政府所統計。凡食用農物。仰外國輸入者。已絕無之。每歲且有輸出外國者。自千八百六十年至九十二年。計其最少輸出年額如左。

千八百九十二年輸出額　普茲斗　一普茲斗中國二十七斤半

小麥	八一、四四六	玉蜀黍	二一、五八〇
拉威麥	一二、〇四〇	豌豆	二、四九八
大麥	四三、八四二	蠶豆	〇、九九二
燕麥	二五、〇五五	麥粉	六、二三一
蕎麥	〇、六九三	其他雜穀	五、一一五
粟	〇、一八二	合計	一九四、七五八

以是觀之。食用農物。俄國常有餘裕矣。至其工藝用農物。亦多輸出。現今實勢如此。此等廣大地面。他日開墾之。並加運輸之便。俄國必加數倍物產。西伯利亞鐵道苟成。虧折日本生計不少也。

日本　橋本海關譯

論煤氣燈將來進步　譯西九月十日工業雜誌

英國博士某氏蒞英京倫敦技藝協會演論曰可用白堊一噸生出煤氣三万四千立方尺又論及用此物生熟新法言此新法從已來實驗生熟可多三倍餘至其經費每一千立方尺僅值英貨三片（一片四仙一釐一毛）倘各電燈局用此新法其廉價非他法所及且可速生電力雖白堊價値或因是而昂貴然一舉兩得實屬有効也事見英國商業雜志

西洋機器抄紙法　譯技藝百科全書

凡植物纖緯不問其質如何総皆可供製紙料其中有用藁稈製者有用爛布製者更有用綿屑製者其用極多然此等物乃專用粗品而混製粗惡紙者也近又有以石製者以木製者在日本國則用木材造紙居多如楮皮等是也

方今用紙槪用機器製之用手製古法者至稀故專就器機製法而述之然西洋各國製紙廠妙法每秘而不泄又不使他人入廠內觀其製法故凡當工者其廠主初用之時必約終身居是職又不許辭廠爲他處製紙工人故人皆緘口不言其法因此不知其詳細也

今試先陳爛布製紙法。夫爛布之入于製紙廠也。首擇其美惡。分爲四五種。檢其有合於製紙與否。并有損於機器與否。凡遺針扣鈕堅質等物。速卽除去。

次加之于庖刀。使向天者觸其刄。方形而切斷之。凡四寸許。堅圓如軸。俾易振搖。塵埃混襍其內者。盡離皆脫。於是隨其品質良否。每重約八斤。炭酸曹達百二十一斤。並加生石灰。比炭酸曹達約三分之一爲度。同投之苛姓亞爾加利鹽水中。共煑之。

煑畢後。直可移致洗滌器。此洗滌器裝置于大橢圓形石盤內。有淨水。自相灌注不斷。因器中有一端吐出處也。盛爛布於此機中。其所迸射之水。自能洗滌其粘滯污垢。故使之潔白爲極速也。此石盤側。又有一機器。再將爛布洗滌而粉碎之。名曰粉碎器。此機器裝置以橢圓形水盥而成。多用木造。裏面貼付鉛銅。盥內有一軸。軸上穿溝。回轉板上。板上亦設溝。挾爛布於其兩間。以爲細片。由是軸上溝與板面溝自相抵觸。片片將爛布裂碎。如用剪刀裁切之。此盥中水。注入自其一邊。自他一邊小孔流出。常使滿盥中。凡成粉碎。約要一點半鐘時。於是爛布柔軟結爲一塊。始可施晒白法。其未晒以前。移置爛布于乾水器。絞搾其水。而後可行晒白之法。其法豫先造格魯兒化石灰溶解水。放爛布浸于水中。其色自白。不可令其溶解水過烈。若

即大害紙性也。

晒白已畢後再移至洗滌器。洗去其所浸潤藥汁。更細粉之。其法緊扭前轉軸。令與板面近接。其餘即如前記。

方今製機器紙者。加入一種粘汁。其粘汁則番米梘糊皮膠。樹脂等並和以明礬。此粘液出自篩中濾下于洗滌器。混交而成軟塊。即取出之。移至大桶中。暫時貯藏。以送之紙器。爲當初移軟塊于大桶之時。其形狀凝結如乳。故用桶底所設一器攪拌不絕。俾上下濃淡得宜。爲當今又有一法。先於其輸送桶中用黃銅棍棒數條力濾過之。此法優于古法。蓋創此器者捕威路。地名倚培茲託嫂痕氏。自是減製紙之勞。其功極大。

此法用畢。又輸送其軟塊在桶中者于一管内。即自其桶注口輸送之也。又送之製紙器所至是軟塊與器同其幅員而流出矣。至其量多寡厚薄。又宜以其意定之也。

一 雲石紙 西名哥捕路獨配疤

雲石紙。以一種別法製之。其法造漉槽大小一如其紙模。塡槽以膠脂並粘液水。用刷子滲布各色料。色料自蓋液汁面。待其布滿。乃取紙展於其上。紙自能吸收其色料。於是輕手舉之。待

乾燥磨滑。而後用焉。

二　水記紙

此紙用水或唾液寫文字。其痕自發黑色。至製法。先取紙蘸于沒食子水中。輕加浸液。後陰乾之。抹布細粉綠礬。加入松脂細粉。故其紙面本性不脫墨質。此時以液水布紙面。即顯出黑痕也。

三　描畫用透明紙

倫敦府工藝會舘長卡鐵利威氏。用東印度墨。所記製造透明紙如左。

鐵列痕那一盂。和以細粉鉛糖若干。攪勻安置。凡十二點間。即振蘯之。益以加達那拔爾撒讀若干。安置其玻璃罏于砂槽上。砂糟要適溫度。即攪拌其液。務使諸物混和。從其紙面塗而乾之。歷四五日。即可用。

四　疤路咩痕託紙

硝强水中浸尋常紙凡一二分時間後。以水洗滌之。即成此紙。蓋此紙略如羊皮。雖不受水氣浸潤。然易於燃燒。殆如硫黃云。

蠲除五曰閑邪若周秦諸子之謬論釋老二氏之妄談異域之方言報館之瑣語凡一切離經叛道之言嚴加屏黜不准闌入則八股之格式雖變而衡文之宗旨仍與眞正之　聖訓相符顧猶有慮者文士之能講實學治古文者不多改章之始恐僅能稍變八股面目仍不免以時文陳言濫調敷衍成篇若主司仍以頭場爲重則二三場雖有博通之士仍然見遺與變法之本意尙未相符若主司厭其空疏陳庸趨重二三場則首場又同虛設其詭誕浮薄務趨風氣者或又將邪詖之說解釋四書五經附會聖道必致離經叛道心術不端之士雜然並進四書五經本義全失聖道既微世運愈否其始則爲惑世誣民之說其終必有犯上作亂之事其流弊尤多爲禍尤烈且　明旨開特科之學堂而學堂肄業有成之士未嘗示以進身之階經濟雖併入鄉會場而未議及六科如何分考之法若非合科舉經濟學堂爲一事則以科目升者偏重於詞章仍無以救迂陋無用之弊以他途進者自外於聖道適足以爲邪說暴行之階今宜籌一體用一貫之法求才不厭其多門而學術仍歸於一是方爲中正而無弊昔朱子當南宋國勢微弱之際憤神州之多難懼救世之無才屢欲改變科舉嘗攷語類中力詆時文之弊者不一而足而究其救科舉積弊之法則曰更須兼他科目取人歐陽修知諫院時惡當時舉

人庸鄙剽盜全不曉事之弊。嘗疏請改爲三場分試。隨場而去之法。每場皆有去留。頭場策論合格者試二場。二場論合格者試三場。其大要曰鄙惡乖誕。以漸先去。少而易考。不至勞昏。全不曉事之人。無由而進。其說頗切於今日之情事。朱子之擬兼他科目。猶今之特科經濟六門也。歐陽修之欲以策論救詩賦。猶今之欲以中西經濟救時文也。又查今日定例。武科鄉會小試。騎射步射硬弓刀石分爲三場。皆有去取人數。遞刪而遞少。技藝遞老而遞精。而磨勘之例。尤以末場弓刀爲重。竊謂宜遠師朱子之論。近仿武科之制。擬爲先博後約。隨場去取之法。將三場先後之序互易之。而又層遞取之。大率如府縣考覆試之法。第一場試以中國史事。國朝政治論五道。此爲中學經濟。假如一省中額八十名。頭場取八百名。額四十名者頭場取四百名。大率十倍中額。即先發榜一次。不取者罷歸。取者始准試第二場。二場試以時務策五道專問五洲各國之政。專門之藝。政如各國地理學校財賦兵制商務刑律等類。藝如格致製造聲光化電等類。分門發題考試。此爲西學經濟。其雖解西法而支離狂悖。顯背其教者。斥不取中額八十名者。二場取二百四十名。額四十名者取一百二十名。大率三倍中額。再發榜一次。不取者罷歸。取者始准試第三場。三場試四書義二篇。五經義一篇。取其學通而不雜。理純而

下期續刻

第二　死生識想

未開化人以死爲就眠不知正氣永銷滅又思所謂死者靈魂脫出身体遊于世上故人死則親戚故舊或以口屬其耳大呼其名搖撼其体又災灸之百方施術欲使復生百計殆盡觀不蘇生乃謂此靈魂暫不歸必有可再歸時故失其身体無靈魂可宿因勉保存其身体埃及人用藥防死体腐敗其意亦出於此又深埋死尸于土中或河底防敵與猛獸發堀亦由于此也日本貴人死以朱覆死尸其源亦當出于此如歐羅巴往古注意保存死尸相傳尸耶路麥痕帝尸保存至於近代云亞美利加印度人亦懷此心題南亞美利加書曰

太陽廟（廟祀太陽傍有埋葬地）悉荒敗其墳墓亦不知如往昔否不能詳之死者固不能言語然彼等墳墓默語而告往昔事於世人云

即據其默語而攷之往古人民不知用文字書言語然當埋其死尸有合其生前所愛翫物而埋之風以此攷往古俗習則略足窺往古宗教與崇信如何即舉其例曰有人發一墳墓見埋一男及其妻並三兒矣其男似漁夫結植物纖維爲綱懸于頸又兩脚間以布片裹釣絲及銅鈎左右臂下各有白羊駄毛口中含薄小銅貨蓋充三叉河渡船費也（佛法至地獄途有三叉川無錢不可涉也）以

貨幣使含死尸口乃希臘上代風習也秘魯上代亦用此法東西不期而合可謂奇也（中國亦使含飯及玉于死者口中于儀禮）其包死尸以美布織靈猿繪者裹之左手持櫛其櫛用棕櫚與魚鰭造之右手持團扇扇面敗其柄以甘蔗造之扇身用鸚鵡並蜂雀羽造之其首穿貝殼頸環及觸空氣與太陽光忽大半自潰爛死尸端坐棺中（土人埋葬死尸當時似多令端坐）其膝與体間有諸種家具焉上代紡錘亦在其中以紡絲覆之此乃用作木綿紡績之器現今土人亦用此物坐傍有木綿美囊內有利馬產豆若干綿花實若干銀裝飾品片片小銀輪二小寶珠若干此銀輪蓋當時貨幣也

觀棺中斂小女死尸者有編絲若干其傍有布片二三未全編畢由是攷之此小女在初學編物之時而死者也又其傍有極細諸紐顧此小女從年漸成長得習紡績術者也又有束絲木綿彩絲大小編囊縫囊骨針銅針並一櫛黃銅小櫛小團扇又有一鐵加磨者盖代鏡類也又有一編針以木造之其質甚堅亦知爲此小女所愛也又有一黃金蝶其臂嵌薄銀腕環脚邊置已乾燥鸚鵡亦此女所最愛也多以諸物與死体共埋葢拔卡卡麥茲苦之民信地中有他界其物品在他界可供死者用也明矣

要償凡此等負債責任要償此無効也

國會宜定適當之法有執行此條欵之權

第十五節　合衆國人民有投票權理者不可以人種膚色古來奴隷論之而奪其權也

國會宜立適當法以執行以上條欵　畢

貴族院構成法及衆議院議員修正選舉法

第一條　貴族院以法國諸縣及諸殖民地所選舉者爲議員計共三百人

現議員不論由貴族院所選與諸縣及諸殖民地所選者苟得受議員職則期內必有其權

第二條　息奴縣宜選舉貴族院議員十人

哥託獨由諾路布威尼斯鐵路喃洛痕獨威路賢母威列奴洛亞路洛亞路賢痕布賢利由路疤獨卡列洛奴嫂奴賢洛亞路息奴賢痕布賢利由路諸縣各選舉貴族院議員五人

列斯奴普尸由獨洛奴尸耶拉痕託賢痕布賢利由路威席路咩奴洛亞路馬痕尸由木路皮哈痕皮由威獨獨磨息奴賢澳亞治沙痕磨縣宜選舉議員四人

列痕亞利賢亞路笛尸由亞路達痕奴澳普澳獨亞母威洛痕卡路母亞獨尸耶拉痕託尸賢路哥列治哥路斯哥託獨路苦路治獨烏捕獨洛磨烏路烏路賢洛亞路額路喃賢路賢洛賢痕獨路賢映託路賢洛亞路喃由拉痕獨洛亞路賢尸賢路澳託洛亞洛洛亞路洛洛賢額洛痕奴馬路奴澳託馬路奴馬倚賢痕奴磨路託賢木席路磨治尼由母路澳亞治澳路奴拔茲斯拔痕內澳託沙奴賾路託賾母淤啞澳託賾母矮亞息奴賢馬路奴獨烏息母

路多路奴母亞路母亞痕笛母威賢痕奴澳託毋倚賢痕奴母澳斯𠮟由搖痕奴諸縣各宜選舉貴族院議員三人。

拔茲斯若路普澳託若路捕亞路普馬利𪀚磨亞利賢𠮟由卡痕多路洛席路澳託披列內澳利亞痕多路多路奴賢額洛痕奴母澳苦利由治諸縣宜選舉貴族院議員二人。

培路布澳路地方並亞路𠮟賢利三縣馬路𪀚尼茲苦額獨路捕列由尼搖痕及法國所領印度四殖民地各宜選舉貴族院議員一人。

第三條　依此法律各縣加增貴族院議員其增加員每當貴族院議員有闕即選舉之。貴族院議員闕宜在八日以內定各縣中可選舉貴族院議員一縣用公開會議法抽籤定之。

此選舉須在抽籤後三月以內行之然在每三歲改選其議員以前六月內有闕者可待改選期至而行之。

第四條　不問何人非四十歲以上享有私權及公權之法國人不得爲貴族院議員。

第五條　陸海軍人不得爲貴族院議員但如後開所列者不在此例。

公園　澳國維也納府普列他烏公園廣二千三百衛（九百三十町四番六畝二十步）

備　考

	地　積（衛）		地　積（衛）
威笛捕烏洛浪（佛國巴里）	二、一〇〇	利其賢痕託（英國倫敦）	四五〇
夫啞泥司（英國都佛林）	一、七六〇	夫烏威痕（同壹丁堡）	四〇七
洛烏耶路（伯華利亞國）	一、三〇〇	哈威獨（同倫敦）	四〇〇

世界中之最小物

蒸流車　在新約克洲其賢磨司他烏痕有一機械師自創蒸流車實爲最小其長僅八英寸闊四英寸附以十英寸之載炭車全躰重量一磅半其載炭車重量二磅二穩半而耳從着手至竣功殆閱八年星霜云

蒸流機關　有名之烏啞他烏拔利威懷中時表由笛威賢賢拔之苦之手而成其中蒸流機關僅一平方英寸之十六分七即美國一圓金貨之中備機關蒸流鑵穩行球（蒸流機關中之一部而其用在于平均蒸流運轉之力）等其高一英尺之八分五其中又別爲百四十八部以五十二之螺絲接之滿其蒸氣鑵僅三滴水而足圓壔直徑一英寸之十六分一此機關

重量僅十五具（二分五厘八七五）也云。

象牙碟　往昔有名之工師啞夫烏哈路達司。諾烏淵痕其賢辣司。以象牙作碟千六百枚其細無比。通常所用小盃中悉可舉而入之。後携往羅馬府供法皇薄烏路五世博覽比時法皇命從者算之卒無能計算出者盖物本極細微肉眼不能詳見也。故必藉卓絕眼鏡之力乃可測其數。

人間達最高處

拔水面三万英尺。之高有如空中乃昇之無難者。一千八百六十二年九月五日其賢磨司餓列希耶。賢夫矮路賢司。及誇之苦司烏賢路。三人從英國烏啞路捕矮哈磨普託痕藉輕氣球。上昇達於三万七千英尺之高山國之人屢從二万五千英尺上于二万六千英尺之高亞細亞洲之西南淵麥辣耶山。有携銃而獵者迴走二万英尺以上所至者氣苦海辣痕。近傍笛麥列痕託山從其噴火口取硫黃。此地人昇至二万尺之高。視爲常事云。

風之速力

測風之速力。事屬至難。雖至今日尙不得詳知其最高定度。約計噓氣于直線者。速力一時

本書局繙譯書目列後　美國憲法　日耳曼新史　歐美公法司新　佛國議院現行選舉法
俄國內政外交史　英國古今歷史　亞美利加繁盛記　臺灣戰紀　英美文人傳
清日戰爭實記　近世物理學新編　中法海戰記　德法文學史　日本寬政勤王三奇士傳
英國社會古今義　萬國近世外交史　萬國新史提要　雄辨學　歐洲列國新史
國債新論　五大洲人類種族攷　地球文明開化史　催眠術　普通小學答問叢書十六種
萬國維新政治學　萬國議院章程　萬國選舉公理　日本外史前記　日本維新三傑傳
萬國交涉新公法　英國工業新書　海戰萬國公法　俄國產業新書　亞歷山大王戰紀
俄國近時大事記　萬國憲法　平權自由新義　日本歲計政要　歐美强國新政治學博議
女學校胎敎新法　長命術　進化新論　中國商業全書　俄國東方外交新策
歐美富國新史　法國新歷史　幻燈妙術　山林新政法　小學校萬國地文學答問
學校管理法答問　小學校萬國歷史答問　意大利獨立戰史　日本維新前後大事記

己刻成圖書價列後
英丁前後海戰紀一卷　價三角（東亞書局刻本）　日本七十三義俠傳三卷　價六角
俄國東洋軍政新策二卷　價六角　日本名儒學案四卷　價六角
日本四十七俠士傳二卷　價四角　日本龍馬俠士傳二卷　價四角
開闢美洲閣龍英航海家獨列幾合傳一卷　價二角　美國紐約京城風土記一卷　價二角半
李盱江先生經國三策三卷　價四角
日本水產動物圖七幅　價十圓　日清韓軍用精圖　價一圓　動物圖　價六圓八角
日清韓大地圖　價三圓五角　清國名勝圖　價一圓　軍用日清韓明細圖　價一圓

万國名勝圖　價三圓　亞細亞洲全地圖　價五角　日韓清新撰輿地全圖　價一圓
滿洲全圖　價三圓　支那全圖　價五圓　明細支那全圖　價五角
支那北京市街圖　價五角　直隷灣總圖　價八角　支那疆域沿革地圖　價四圓
北河總圖　價二圓　上海地圖　價五角　北支那三省地圖　價三圓
遼東大連灣圖　價一圓　清國渤海地方圖　價一圓　增訂支那新地圖　價一圓
新撰支那全圖　價五角　支那朝鮮新地圖　價八角　右圖　均實價不折郵費在內

右圖書欲購者請到滬大馬路大同書局北京報總局香港文裕堂聚珍樓粵省雙門底聖教書樓購取或致函本館可也

本館謝啓　邇蒙德國東亞報大主筆玉井喜作先生不遠千里遺贈書報洋洋灑灑倚馬万言獲益良多寔深銘佩爰志數語略表謝忱

本館布告　邇來中國時事日亟不諳公法致召外侮日本大律師角谷先生有志東方時局爲本館專譯法律以餉海內同人又于每冊附印萬國英傑肖像中西地圖新譯要書數種以廣閱見而快閱者之目焉

又日本據東洋要衝五洲時務電報飛馳玆特增譯數頁弁諸卷首俾經世志士先覩爲快

澳門知新報開設以來久已服膺藝林脛走宇內本館代爲寄售每月出報三次每年三十三冊中國全年報費四圓日本價六圓諸君欲購閱者希即函告俾按期照寄幸甚

新架坡天南新報持論明通敢言時事詳紀南洋軼聞洵日報中之錚錚者本館承允代售全年報費七圓外埠加郵費三圓欲購閱者請致書本館照寄無誤

本館蒙各地　諸君厚誼疊賜鴻篇珠玉琳瑯有如山積不勝感佩惟報幅狹隘未能遽登至以爲憾希察諒之

中國代派報處列 各國分局下期續刊

○北京 琉璃廠廠甸総報局 天津 閘口風神廟間壁西學官書局 針市街恒豐盛 羅恒益 森興行 裕和興
○山東 燕台潮洲會舘黄幼達明府 福記 聚盛行 裕慶和 榮豐行 順泰
元發庄 牛庄 東盛和 全泰盛信舘 潮興行 元隆庄 ○江蘇 上海大馬路泥城橋大同書局
知新報分舘 廣盛泰 普安公司分局 金利源馬頭啓昌 棋盤街安和祥 同吉泰 源盛昇
振源行 蘇洲 閶門中市廣芝林 護龍街馬醫科巷口墨林堂 鎮江 德記 閘口墖店巷吳調芬先生
廣盛隆 ○安徽 蕪湖代售申報處吳梓林先生 蕪湖電報局 三益 源記行 廣恒豐
常熟 醉尉街內閣張第 江寧 南京孝順里陳安國先生 常洲 龍城書院內李澤之先生 安慶 電報局
○浙江 省城豐禾巷前杭嘉湖道宋公舘 寧波諸衙街餘代壚局嚴惠芳先生 同福和 啓興行 溫洲 瑞記洋行
台州 黄巖縣柯豐泰 紹興 水澄橋墨潤堂 ○江西 南昌省城羅祖廟前經濟學堂內汪漱鄉先生 洗馬池街李慎堂藥店
源泰裕 九江 永生 ○湖北 武昌省府街口鴻寶齋 漢口 億茂祥 廣興源 普源長 榮茂行 全昌正 永安和
○湖南長沙 省城時務學堂 ○山西 由上海時務報館代寄惲伯思先生 ○福建 福洲南台閩海關科房代售各報處楊賓春先生
福建福州 滙豐銀行分局馮晴浦先生 太平洋行 渣打辦房容建邦先生 新福成 天保洋行 美記行
厦門 和鳳宮邊新允昌 鴻記 捷記 瑞記洋行 懋記行 建源行 福聯昌
汕頭同泰行 中和行 榮發行 光泰行 源盛行 元隆行 ○香港 上環昭信
東裕 普安公司總理燕梳各先生 萬安公司総理燕梳各先生 濟安公司総理燕梳各先生 南北行街口永同福
廣南隆 誠安 信亨 公和 廣萬和 公源 俊昌榮 均興隆
厚豐 恒記 萬祥源 源發 聚棧 建發 同利棧記 中環廣恒泰
廣豐隆 廣永生 樹記 松秀東街福記 威靈顛街聚珍樓 文武百街文裕堂 ○廣西 仁興
梧洲九坊廣昌盛 ○澳門 大井頭知新報舘 泗嘔街華裕盛 ○廣東 省城雙門底時務書局 知新書局 城隍廟前廣泰和
大佛寺前恂善堂 拱日門廣裕祥 興隆南約泰盛 顯鎮坊口瑞成 下九甫昌和 槳欄街仁裕堂 打銅街生源和
安瀾街榮盛 大新街廣德生 萬泰來 第八甫義經 靖海門鴻安客棧 杉木欄晋和 迴瀾橋廣興源
發祥源 杉木欄祥記 全昌正 河南白鶴州恂裕茶行 佛山 快子街瑞記 恆榔街百元堂 公正市美彰
富文里昌棧 汾流街興隆 官山 茂昌 順德 大良廣文堂六合 陳村 舊墟育記 源來 新會 九如
江門 舊椰街安盛 沙仔尾廣裕豐 新會城兄弟聯魁第趙 新寧 萩海紫來街恂泰 三水 城糧房杜伯俞先生 西南 瑞益
海口 源發利 信記行 興記 和美行 北海 永昌隆 永隆 裕豐
聯益 祥隆行 海防 致忠和 廣新源 茂發行 廣裕隆 高州水東造興

第一至九册據日本京都大學藏本影印
第十至十一册據廣東省立中山圖書館藏本影印